劳沫之新闻文集

劳沫之◎著

新华出版社

图书在版编目(CIP)数据

劳沫之新闻文集 / 劳沫之著.--北京:新华出版社, 2020.12

ISBN 978-7-5166-5531-3

Ⅰ.①劳…　Ⅱ.①劳…　Ⅲ.①新闻工作-中国-文集　Ⅳ.①G219.2-53

中国版本图书馆CIP数据核字(2020)第223691号

劳沫之新闻文集

作　　者: 劳沫之

责任编辑: 丁　勇　　**封面设计:** 刘宝龙

出版发行: 新华出版社

地　　址: 北京石景山区京原路8号　　**邮　　编:** 100040

网　　址: http://www.xinhuanet.com/publish

经　　销: 新华书店、新华出版社天猫旗舰店、京东旗舰店及各大网店

购书热线: 010-63077122　　**中国新闻书店购书热线:** 010-63072012

照　　排: 六合方圆

印　　刷: 三河市君旺印务有限公司

成品尺寸: 170mm×240mm　1/16　　**字　　数:** 415千字

印　　张: 28.5　　**彩　　插:** 4

版　　次: 2020年12月第一版　　**印　　次:** 2020年12月第一次印刷

书　　号: ISBN　978-7-5166-5531-3

定　　价: 88.00元

劳沫之近影

前言

《劳沫之新闻文集》一书，汇集了下列内容：

第一，中国人民大学新闻学院由中国人民大学出版社出版的教材《新闻通讯写作》（1986年10月出版）、《专业采访报道学》（1991年5月出版）、《新闻写作讲义》（由中国人民大学新闻系和《工人日报》社联合主办的《中华新闻函授月刊》第十一期）、《新闻通讯选评》（中国人民大学出版社1989年4月出版）等著作中，我所撰写的部分。

第二，《通讯体裁的发展初探》在《新闻与写作》月刊上连载的作品，以及自1978年9月开始，在《光明日报通讯》《北京日报通讯》《财贸战线通讯》《工人日报通讯》上发表的作品，还包括《1979年全国得奖好新闻》《1984年全国短新闻选》中，对有关好新闻的评介等作品。

第三，我于1995年3月28日离休前所写的旧作：《澄清几种对通讯体裁的混乱观点》《通讯体裁的成熟和繁荣》《战地通讯蓬勃兴起》《通讯体裁发展的新阶段》，以及《是群众高明，还是报纸专业人员高明——学习毛主席著作心得笔记》等作品。

第四，新近在《新闻通讯写作》讲稿的基础上修订改写的作品：《新闻写作的基本要求》《事件通讯》《体育新闻采访报道》《人物新闻通讯采访报道》等作品。

以上作品积累了我数十年来从事《新闻采访》《新闻写作》专业课教学的切身感受和体会，特以《劳沫之新闻文集》一书汇集在一起，以作留念。

作 者

2020 年 9 月

目 录

CONTENTS

第一章　新闻写作的基本要求 / 3

第一节　新闻要完全真实 / 4

第二节　新闻要有思想性和指导性 / 10

第三节　新闻要新要迅速及时 / 12

第四节　新闻要短小精炼　明了易懂 / 20

第五节　新闻要生动感人　赋有情趣 / 25

第二章　新闻写作的基本方法 / 41

第一节　用事实说话是新闻写作的基本方法 / 41

第二节　用事实说话的常用表现手法 / 45

第三章　通讯的特点、主题和结构 / 50

第一节　通讯的特点 / 50

第二节　通讯的主题 / 66

第三节　通讯的结构 / 74

第四节　通讯的标题 / 94

第四章　事件通讯 / 101

第一节　事件通讯的主要特点和作用 / 101

第二节　事件通讯的写作要求 / 132

第五章　工作通讯 / 139
第一节　工作通讯的作用和写作要求 / 139
第二节　工作通讯的新形式 / 146
第六章　风貌通讯 / 150
第一节　风貌通讯的作用和形式 / 150
第二节　风貌通讯的写作要求 / 154
第七章　新闻通讯的语言 / 164
第一节　新闻的语言 / 164
第二节　通讯的语言 / 171

专题新闻采访报道

第一章　工业新闻采访报道 / 183
第一节　工业新闻采访报道的对象、范围和发展概貌 / 183
第二节　工业新闻报道的基本指导思想 / 187
第三节　拓宽工业新闻报道的题材 / 192
第四节　采访工厂企业的方法 / 199
第五节　工业新闻的写作 / 203
第六节　工业记者的基本素质 / 212
第二章　体育新闻采访报道 / 216
第一节　体育新闻的特点 / 218
第二节　体育新闻的采访 / 222
第三节　体育新闻的写作 / 226
第三章　人物新闻通讯采访报道 / 249
第一节　人物新闻的写作特点 / 249
第二节　人物通讯的写作特点 / 256
第三节　人物新闻通讯的采访方法 / 276

新闻通讯选评

经济学家赶集 / 285
邹振先惊人的一跳 / 286
运载火箭飞越万里长空 / 287
为中华崛起而献身的光辉榜样 / 291
王崇伦抓豆腐 / 306
并非鱼草之争 / 308
八闽共念“山海经” / 312
一张营业证解决了 13 口人生活 / 318
杨匡民副教授宣布一项民歌研究成果 / 320
荀派弟子宋长荣昨夜在沪演《红娘》 / 321

通讯体裁的发展专题研究

通讯体裁的发展初探 / 325
初探一 澄清几种对通讯体裁的混乱观点 / 325
初探二 溯 源 / 332
初探三 光辉的范例 / 336
初探四 见长者的启示 / 339
初探五 通讯的雏形 / 345
初探六 通讯界之大师 / 351
初探七 有益的借鉴 / 355
初探八 战斗的号角（上） / 360
初探八 战斗的号角（下） / 363
初探九 《旅欧通信》特色撮要（1） / 366
初探九 《旅欧通信》特色撮要（2） / 370
初探九 《旅欧通信》特色撮要（3） / 374
初探九 《旅欧通信》特色撮要（4） / 377

初探十　通讯体裁的成熟和繁荣 / 380
初探十一 战地通讯蓬勃兴起 / 388
初探十二　通讯题材发展的新阶段 / 395

劳沫之新闻作品选

发扬调查研究、实事求是的优良传统 / 405
怎样写新闻 / 410
尊重事实 尊重真理 / 416
经济报道要同人民生活息息相关 / 422
针砭时弊 尖锐泼辣 / 425
抓住时代的脉搏 / 428
城子大队青年座谈今年夺得增产体会　再鼓干劲带头投入冬季生产
合心大队青年充满信心抓紧当前时机争取明年好收成 / 431
在锻炼中成长 / 433
突破一般化的可喜尝试 / 436
是群众高明，还是报纸专业人员高明？ / 439
青年数学家杨乐、张广厚的带路人 / 445

新闻通讯写作

第一章
新闻写作的基本要求

在 1981 年 11 月 10 日新华社建社 50 周年茶话会上，习仲勋代表中共中央书记处就改进宣传报道工作提出了五点希望：一是“真”，新闻必须真实；二是“短”，新闻、通讯、文章都要短；三是“快”，新闻报道的时间性很强，不快就成了旧闻；四是“活”，要生动活泼，不要老一套、老框框、老面孔；五是“强”，要做到思想性强、政策性强、针对性强。（载 1981 年 11 月 11 日《人民日报》）可以说，这五点要求，也就是新闻写作的基本要求。

进入中国特色社会主义新时代，党对新闻工作者提出了更高的要求。在第十七个中国记者节到来之际，中华全国新闻工作者协会第九届理事会第一次会议暨中国新闻奖、长江韬奋奖颁奖会于 2016 年 1 月 7 日在北京举行。中共中央总书记、国家主席、中央军委主席习近平亲切会见理事会全体代表和获奖者代表，并发表重要讲话。他强调，做好党的新闻舆论工作，营造良好舆论环境，是治国理政、定国安邦的大事。党中央高度重视舆论工作，对做好党的新闻舆论工作提出了明确要求。

习近平指出，党的新闻舆论工作是党的工作的重要组成部分。在革命建设改革各个历史时期，新闻舆论战线与党和人民同呼吸、与时代共进步，积极宣传党的主张、深入反映群众呼声、主动开展决策调研，发挥了十分重要的作用。

习近平对广大新闻记者提出四点希望：一是要坚持正确政治方向，同党中央保持高度一致，坚持马克思主义新闻观，坚持党和人民立场，坚持中国特色社会主义，做政治坚定的新闻工作者。二是要坚持正确舆论导向，深入宣传党的理论和路线方针政策，深入宣传全国各族人民为实现“两个一百年”

奋斗目标、实现中华民族伟大复兴中国梦进行的奋斗和取得的成就，弘扬主旋律，释放正能量，做引领时代的新闻工作者。三是要坚持正确新闻志向，提高业务水平，勇于改进创新，不断自我提高、自我完善，做业务精湛的新闻工作者。四是要坚持正确工作取向，以人民为中心，心系人民、讴歌人民，发扬职业精神，恪守职业道德，勤奋工作、甘于奉献，做作风优良的新闻工作者。一句话，就是要做党和人民信赖的新闻工作者。（转引自 2016 年 11 月 8 日《北京青年报》所载新华社报道《做党和人民信赖的新闻工作者》）

新闻记者要自觉地将习近平的上述重要指示贯穿到新闻采访和新闻写作的全过程之中。结合新闻写作的特点，提出下列五点要求。

第一节　新闻要完全真实

新闻写作要坚持新闻的真实性原则。新闻的内容必须完全真实。新闻的真实性是无产阶级新闻的基本原则和压倒一切的要求。它是无产阶级党性的表现，也是报纸赖以充分发挥战斗力的基础。周恩来说：“只有忠于事实，才能忠于真理。”真实性是新闻报道的生命，新闻一旦失去真实性，它的生命也就终止。

无产阶级新闻之所以要真实，是由三个因素决定的。

一是由无产阶级世界观决定的。恩格斯说：“唯物论的世界观不过是对自然界本来面目的了解，不附加以任何外来的成分。”（引自《自然辩证法》，1955 年版第 163 页）从这个世界观出发，无产阶级新闻必须按照事物本来的面目作如实反映。

二是由我们党的性质决定的。中国共产党是为中国和世界大多数劳动人民谋利益的，我们的事业是正义的，必胜的。我们根本没有必要隐瞒自己的观点，更不需要歪曲事物的本来面目。

三是由新闻的特点决定的。根据辩证唯物主义的观点，新闻的本源是事实，事实是第一性的，新闻是第二性的，事实在先，新闻在后。新闻报道必须真实准确地反映客观事实，歪曲或捏造事实的假报道，都是对辩证唯物主义的肆意践踏。新闻和文艺作品在真实性上是有区别的。文艺创作是生活的真实，它所塑造的典型形象，在生活中是存在的，实际上却是找不到的。而新闻的真实，则是事实的真实，是实际上的真人真事。这两者决不能混淆。因此，无产阶级新闻应当讲真话，不应当讲假话。报纸上所刊登的每一篇新闻，不仅政治上应是正确的，而且报道的事实必须是真实的、准确的。记者对自己采、编、审的每一篇新闻，从政治到事实，都必须字斟句酌，做到一是一，二是二，力求不出差错。

新闻的真实，包括现象的真实和本质的真实。维护新闻的真实，要把这两者统一起来，做到既有现象的真实，又有本质的真实。

所谓现象的真实，是指所报道的内容符合事物的外部表现，也就是说，报道要确有其事，时间（when）、地点（where）、人物（who）、事情（what）、为什么（why）——新闻五要素（五个 W）一应俱全。不是无中生有，不是添枝加叶，也不是缺胳膊少腿的。

所谓本质的真实，是说所报道的，抓住了事物的本质，揭示了事物内在的实际意义和事物的发展规律。不是只看现象，不见本质；不是被现象所迷惑，看错了本质；更不是脱离实际情况，主观主义地赋予某种现象以某种不存在的本质含意。（参见林枫写《既有现象的真实，又有本质的真实》，载《新闻业务》活叶版 1980 年 22 期）

党的十一届三中全会以来，报纸上的大部分新闻报道坚持了真实性的原则。但是，不真实的报道还没有完全杜绝。因此，1982 年 10 月 6 日，陆定一接见《新闻战线》记者时，又一次地谈到新闻必须真实的问题。他说：“新闻，我是天天看的，看了几十年了。看来看去，想来想去，我还是认为，新闻一定要真实。技巧是要的，但主要的是要真实。”并强调新闻要“完全真实”。“有了不真实的报道，即使是部分不真实的，报纸就要做更正，对人民负责。”

从当时实际情况看，尚存在不真实的报道。具体表现是：

1. 追求生动，合理想象。在一些情节和细节上，掺杂一些虚构想象。特别是在报道人物时容易出现这方面的问题。曾三次被评为全国最佳运动员的陈肖霞谈到这样的情况：有些记者光想着自己工作方便和使报道如何精彩，在采访中或者在写报道时，给她出了一些难题，甚至编造一些莫明其妙的故事情节，影响了她的训练和正常生活，带来一些很不好的后果。比如有篇报道写了这么一段对话：陈肖霞的父亲来北京看女儿，她带父亲去烤鸭店吃饭。进入烤鸭店后，陈肖霞的父亲说，烤鸭这么贵，咱们还是节约些，不要吃了。实际上完全没有这么回事。（见《陈肖霞的苦衷》，载 1982 年 11 期《新闻战线》）

又如大连造船厂工艺科爆炸加工实验工程师陈火金，在研究爆炸成形、爆炸焊接方面取得显著成绩以后，辽宁省科研和工交战线掀起了“学习陈火金，为四化立功”的热潮。省内外乃至中央一些新闻、文艺单位的宣传工作者慕名而来，蜂拥而至。陈火金曾列举了报道存在有些失实和夸张的问题。比如，说陈火金从小就刻苦学习，这就是“合理想象”。其实陈火金小时顽皮得很，贪玩，上山玩耍嘴都摔破了。还有的报道，夸大其词，如陈火金研究爆炸加工累吐了血，这本来是够严重的，但有的记者同志还嫌不够劲，偏说成“大口大口的鲜血直往外喷”，从“吐”变成“喷”，不符合事实了，群众也就不相信了。还有的报道说陈火金等人的爆炸加工“已经达到世界先进水平”，这是自吹自擂，也是不确切的。据陈火金说，不论是在应用范围、机械化程度，还是测试手段等方面，我们都还存在很大差距，怎么能说“已经达到世界先进水平”呢？另外，陈火金对一些报道中说他是“爆炸大王”的提法非常反感。陈火金说，他只是一个中专毕业生，而且不是学爆炸加工专业的，这几年不过跟着专家们学了一点，同工人们一起摸索了一点，还有许多问题没有弄明白，只能说刚刚入门，怎么就“称王称霸”呢？陈火金请记者向舆论界呼吁呼吁，新闻报道一定要实事求是，真实才能取信于民，失实就要失信于民，千万不要帮倒忙啊！否则，报道者被动，被报道者被动，更严重的是党的威信受到损害。（见《表扬性报道也要实事求是》，载 1981 年 2 月《新闻业务》活叶版第 4 期）

2. 牵强附会，打马虎眼。尤其是在“配合报道”和“反应报道”中，这种现象几乎成了一种“常见病”。比如，1982 年 8 月 19 日，新华社播发的一个商店以扩大销售和学先进的实际行动迎接党的十二大召开的消息，就有这个毛病。大家知道：全国人民得知召开十二大的消息，是在七中全会公报见报之后，即8月7日之后，各单位迎接十二大的实际行动当然也只能在此之后发生，即使有些单位早已听到一些传闻，我们在公开报道中也不能把迎接十二大的实际行动追溯得很远。可是，这条消息的第一段在写这个商店迎接十二大的实际行动时却说："前些日子，商店五位副经理带领采购人员前往广州、上海以及省内各地，组织计划外货源164个品种，价值140多万元。"这批货到达后，商店举办了五个产品的展销活动。"据不完全统计，今年8月1日至15日，销售额达到385万元，比去年同期增长44%，其中8月15日建店30周年这一天，销售额达到46.4万元。""前些日子"是指什么时间？如果是指8月7日以后的某一天，就算是8月7日吧，这时派人四处联系采购商品，到15日统计出销售额，满打满算只有8天，派出的人要走路，要联系采购商品，运输途中都需要时间。货物到了后，又要分类展销，这样短的时间，怎么能办到呢？其实明眼人一看就可以推断出，这个店的上述行动，早在8月6日前很久就采取了，其目的恐怕只是为了庆祝建店30周年，而不是为了其他。只是因为碰上十二大的召开，所以就算到迎接十二大的账上去了。另外，报道中说"今年8月1日到15日，销售额达到385万元"，这个统计数字，把听到公报前6天的行动，当成了听到公报后的实际行动，也很勉强。

我们的报道要鼓实劲，而不要鼓虚劲。那种为紧跟形势而扭角度、贴标签的做法，不仅不能鼓舞人、教育人，而且会败坏新闻的声誉！（见《不要打马虎眼》，载1982年第10期《新闻业务》）

我们一定要划清紧跟形势与任意"改变角度"的界限。新闻报道要紧跟形势。党中央的新精神，一定要在新闻报道中迅速体现。但是决不能采取任意改变角度的办法，强使客观事实服从当前宣传的某种需要，把早就发生的事实说成是在新的精神鼓舞下产生的事实，把主要是由于其他因素起作用而取得的成绩归结为刚提出的某项工作成果。事物一般包含多方面的属性，同样一件事可以说明多方面的问题。为了使新闻报道体现新的精神或者使新闻写得有特色，选择适当的角度报道事物是必要的，但不能违反事物的本来面目，凭主观臆想，对事物作歪曲性的解释，任意地让事实为自己的报道意图服务，这样做就违反了真实性的原则。

3. 以点代面，以偏概全。孤立地报道成绩，尽管所报道的成绩是确实存在的，但由于缺乏全局观点，或只报道成绩这一面而回避困难和缺点的一面，仍然不能真实地反映客观实际。1981 年春节的大年初一，首都一家报纸收到一封读者来信说："编辑同志，您好！感谢贵报，使我这个年过得很好！蒙您大恩，我只花了几角钱就办齐了年货——五张报纸。因为在今年的报纸上什么东西都有，什么日常用品，鸡鸭鹅肉，瓜果梨桃，这都是市场上很少见到的东西。但在您的帮助下，我今年很容易就买到了，也请贵报向全市人民介绍一下我的经验，每逢过节，别在市场上玩命，买几张报纸就全解决了。但最主要的还是出一种能吃的报纸，也省得让大家望纸兴叹！今年市场上供应情况，是非自有公论，你我都否定不了。"这封信说的那几天报纸上报道的东西，市场上确实是有的，记者并没有说假话。问题是从市场供应的整体上看，这些新闻没有反映全面、真实情况，春节前那几天，报纸上集纳的好事多，没有说清楚这些物品有是有，但市场上普遍的情况仍然是严重供不应求。这样，自然引起那位青年工人读者尖刻的批评。尽管记者编辑出于好心——宣传工作成绩，报道经济形势的好转，以鼓舞人们的信心，但效果适得其反，招来的却是尖刻的批评和讽刺。（见《新闻报道失实例析》，载 1982 年第 4 期《新闻战士》）

4. 道听途说，浮光掠影。由于采访不深入，走马观花，浮光掠影，抓到一点点材料或凭在某个会议上听到的不准确的材料就写新闻，把将要发生的事情说成已经发生了；把预计要做后来没有做的事情，说成已做了，以致使报道失实。

写报道时一定要弄清是计划做的事，还是已经做的事。会议决定何时完成，写报道时到了计划完成的时间，一定要认真了解是否真已完成了，再写报道，或提前写，事后核实。（见 1980 年 1 月 27 日《新闻业务》活叶版增刊第 3 期）

5. 一知半解，夸大渲染。有的记者对所报道的事件只看到了一点表面现象，还没有完全弄懂、弄明白，就急于写报道，以致夸大事实，而出现差错。比如，1980 年 2 月 11 日，《文汇报》第一版刊登《我国宇航员振翅欲飞》的消息，同时配有《宇航训练员生活片断》的 5 幅照片。新华社对外部文教组看到报纸后，没有同有关单位进行核对就对外编发。稿件发出后，引起外国通讯社的注意，驻京外国记者又根据报纸作了详细报道。事后从主管单位了解到，目前我国进行的仅是宇航医学研究，有时试验要有人参加，为此有锻炼员的活动，而不是训练宇航员。《文汇报》的报道夸大失实，在国内外造成不良影响。这就是记者没有完全弄懂弄明白，凭一知半解就急于写报道的结果。（见《新闻业务》活叶版 1980 年 2 月 10 日第 6 期）

从上面五种情况看，造成新闻失实的原因是多方面的。有的是对新闻这种文体的特点认识模糊。如合理想象，添油加醋；有的是采访作风不深入，不注重调查研究，不尊重客观事实，写作时无中生有，弄虚作假；有的是思想认识上的原因，如形而上学，片面性，不实事求是，以偏概全；有的是知识上的原因，对新闻事实有关的知识一知半解，去又自以为是，以致出差错，闹笑话；有的是工作作风上的原因，采写时粗枝大叶，马马虎虎，不认真核对事实，结果造成失实。还有其他一些原因。

出了不真实的新闻，不仅使记者很被动，使被报道者很被动，更重要的是影响了党报的声誉，造成恶劣影响。各个新闻单位为了维护无产阶级新闻真实性的原则，凡出现不真实的报道，都是以严肃的态度对待的。凡失实报道情节轻的有关人员要作检讨；凡失实报道情节严重，影响恶劣的，有关人员要受处分。

沈阳军区某团政治处宣传干事肖某 1981 年 8 月间，和两名战士凭空编造了一篇所谓回四川德阳县探亲的副指导员肖震将犯罪的舅舅捉拿归案的新闻，投给《前进报》发表。稿件经新华社播发，德阳县有关部门来信揭露说："本县从未发生过这一案件。"为了严肃党纪军纪，维护新闻真实性的原则，这个团党委决定给予肖某以行政降职处分，撤销其副连职宣传干事职务，降为正排职，并调离机关。沈阳部队政治部就此事向所属团以上单位发出通报，并要求整顿报道作风。（见 1982 年《新闻战线》第 5 期，《弄虚作假者戒》）

维护新闻的真实性不仅无产阶级的报纸是这样，资产阶级有影响的报纸也很注意。《华盛顿邮报》的执行主编本杰明·布拉德里曾说："可靠性是一家报纸最宝贵的资产。它有赖于记者的诚实。我们必须立即开始为恢复我们的可靠性艰苦奋斗。”

《华盛顿邮报》是美国有影响的大报。国为一件丑事使该报一向标榜的可靠性受到了沉重的打击。

美国的普利策新闻奖是新闻界的最高荣誉。新闻特写项目被《华盛顿邮报》的黑人女记者贾妮·库克获得。但两天之后，《华盛顿邮报》发现库克写的那篇新闻纯属捏造，不得不通知普利策奖委员会放弃这项奖金，并于头版发表道歉的社论。这位记者也不得不辞职。（见《假新闻获普利策奖始末记》，载 1981 年第 2 期《国际新闻界》）

因此，我们要以对党和人民的事业高度负责的精神，以非常严肃认真的态度对待新闻必须完全真实这个原则问题。

第二节　新闻要有思想性和指导性

一篇好的新闻应该做到思想性强、政策性强、针对性强。我们的报纸是宣传马列主义、毛泽东思想的，是宣传党的路线、方针和政策的，要对实际工作起推动作用，要给读者以信心、力量、勇气和方向。因此，我们要力求使新闻报道具有思想性强、政策性强和针对性强的特点。

所谓思想性强，就是在新闻报道中要体现马列主义、毛泽东思想，要用马克思主义的立场观点和方法，回答现实斗争中提出的迫切问题，反对就事论事，言不及义。胡耀邦曾要求就是三言两语的新闻也要有理论色彩，也要体现马克思主义，就是这个意思。记者写报道，要善于挖掘新闻事实的思想意义。

所谓政策性强，就是在新闻报道中要体现党的路线和方针政策。记者写报道，要正确宣传党的路线和方针政策。

所谓针对性强，就是要做到有的放矢。要想使新闻报道产生良好的宣传效果，新闻还必须有鲜明的针对性。无论是宣传党的方针政策，还是宣传社会主义物质文明和精神文明，宣传先进人物等题材，都要做到有的放矢。写报道时，首先要全局在胸，深知当前实际工作中迫切需要解决的问题。不能绕开实际工作中的问题走；其次，要深知读者的思想实际和要求。然后针对这两方面的实际写报道，新闻就能够做到有的放矢，发挥其应有的积极作用。

1983 年 1 月 1 日，《中国财贸报》改为《经济日报》后，于 1 月 5 日在头版显著位置《从两个厂的对比看改革必须坚决》的栏题下，刊登了两条消息：

一是《郑州照相机厂职工意气风发开拓前进 产品驰誉中外企业蒸蒸日上》。这个厂是一个拥有 800 名职工的中型工厂，1976 年建厂以来，由于投资不足，照相机一直未形成生产能力，到 1978 年，企业亏损竟达 55 万元。面对企业奄奄一息的局面，厂领导和职工们没有丧失信心，而是挺起腰杆，从现有的设备条件出发，根据市场需要，改产市场急需的“投影器”。1982 年共生产 12200 台。1982 年初，世界开发银行招标购买 3200 部“投影器”。郑州照相机厂生产的“投影器”以超出规定技术条件的优势得胜中标。由 4 年前亏损 55 万元，变为年盈利 25 万元。

二是《北京照相机总厂所见所闻令人痛心》。国家投资 2000 多万元，20 多年没有像样的定型产品，出厂的产品销不出去，125 台照相机 99.3% 不合格，60 元一台处理。全新的设备闲置，只有少数工人干活，技术人员不能发挥作用。上级领导多头，谁都负责，又都不负责。厂级领导更换频繁，无从查清责任。《北京日报》批评滥发奖金 20 万元。工厂负债累累，全靠借贷度日。薄一波提出要整顿。

通过对比报道推动了全国照相机行业管理体制的改革，如广州、江西等照相机厂。接下来，作了连续报道：

1 月 6 日，《北京照相机器材厂职工热烈欢迎对总厂的批评 迫切要求改革不合理的管理体制》（集体所有制改为全民所有制）

1 月 7 日，《北京照相机总厂职工强烈要求改革 大家表示要把批评作为改变工厂面貌的动力》（总厂靠分厂养活，吃大锅饭）

1 月 8 日，《北京市电子仪表局重视报纸批评 决定帮助照相机总厂抓紧改革》

1 月 11 日，《郑州照相机厂受到市领导热情鼓励 领导同志表示要坚决抓好企业整顿和改革》

1 月 21 日，《大家都要为国家利益算大账 北京照相机总厂的盈亏账该怎样算》

2 月 1 日，《照相机行业需要进行一系列改革 参加全国照相机评比总结会的代表结合实际提出建议》

万里有一次在国务会议上说："郑州照相机厂和北京照相机总厂的报道好，抓住了当前的主要问题。"

另一次在科普工作会上说："北京照相机总厂的报道好，这个厂没有人，选了新的领导班子。"

之所以起这样的推动作用，群众要改革，领导要改革，与中央的改革精神挂上了钩。有了强烈的针对性和政策性。凡是有影响的报道都有这个特点。

这两个照相机厂的对比报道取得了良好的宣传效果。当时，中宣部新闻局辛经合曾撰文《连续性报道效果好——简评〈经济日报〉关于两个照相机厂的对比报道》（载 1983 年 5 月 1 日《经济日报通讯》）推介了这组典型报道的经验。

第三节 新闻要新要迅速及时

（一）重视新闻时效 讲求新闻时效

从新闻学的意义上讲，新闻的时效性就是指我们的新闻报道要注意时间概念，要快，要及时。也可以说，时间因素是区别一篇报道是新闻还是"旧闻"的主要标志。以新取胜，讲求时效，既是新闻的特点，也是新闻本身的规律决定的。

以最快的速度把所要报道的事件反映出来是新闻的基本要求。因为新闻要为当前革命斗争服务，及时地指导现实斗争，如果拖拖拉拉，迟写迟发，就会变成"旧闻"，变成"马后炮"或"雨后伞"，而失去作用。时效问题直接关系到新闻的宣传效果。一些正反面的经验教训都证明了这一点。

资产阶级记者千方百计加强新闻的时效性。《纽约时报》前副主编罗伯特·赖斯顿曾经说过："如果说第二次世界大战之前，新闻界普遍认为，最没有生命的事物莫过于昨天的报纸的话，那么，今天的看法就是：最没有生命的事物莫过于几小时以前发生的新闻了。"

"迅速地搜集和发布消息，是通讯社的生命。"这是日本共同社突出强调的一点。他们认为："无论多么好的稿件，如果不在用户急需的时刻及时发出，就如同废纸一般。"长期以来，共同社不断地采取各种措施，进行技术革新，增强新闻报道的时效性。共同社的负责人说，通常一条消息从记者脱稿算起约三十分钟以后就可以播出。较短的急稿约在一两分钟后就可以播发。（载《共同社是怎样提高时效的》，1980 年 11 月《新闻业务》第 31 页）资产阶级记者在新闻时效上有一些经验是值得学习借鉴的。

新闻的特性要求新闻必须迅速及时。那么我们的现状怎样呢？

现状很不能令人满意。我们的新闻时效差是个普遍存在的问题。1983 年 3 月 10 日首都新闻学会召开了纪念马克思逝世 100 周年新闻学术讨论会，会上，中宣部新闻局局长钟沛璋在讲到新闻战线的体制要改革的问题时说："现在，新闻单位存在机关化、衙门化和时效差的问题。有些新闻要出口转内销，听美国之音才知道国内发生了什么事。"

目前，有不少新闻报道缺乏时效性。翻开我们的报纸，"最近""目前""不久前""几年来""三中全会以来"等时间较长或缺少具体时间概念的报道充斥版面，甚至"十几年来""二十几年来"的提法，也不是少见的。路惠林同志在《略论新闻的时效性》一文中，将 1982 年 4 月份《大众日报》第一版的新闻做了一个统计。全月共刊出本省各种报道 252 篇，其中，"昨天""前天"的有 50 篇，占 19.8%；"最近""目前""不久前"的有 82 篇，占 32.5%，而余下将近一半的报道，要么没有具体时间，要么就是"一年来""几年来""三中全会以来"的了。大家看，要闻版尚且如此，那么二、三版的严重情况，就更可想而知了。（见《大众日报》新闻研究所编《业务研究》1982 年第 5 期）这个数字有一定的代表性。读者、报道者、办报人和有关的领导同志对这种状况都不满意，都要求新闻报道做到迅速及时，都越来越感到如果说这种状况在以前还能应付得过去的话，但在电视新闻、广播新闻日益发展普及的今天，却是不改变不行的了。

怎样改变这种落后状况呢?

一是抓《快讯》、抓《今日新闻》。《新华日报》等报社采取硬性规定，每天各个部门必须交出一定数量的快讯、今日新闻。不受报社固有程序的束缚，可以直接交总编室处理，可以优先见报。

二是重大的国际活动采取切实有效的措施，保证新闻能迅速及时地传播出去。比如，1981 年关于世界第 36 届乒乓球赛和第 9 届世界杯排球赛的报道，都因发稿迅速受到读者的欢迎。实践证明，只要我们在主观上真正作出努力，新华社在时效上也是可以压过西方通讯社的。比如，1981 年在中国举办的世界冰球（C 组）锦标赛的体育报道，新华社与西方通讯社抢时效就取得了很好的成绩。

这次锦标赛于 3 月 7 日到 16 日在北京举行。8 个国家派队参加比赛，有 230 名中外记者参加了报道工作。这次锦标赛的组委会在体育馆设有新闻中心，安装了闭路电视、电传发报机，外国记者可以直接从该中心对外发稿。根据这一情况，新华社在体育馆也开辟了工作室，设置了电传发报机，在现场发稿，以争取时效。参加报道的同志还采取“拼装法”写稿，以加快稿件采写、编发的流程。具体做法是：主要负责采写比赛的记者在现场随时用示意图和短语记下精彩场面，利用比赛暂停时间起草“预制构件”式的句子或段落，在局间休息的 15 分钟内回到工作室用打字机打下来。比赛结束后，由协助采写这场比赛的记者将事先准备好的快讯填上各局比分和全场比分后立即发出。主要负责报道本场比赛的记者则立即将已准备好的成文段落拼成详讯。每场比赛的快讯一般在结束后两分钟内发出，详讯平均在 40 分钟内发出。从香港前来采访的法新社记者对新华社记者说：“你们发稿真快。每次我回到办公室，你们的稿子已经出来了。早知如此，我在香港编你们的消息就行了。”（见《“短”“快”与准确》，《对外报道参考》1982 年第 10 期）

三是改革体制，加速新闻的流程。过去的流程是：通讯员、记者的来稿编辑当天编好——交发稿编辑发排（快的当天发排，慢的靠后）——小样部主任改了再改排——改排定了送审——交总编室拼版。最快要待一个星期，半月、20天、1个月常事。最后压得不行了，拆版。记者写“抗压性强的新闻”。时间还能快得了！另外，有些活动应向本国记者发布详情写报道，改变过去一种不正常的做法：对本国记者保密，向国外记者透漏，在《参考消息》、外电上见到报道我们的消息，而本国新闻单位没有消息。

四是更新设备。如共同社早在1960年5月就开始利用汉字电传发稿。从1975年起，把汉字电传系统和电子计算机联结在一起，实现了自动化。修改稿件、选择稿件和对外发稿的各种程序都由机器来自动完成，进一步提高了发稿时效。（见《共同社是怎么提高新闻时效的》，1980年《新闻业务》活叶版31期）

1983年3月10日，钟沛璋说，要解决时效问题，传播新闻的手段要改革。现在新华社传播新闻的设备老化。西方通讯社已发展到通过卫星传播新闻，当天的新闻在电视上全能看到。新华社的同志担心，五年之内如果不更新设备，不仅我们的新闻发不出去，外国的新闻也收不进来。因此，要提高新闻的时效性，还要借助于先进的传播新闻的设备。记者要会利用先进的传播设备。我们的报纸记者站用长途电话、电报传播新闻。

五是从新闻写作技巧上加强新闻的时效性。要自觉地运用新闻的特点写新闻，突出新闻的时效性。

1. 要抓住一个“新”字

比如我们写新闻时，在可能的情况下，要尽量用“今天”“昨天”“前天”，以至于某日几点几分等确切的时间概念，如果事实发生的时间不太久，偶尔也可以用“最近”之类的字眼，但绝不可以把很久以前的事情冠以“最近”之类含糊不清的字眼糊弄群众。

为了掩饰新闻时效性慢，在处理新闻时，往往在新闻时间上打马虎眼。比如，《人民日报》为了发表过时的新闻，往往把新华社的电头去掉。对这种打马虎眼的做法有两种意见：一种反对打马虎眼；另一种认为对这个问题不能绝对化，出于一定需要，有些新闻有意迟发一些，也是允许的，主张新闻报道在时间上是允许“打马虎眼”的，并举了个例子：

1978年11月4日，新华社对外部播发了《访峨眉山寺庙》一稿。香港《文汇报》刊登出来，已经是11月22日了。这家报纸把标题改成《访峨眉山上的老和尚》，用的电头是“据新华社电讯”（把时间去掉了）。

2. 以“新”带“旧”

1976年，美国哥伦比亚大学新闻学院曼彻尔教授写了一本书《新闻报道与写作》，其中有一部分“尽量新些”就专讲如何处理迟到的新闻。曼彻尔提出，处理“旧闻”有两条原则，即把“旧闻”中的“新闻”择其最重要部分在导语中突出出来，而把新闻时间作为背景来交代。另一个办法是在文字上下功夫，尽可能在导语中避免“昨天”“前天”“某月某日”等等。他还举了这样一个例子：密苏里州莫迪潘顿市市长威廉·沙孟先生向市政会议提出了辞呈，但是，由于某种原因，记者当时没有采访，而是第二天去采访。对这种情况，记者可以这样写新闻：

导语：从今天起，威廉·沙孟不再是密苏里州莫迪潘顿市的市长了。

第二段：昨天，在一篇事先准备好的简单声明中，沙孟告诉市政会议，因为“健康不佳”，他要求辞职……

当然，这是处理旧闻时不得已的做法。我们还是要采取积极有效的措施，尽快提高新闻的时效性。报纸上发表的大部分新闻，特别是那些事件性新闻，一般说来报道时间离事件愈近愈好。没有特殊原因，不应拖延时日。如果是由于记者政治上的迟钝、作风上的拖拉而把新闻变成旧闻，那就是一种失职的行为。

有些事情当我们知道的时候，已经过时，就要给它找到新闻根据以后再报道。

例如《中央军委发布命令授予贺昌富“爱民模范”称号》的新闻（1980年9月10日《人民日报》），写的是1980年3月5日抢救少数民族儿童牺牲的事，导语中的新闻根据是：“中央军委最近发布命令，授予贺昌富以‘爱民模范’荣誉称号。”

1979年12月9日，《解放日报》第一版登了一条新闻：“吴淞化工厂碳酸氢铵质量全国第一”。当时《解放日报》早已登过另一家化工厂同类产品质量全国第二的消息，但当时不知“第一”在哪里？当弄清楚这个“第一”

也在上海，就是吴淞化肥厂的时候，离评比的时间已经好久了，于是《解放日报》找到化工部给他们发奖的“新闻根据”，从发奖得奖的角度出发，它就成了“昨天”发生的新闻了。

我们为数不少的记者写新闻时，不懂得找新闻根据，使人看了感到都是陈年旧账，形式是新闻，实际不是新闻。如1978年8月1日新华社发的电讯《再不会“世代为水愁”了》就属于这种情况。这条新闻报道了基建工程兵水文地质普查队在我国西北、东北、西南一些严重缺水地区勘查出较好水源的情况。其基本内容，早在一年前，1977年6月17日就在《光明日报》第一版以《踏遍青山为人民》为题报道过了。

（二）正确理解新闻的时效性

1. 掌握报道时机是时效性的核心问题

新闻要迅速及时，但我们不是“唯快主义”，一切应服从政治斗争的需要、形势发展的需要，从政治形势、党和人民的利益出发来考虑早迟、快慢问题。快是一种手段，不是目的。政治斗争需要快，我们就要千方百计地争取时间；某些情况下，快反而不利于斗争，不利于讲清新闻事实，那就不能快，不要快。必须反对无原则的抢先。有时情况不明就急于发消息，反倒起副作用。情况不明时，宁可不发消息，或者等弄明白以后再发消息。该慢的就得慢。或者只发消息，不表明倾向性。1957年5月，毛泽东说：“有新闻，有旧闻，也有无闻。”比如毛泽东的《论十大关系》是1956年的讲话，可是到1977年才发表。因为毛泽东对理论问题十分严肃，经过实践检验是正确的，而又有适当的时机才发表。有的事情就不宜发消息。比如，新中国成立初期禁烟运动的消息，就不是快登慢登的问题，而是干脆不登的问题。因为当时美国在联合国大会上污蔑我们卖鸦片，我们登了，不是正好为它供给宣传资料吗？还有当时土地改革的新闻也是这样，我们在报上不宣传，免得传播一些不成熟的、错误的经验。

总之，要根据无产阶级的利益和斗争形势的需要，决定新闻的取与舍、抢与压、快与慢。当然，取、抢、快是主要的，舍、压、慢是个别情况。要树立抢、快的观念。

怎样掌握报道时机呢?

记者写的新闻如果做到了切合当前形势的需要，及时回答了人们普遍关心的问题，这就是报道时机掌握得好。掌握好报道时机是新闻时效性的一个核心问题。新闻要迅速及时，不能单纯只是从时间上考虑写“今天”“昨天”的问题，写新闻时还必须注意研究形势和革命的需要，要研究战略和策略，要以对人民对革命事业是否有利为出发点，要考虑政治效果。

例如，1979 年，北京有三件事为国外普遍注意：一是北京市处决强奸杀人犯李本东；二是上访人员在新华门前静坐；三是北京部分高考落选考生请愿。新华社当时没有回避这些问题，把事实真相对外做了报道，充分表明我们的党和政府是有能力解决这些问题的。新华社报道这些问题时，是怎样掌握时机的呢？关于上访人员在新华门前静坐的新闻，报道的时机选在中央决定派干部下去解决问题的时候。关于部分高考落选考生请愿要求入学的新闻，报道的时机选在北京市有关方面把问题大体搞清楚，能够提出比较有说服力的回答的时候发稿。关于北京市处决强奸杀人犯的新闻，新华社报道时没有就事论事地报道一条“犯罪消息”，而是大量运用背景，从惩罚这个角度谈社会主义法制问题。当时我国正在加强社会主义法制，这样报道这个消息也是符合时机的。这样报道既承认确实存在问题，同时又反映问题正在解决。取得了较好的政治效果。（见《谈创新》，1979 年《对外报道》第 23 期）

2. 要在真实、准确的基础上求快

我们讲迅速及时，也还包含着要在真实、准确的基础上求快。有的情况需要反复调查研究核实，迅速就要服从准确。不能图快而草率从事。我们要反对单纯追求快。

在实际工作中，既要真实、准确，又要迅速、及时，是会发生一定的矛盾的。有时，任务布置下来，时间的要求是硬性的，有时要求当晚发稿，次日就见报，不允许记者仔仔细细把事实一一调查、核实清楚。在这种情况下，特别要注意不能因为求快而忽视事实的真实和分析的准确。要实事求是，把吃得准的材料写进新闻，吃不准的宁可不写，宁可稿件内容单薄一些，不能想当然地把未经核实的材料写进新闻报道。

如果只图快，不求准，不仅不能使新闻达到预期的效果，反会起到副作用。例如，从《湖南日报》和《羊城晚报》关于广州空军派飞机送药，抢救一名被毒蛇咬伤的工人的不同报道中，我们可以体会到既快又准、准中求快的重要。

1982 年 7 月 9 日《羊城晚报》的消息说："昨晚，广州空军为抢救被银环蛇咬伤、生命奄奄一息的湖南省郴州地区冶金局一名电工，从广州市某机场派出一架'运五'型飞机，专程把药物运送到湖南。……据今天上午 11 时获悉，这名电工因被毒蛇咬伤的时间较长，抢救无效，已于今天上午不幸死亡。"

"昨晚"发生的事，"今天上午 11 时获悉"的消息，到傍晚时分读者就在报纸上看到了。应该说是够迅速及时的。

但是，事过 5 天，7 月 14 日《湖南日报》的消息说，那位电工"目前尚在抢救中"。

两家报纸报道同一件事，说法不一，引起读者怀疑。7 月 17 日，《湖南日报》再次报道了这件事，说那位电工"尚在抢救中"。显然是为了证实 14 日报道无误，以消除怀疑。可见《羊城晚报》虽然时间上快了 5 天，但不准确。

新闻界的同志常说，"快"是新闻的特点，"真"是新闻的生命。因此，我们写新闻一定要在"准"中求"快"！（见《切记"准"中求快》，载《新闻战线》1982 年第 11 期）

进入中国特色社会主义新时代以来，各类新闻的精神面貌大为改观。仅以中央电视台为例，在党中央的直接关照下，"为适应新的传播环境，央视的改革从 2016 年开始已经提速，措施之一就是专门为《新闻联播》成立'头条工程编委会'"。

2015 年下半年，习近平主席密集出访，《新闻联播》头条时政报道在"双峰会"期间，首创"1+N"式组合编排，即"时政新闻报道 + 评论员 + 国际反响 + 主题主线报道"。连续四天视频连线特约评论员对习近平的重要讲话和主旨演讲展开解读。2016 年 1 月 5 日，央视专门成立了《新闻联播》"头条工程编委会”，在改版后的《新闻联播》时政头条正式推出“1+N”组合编排的报道方式。

国家新闻出版广电总局局长聂辰席在2017年全国新闻出版广播影视工作会议上的讲话中说：中央电视台深化“《新闻联播》头条”工程，推出《治国理政新实践：“十八洞村”扶贫故事》《发力供给侧》等报道。与此同时，他还要求强化各级党报党刊、电台电视台“头条”建设。《北京青年报》记者了解到，2016年7月1日起，东南卫视《福建卫视新闻》、综合频道《福建新闻联播》两档节目正式改版。改版的一个重要环节，就是重点打造“头条工程”。

除此之外，作为新闻节目主阵地的央视新闻频道进行重大改版：首先，对多档王牌节目进行改版升级。继《新闻联播》展开“头条工程”，《朝闻天下》增加了信息量，重点打造全新板块的全媒体搜索，《晚间新闻》重新确立了打造三大核心竞争力的战略。其次，改版后的新闻频道无论在早间节目、日间节目，还是晚间节目都增加了评论的篇幅比例：早间节目增加短评，日间节目增加编后话，晚间节目则更彻底——以观点新闻为主，将评论与新闻事实更好地融合在一起。（见2017年4月11日《北京青年报》记者祖薇的报道《央视为〈新闻联播〉头条专设编委会》）

第四节　新闻要短小精炼 明了易懂

短小精炼包括两个含意：一是篇幅短小；二是语言精练。

胡乔木在《短些，再短些！》一文中强调：“新闻要五分之四是五百字左右的。”穆青说：“当前的形势要求我们，大量的新闻应是三五百字的。大家工作那么忙，事情那么多，新闻不简短，报纸无法用，读者无法看。全世界的报纸、电台都欢迎短新闻，看来这是一条规律。”为了充分地反映党的十一届三中全会以来我们国家蓬蓬勃勃的新面貌，反映社会主义革命和建设事业在全面发展，需要及时地大量地广泛地进行报道。所谓及时地，就是要快，只有写得短小精炼，才能快；所谓大量地，就是要多，只有写得短小精炼，才能多；所谓广泛地，就是要使各省各市各县、各行各业，都有在报纸上报道的机会。要扩大报道面，扩大报道题材，新闻才能多。

把新闻写得短小精炼，这不是一个技术性问题，而是一个政治性问题。因为，只有写得短小精炼，报纸上容纳的新闻才会多，才能充分反映我们国家的新面貌，反映全国人民为实现四个现代化而奋斗的革命精神，更好地为当前政治服务。

我国历来有写短新闻的传统。远的不说，解放战争时期就有许多短新闻。例如《南京完全解放 国民党反动派统治宣告灭亡》这样震撼全世界的重大新闻，只有 177 字。（见《新闻通讯选》第 18 页，载 1979 年 12 月《解放军报通讯》增刊）近几年来抓新闻改革，又出现了许多好的短新闻。一些报纸开始注意写“一句话新闻”、几句话的新闻、百十来字的新闻。

胡乔木曾说：“我一直提倡短新闻，但短新闻始终很少。《解放军报》的一句话新闻就很好，你们何不学习一下呢？”例如：1982 年 10 月 31 日《解放军报》上刊登的“机枪连人人考上特等射手”（11 字）的一句话新闻，放在头版头条，并加了栏目和虚线，下面还配上了一幅醒目的图片。（见《大家都来关心扶植它》，载 1983 年第 1 期《解放军报通讯》）再例如：《北京晚报》1983 年 3 月 11 日的《鲜蛋敞开供应》：“本报讯 本市鲜蛋从昨天起敞开供应。”（连标点符号在内才 13 个字）《人民日报》1983 年 3 月 11 日《天津香港可直通电话》：“由天津直达香港的三条电话线路本月 10 日下午 5 时 40 分正式开通。”（连标点符号在内 30 个字）

但新闻的“大、空、套、长”之风仍然存在。长风的三个主要原因：一是内容庞杂，选材不精，面面俱到，什么都写，必然长；二是新闻中写了不少空话、套话，必然长；三是文字不精炼，必然长。

怎样才能写短呢？新闻要短小精炼，就要学会用最简洁、最经济、最恰当的文字把所报道的事物和所要表现的主题思想写清楚。具体表现在以下几个方面：

1. 要多写一事一报的新闻。也就是美国新闻学家所说的“单一事实新闻”。例如《鲁迅笔下的咸亨酒店重新开张》。新闻围绕咸亨酒店重新开张这一事

实做文章。（300字）

2.不写空话、套话，只写扎扎实实的事实。就是句句都是“干货”，不掺半点“水分”。

3.新闻中使用的语言要符合新闻写作的特点。新闻写作的特点是用事实说话，语言怎样符合这一特点呢？新闻用语要直截了当，不要拐弯抹角。新闻报道提供的是事实，不允许记者卖弄文笔，故弄玄虚，所以不“花哨”，要一目了然。

鲁迅说：“写完后至少看两遍，竭力将可有可无的字、句、段删去，毫不可惜。”毛泽东说：“我看重要的文章不妨看它十多遍，认真地加以删改，然后发表。”

“所谓完美，是指写出来的作品是清晰的、准确的、简洁的和富于表现力的。所谓消息，不仅仅是传播一条信息就算完事了，它必须用打中要害的、同读者发生直接联系的方式来传播。”（摘自美联社直接负责新闻工作的总编辑雷内·卡彭所著《语词》一书）

一条新闻、一句句子，要是读者不是一看就懂，而是要花工夫去揣摩，甚至花了工夫还是不懂，那就是写作的失败。

“作者在发表一篇新闻之前，至少需要问自己三个问题：

一、把意思说清楚了没有？

二、文字是否尽可能简洁？

三、表达是否尽可能浅显？”（摘自美联社直接负责新闻工作的总编辑雷内·卡彭所著《语词》一书）

这三个问题，其实是新闻写作的起码要求，无甚新鲜之处。但是，也许正因为它们太起码了，往往会受到忽视。可以这样说，具备清晰、简洁、浅显这三条，不一定是好新闻；缺乏这三条，就不成其为新闻，至少不能算好新闻。（以上引自陆炳麟《新闻写作是一门再思的艺术》，载1984年第12期《新闻记者》）

上述观点可说是成功的新闻工作者写作新闻的经验之谈，值得借鉴。

长与短不是衡量新闻的标准。报纸上有长而空的新闻，也有短而空的新闻。

正如毛泽东说的："长而空不好，短而空就好么？也不好。"

我们提倡把新闻写得短小精炼，并不是完全否定长新闻。那些有内容、有分析、有头有尾、有前因后果、有来龙去脉的、写得深刻、新颖的长新闻也还是需要的。要有长有短，长短配合，但以短为主。我们应该把写好短新闻作为努力的方向。

进入中国特色社会主义新时代以来，根据习近平总书记新闻舆论工作座谈会重要讲话的精神，在中宣部统一部署下，采取有效举措，推动广大新闻工作者转作风、改文风取得了显著成效。突出地体现在两个方面。

第一个方面是，体现在2017年新闻战线"新春走基层"活动。以《人民日报》为例，"人民日报社高度重视、精心组织2017年的'新春走基层'活动，参与的编辑记者超过400人次，见报的图文报道超过300篇，采访人数及报道量均创历史之最；我们还首次启用'中央厨房'机制，扠网端微一起发力，文图音视百花齐放，人民网、'两微一端'等新媒体平台刊播制作'新春走基层'报道1000多篇，实现了'一次采集、多种产品、多媒体传播'的首战告捷。"

好文风源自好作风，编辑记者们走出去、走下去、走进去，为报纸版面、网络页面、手机界面增加了一大批"沾泥土""带露珠""冒热气"的精品。比如，新华社河南分社记者采写的《老郭脱贫记》，细节鲜活，情感真挚，村容村貌的巨变、群众脱贫的喜悦，干部扶贫的真功，真情实感，跃然纸上，稿件在一版头条见报后，引起强烈反响。

再以新华社为例，新年伊始，新华社深入贯彻落实习近平总书记"2·19"重要讲话精神，按照中宣部部署，号召全体采编人员"将新闻写在大地上、写进人民心坎里"，在"新春走基层"活动中实现了参与人员380人和发稿数量4100条"双新高"。

强化扎根群众，转作风、改文风呈现新气象。我们结合实施"扎根工程"，抽调380多名编辑记者，组成几十路全媒体小分队深入沿海、内陆、边疆等200多个采访点。他们与群众同吃同住同感受，有的前往边陲哨卡，除夕夜与官兵们一起巡逻界碑为祖国守岁；有的聚焦"看不见"的春运工作者，挖掘翻山越岭的铁路“排石人”的感人故事……这些报道被各大媒体广泛采用。

着力报道创新，有效占领媒体传播制高点。我们结合实施“创新工程”加快对“中央厨房”式编辑中心升级扩容提质，实施多方面创新。一是组织策划创新，按照全媒体采集、编辑、传播的要求加强联动，以“团圆”“坚守”等主题词对各形式报道做出全面安排。二是融合加工创新，综合运用微纪录片、动画视频、延时摄影等新媒体元素进行报道；三是报道手段创新，从“跟拍”到“直播”，再到“互动”，引发网友热烈讨论。

《人民日报》社社长杨振武还强调，习近平总书记在党的新闻舆论工作座谈会上发表重要讲话一周年之际，我们将以这次会议为契机，把“走基层”活动形成的好机制、好经验、好做法延伸到平常、经常、日常，贯穿到主题宣传，成就宣传、典型宣传中，推出更多鼓舞人、激励人、打动人的优秀作品，为党的十九大胜利召开营造良好的舆论环境，更好地激发凝聚全社会团结奋进的强大力量！（以上均摘自 2017 年 2 月 18 日《人民日报》《文风改进永远在路上——2017 年新闻战线“新春走基层”活动座谈会发言摘编》）

第二个方面是，2017 年 4 月底，“砥砺奋进的五年”大型主题采访活动启动，100 多名媒体记者深入全国各地 100 多个贫困村，与当地群众同吃同住同劳动，蹲点采访调研、聚焦精准扶贫。各路记者驻村蹲点话脱贫，深入捕捉打动人心的故事，发回带着泥土芬芳的新闻报道。如 2017 年 5 月 21 日《人民日报》记者乔栋采写的《合作社里更红火》，5 月 23 日《人民日报》记者曹怡晴采写的《日子开始甜起来》，5 月 24 日《人民日报》记者侯云晨采写的《成了合伙人 幸福来敲门》，5 月 25 日人民网记者李彤采写的《三户人家这样脱贫》，5 月 28 日程远州采写的《光伏蓝板板 致富金罐罐》等等。这些报道都是通过蹲点在第一线采访的鲜活的生动事实材料而写的报道，具体、生动、感人。

以上两方面的活动，除了报道内容鲜活感人之外，还做到了篇幅短小，大都八九百字。长的不过千字。易于传播，便于阅读，值得提倡。

谈到新闻改革，这里还要特别提到，如何把推动传统媒体与新兴媒体融合发展的问题。推动媒体融合发展，是巩固宣传思想文化阵地，壮大主流思想舆论的战略举措。“党的十八大以来，以习近平同志为核心的党中央高度重视新闻舆论工作，把推动传统媒体与新兴媒体融合发展作为重大任务进行部署，专门印发了指导意见。习近平总书记在全国宣传思想工作会议、中央全面深化改革领导小组会议、党的新闻舆论工作座谈会等重要场合，多次对做好这项工作做出深刻论述、提出明确要求，强调融合发展关键在融为一体、合而为一，要尽快从相‘加’阶段迈向相‘融’阶段，着力打造一批新型主流媒体。”（摘自中宣部副部长庹震在2017年媒体融合发展论坛上的发言《加快实现深度融合 全力打造新型主流媒体》）《人民日报》社社长杨振武《在深度融合中担负主流责任》的发言中，谈到“几年来的探索充分证明，推动融合发展符合新闻生产和传播规律，符合新闻舆论工作创新要求，充分体现了以习近平同志为核心的党中央的高瞻远瞩。”在发言中，他还谈道：“我们从体制机制上推动融合，《人民日报》‘中央厨房’建成并投入使用，围绕‘中央厨房’的一系列配套改革措施同步推进，调整采编流程，优化资源配置、统筹采编力量，提升传播效果，壮大了《人民日报》的整体影响力。我们从阵地拓展上推动融合，《人民日报》客户端累计下载量已达1.99亿，在主流媒体创办的新闻客户端中保持领先；《人民日报》微博总粉丝超过9400万，居中国媒体微博第一；《人民日报》微信关注人数近1300万，影响力居微信公众账号第一；人民网中文及九大外文频道日常传播覆盖超过1.3亿。以此为基础，我们全面推动内容、渠道、平台、经营、管理等各方面的深度融合。”（以上两人的发言载2017年8月20日《人民日报》）由此可见，在推动传统媒体与新兴媒体融合发展和深化各类媒体的改革上已取得显著成效。

第五节　新闻要生动感人 赋有情趣

要把新闻写得饶有风趣，耐人寻味，生动感人，赋有情趣，还要使新闻具有趣味性、人情味、知识性等因素。记者要开阔视野，广泛涉猎，丰富报道题材，以吸引读者的眼球。所写新闻要使人民群众喜闻乐见，做到这一点，需要从两个方面努力。

一、挖掘包含深意的题材写新闻

注意采写改革开放以来，特别是中国特色社会主义进入新时代以来，所涌现出的人民群众生活中有普遍意义的、为人民群众所关心而又感兴趣的新事物。以作者掌握的现有部分新闻报道作品为例，下面列出七方面的报道题材说明问题。

（一）涉及乡村振兴战略的“厕所革命”的题材

习近平再就“厕所革命”作出重要指示　要把这项工作作为乡村振兴战略的一项具体工作来推进　努力补齐影响群众生活短板

习近平指出，厕所问题不是小事情，是城乡文明建设的重要方面，不但景区、城市要抓，农村也要抓，要把这项工作作为乡村振兴战略的一项具体工作来推进，努力补齐这块影响群众生活品质的短板。

2015年4月，习近平总书记曾经就“厕所革命”作出重要指示，强调抓“厕所革命”是提升旅游业品质的务实之举。冰冻三尺，非一日之寒。要像反对“四风”一样，下决心整治旅游不文明的各种顽疾陋习。要发扬钉钉子精神，采取有针对性的举措，一件接着一件抓，抓一件成一件，积小胜为大胜，推动我国旅游业发展迈上新台阶。

厕所问题不仅关系到旅游环境的改善，也关系到广大人民群众工作生活环境的改善，关系到国民素质提升、社会文明进步。习近平总书记对此高度重视、十分关心。党的十八大以来，他在国内考察调研过程中，走进农户家里，经常会问起村民使用的是水厕还是旱厕，在视察村容村貌时也会详细了解相关情况。他多次强调，随着农业现代化步伐加快，新农村建设也要不断推进，要来个“厕所革命”，让农村群众用上卫生的厕所。（2017年11月28日《北京青年报》转载新华社的报道）

未来三年新改扩建旅游厕所六万多座

《人民日报》北京11月19日电（记者王珂）19日在北京举行的

2017 世界厕所日暨中国厕所革命宣传日活动上，国家旅游局发布《全国旅游厕所建设管理新三年行动计划（2018—2020）》，提出从 2018 至 2020 年，全国计划新建、改扩建旅游厕所 6.4 万座，其中新建 4.7 万座以上，改扩建 1.7 万座以上。（载 2017 年 11 月 20 日《人民日报》）

由此，引起全国各地政府对“厕所革命”的重视，纷纷改扩建旅游厕所，中央和地方媒体对“厕所革命”的题材时有报道。《北京青年报》2018 年 4 月 10 日曾报道《本市将改建扩建 300 座旅游厕所》。《北京青年报》2015 年 11 月 20 日记者王斌曾报道《新型公厕样板间昨天亮相 明年年底预计建成 1000 座 第三卫生间满足如厕特需需求》，报道中提到，原来，第三卫生间是为了满足残疾人以及有特殊需求人群而设置的。比如，父亲带着女儿，母亲带着儿子，如果孩子太小，不能独立上厕所，需要家长陪同，进男、女厕所都不方便，第三卫生间使问题得以解决。

（二）涉及国计民生服务人民的题材

急人民群众之所急。《北京青年报》记者周宇报道：《白血病患儿遇“药荒”总理批示“特事特办”》。

李克强总理近日对媒体报道“白血病患儿遭遇廉价国产药短缺，进口药一瓶超千元”作出批示，要求有关部门“切实加大国产廉价药生产供应保障力度”。

“白血病患儿缺药将使这些家庭雪上加霜，要将心比心，高度重视所反映问题，抓紧采取有效措施，特事特办，切实加大国产廉价药生产供应保障力度，切实缓解患儿家庭的‘用药之痛’。”总理在批示中说。

此前，有媒体连篇报道称，“巯嘌呤片”这一治疗儿童急性淋巴细胞白血病的必备药，在全国多地形成“药荒”，一些地方甚至连续 5 个月出现断货。全国 6 家有资质药企有 3 家停产多年，尚有 3 家在近两年停产或暂时停产。

媒体报道，由于药物奇缺，国产巯嘌呤片以前仅 40 元一瓶，如今被炒到 148 元还很难买到。有关微信群、百度贴吧内白血病患儿家长求购“救命药”的信息屡见不鲜。还有一些家长无奈选择境外代购，但进口药价高达1400元一瓶，且真伪和疗效均无法保证。

业内人士解释称，该药定价低廉，药企普遍反映没有利润空间，加之上游原料供应紧张，导致药企生产积极性不高。尽管有些省份已协调药品生产企业、药品经营企业应急调拨，保障巯嘌呤片的正常供应，但“缺药”仍是不少白血病患儿家庭迫在眉睫的难题。

李克强总理批示要求有关部门要“将心比心”“特事特办”。他特别强调，有关部门要将“落实情况专项报告”。

又据《北京青年报》记者付垚报道：本报曾关注白血病“救命药”。17日，《北京青年报》刊发《白血病“救命药”短缺 患者苦寻难觅》，关注多地白血病患儿“救命药” 巯嘌呤短缺一事。记者在采访时曾联系了数家生产巯嘌呤片的国内药企，大多数药企表示，由于原材料价格上涨，利润空间不高等原因，该药已经处于停产或者半停产状态。（载2017年11月21日《北京青年报》）

李克强总理批示“特事特办”以后，《人民日报》记者白剑峰在《白血病患儿救命药恢复供应 130多个短缺药品列入国家重点监测》的报道中写道：“曾经一度短缺的白血病患儿国产廉价救命药巯嘌呤，今天已经恢复生产供应。浙江浙北药业恢复生产后的第一批295万片巯嘌呤开始陆续发往各地，这批药品可满足临床一年的用量。目前，我国已经初步建立短缺药品监测预警机制，130多个短缺药品列入重点检测，‘一药难求’的现象将得到缓解。”（载2017年11月22日《人民日报》）

紧接着，《人民日报》在2017年11月23日刊登谢尚国和王力中两位作者的报道：《白血病患儿购买“巯嘌呤片”不再愁 “救命药”上架百姓药房》。

新华社还配图作了报道。图片的标题是《“救命药”发货》，图片的说明是：11月22日，浙江浙北药业的工人在专用车间内打包“巯嘌呤片”。针对白血病患儿救命药“巯嘌呤片”短缺一事，记者22日获悉，浙江浙北药业有限公司加急生产的15000瓶“巯嘌呤片”已从浙江省德清县发货，约一周后可供应到全国各医药公司和医院。（载2017年11月23日《北京青年报》头版）

从李克强总理的“特事特办”的批示，到在短期内白血病患儿救命药“巯嘌呤片” 恢复生产供应，并及时发货，“上架百姓药房”，“一周后可供应到全国各医药公司和医院”，真可谓“急人民群众之所急”！

改善医疗条件，提升服务水平。如：《120 999 直升机夜航 连救两名重病人》。

《北京青年报》记者李宁报道：12 月 14 日，120 和 999 急救中心分别派出直升机赶往鄂尔多斯和张家口运送重患者进京救治。

距北京 180 公里的张家口市，一位 82 岁老年男性患者因双肺感染合并严重呼吸衰竭，病情极度危重，经过当地医院评估，需将患者转至呼吸疾病诊治领域更具权威性的上级医院进行治疗。在与中日医院专家和 999 调度人员充分沟通后，在严密监控患者生命体征的情况下，999 急救中心直升机从河北省张家口市起飞，飞行 180 公里，将患者转运到北京中日医院接受紧急抢救及后续治疗。

当日 17 时 30 分，北京市区已经夜幕降临，999 直升机在夜色中降落，将患者安全送达中日医院停机坪。交接后，患者由中日医院呼吸及重症等部门医护人员进行紧急救治。

而在当晚，距离北京 600 多公里外的内蒙古鄂尔多斯，一名男性因车祸导致脊髓损伤，腰、颈椎外伤，肺挫裂伤，病情危重，受当地医疗条件限制，急需送往北京接受全面深度治疗。

北京 120 急救中心在接到鄂尔多斯准格尔旗人民医院求助后，组织急救专家对患者进行远程会诊，联络航空公司调派飞机，并与当地政府沟通直升机降落地点。三方面工作有条不紊地同步进行。40 分钟内，救援直升机做好飞行前准备，远程医疗评估结束，准格尔旗人民医院临时起降点布置完毕，飞行航线在军民航的大力支持下即刻获批。

当日 22 时 30 分，载有北京急救中心医务人员的直升机从密云机场起飞。与此同时，北京急救中心积极与积水潭医院取得联系，成立专家团队，做好万全措施迎接患者前来救治准备工作。

3 个多小时后，救援直升机到达准格尔旗人民医院，航空医疗人员对患者进行检查后将其固定在机舱内，在对其生命体征进行严密监护的情况下，连夜起飞，将伤者转运回京。12月15日清晨6时许，救援直升机飞越山西、河北两省，回到北京，安全降落后，患者被立即送往积水潭医院进行救治。

据了解，此次120深夜执行航空医疗救援任务，往返航程长达1360公里，夜间飞行时长达7个小时之久，开创了京津冀地区直升机航空医疗救援飞行里程最长、飞行耗时最长的救援纪录。（载2017年12月17日《北京日报》）

这篇报道，同以往类似的报道相比，更提升了服务水平。其中两位重症病人均为“病情危重”。报道中涉及现代化的先进医疗手段：“组织急救专家对患者进行远程会诊”；其中120救援直升机往返航程长达1360千米，夜间飞行时长达7个小时之久，开创了京津冀地区直升机航空医疗救援飞行里程最长、飞行耗时最长的救援记录。因此，很值得报道。

反映医务工作者敢于担当、牢记职业责任的精神面貌的报道，如《北京青年报》记者张香梅、实习记者张曜麟在所采写的《热心护士更珍视职业成就感》这一报道的提要中介绍：半年前，北京宣武医院的两名护士陶雪莹和梁琦爽在上班的路上遇到了一位突发心梗晕倒在路边的老人，在两人的抢救下，老人脱离危险。当时，《北京青年报》记者采访到两人，并发布了路人拍摄的救人视频，第二天点击量就超过1000万。网友纷纷称赞他们是“白衣天使”。

时隔半年，《北京青年报》记者再次找到陶雪莹和梁琦爽两位护士。对她们来说，救人只是一件小事，但这件小事却影响着她们今后的生活和工作。“以前对护士这个职业有些偏见，认为自己只能做一些生活上的护理。通过上一次心肺复苏救助老人以后，我们意识到护士也能够独自救助一个人，也能体现出自身的职业价值。”（载2017年12月21日《北京青年报》）

说起来，两位护士救人只是一件小事，但从这件小事中，折射了医务工作者敢于担当、牢记职业责任的精神面貌。

《北京青年报》记者郭琳琳采写的《河北103岁老人五代168口同堂》

的新闻，则表现了新时代太平盛世，百姓寿命延长，合家欢乐安康的主题。

（三）涉及天下事的题材

《16 分钟越洋对话 中美主播说了什么？》的报道中提到：中国国际电视台（CGTN）女主播刘欣于昨天早上 8：25（美东时间 29 日晚 8：25）应约与 FOX 商业频道女主播翠西·里根（Trish Regan）就中美贸易等相关话题进行了一场公开辩论。刘欣在 CGTN 北京主演播室通过卫星连线的方式在翠西·里根的《黄金时间》节目里出现。这是中国主播与美国主播首次正面交锋。翠西在节目中称这是美国电视史上前所未有的对话，也是美国听到不同观点的机会。双方就公平贸易、知识产权、华为、关税、中国发展中国家地位以及美方所谓的“国家资本主义”等话题进行了长达 16 分钟的对话。

这一报道不仅引起听众的广泛关注，也引起官方的评论。中国外交部发言人陆慷说，当前在中美关系这样的形势下，我们鼓励也乐见中美两国各界人士能够进行一些开诚布公的、诚实的、理性的思考和对话。他也曾说过，真理越辩越明。（载 2019 年 5 月 31 日《北京青年报》）

《良渚古城入选世界遗产 今起可参观》的报道称：第 43 届联合国教科文组织世界遗产委员会会议（世界遗产大会）在阿塞拜疆巴库举行。5 日，联合国教科文组织世界遗产委员会审议通过将中国黄（渤）海候鸟栖息地（第一期）列入《世界遗产名录》。6 日，中国良渚古城遗址获准列入世界遗产名录。至此，中国世界遗产总数已达 55 处，位居世界第一。本届世界遗产大会 6 月 30 日在巴库开幕，将于 7 月 10 日闭幕。（载 2019 年 7 月 7 日《北京青年报》）

2019 年 7 月 8 日《北京青年报》刊登张敬伟所写《良渚“入遗”再助确认中华五千年文明史》一文中说：“良渚古城遗址‘入遗’成功，虽然要素只是包括公元前 3300 年至公元前 2300 年的城址、功能复杂的外围水利工程和同时分等级的墓地（含祭坛），但由于良渚出土了不同时期的文物，给良渚文化超过 5000 年提供了足够的实证证据，形成了严整的文化传承链条。”这段文字，足见良渚“入遗”的重要意义。

（四）涉及知识性和科学性的题材

《天津消防烈士母亲产下龙凤胎　48 岁烈士母亲和两个婴儿情况良好　烈士父亲称只希望龙凤胎健康成人》这一报道，在提要中写道："时隔两年四个月，在期盼和担忧中，48 岁的庞方国和方志英夫妇，在武汉中南医院迎来他们的龙凤胎。麻醉中的方志英，听到孩子的哭声，忍不住掉下眼泪。时间回溯到两年多前，2015 年 8 月 12 日，天津港瑞海国际物流有限公司发生大爆炸，24 岁的天津市公安消防总队保税支队天保大道中队班长庞题，也是庞方国夫妻俩唯一的儿子，在事故中牺牲。"（载 2017 年 12 月 17 日《北京日报》）

这一报道既是对烈士亲人的安慰，又赋有知识性、科学性，表现了试管婴儿科学技术的成功。

《世界首个克隆猴在中科院诞生 解决非人灵长类动物体细胞克隆世界难题》的报道称："世界上首个体细胞克隆猴'中中'已于 2017 年 11 月 27 日在中国科学院神经科学研究所诞生，第二个克隆猴'华华'于 12 月 5 日诞生。这一重大成果将推动我国率先发展出基于非人灵长类疾病动物模型的全新医药研发产业链，促进针对阿尔茨海默病、自闭症等脑疾病的新药研发进程。世界顶尖学术期刊《细胞》（Cell）今天以封面文章在线发表这项成果。"（载 2018 年 1 月 25 日《北京青年报》，记者雷嘉采写）

明眼人一看，这一报道具有较高的知识性和科学性。

（五）涉及生态文明建设人和鸟类和谐相处的题材

颐和园 160 余只雨燕迎来年度"体检" 志愿者为其
测体重 戴脚环 颐和园为保护雨燕首次封闭廓如亭

本报讯（记者　王斌）6 月 1 日清晨，栖息在颐和园廓如亭景区的 160 余只北京雨燕迎来了一年一度的"体检"。40 余名鸟类保护志愿者在专家的带领下，记录雨燕的生存状态，包括称体重，测量喙长、翅长、体长、尾长，并为雨燕佩戴金属脚环。北京青年报记者了解到，颐和园每年采集到的数据，为研究雨燕种群变化、雨燕寿命及迁徙路线提供了资料，为制定北京雨燕的针对性保护方案提供了依据。此外，为给雨燕营造更好的栖息和繁殖环境，颐和园今年首次对廓如亭进行限时封闭管理，降低对雨燕的生存繁育影响。

雨燕也称楼燕，正名北京雨燕，主要栖息在适宜建巢的古建筑或仿古建筑横梁的缝隙中，每年3月底至当年8月初，是北京雨燕飞抵北京繁育的时间。根据专业人员调查，颐和园廓如亭是北京市区雨燕分布较多的区域之一，最多时可达六七百只。因此，颐和园选定廓如亭作为每年雨燕环志的工作基地。

6月1日凌晨4点，天刚蒙蒙亮，环志工作就已正式开始。6组志愿者分工合作，陆续完成以捕捉、测量、戴脚环和放飞等步骤，为雨燕“体检”。北青报记者在现场看到，负责巡视的志愿者将撞入特质捕鸟网中的雨燕迅速解救下来，装入柔软的布袋交给雨燕管理志愿者。随后，负责环志的志愿者在专家的指导下，将鸟袋中的雨燕取出，用专用环志钳，在雨燕腿部佩戴上国际通用的环志。随后，负责测量的志愿者使用弹簧秤给雨燕称体重，用游标卡尺测喙长和头喙长、跗跖长，使用钢板尺测体长、翅长、测尾长。记录员记录相应的数据。在完成全部工作后，灵巧的雨燕被志愿者高高托举起来，轻轻挥动修长有力的翅膀，瞬间从志愿者手中起飞，在昆明湖岸划出一道道黑色的光影。

据统计，昨天志愿者共采集到160余只雨燕的数据，其中有105只雨燕是曾经环志过的。北京野生动物救护中心史洋介绍，这说明颐和园的雨燕健康状况良好，存活率较高。接下来，研究人员将对百余只有过环志记录的雨燕进行数据对比，这将有助于研究雨燕的生存状况。“我们在2011年捕捉过一只有环志记录的雨燕，显示上一次环志时间为1999年，这令我们十分兴奋，说明雨燕野外生存的寿命至少能达到12年以上。”

史洋介绍，雨燕是一种很“恋家”的鸟类，一般情况下，如果往年在颐和园廓如亭筑巢繁殖过，今年也会飞回来。“从6月1日的观察情况看，有50多只雨燕属于首次飞抵颐和园廓如亭。在这当中，新孵化的小雨燕显著增多，这也说明颐和园雨燕保护工作取得了明显成效。”据悉，颐和园联手野生动物保护机构开展雨燕环志工作可以追溯到1997年。每年采集到的数据为研究雨燕种群变化、雨燕寿命及迁徙路线提供了大量资料，为制定北京雨燕的针对性保护方案提供了依据。（载2019年6月2日《北京青年报》）

再如《正阳门不安防护网　期待雨燕四月归　去年启动雨燕监测项目7只雨燕戴上脚环　正阳门目前已安装摄像头监护雨燕“回家”》的报道：

本报讯（记者 赵婷婷）“谁家新燕啄春泥”，京城4月，候鸟纷归。这两天，正阳门城楼的工作人员正忙着调试监控设备，清理房梁灰尘，为迎接北京雨燕“回家”做准备。

去年，正阳门管理处启动了雨燕跟踪研究项目，给7只新出生的小雨燕戴上了脚环，以此来跟踪研究雨燕的生活习性和回归轨迹。去年4月3日，正阳门迎来了当年第一只回归的雨燕。今年雨燕何时归？归来的雨燕中是否有戴着脚环的“故人”？谜底或许很快就会揭晓。

4月京城春意浓，洒扫除尘以待燕归，正成为正阳门的新惯例。在正阳门工作人员眼里，这种等待雨燕回来的心情，就像家人期待归来的游子一般。别看简单的打扫除尘，里头也很有讲究：既要做清理，又不能做得太多，怕雨燕认不出原来的窝，回不了家。“比如雨燕窝的进出口，就不能轻易扩大，做得太多反倒会影响它们回家。”北京市正阳门管理处副研究员袁学军去年参与了正阳门雨燕监测项目，亲眼看着专家给7只在正阳门出生的小雨燕戴上了脚环，她也因此比别人更多了一份对雨燕回归的期盼。

北京青年报记者昨日从正阳门管理处获悉，去年有7只在北京出生的小雨燕戴着“脚环”离京，今年春天如果能监测到它们顺利回归，将为研究北京雨燕生活习性提供宝贵的参考。北京雨燕已经在正阳门城楼上空盘旋了近600年，可以说是北京中轴线上活生生的历史标识。1870年，英国科学家在北京第一次采集到北京雨燕的标本，并把这个新物种命名为“北京雨燕”。这是全世界唯一以“北京”命名的鸟类。

据了解，由于担心雨燕筑巢、粪便排泄等行为对古建造成伤害，不少古建都装上了防鸟网，阻止雨燕等鸟类进入。而这对于喜欢以古建为家的雨燕来说，无异于把它们挡在了家门外。袁学军介绍说，雨燕都是利用古建里的孔洞产卵，不会自己筑巢，而且雨燕很爱干净，在巢穴附近很少产生粪便，即使留下了一些粪便，只要及时清理，对古建的影响也很小。正因如此，正阳门没有安装防护网，而是以一种开放的态度欢迎雨燕归来。

除了不安装防护网，正阳门管理处还给古建安上了摄像头，开始对雨燕的数量、生活习性等进行调查。据袁学军介绍，“根据雨燕的生活习性，一般每年7月底8月初，北京雨燕会带着新出生的小雨燕从北京出发，飞往南非越冬。它们会在次年4月份飞回来，只是不知道飞回来的里面有没有戴着脚环的那7只。”目前正阳门管理处正在加紧监测。（载2019年4月5日《北京青年报》）

读了上述两篇报道，令人十分欣慰。深深地感到，北京野生动物保护机构的专家和有关的志愿者们，以及正阳门管理处的专家和工作人员，对唯一以“北京”命名的雨燕，是多么的精心呵护，以致使“雨燕保护工作取得了明显的成效”。特别是在报道中对雨燕描述的语句，采用了拟人化的手法，带有浓厚的感情色彩，使人读起来倍感亲切。例如，用了“体检”“恋家”“回家”“故人”，“在正阳门工作人员眼里，这种等待雨燕归来的心情，就像家人期待归来的游子一般”。人和鸟类如此和谐相处，多么值得赞颂和效仿。

中国黄（渤）海候鸟栖息地2019年7月5日“入遗”，也是生态文明建设的一大盛事。中国黄（渤）海候鸟栖息地地理位置：位于江苏省盐城市，主要由潮间带滩涂和其他滨海湿地组成，是东亚—澳大利西亚候鸟迁徙路线上的关键枢纽，是全球数以百万迁徙候鸟的停歇地、换羽地和越冬地。

评价：世界自然保护联盟认为，中国黄（渤）海候鸟栖息地拥有世界上规模最大的潮间带滩涂，是濒危物种最多、受威胁程度最高的“东亚—澳大利西亚”国际候鸟迁徙路线的中心节点。第一期项目所在的江苏盐城黄海湿地有超过680种脊椎动物和500多种无脊椎动物，其中包括415种鸟类，是全球数以百万迁徙候鸟的停歇地、换羽地和越冬地。

报道中写道："遗产地范围于东亚—澳大利西亚水鸟迁飞路线的中心位置，在跨国迁徙候鸟保护上发挥着不可替代的独特作用。每年有鹤类、雁鸭类和鸻鹬类等大批量多种类的候鸟选择在此停歇、换羽、越冬或繁殖，如全球极度濒危鸟类勺嘴鹬有90%以上种群选择在此栖息，最多时有全球80%的丹顶鹤来此越冬，濒危鸟类黑嘴鸥在此繁殖，极为稀有数量众多的小青脚鹬、大杓鹬、黑脸琵鹭和大滨鹬等长距离跨国迁徙候鸟在此停歇，补充能量。"（《北京青年报》记者赵婷婷综合央视、新华社报道，载2019年7月7日《北京青年报》）

读了上述报道，无须赘言，保护好这一"填补滨海湿地类空白"的黄（渤）海候鸟栖息地（第一期）是多么的重要！

（六）表现赋有情趣人情味的题材

如《亚运会吉祥物原型熊猫盼盼去世　相当于百岁老人多次病危后获得重生　曾获颁"世界现存最长寿大熊猫"享年37岁》的报道：

> 14日上午，海峡（福州）大熊猫研究交流中心通过官方微博发布消息称，1990年亚运会"盼盼"的原型，国内外著名的友谊天使，大熊猫明星——巴斯，因病于2017年9月13日上午8时50分离世，享年37岁。
>
> 14日，海峡（福州）大熊猫研究交流中心副主任修云芳对北京青年报记者介绍，从今年6月份开始，发现巴斯身体健康状况急剧下降，"最早时候发现是贫血，后来做了检查之后发现腹腔中有腹水，后来做了B超之后发现了肝硬化。"修云芳介绍，巴斯去世主要是肝肾等综合因素导致，后期虽然一直在抢救治疗，但终因年纪过大医治无效离世。
>
> 交流中心主任陈玉村介绍，野生大熊猫平均年龄12至13岁，37岁相当于人类的一百多岁。据统计，大熊猫人工饲养下，目前在世界上存活的其他圈养大熊猫最高年龄31岁，上了37岁这个年龄的，包括巴斯在内至今仅有三只，而其他两只均已离世。今年1月18日，世界纪录认证公司授予巴斯"世界现存最长寿大熊猫"殊荣，最近吉尼斯世界纪

录机构也为它颁发了《现存年龄最大的圈养大熊猫》证书。

曾多次病危后获得重生。2000 年，巴斯成为世界上首例被确认患有高血压的大熊猫。2002 年 7 月 23 日，巴斯在福州鼓岭避暑山庄，因血压高出正常血压两倍，引起血管破裂而大量出血，整整昏迷一周，后在医疗团队的精心治疗下重获新生。

2010 年 6 月 1 日至 7 日，巴斯突发胰腺炎，生命危在旦夕，医护人员历经艰难抢救终于使巴斯又获得一次新生。

据陈玉村介绍，为满足市民和巴斯粉丝的要求，福州保护大熊猫协会和海峡（福州）大熊猫研究交流中心决定于本月 16 日（星期六）上午 10 时，在福州熊猫世界为巴斯举办悼念活动，在国庆节之前，每天为它播放专题视频，设立悼念专版，表达人们对它的怀念之情。

遗憾的是，因为巴斯没有办法生育，且人工授精没能成功，所以巴斯一直都没有子女。

另据新华社消息，巴斯的标本将会被安放在正在筹建中的“巴斯博物馆”里。

报道之外，还附有“盼盼生平”。在头版还刊发了新华社播发的第 11 届亚运会吉祥物“盼盼”原型“巴斯”离世新闻发布会的大幅图片。

（载 2017 年 9 月 15 日《北京青年报》，记者郭琳琳采写）

全篇报道将“盼盼”人格化。对“盼盼”的病情、抢救过程、离世原因、“巴斯”一直都没有“子女”，以及“盼盼生平”、对其的悼念活动，犹如对一个百岁老人的描述，赋有浓厚的人情味和情趣。

（七）反映奇闻奇事的题材

圆明园百年古莲子首次复活盛开

本报讯（记者　王斌）最近，圆明园一项“奇观”吸引游客蜂拥而至。圆明园考古出土的古莲子，昨天在圆明园荷花基地首次盛开。北京青年报记者了解到，这是圆明园进行考古发掘工作以来首次发现古莲子

的存在，对今后圆明园考古发掘和探索历史文化具有较高研究价值。（载2019年7月8日《北京青年报》）

记者所报道的不仅仅是一项“奇观”，还指明这项“奇观”“对今后圆明园考古发掘和探索历史文化具有较高研究价值”。增强了所报道题材的新闻价值。

西瓜擂台赛诞生80.06公斤“瓜王”

本报讯（记者　张小妹）昨日，大兴区庞各庄镇的西瓜小镇里，来自全国各地的西瓜齐聚这里“打擂”。最终，最大西瓜重80.06公斤，获得今年“瓜王”称号。

全国西甜瓜擂台赛已举办了31届。如今大兴庞各庄西甜瓜产业已逐步走上了现代发展道路，全镇西甜瓜种植面积达2.5万亩，年产量9000万公斤，年销售收入2.1亿元，并纳入大兴地理保护标志和安全农产品可追溯标志。（载2019年5月26日《北京青年报》）

报道中点明“如今大兴庞各庄西甜瓜产业已逐步走上现代发展道路”，从中可以想象到，“瓜王”的诞生是农产品科学研究创新的成果，可以促使农业生产者通过科研创新提高农产品的产量，具有一定的新闻价值。

二、要写得生动活泼，饶有风趣

如何写得生动活泼，饶有风趣呢？需要我们深入研究。周恩来对报道中的老一套、公式化、框框多、词汇贫乏等多次提出批评。他要求：“要自己创造，不要等现成的。西方记者的消息写得很活泼，你们可以学一下嘛？”（载《新闻业务》第1期；载1986年2月9日《文摘报》第285期）

要采用多种不拘一格、新颖的形式写新闻。不要采用老格式、老模式、老套子、老面孔写新闻。新华社曾提出改革“新华体”。“新华体”的特征之一就是写作上有一些常用的格式和语言。那么几种表达方法，那么几句话，反反复复地用，使人们一看就眼熟，一看就知道这是新华社发的稿件。因此，要改革就要从发扬创新精神，打破写作上的老一套入手。（《谈谈改革“新华体”》载1981年1月《新闻业务》活叶版第1期）从这个意义上说，穆青提出的“我们的新闻报道的形式和结构也应向自由的活泼的散文式的方向发展。改变那种沉重的死板的形式，而代之以清新的明快的形式”。（载1982年第2期《新闻业务》）这一见解，对改进新闻写作是有积极意义的。

请看1990年获《现场短新闻》一等奖的作品《难忘的时刻——小平同志会见最后一批外宾侧记》。

还是这间透着八闽风情的大厅，还是上午10点这一时刻，背景依然是那幅日光岩巨画，茶几上照例摆放着两盆鲜花……

接见现场的一切似乎都和往常一样，但是今天这里熟悉的一切，却又给人以不同于过去的感觉。

1989年11月13日，邓小平同志于人民大会堂福建厅会见外宾。

这是一个历史性的时刻。

小平同志身着深灰色中山装，站在屏风旁边，容光焕发，同来访的日中经济协会访华团的日本人一一握手。当着几十位日本客人、几十位中外记者，小平同志向他们、也是向中国、向全世界宣布：“日中经济协会代表团将是我会见的最后一个正式的代表团，我想利用这个机会，正式向政治生涯告别。”

短短几句话，像以往那样说得明快、平和，几十位在场的中外记者却由此得到一条重要信息：今天，敬爱的小平同志将正式告别他60多年的政治生涯。

“退就要真退，这次我就要百分之百地退下来。我退下来，也是想让党、政府、军队的领导人能够放手工作。我相信他们能够把工作做好。”

记者注意到，当小平同志说这句话时，深邃的目光中透露出的神情是坚定的，是自信的。

整个会见充满亲切、友好的气氛。从斋藤英四郎先生向小平同志问好开始：“看到您满面红光我很高兴”，到最后道别时斋藤先生双手紧握小平同志的手，深情地说：“为了中国的繁荣、亚洲的繁荣，为了中日两国人民的友好情谊，希望您健康长寿！”近70分钟的会见，竟像一瞬间那么快地过去了。

以往会见接触时，在场的工作人员深知小平同志时间宝贵，虽然都想和他说上几句话，但谁都不忍心去占用他的时间。然而今天，几位经常采访小平同志会见外宾的记者再也按捺不住对小平同志崇敬之情，异口同声地请求："邓主席，与我们这几位中国记者合个影吧！""好！和记者们合影要轻松多了。"小平同志答应得这么痛快，引起一片欢笑。连几位大会堂工作人员也挤了过来，说："我们也要和邓主席合个影。"小平同志愉快地满足了大家的要求。

小平同志告别了他光辉的政治生涯，但人们永远不会忘记他……（作者孙毅，1989 年 11 月 14 日《人民日报》，转自 1990 年 6 月新华出版社出版的《现场短新闻》）

谷嘉旺在《突破"惯例"别具慧眼——〈难忘的时刻〉》简评中指出：抒情化的笔调和散文式的结构是《难忘的时刻》这篇成功之作的一个特色。写外事消息久了的记者常觉乏味。这也难怪，总是那么个场面，一切都程序化，主客之间除了寒暄便是交谈，"他说""又说"，很难写出新花样。《难忘的时刻》这篇则不然："还是这间透着八闽风情的大厅……接见现场的一切似乎都和往常一样，但是今天这里熟悉的一切，都又给人以不同于过去的感觉。"作者提笔不凡，落笔有情，这既反映出作者观察事物之细致，又反映出他驾驭文字的能力。寥寥数笔，情景交融，使读者身临其境，没有相当的笔头功底，难矣哉。

孙毅在这篇特写中，除了他具有新闻敏感，别具慧眼，捕捉到了"一个历史性的时刻"写新闻之外，他在行文中采用了抒情化的笔调和散文式的结构，对特写的成功所起的作用是何等的重要！

如何写得生动活泼，饶有风趣呢？从前面写到的报道对北京雨燕的拟人化的描述中，对"盼盼"大熊猫人格化的叙述行文中，均可得到印证。让我们发扬创新精神，采用各种新的表现形式，不拘一格写新闻。

以上五点要求是互相联系的。只有按照上述要求写新闻，才可能写出人民群众喜闻乐见的好新闻。

2019 年 7 月，在原讲稿的基础上修订改写

第二章
新闻写作的基本方法

第一节　用事实说话是新闻写作的基本方法

新闻来源于客观事实，事实是新闻的基础。离开事实，就没有新闻；用事实说话是新闻报道的基本特征、基本规律，也是新闻写作最基本的方法。

一、什么叫用事实说话

所谓用事实说话，就是通过报道事实来向读者阐明一种思想和观点。学写新闻就要学会用叙述事实来发表意见。胡乔木同志在谈到这方面问题时曾指出："最有力量的意见乃是一种无形的意见——从文字上看去，说话的人只是客观地朴素地叙述他所见所闻的事实（而每个叙述总是根据着一定的观点的），这样，人们就觉得只是从他接受事实，而不是从他接受意见了。""新闻就是这种无形的意见。愈是好的新闻，就愈善于在内容上贯彻自己的意见，也愈善于在形式上隐藏自己的意见。"（引自《人人要学会写新闻》）这段话再清楚不过地阐明了新闻用事实说话的真谛。简而言之，用事实说话就是要把作者的意见和观点寓于事实的叙述之中，让读者从报道的事实中得出应有的结论。

根据新闻写作的实践经验，对用事实说话的问题我们应有三点明确的认识：

第一点认识是，既然新闻是事实的报道，我们只有用大量生动的新闻事实写新闻，才可能使新闻常写常新。因为事实是具体的，形象的，而且是千变万化的，这一事实与那一事实都有其鲜明的个性特征。所以，有些新闻报道尽管阐明的是同样的思想、观点，但由于所报道的事实迥然不同，而不致使读者有重复的感觉。

第二点认识是，既然写新闻一方面要报道“事实”，另方面又要用事实“说话”，这就要求新闻中不仅应该包含能够体现作者意图的事实，必要时，还应该对所报道的事实加以分析和解释。但这种分析和解释不是作者出面空泛地讲道理，而仍然是通过客观地介绍与所报道事实有密切联系的新闻背景等事实材料。

第三点认识是，既然用事实说话是新闻写作的基本规律、特征和方法，我们就要自觉地按照这一规律、特征和方法写新闻。有的新闻却违背了这一规律、特征和方法。为了宣传某个领导部门的意图，体现某个重要会议的精神，不是寻找生动的新闻事实去阐明、体现，而是把没有新闻事实的内容写成新闻；或者不管所报道的事实能否说明作者的意图，而硬塞进所报道的事实之中。这样的“新闻”见报后，往往吸引不了读者，还谈得上什么宣传效果。因此，要使新闻发挥应有的作用，就决不能违背用事实说话这一基本规律、特征和方法。

二、客观手法和革命立场相结合

记者在新闻报道中，既要坚持用事实说话，又要善于在报道事实中体现记者的立场和观点。我们提倡客观报道手法，却又反对客观主义；反对对事实的报道采取所谓“纯客观”“无党性”“超阶级”的态度；反对有什么报道什么，有闻必录；也反对毫无目的地写新闻，为报道而报道。李普同志曾说：事实说话写报道，字里行间见立场。做到这点，就要在写作技巧上下功夫。比如要善于在选择新闻角度、事实的取舍和报道手法上体现记者的立场、观点和倾向性，在写新闻时，把客观手法和革命立场有机地结合起来。《战后谅山》这篇新闻的作者在这方面就做得比较好。为了便于说明问题，让我们先看看这篇新闻的全文：

新华社广西边防前线一九七九年三月六日电　新华社记者阎吾报道：记者五日下午访问了激战后的越南谅山省省会谅山市。随着奇穷河南岸地区和谅山西南413高地守敌的覆灭，枪炮声渐渐平息下来。我边防部队指战员正从各个阵地上把缴获的坦克、装甲车、导弹、火箭筒、火炮和各种枪支弹药汇集在一起。一队队中国边防战士们，精神抖擞地跨过奇穷河大桥，开赴谅山以南各个阵地，准备迎击胆敢反扑的越军。

记者在蒙蒙雨雾中来到谅山北区的一个高地旁，看到那里停放着一辆守敌的指挥车。解送这辆指挥车的战士告诉我们，一个上了岁数，脑袋已经秃顶的敌指挥官被击毙在这辆车上。

滚滚浓烟笼罩着谅山的上空。南北市区到处是一堆堆废墟，街头巷尾到处堆放着越军丢下的武器弹药和各种食品，这些武器弹药和食品大都是过去我国作为援助物资赠送给越南的。

在谅山市西南的石山上，我们看到文庙越军炮台里的枪炮已被我军打得东倒西歪，越军的火力点二仙洞和其他一些山洞也被炸塌。一个边防战士笑着对记者说:“他钻洞,我炸洞,在我军面前没有攻不破的堡垒！”

记者在谅山敌军的一些阵地上，看到所有的日历都没有翻到二月二十八日的，有的翻到了二月二十七日。可以想到，他们刚把日历翻过二十六日那一页，就被我军打得丧魂落魄，再没有能往下翻了。正像一个越南士兵在一封未发出的家信中写的那样：“我们这里形势很紧张，每天都有许多人死伤，不知哪一天该轮到我的头上。”

这篇新闻通过报道我军攻克谅山的情景，宣传我军的胜利，揭露敌人的谎言，做到了寓政治观点于具体生动的事实之中。黎笋集团不是说我军未能打下谅山，并说我军主动撤军是被他们赶跑的吗，新闻则具体生动地描述了奇穷河南岸地区和谅山西南四一三高地守敌覆灭后我军胜利的情景；描述了谅山守敌的现场指挥车被我军缴获、指挥官被我击毙的情景；描述了谅山街头巷尾到处堆放着越军丢下的武器弹药和食品的情景。这些都是记者亲眼所见的客观事实，敌人想抵赖也抵赖不了。特别是结尾一段中着重写了两个细节：一是“记者在谅山敌军的一些阵地上，看到所有的日历都没有翻到二月二十八日”（谅山战斗是 2 月 27 日打响的）；二是节选了一个越南士兵未及发出的家信，用以反映越军士气的低落。这两个客观存在的细节更令人确信无疑，任凭敌人怎样歪曲事实也无济于事。新闻通篇都是客观报道，但作者的革命立场和政治观点却表现得非常鲜明。而且时机也掌握得好。3 月 5 日下午谅山刚一攻克，新闻在当晚 9 时就发到总社，7 日全国各报和香港报纸都以显著地位刊登，有些外电也转发了，及时地戳穿了敌人的欺骗宣传。

选入新闻的事实，应当是有意义的、新鲜生动的、为广大群众所关心的、能够揭示事物本质的、比较典型的事实。下面结合新闻《邓小平赞扬王崇伦抓豆腐抓得好》（新华社北京 1983 年 10 月 23 日电）谈谈选择有新闻价值的典型的事实说话的问题。

全国总工会副主席王崇伦曾于 1980 年 8 月至 1981 年 8 月，带职到哈尔滨市当了一年的市委副书记，并分工负责抓全市的财贸工作。作为一位市委副书记，所要抓的重要任务该有多少？新华社 1981 年 3 月 25 日的通讯《王崇伦抓豆腐》没有写这位副书记抓那些一般人看来更为重要的任务，而单单写了“抓豆腐”这件不起眼的事儿。你看：“近十几年来，哈尔滨市群众爱吃的豆腐一直供应短缺，有关部门每年收到许多批评信”，而“生活在‘大豆之乡’的人‘吃豆腐难’的问题却仍然年复一年地得不到解决。”这位副书记上任仅半年多的时间，就解决了这一难题，这不是为人民群众办了一件大好的实事吗？“抓豆腐”这件事看上去不起眼，却是关系到人民群众日常生活的切身利益，能够说明党风好转的重要问题。因而“王崇伦抓豆腐”就是一件很有意义的新闻事实。《邓小平赞扬王崇伦抓豆腐抓得好》这条新闻，现在又从另外一个角度报道了这一事实：

> 10 月 18 日，在中国工会第十次全国代表大会开幕式上，邓小平同志一见王崇伦，就非常高兴地久久握着他的手，笑着对他说：“你抓豆腐呵，抓得好！抓得好！”

“王崇伦抓豆腐”虽然已是大家熟悉的事情，但现在邓小平同志又加以赞扬，这就赋予了新意：党中央鼓励王崇伦及工会干部用当年王崇伦抓豆腐的精神做好工会工作，为人民多办好事和实事。也说明邓小平同志一贯热爱人民、关心人民疾苦、爱护干部的崇高品德，连“王崇伦抓豆腐”这样的细小事，都一直记挂在心，并鼓励工会干部坚持发扬这种优良作风。因此，虽然只简简单单的一句话，但却是有重要意义的新闻事实。

“邓小平赞扬王崇伦抓豆腐抓得好”这也是一件很新鲜生动的、为广大群众所关心的新闻事实。本来“王崇伦抓豆腐”这件事就与广大群众的生活息息相关，现在又受到邓小平同志的赞扬，更引起大家的关心。同时，这一事实又反映了党的领导干部深入实际、密切联系群众、关心群众生活的优良作风。新闻中的典型事实，可以起到以一当十的作用。记者就要善于选择这种有新闻价值的典型的事实材料写新闻，用这种有新闻价值的典型的事实说话。

一篇写得好的新闻往往用的事实材料并不多，但由于选择了最典型、最有代表性和最能说明问题的事实材料说话，选择了新鲜生动、有特色、有说服力的事实材料说话，新闻所阐明的观点不仅令人信服，也能给人留下深刻的印象。

第二节　用事实说话的常用表现手法

选择好有新闻价值和典型的事实材料以后，还要采取有效的表现方法。否则，事实材料再多、再生动，也仍然是写不出好新闻的。这里介绍六种用事实说话的常用表现手法。

一、筛选事实

记者写新闻时，一般情况下，不需要将所报道事实的复杂过程或与主题无关的细枝末节都写进新闻，新闻中只要求报道最新鲜、最生动、最有意义的事实。这就要求我们善于在事物的复杂过程中筛选新闻事实。

有的同志在写新闻时，却不善于筛选新闻事实。一是不善于从大量的事实材料中筛选能够表现一定主题思想的新闻事实；二是不善于准确、简练地将最新鲜最生动最有意义的新闻事实描述出来，往往把事实的过程写得很多，把与主题无关的细枝末节写得很多（当然，也有同志把新闻事实写得过于简略干巴，不能引起读者的注意，也不能突出地说明问题）。这样就造成三个结果：

第一个结果是，淹没了真正的新闻事实。《天安门事件完全是革命行动》（新华社1978年11月15日讯）这条新闻前后两稿的写作过程，就说明了这个问题。

第二个结果是，只写了事实，却没有用事实说话。下面的新闻就存在这个问题。例如《山东电影放映工作有成绩》这条新闻。文中说："山东省电影放映单位已发展到一百九十四个，在1954年一年中，共放映了电影五万五千二百三十场，观众达五千九百五十四万多人次……"新闻界一位老前辈看了这篇新闻，当即指出："这条新闻中，只举出一些数字，但是没有同全国情况比较，不能说明问题。最落后的一个省，也可能有那么多的放映队，现在读了新闻，只能说大概做得不差。"并说："通讯员写稿当然无法比较，编辑部应该同有关部门联系，把稿子补充一下。"（《谈谈报纸工作》）这里所谈"不能说明问题"，原因是新闻只是举出了一些数字，而又没有同全国情况比较，看不出这个省电影放映工作的成绩究竟有多大。也就是说，没有真正做到用事实说话。

第三个结果是，新闻事实拉杂，不能紧扣主题。事实相互之间没有内在的联系，也缺乏一根把它们串起来的主线。看后，不知作者究竟要告诉读者什么观点。

由此可见，记者是否善于筛选新闻事实，是能否在新闻中突出最新鲜、最生动、最有意义的新闻事实，并做到用事实说话，充分表现主题的重要一环。筛选事实的过程，就是突出真正的新闻事实、提炼和表现新闻主题的过程，也就是解决怎样用事实说话的过程。因此，写新闻时，一定要首先学会筛选事实。

二、以小见大

在选择典型事实材料说话时，要善于采用以小见大的手法；否则，一些生动的典型的事实材料摆在你面前，也会抓不住。例如《上海最后两辆人力车进了博物馆》这条新闻，就采用了以小见大的方法用事实说话。请看这条新闻的全文：

> 新华社上海 1956 年 2 月 25 日电　上海市交通局今天把上海的最后两辆人力车送给了博物馆。原来的人力车工人曾为此自动集会庆祝，感谢政府替他们挖掉了穷根，帮助他们走上新的生活。
>
> 人力车最初出现在日本。远在 1874 年，上海也有了这种交通工具。解放前夕，上海约有五千多辆人力车，七千多人力车工人。新中国成立后，政府在发展公共交通建设的同时，就有计划地帮助人力车工人分批转业。有些人力车工人已经被训练成为汽车驾驶员或技术工人。有的回到农村参加了农业生产。没有劳动力又没有依靠的老年工人进了养老院。

六十三岁的老工人姜威群，拉了五十多年人力车，穷得一直不能结婚，现在他正在养老院里安静地度着晚年。

你看，“上海最后两辆人力车进了博物馆”事情小不小？的确小得很！可是却包含了丰富的内容，说明了深刻的主题。因为人力车一向被外国人当作落后中国的象征，上海把最后两辆人力车送进了博物馆，不仅仅表明我们已经结束了人力车这种不人道的落后的交通工具的历史，更重要的是，它表明了新中国成立后我国社会面貌所发生的巨大变化，表明了我国劳动人民已经走上了与旧社会迥然不同的新的生活。而这些深刻的内容、重大的意义都是通过“小”的、具体生动的事实来表现的。

一些写得好的新闻用事实说话时，大都采用这种表现手法，使人感到具体生动，有很强的说服力。

三、对比衬托

用过去的情况衬托新形势的巨大变化；用过去的数字（百分比等）对比衬托现在的数字、比例的增多；用落后对比衬托先进等等，以增强新闻的宣传效果。

《从邮局看变化》（新华社乌鲁木齐 1980 年 1 月 17 日电）这条新闻就采用了对比衬托的表现手法。由于林彪、“四人帮”极左路线的干扰破坏，新疆多年来生产上不去，副食品供应很紧张。过去，春节将到，就从关内邮寄大量的副食品包裹。党的十一届三中全会以后，经济形势发生了很大变化，农副产品日益增多，市场供应好转，现在春节时不再需要从关内大量邮寄副食品包裹了。记者抓住这一变化采用对比衬托的方法写新闻，使读者从中不仅看到了新疆的大好形势，也感受到了全国的大好形势。新闻是怎样对比衬托的呢？在导语部分，将新疆邮局过去的概况同今天的概况作了对比：“过去忙于分拣从内地寄来的大批副食品包裹，而今天却忙于收订大量报刊。”在第二段，将邮电局“往年这个时候”（指春节前）在办公室找不到领导和职工，“全部人马都帮助分拣包裹去了”，同今年这个时候在办公室能找到领导和职工作了对比。在第三段，将“前几年”邮局收到从关内大量邮寄副食品的包裹，同第四段中所写的“今年”内地往新疆寄食品包裹大量减少的事实作对比。在最后一段，将“去年年底”与“前年同期”相比，说明“全疆的报刊订户增加20%以上。现在，新疆平均每4.7人就有一份报刊。邮电局的同志说：‘现在党的工作着重点已经转移到四化建设上来，各族人民学科学、学文化的劲头越来越足了。’”在这一段和导语部分都用食品包裹减少同报刊订户增多这两方面的事实作对比，反映了党的工作着重点转移到四化建设上以后，人们学科学、学文化，要努力为四化建设贡献力量的迫切心情，说明经济形势的好转，使人们的精神面貌也发生了变化。由于新闻通篇都是用事实材料作对比，新疆变化之大令人信服，新疆与全国的形势之好使人鼓舞。

四、点面结合

这种表现方法，就是用事实说话时，要将具体事例同概略的事实材料相结合。具体事例可以反映点上的情况，可以反映所写事物的深度；概略的事实材料则可以反映面上的情况，可以反映所写事物的广度。如果新闻采用了点面结合的表现方法，就使读者既看到了具体事例，又看到了全貌。新闻有骨有肉，具有较强的说服力。如果只有几个孤零零的具体事例，没有全貌的事实材料，新闻就会显得单薄；如果只有概述的事实材料，没有典型生动的具体事例，新闻就会干巴、笼统，难以感人。

五、再现场景

用记者亲眼所见的典型场景说明所要说明的问题，也是用事实说话常用的表现方法。例如李普的《友谊农场五分场二队夺得大丰收》（1978年10月31日《人民日报》）这篇新闻，报道的是农业现代化中的一件新事：全队二十名农业工人，平均每人种地近千亩，产粮二十万斤。新闻通过这个队所取得的较高的劳动生产率这一事实材料，说明使用引进的先进农业机械和运用科学种田方法的优越性，除了在肩题里点明“现代化农业机械初显神通”以外，没有抽象地介绍它们怎么优越，而是用事实说明它们优越在什么地方，并采用再现场景的方法说明问题。这里引用一段：

在深秋的阳光下，我们来到二队田间。只见玉米秆高穗大，大豆果实累累，三台大型的联合收割机正在工作。这种收割机工效高，作业质量好，收割、脱粒等几道工序一次完成。它乘风破浪般地前进，所过之处，把玉米秆、玉米芯切成一小节一小节，均匀地撒在地里作肥料。转眼之间，一大片庄稼就被剃光了。金黄的粮食，随即由运粮拖车送到晒场。

这一段通过具体生动的叙述和描绘，再现丰收的场面，反映了现代化农业机械的优越性。好像把读者带到了现场，让读者从现场的生动事实中得出应有的结论。

六、画龙点睛

新闻要用事实说话，但也不排斥必要的恰当的议论。在叙述事实的基础上，如果议论得好，就如同画龙点睛，能使新闻更加醒目，更富有战斗性。但这是在叙述事实的基础上的议论，一般先有叙，后有议。比如《党组织为马寅初彻底平反恢复名誉》（1979 年 7 月 25 日新华社电）这篇新闻就是这样写的。新闻在充分叙述事实的基础上，末尾写了一小段议论：

20 多年的是非终于澄清，冤案终于平反。实践宣布了公允的裁判：真理在他一边。

由于前面已经叙述了为马寅初彻底平反，恢复名誉的事实材料，末尾写上这段议论，将这件事上升到实践是检验真理的标准这一高度去认识，不仅显得更有力量，也可以加深读者对这件事的认识。

不过，在运用画龙点睛的表现手法时，要注意两点：

一是议论要贴切，要恰到好处，不要画蛇添足。

二是穿插议论时，不能用空洞的议论代替事实材料。至于新闻述评，由于它具有较多的评论色彩，和一般新闻有所不同，但即使这样，事实和议论也要有机地结合起来。

用事实说话的表现方法如此之多，如何有效地发挥它们各自不同的作用呢？这就要求我们在提笔写新闻时，根据每篇新闻的不同题材和要求选择最适合的方法，以充分发挥新闻用事实说话的威力。

第三章
通讯的特点、主题和结构

本章内容，涉及通讯的作用、特点，通讯不同于新闻和文艺作品的主要特征，通讯如何提炼和表现主题、如何选材、如何组织结构、如何拟写标题等方面的基本知识、要求和方法。为了从理论和实践的结合上阐明问题，联系有关通讯作品作了一些具体分析。

第一节　通讯的特点

通讯同消息、评论一样，是报纸上常见的一种新闻体裁。它通过对先进人物、先进事迹、典型经验和地区的报道，迅速反映社会主义革命和建设事业的新成就和时代的风貌，及时地传播先进思想和成功的经验。它是宣传马列主义、毛泽东思想和党的方针政策，提高人们思想觉悟，推动社会主义革命和建设事业向前发展的有力武器。

通讯在报纸上所起的作用，从总体上说，同消息是一致的。它或者用来单独报道典型人物、事件、经验和地区；或者同消息配合运用，消息简明扼要地报道新闻事件，通讯具体生动和详尽地报道新闻事件的情节、细节、来龙去脉以及同新闻事件有关的人物的活动和感人的场面。与消息在同一天的报纸上出现。一般都是重要的典型报道才采用这样的形式。例如关于我国向预定海域发射运载火箭成功的报道就是采用这种形式。在 1982 年 10 月 17 日的《人民日报》第一版，在头条地位刊登了新华社发的题为《我国运载火箭技术又有新发展　向预定海域发射运载火箭成功》的新闻公报（消息的一种体裁），公报内容仅两句话："1982 年 10 月 7 日至 16 日，我国向预定海域发射运载火箭获得成功。这一成就标志着我国运载火箭技术又有了新的发展。”鲜明突出地向读者报道了新闻事件。在第二条地位则刊登了题为《潜艇水下发射火箭目击记》的通讯，用了3200字的篇幅，从水下发射火箭、火箭跃出大海、腾空飞翔、通过各种现代化仪器观察火箭飞行、介绍火箭在预定海域准确溅落以及发射总指挥部利用科学指挥等五方面，报道了发射火箭的具体情景。通讯和消息配合运用，使读者既鲜明突出，又比较详尽地了解了发射运载火箭的新闻事件。在一般情况下，消息与通讯不同时见报，可先发新闻，随后发通讯。通讯与消息二者配合运用，可以使报道收到较好的效果。有这种情况：新闻题材很有意义，由于不善于将通讯与消息配合起来运用，而影响了宣传效果。比如有篇写北京市朝阳区幸福村中心小学教师马芯兰创造新的数学教学法，三年级学生做升初中统考题平均达93分的消息，长达4500字，题材很好，报道在全国有较大的影响，被北京市新闻学会评为受表扬的好新闻。但在评选中也指出了消息写得过长是它的不足之处。过长的一个主要原因就是不善于将通讯和消息这两种体裁配合起来运用。如果将马芯兰创造新的数学教学法取得好成绩的内容用简练的文字写成消息，再将具体经验写成通讯，这样写，不仅篇幅短小，所报道的内容也会更加醒目一些。我们一定要学会恰当地运用通讯这一体裁，并充分发挥其作用。

通讯的特点是什么呢？通讯最显著的特点有：一是新闻性，二是生动性。下面分别谈谈这两个特点。

一、通讯的新闻性

同新闻单位有关同志谈起通讯写作中存在的问题时，他们说，编辑部每天收到许多通讯稿件，但符合要求的不多，写得好、写得有特色的不多，突出的一个问题就是缺乏新闻性，往往写成一般的好人好事。

消息要有新闻性，没有新闻性就不成其为新闻了。通讯是不是可以不要新闻性，或者新闻性是不是不一定太强呢？有的初写通讯的同志正是在这方面产生误解，写出的通讯常常因为缺乏新闻性而被“枪毙”。很显然，通讯既然是一种重要的新闻体裁，毫无疑问，同消息一样，也应该具有新闻性。

通讯的新闻性主要表现在三个方面。

（一）问题新

通讯同消息一样，所报道的问题应该是实际工作中所提出的新的问题，应该具有指导性和典型性。通讯的指导性表现在它无论是报道人物、事件，还是报道工作经验或地区风貌，都要对实际工作起推动作用，都要给读者以信心、力量、勇气和方向。通讯的典型性表现在它所反映的题材、问题具有一定的代表性和普遍指导意义。《金币满街谁来拣？》（1984 年 10 月 21 日《经济参考》）这篇通讯就提出了一个新问题：在经济建设中，如何最大限度地利用商业用地，为四化建设创造更多的经济价值的问题。作者抓住了一个具有典型性的题材——王府井的价值观做文章。作者花了两个多月的时间，对王府井这条北京最繁华的商业街进行了全面深入的调查，掌握了大量第一手材料。用了这样一个对比材料说明王府井商业用地的经济价值：北京郊区农田产值最高的是菜田，每平方米年产值不过一至二元，而王府井每平方米商业用地仅利税每年就可向国家上缴千元左右。经济价值如此高的地皮，却尚有两万平方米为国家机关等非商业性单位占用。这些房屋如改为商业用房，据估算，一年的营业收入至少一亿元，可上缴国家利税一千万元。另外，王府井有四项改建工程拆除数年，由于拖延工期，浪费时间，多少金钱付之水流。王府井的整个改造和扩展问题，有关部门已考虑多年，总是坐而论道，慢慢腾腾，缺乏一种紧迫感。之所以造成这种状况，主要原因就是价值观念不强。问题分析阐述得比较深透，加上又用了一个十分形象醒目的标题：“金币满街谁来拣？”很引人注目。通讯发表后，对实际工作起了积极的推动作用。王府井不少商店经理反应强烈，提出了不少“拣金币”的设想。例如，王府井食品店将一百五十平方米的临街库房腾出来，开设老舍笔下的裕泰荣茶馆。东风市场的经理也提出：“我们来拣金币。”经济建设要考虑经济价值。显然，这一问题不仅对王府井所在的经济部门有指导作用，对其他经济部门也有一定的指导作用。

（二）事实真

通讯同新闻一样，写的必须是真人真事，必须是客观事实的真实反映。

通讯和文艺作品在真实性上是有区别的。文艺作品所塑造的某一个典型是从生活中提炼出来的，是生活的真实，但却不是生活中的原型，也就是说这个典型究竟在哪儿实际上是找不到的。而通讯所反映的典型，就是生活中的原型。也就是说通讯所反映的典型首先应该是现实生活中的典型，然后通过多种表现手法将生活中真实的典型再现出来。因此，必须写得逼真。可以这样说，通讯贵在真实，也难在真实。由于通讯与文学有某种联系，在表现手法上同某些文艺作品相接近，容易使人对通讯写作的真实性要求产生模糊看法。其实这两者决不能混淆。通讯的某些特定的写作要求（要求写得具体、形象、生动），又容易使初学者在通讯写作中出现违反真实性的毛病。

通讯写作中的失实，容易发生在情节、细节、人物的对话和心理活动的描写等方面。归纳起来，大致有这样几种：

1. 虚构情节，改造事实。特别是在报道人物时容易出现这方面的问题。

在第一章第一节中谈到对全国最佳运动员陈肖霞、大连造船厂工艺科爆炸加工实验工程师陈火金的报道中就存在这方面的问题。

2. 合理想象，添油加醋。为了追求生动，在一些细节上掺杂一些作者主观臆想的东西。《马特洛索夫式的英雄黄继光》这篇通讯就写了一些不可能了解的黄继光在战场上英勇献身时的一些思想活动。比如："他每一次轻微的呼吸都会引起胸膛剧烈的疼痛。""黄继光又醒过来了，这不是敌人的机枪把他吵醒的，而是为了胜利而战斗的强烈意志把他唤醒了。""后面坑道里营参谋长在望着他，战友们在望着他，祖国人民在望着他，他的母亲也在望着他，马特洛索夫的英雄行为在鼓舞着他。"黄继光已经在战场上牺牲了，作者对黄继光当时的思想活动怎么能够了解得这么具体呢？很显然，这些是作者的"合理想象"。其实，作者认为是"合理想象"，读者看起来却并不认为它是合理的。通讯见报后，就因读者感到某些细节不真实，而影响了宣传效果。而以同样的标题写成的新闻，却着重写了黄继光牺牲前请求领导将炸毁敌人火力点的任务交给他的情况、战友们目睹他如何向敌人的地堡扑去、如何用身体堵住了一个正在发射的敌人的枪眼、如何把一颗手雷塞进敌人的火力点里，以及战斗结束后，战友们在黄继光的身上找到九个机枪子弹射透的洞口等情景，既具体生动又真实感人。这就说明要写得生动，不能靠添油加醋，而要靠具体、真实的材料。即使是细节也不能“合理想象”“添油加醋”。要想写得具体生动，就要采访得深入细致。

其他不真实的表现还有：牵强附会、任意拔高，移花接木、张冠李戴（将其他人的成绩全集中在所要报道的人物身上），以点代面、以偏概全等等。这些做法都应加以反对。

（三）时间近

通讯报道的人物、事件或工作经验所发生的时间要比较近，要尽量写些新近发生的事。往往有个错觉：写消息要注意时效性，写通讯则不一定要注意时效问题。有的通讯不管所写的事情发生在什么时间，只要生动就写进通讯，有时事情发生在几个月前，甚至一两年前，也一股脑儿地写进通讯。这样的通讯是难以见报的。因为它既不能指导现实斗争，又不能吸引读者。有的典型人物或典型经验的通讯时间跨度比较长，要涉及过去的事情，但即使这样，仍然要以时间近的事情为主，以过去的事情为辅。

通讯注意时效性问题还包括要掌握报道时机。要尽量使通讯切合当前形势的需要，及时回答人们普遍关心的问题。因此，写通讯时，要注意研究形势和革命的需要，要研究战略和策略，要以对人民对革命事业是否有利为出发点，要考虑政治效果。

通讯的新闻性这一特点与消息写作的要求有不少共同之处。但通讯又具有一定的文艺性，初学者常常因此而忽略通讯的新闻性，片面地追求文艺性，以致减弱了通讯作品的作用。正由于通讯具有新闻性，而将它与文艺作品明显地区别开来。

此外，通讯既可以像新闻那样“一事一报”，也可以用同一个主题思想把几件事情组合起来，写成一篇作品；有些通讯如风貌通讯还能完成新闻这种体裁所难以完成的任务。通讯的特点也在这里表现出来。

二、通讯的生动性

通讯与新闻相比，究竟有什么不同之处呢？从内容上说，虽然二者都是报道事实，但新闻往往以报道事件为主，事件是新闻的中心；通讯则以写人为主，着重写人的活动、人的思想，人物通常是通讯的中心。从报道事实范围方面看，新闻报道的事实往往比较概括；通讯则通常对事实作比较具体细致的反映，篇幅一般要比新闻长些。新闻用最直接的方式告诉读者发生了什么事情；通讯则是以比较丰富的材料确切而生动地告诉读者，那件事情是怎样发生的。从表现方法上看，新闻主要是采用叙述的方式，简洁明快和直截了当地介绍事物的真相，只是偶尔穿插点描写和议论；通讯则往往在叙述的基础上，兼用描写、议论、抒情等多种表现手法，比较详尽地报道事物，反映人们的精神面貌，并且运用比喻、对照、衬托、比拟等多种积极修辞手段，尽可能使报道显得具体、生动、形象。通讯与新闻的这些不同之处，用简单一句话概括，可以说生动性是通讯的第二个重要特点。无论是写人、叙事、反映地区风貌，还是传播工作经验，都应作这样的要求。决定通讯能否写得生动的因素是多方面的。这里着重讲讲四方面的问题。

（一）要写好人物

前面已提到，通讯以写好人物为主。因此，在通讯中写好人物是至关重要的。不仅人物通讯要写好人物，就是以记事为主的事件通讯、工作通讯，以反映地区面貌为主的风貌通讯，也都要写好人物。因为人是事件的主人，事是人干的，没有人，也就没有事。一个地区、单位的新面貌，也是通过人物的活动、反映表现出来的。只不过人物通讯和其他通讯对写人的要求有所不同罢了。人物通讯把写人放在更加突出的位置上，以人物为中心，要求集中写出一个英雄人物或先进人物的形象来。要写出人物的思想感情、能够表现通讯主题的行动、语言、真切的心理描写、音容笑貌等等。事件通讯以写事件为主，风貌通讯以写新的面貌为主，工作通讯以研究问题、介绍经验为主，只是把人物的活动穿插在事件、新的面貌和典型经验的叙述之中。在这些通讯中，写人是为了更好地表现事件、风貌和工作经验，写人服务于表现事件、风貌和工作经验。这些通讯中如果见事见地见经验又见人，能使事件、风貌和工作经验活起来，动起来，使之更富有生气。反之，如果只见事见地见经验而不见人，就会显得既单调、死板，又沉闷，不能引起读者的兴趣。在这些通讯中，写人往往是写众多人物的实践，是写群象。写好群象，在某种意义上说，比写好个人更困难。既要写事写地写经验，又要写人，笔墨要十分经济。

写人物时，不仅要写出人物做了些什么，而且要写出他为什么会这样做。也就是说，要通过人物的活动、事迹，反映人物的先进思想和精神境界，从而显示出时代的精神面貌。只有这样，才能使通讯具有感染力，才能起到教育人的作用。《敲开世界冠军的大门——中国女子排球队纪事》（1981 年 11 月 19 日《中国青年报》）这篇通讯在这方面做得比较好，把写事，写人物的活动、事迹和人物的先进思想、精神境界三者有机地结合在一起，事中有人，人中有事，见事见人见思想，非常感人。

黑格尔曾说："艺术应该通过什么来感动人呢？一般地说，感动就是感情上的共鸣。"（黑格尔《美学》，转引自 1979 年第 4 期《钟山》）艺术作品是这样，通讯也应该是这样。通讯中写人物时，表达什么样的思想感情、精神境界才能具有感染力，才能引起读者的共鸣呢？它所表达的应该是典型化的、包含两方面内容的思想感情、精神境界：一方面这种思想感情、精神境界真实准确地体现了人物心灵深处美好的情操；另一方面，它又与当前时代精神社会情绪的节奏合拍，也就是说，这种思想感情、精神境界是一定时期党和政府大力提倡的，人民群众所追求的。不过写人物的思想境界、崇高风尚时，要实事求是，讲究分寸，留有余地，不要把话说绝，更不能夸张和任意拔高，以免起副作用。

关于写好人物的其他一些问题，在人物通讯中要专门写到，这里就不赘述。

（二）要有典型的情节和细节

好的文艺作品一般都有感人的情节和细节，都是通过情节和细节来表达作者的观点的。通讯作品由于写真人真事的限制，虽然不像文艺作品那样要求有十分完整、曲折的情节和动人的细节，但仍然少不了要有典型的情节和细节。可以这样说：有无生动感人的情节和细节，是通讯同消息最显著的区别之一。没有情节和细节的新闻事实写成消息仍然可以吸引人，这是以新闻性吸引人，读者只要感到有新闻价值就愿意读下去。通讯则不然，读者不仅要求它有新闻价值，还要求看到新闻事件的变化和经过，看到新闻事件的细小环节。也就是说要有情节和细节。长通讯如此，短通讯也如此。

凡是感人的通讯，大都有感人的情节。例如在《一篇没有写完的报道——重访宁陵县长年累月与风沙搏斗的植树老人潘从正》（1979 年 4 月 25 日《人民日报》）这篇通讯中，就写了一个反映林业劳动模范潘从正自己思想感情上的矛盾和冲突的生动情节。通讯中是这样写的：

> 1967 年的一天，几个自称“造反战士”的人“勒令”潘从正离开苗圃。老汉不顾“勒令”，坚决回苗圃，“造反战士”们就用停发口粮、不给工分的办法，想迫使他低头。但这个倔强的老汉始终不向那伙人告饶。

紧接着，写了下面的情节：

> 在这段飞沙走石的日子里，青年人一个个都被迫走散，老汉就像一棵大树，坚强地支撑着风雨飘摇的苗圃。他看到树苗齐齐崭崭地往上长，内心就有一种强烈的冲动，重树防风林的意志，像炽热的熔岩在奔突……但是，严酷的现实告诉他，他的想法在当时根本无法实现，因此，他的脾气就变得暴躁不安。有一天，他突然独自收拾工具，刨出一批树苗，要扛到万碧风口去栽。老伴连忙拦阻道：“你疯啦！你会栽，人家不会砍！别把树苗糟蹋完了。”老汉暴跳如雷，推了老伴一拳大声嚷嚷：“你懂什么？他毁，俺栽，他再毁，俺再栽，俺要做给大伙看，到底谁正确！”
>
> 旧社会和和睦睦的贫贱夫妻，也难免有个吵架怄气的事。可自从老汉入了党，不要说动老伴一个手指头，连恶声恶语也从没入过她的耳。如今，平白无故挨了一拳，老伴委屈得不行，抽抽泣泣哭着上闺女家去了。
>
> 相依为命的老两口，还有什么不和不能互相谅解呢！老伴进闺女家

刚坐定，气就平了，反挂念老汉一人孤单，担心他吃不饱。她在闺女家蒸了一屉馍，托人给老汉捎去。过了几天，老汉自己来了。老伴生气地说："你能，你正确，来干啥？"老汉讷讷地说："俺来承认错误，还不中！"老伴抹着眼泪说："俺不是怪你，眼看人家把你闹腾的那样儿，谁心里能好受？活了一辈子，没听说种树的有罪，拔树的有理！"

从此以后，老汉再也不忍心去风口察看了，他变得特别严峻，更为沉默寡言……

这个情节深刻地反映了潘从正在理想根本无法实现时的矛盾、痛苦的心情，这位老农倔强的个性，知错改错的精神也都显示出来了。通讯中写进这样典型完整的情节，使通讯有血有肉有骨架，增添了感人的力量。

在通讯中运用情节大致有三种情况：

1. 围绕新闻事件展开情节。比较全面地报道一个事件的来龙去脉，写所报道事件的全过程。但不是平铺直叙地记流水账，而是写好几个典型情节。例如《为了六十一个阶级弟兄》（1960 年 2 月 28 日《中国青年报》）就属于这种。通讯围绕山西平陆县六十一位民工食物中毒，祖国四面八方设法抢救而脱险这一新闻事件，着重写了黄河夜渡、飞车送药、迎接空投等几个典型情节，生动地反映了所报道的新闻事件。

2. 紧扣主题安排情节。在一篇通讯中有若干典型情节，它们从不同角度、不同方面表现一个明确的主题。例如《手执金钥匙的人们——记北京景山学校几位小学教师》（1978 年 5 月 4 日《人民日报》），这篇通讯的主题是歌颂光荣的人民教师，把人民教师比作高尚的、受人尊敬的智慧老人，正是他们手执能够打开儿童心灵大门的金钥匙，让整个社会都来关心和尊重人民教师。紧扣这个主题，通讯安排了五部分内容，即"优秀的小学识字教学专家马淑珍""引导学生攀登'作文山'的周淑溪""在数学教学改革中敢于创新的郑俊选""善于调动儿童学习外语积极性的方碧辉"和"应当受到表扬的教师还有许多许多……"前四部分都有较完整的情节，都从不同角度和不同方面说明了通讯的主题。

以上两种方法都是在篇幅较长的通讯中经常采用的。

3. 一个完整的情节贯穿全篇。在篇幅比较短小的通讯中常常采用这种办法。例如《西瓜兄弟》(新华社中原1947年10月15日电),这篇通讯篇幅短小,情节却生动完整:两兄弟同种西瓜,一个在村东,一个在村西;两兄弟的西瓜地都有部队经过,老大的西瓜地是国民党的部队经过,将西瓜地糟蹋得不成样子,西瓜全被吃光、毁坏光;老二的西瓜地是人民解放军经过,西瓜地安然无恙,老二捧着大西瓜请战士们尝尝,也没人接受。这个完整的情节在对比中展开,说明两种军队,两种性质,两种行为,更衬托出我军的纪律严明,爱护人民,不损害人民利益的品质。

还有一些通讯不一定有什么情节,只是有几件生动的骨干事例,作者对这些生动事例又作了具体、形象的描述,这样也可以使通讯增强感染力。例如《访厕所》(1984年4月1日《经济参考》),这篇通讯写的是关系到人民群众生活、移风易俗和首都声誉的厕所问题。尽管没有什么情节,却有许多具体生动的事实材料。在"百觅不如一嗅"一节中,谈到北京市公共厕所的特点时写道:"简陋臭气大。坑位之间无隔板,坑位前面没有挡门。两行便坑相对,用厕人只好将眼光集中地面,否则周围的场面尽收眼底。地面纸屑、烟头、唾沫浓痰,随处可见。夏天蝇蛆蠕动也难免。最使人头痛的是臭气。难怪有人幽默地说:要找北京的公共厕所,百觅不如一嗅。"事实很具体,写得也很生动。在"厕所臭气分六等"一节,既具体指出北京市厕所存在的问题,又具体说明造成这一状况的原因是"冲洗次数太少"。全文并对解决这一问题提出了具体建议,使通讯具有较强的指导性。通讯发表后,田纪云副总理批文给北京市市长说:"这篇报道您可能已经注意到,最好能解决一下,中央领导同志都很关心此事。"北京市五位正副市长亲临厕所察看,使厕所问题较快得到解决。

通讯中的典型细节也不可少。所谓典型细节,是指具有典型意义的事物和人物在具体环境、事件中最能说明问题,最能表现人物精神境界的细小动作。有了这样的细节描写,不仅可以增强作品的感染力,可以细致入微地刻画人物形象,也可以有助于表现和深化主题。例如在《为中华崛起而献身的光辉榜样——记中年光学专家蒋筑英》(1982年10月3日《光明日报》)这篇通讯中，有两处描写了表现蒋筑英个性特征和精神境界的细节，就较好地刻画了蒋筑英的形象。在“攀高峰”一节中，作者写道：“经过几次接触后，王大珩看出来了：他质朴、正直、勤奋，进取心极强，对学习和工作，有着火样般的热忱，走起路来大步流星，上楼一步跨两级。”通过这一细节描写，表现了蒋筑英热忱、勤奋，对革命事业的进取精神。在写到两次调资蒋筑英都没有评上时，作者又一次描写了这一细节：“1977 年调资，他没评上……1980 年调资，他也没评上。他不吭一声。照样大步流星地走路，一步跨两级上楼梯，没白没黑地干。”同一细节用在这里，则表现了蒋筑英不计个人得失埋头苦干、一心扑在事业上的献身精神。用蒋筑英所特有的生活细节表现蒋筑英的个性特征和精神境界，比作者笼统地介绍蒋筑英有什么特征，有怎样的精神境界，更有说服力，给读者的印象也更深刻。

无论是事物，还是人物，所表现出的细节是多方面的。在通讯中要尽量选用具有动感的细节。因为这种细节更生动，更吸引人，更富有感染力。例如在《二十年岁月，三千里行程——许广平和海婴在纪念鲁迅逝世二十周年的日子里》（1956 年 10 月 17 日《人民日报》）这篇通讯中，写了这样一段：“放着鲁迅灵柩的灵车从沪西万国公墓来到了虹口公园门口，鲁迅生前亲密的战友宋庆龄、茅盾、许广平等人，扶着鲁迅的灵柩缓缓地向公园内新墓地进发。”紧接着这段，写了一个感人的细节：“灵柩上覆盖着写有‘民族魂’三字的大旗。”“一阵秋风，卷起了这面旗子的一角，许广平取下戴在胸前的一朵彩色水钻扣花，把旗子牢牢扣住。这朵扣花是她在率领中华全国民主妇女联合会代表团前往苏联时苏联妇女反法西斯委员会赠送的礼品。当灵柩带着这朵扣花徐徐落入墓穴的时候，许广平泪珠滚出了眼眶。”这就是一个富有动感的细节。它由一系列动作组成。场面是活动着的，许广平的一举一动和思想感情的细致变化都历历在目。这一细节充分表达了许广平对鲁迅的深厚感情。这一细节也深深地感染着读者。

（三）要运用多种表现手法

通讯要具体、生动和形象地写人叙事记地，因而需要运用多种表现手法。

在通讯中运用较多的，主要是叙述、描写、议论和抒情等几种表现手法。其中又以叙述和描写为主，议论和抒情为辅。由于这几种表现手法的一般规律和要求在写作基础知识讲义中已经讲得比较详细，由于有的表现手法在通讯写作的其他章节中分别涉及，因此，这里只是简要提及而不详述。

1. 叙述。叙述是通讯写作的一种基本表现方法。它着重于一般的述说和交代，用简洁平易的文字，把所要报道的人物、事件、地区或工作经验的梗概介绍给读者；把分散的情节、细节、事件的片断和典型的场景串联起来，使读者对事情的全貌和来龙去脉有一个清晰的了解。

叙述大多数是较为概括的，但通讯中的叙述一般都比较具体。在通讯中，无论是写人物、事件或是写场景，都应该做到再现所要报道的人物、事件和场景。所谓再现，就是将已经发生的事情具体真切地叙述出来，让它再一次出现在读者面前。但是，在通讯作品中再现所发生的事情时，又不能像文学作品那样铺叙、渲染和夸张。这就要求作者抓住能反映通讯主题的最感人的事物，清新朴实、具体真切地将它们生动地叙述出来。例如《金杯之光——中国女排夺魁的曲折道路》（1982 年 10 月 7 日《中国青年报》）这篇通讯，写到中国女排以 0 ∶ 3 负于美国队时的情景这段文字，就叙述得十分具体真切。引文见第七章第二节通讯的语言“朴实无华的笔调”部分。

同新闻写作一样，通讯中运用叙述的表现方法时，要把概括的叙述和具体的叙述结合起来。概括的叙述可以反映面上的情况，可以反映所报道的事物的广度，具体的叙述则可以反映点上的情况，可以反映所报道事物的深度。只有把两者结合起来，才能使读者既看到所报道事物的全貌，又看到所报道事物的深度。有的作者在通讯中即使反映概括的情况时，也善于选用具体生动的事实材料加以叙述。做到这点，写作时就更要下一番功夫。叙述还有详写和略写之分，也要把这二者很好地结合起来运用。

叙述包括顺叙、倒叙、插叙和夹叙夹议等几种主要的方法。顺叙就是按照所报道事物发生发展的顺序或者时间的先后顺序来进行叙述。倒叙就是把所报道事件的结局或最突出、最生动、最有意义、最吸引人的部分提在前面叙述，然后再从事件的开头仍然按照顺叙的要求进行叙述。由于通讯具有新闻性的特点，常常要将所报道事件的结局或最突出、最生动、最有意义、最吸引人的部分写在开头，因此，通讯像消息一样，采用倒叙的比较多。插叙就是对所报道事件进行叙述的过程中，为了更好地说明问题，中断了原有的叙述，而插入与所报道事实有一定关系的另一内容的叙述，或用来交代所报道事件的背景，或用来注释说明所报道的事物。插叙结束，再继续对所报道事件进行叙述。夹叙夹议就是在叙述所报道的对象时，在叙述事实中夹杂点议论，也就是一边叙事，一边议论事理。这样写，有利于突出事实所包含的意义。在“记者来信”“采访札记”“工作研究”等通讯体裁中运用这种方法比较多。

要想在通讯中运用好叙述这种表现手法，除弄清各种叙述的不同点之外，还要求做到三点：

（1）主次分明，脉络清晰。在叙述中，合理安排主要线索和次要线索，要做到主次分明，脉络清晰。尤其是几条线同时进行时，更要注意这个问题。否则，会使人感到杂乱无章，漫无头绪。

（2）准确无误，干净利落。通讯中的人物、情节和细节，时间、地点、场景等必须涉及的内容，都要交代得准确无误，文字又要干净利落，不要拖泥带水，啰唆冗长，以说明问题为原则。用一两句能说明白的事，就不要用三句话。

（3）有详有略，重点突出。这就要求作者在写作前，对材料精心剪裁，除去枝蔓；叙述时，要详略得当，重点突出，不要平均使用笔墨。

2. 描写。描写就是对所报道的人物、事物和景物等对象，进行具体的形象的描绘和刻画。通过描写，把客观对象写得有声有色，呼之欲出。写人物，则使读者感到如见其人，如闻其声；写事物和景物，则使读者感到如见其事，如临其境。通讯是以情感人，以事动人，寓意于叙述和描写之中的，因而描写同叙述一样，也是通讯写作的基本表现手法。

就描写的范围和对象来看，主要分为人物描写、细节描写和景物描写（包括对自然环境、社会环境和某个特定场面的描写等）。特定的场景描写，可以起两点作用。

一是可以用来再现人物活动、事件进展的特定环境。人物总是在一定的环境中活动的，描写特定的自然环境或社会环境，有助于表现人物。事件的发生、进展也总离不开一定的具体环境，适当的场景描写，可以交代事件进展的时间、空间背景，增强现场感，进而增强报道的真实感。例如《“是党给我的艺术新生命”——访作家姚雪垠》（1977年11月27日《人民日报》）这篇通讯的作者，为了抒发对姚雪垠勤奋严谨的治学精神的颂扬之情，就对姚雪垠的工作室作了具体描写，增强了通讯的感染力。请看这段文字：

……为了真实地再现历史的本质，姚雪垠查阅了浩繁的文献，详细地占有资料。这种艰苦细致的创作准备，在他的工作室里得到了生动的体现：案头、书架上摆满了线装书和平、精装书——有《明史》《清史稿》之类所谓的“正史”，也有《绥寇纪略》《明季北略》之类所谓的“野史”；有《明会要》《酌中志》等记载典章制度的，也有许多方舆志、地方志……记者拉出书架边的两个卡片柜，发现一个个抽屉里，分门别类地存放着一张张卡片，上面都是有关明末清初的文献摘录。一个个栏目下，往往一件史实就摘引了好几种文献，有的互相抵牾，录以备考；有的又互相补充，录以并存。看那字迹，则一律是蝇头小字，工整至极。据他助手的粗略计算，这样的卡片有一两万张之多。

在描述了这些情景之后，记者抒发了对这位作家的颂扬之情：

翻阅着这些卡片，不禁令人肃然起敬。这位老作家是何等勤谨不怠，一丝不苟啊，在浩瀚的文献海洋中，他钩沉刊谬，剔误抉奇，在做着怎样细致入微的工作啊！

由于记者把姚雪垠工作室的情景描述得很具体感人，再对作家这样颂扬时，就很有说服力。

二是可以用来表现新面貌、新景象，后面讲风貌通讯时将要涉及。

在通讯中运用描写的表现手法时，需要强调两点：

（1）描写要得当，不能为描写而描写。在一篇通讯中，哪些地方需要描写，哪些地方不需要描写，都要服从于刻画人物、描绘事件和表现主题的需要。不该描写的地方加以描写，就会给人以矫揉造作、华而不实之感。有的初写通讯的同志为了追求生动，在通讯中对所报道的人物或事件不分巨细，一概加以描写，结果不仅该突出的地方未能突出，也显得拖拉、冗长，反而失去了描写所应该达到的效果。

（2）描写要抓住特点。通讯的篇幅极其有限，在描写方面不能铺得太开，要力求节省笔墨。因此，描写要抓住特点，力求用极其简练的几笔就勾画出某一事物的生动形象。特别是要学会熟练地运用白描的手法。通讯写作的特点决定了白描的手法是通讯中常用的描写手段。所谓白描的手法，就是如同中国画中，单纯用线条勾画，不加彩色渲染的一种画法一样，描写时，采用简练单纯的文字，不加渲染烘托的一种写作方法。按照鲁迅的说法，白描就是："有真意，去粉饰，少做作，勿卖弄而已。"（见《作文秘诀》《鲁迅全集》第4卷第474页，1957年7月版）白描也可以用来指一篇通讯的写作风格。例如《为了周总理的嘱托……——记农民科学家吴吉昌》这篇通讯就成功地运用了白描的手法。

3. 议论和抒情。通讯写作以叙述描写为主，但也不排斥必要的、深刻精当的议论和抒情。议论就是通过叙述和描写所报道的事实材料，直接表达作者的观点。抒情就是通过叙述和描写所报道的事实材料，直接抒发和表露作者的感情。

通讯主要是用事实说话，但是运用必要的议论和抒情并不违背这个原则。而且能使通讯的感染力和战斗性得到加强。从具体描述中引出的议论，能使事实生辉，把事实的意义充分表露出来，起到深化主题的作用，但一定要运用得当。通讯终究是要靠事实说话的。作者的议论主要是起画龙点睛的作用。要议论得正确、精辟、有感情，还要议论在节骨眼上，离开了主题和上下文的具体内容，而生硬地空洞地发议论，必然会枯燥乏味，成为"蛇足"。抒情是作者的主观感受和思想感情在通讯中的直接抒发。同议论不一样，它不是直接说明一个道理，而是以强烈的激情，比较形象的语言，表达对某一具体事物的爱憎。它有时还含有深刻的哲理意味。当然，通讯中的抒情也切忌滥用。不要为抒情而抒情，感情的流露要自然。

在通讯中运用议论和抒情的表现手法时，有三点基本要求：

（1）议论和抒情同叙述和描写必须有机地结合在一起。也就是说，议论和抒情必须建立在对人物、事件和景物等报道对象进行具体、形象、生动的叙述和描写的基础上，就事论理，抒发感情，以揭示事物的本质意义，深化通讯的主题，增强通讯的感染力。例如《为了周总理的嘱托……——记农民科学家吴吉昌》这篇通讯的结尾就是一段议论。请看这个结尾："历史揭开了新的一页。像吴吉昌这样的遭遇，连同产生它的时代背景，都一去不复返了。但是，吴吉昌那种为了真理，为了祖国的科学事业，为了党和人民的重托，'啥也别想挡住俺'的革命精神，将教育和鼓舞人们去披荆斩棘，进行新的长征！"这段文字就是在全文叙述和描写的基础上作者所发的议论，起了深化主题的作用。在同一篇通讯中，"白杨在迎风呼号，那是为老汉（指吴吉昌）在呜咽，还是为这不平（指对吴吉昌的残酷折磨）在愤怒！？"这句精彩的抒情，也是在叙述和描写事实的基础上抒发作者的感情。只有这样的议论和抒情，才能起到画龙点睛、激发情感的作用。而不致成为说空话、大话，或者无病呻吟。

（2）议论和抒情要贴切。就是说，议论和抒情的内容应与所叙述和描写的人物、事件和景物所包含的本质意义有紧密的内在联系，而不是与之相游离的、外加上去的。

（3）议论和抒情的文字要少而精。

（四）要有与通讯体裁相适应的语言

通讯作为一种新闻文体，它的新闻性要求语言准确精练、干净利落；同时，通讯又具有一定程度的文学色彩，它的生动性又要求其语言具体真切、鲜明生动。因此，要把通讯写得具体深刻、生动感人，还要有与通讯体裁相适应的语言。

通讯能否写得生动感人，不单纯是个写作技巧问题。它与通讯的第一个特点——新闻性也有密切的关系。所报道的题材新闻性愈强、事实材料愈新鲜、生动、有意义，又在写作技巧上下功夫，这样就愈能写得生动感人。如果没有前者，仅仅在写作技巧上琢磨点子，也是不可能将通讯写得生动感人的。

弄清了通讯的特点，记者就要按照通讯的特点自觉地锻炼这样的基本功：

能够在采访中正确判断什么样的题材适合写新闻，什么样的题材适合写通讯。如前所述，新闻性与生动性二者兼而有之的题材，适合写通讯。如果只有新闻性，缺乏生动性，这样的题材可以写成消息。如果只有生动性，缺乏新闻性，这样的题材只是反映好人好事的材料，既不适合写通讯，也不适合写新闻。要掌握这方面的基本功，靠我们在实践中多写多练，并从中总结出虚实结合的丰富经验，再用以指导我们的写作实践。

第二节　通讯的主题

任何体裁的作品都要有明确的主题思想，通讯当然也不例外。通讯的主题就是作者通过通讯作品想要告诉读者的最基本的观点，是通讯作品的中心思想。通讯的主题像一条红线贯穿全篇。它是决定选材、结构、表现形式等一系列问题的依据，是通讯的灵魂。

一、力求提炼出正确、鲜明、集中、深刻的主题

通讯的主题不能是非不明、含糊不清，吞吞吐吐，模棱两可，也不能枝蔓横生，主题分散，认识浅薄，毫无新意，而应该是正确的、鲜明的、集中的、深刻的。通讯的主题是否正确、鲜明、集中、深刻，是决定整篇通讯成败的关键。因此，记者在采写过程中，选择和提炼主题具有重要的意义。在占有大量材料的基础上，要下大力气选择和提炼主题。

选择什么样的主题呢？娜·康·克鲁普斯卡娅在《列宁的编辑工作》一文中，曾讲道："要选政治上重要的、为大众所注意的、涉及最迫切问题的主题。"（《列宁是怎样写作学习的》第 23 页，人民出版社 1973 年 4 月版）这一要求今天仍然适用于通讯写作。具体地说，政治上重要的，就是要抓住实际工作中带方向性的问题；为大众所注意的，就是要使主题具有普遍意义，能对广大群众的思想产生影响；涉及最迫切问题的，就是要使主题能够及时回答现实生活中急需解决的问题。这三方面的要求已为无数优秀的通讯作品所印证。按照这些要求选择主题的通讯作品，对实际工作和广大群众就有巨

大的指导和教育意义；否则，就不可能产生积极的影响。能否选择符合上述要求的主题，取决于作者是否具有较高的马列主义和政策思想水平，是否了解群众的思想动向和迫切要求，是否熟悉当前实际工作中的情况和问题。

究竟怎样提炼主题？这决不仅仅是个方法问题。从根本上来讲，作品的主题是对客观事物本质的概括。因此，提炼主题的过程，就是对事物的认识由感性阶段到理性阶段的“飞跃”过程；提炼和发掘主题，就是指的要从丰富复杂的感性材料中，获得一个总括全貌、抓着规律、触及本质的深刻认识。只有按照这样的认识去提炼主题，才可能提炼出正确、鲜明、集中、深刻的主题。

应该说，提炼正确的主题是写好通讯的最基本的要求。如果主题不正确，即使题材再好，写得再生动，也是无法同读者见面的。这方面的道理无须多讲。下面着重讲一讲怎样把通讯的主题提炼得鲜明、集中和深刻的问题。

（一）选择具有个性特征的典型人物、事件或工作经验等题材，表现具有个性特征的主题，使主题鲜明集中

主题的鲜明和集中是相关联的。有的通讯由于主题不集中，不是一根红线贯穿始终，致使主题不鲜明，究竟提倡什么，不提倡什么，给人以模糊的印象。主要原因是作者动笔之前，自己没有很好理出头绪，没有想清楚，这篇通讯究竟要告诉读者什么，究竟通过哪些材料表现所要报道的主题。题材虽然不能决定主题，但题材对主题可以起一定制约作用。通讯的主题都是通过特定的题材去表现的。也就是说是通过具有个性特征的典型人物、事件和工作经验等题材去反映它们的本质的。如果既抓住了所写事物的个性特征，又抓住了所写事物的本质，在此基础上提炼出的主题就可能做到鲜明集中。例如被北京新闻学会评为一等奖的《“小平您好”——北大学生的心意》（新华社1984年10月2日讯）这篇通讯，抓住庆祝新中国成立三十五周年的游行队伍中，北京大学的学生通过天安门接受检阅时，突然亮出“小平您好”的横标这件具有鲜明个性的事件，写出了青年人对邓小平同志的热爱，写出了人民群众同党心心相印的感情。这既是这件事所包含的本质，也是通讯通过这件事所表现的主题。由于这件事及其所表现的主题都具有鲜明的个性特征，作者的思想观点表现得很鲜明，通讯的中心思想也很突出，使主题也显得鲜明集中。通讯发出后，立即被全国三十多家报纸刊用。《人民日报》从这件事反映“知识分子的心声”的角度写了通讯。而且这件事迅速引起国外的广泛注意。路透社在十月一日当天就以《在国庆游行中学生们向邓小平致意》为题，报道了这件事。纽约《北美日报》则刊登题为《“小平您好”》的特稿，并指出这件事“道出了亿万人民的心声，也反映了中国人民对政治家的崭新态度。”这件事的宣传效果及其影响足以说明，不管是写事件，或是写人物、工作经验，选择具有鲜明个性特征的事物反映具有个性特征的主题，使主题鲜明集中该是多么重要。

（二）深入挖掘典型人物、事件或工作经验所包含的时代精神，使主题深刻、具有现实指导意义

记者常常有这样的体验：在采写典型人物、事件或工作经验的过程中，掌握了所报道对象的大量材料，这些材料包含的思想启示往往是多方面的，通讯究竟表现什么主题思想才具有时代精神和现实指导意义，这是在动笔之前首先要明确的问题。要明确这点，就要对所掌握的材料下功夫深入挖掘。

怎样深入挖掘报道对象所包含的时代精神，而使主题深刻呢?

首先要弄清什么是同现实斗争关系最密切、群众最迫切需要解决的问题；其次要弄清报道对象具有哪些最能体现时代特征的精神；第三要弄清与报道对象事迹相对立的反面材料是什么。这三方面的情况心中有数了，从所报道对象的大量材料中挖掘最能体现时代特征的主题就不会那么困难了。例如《为了周总理的嘱托……——记农民科学家吴吉昌》的原稿，主要是写吴吉昌坚持运用辩证法种棉花的事迹，包括吴吉昌种棉花的科研成果，怎样解决虫、水、光等问题，“文化大革命”的问题当时是禁区不敢写，回避了。见报稿则着重歌颂了周总理关心棉花科研工作，关心农民科学家的伟大精神境界，写出了吴吉昌遵照周总理的嘱托，在“四人帮”的压力下，为建设社会主义而奋不顾身的彻底革命精神。又如《一篇没有写完的报道》中的潘从正身上所表现出的对树苗的热爱，对种树的“入迷劲”和“坚决劲”这种精神，也

是能够指导工作、教育读者的。而通讯却着重写了潘从正在政治动荡的年月里，不顾“四人帮”的迫害，坚韧不拔地建设社会主义的革命毅力。可以设想，如果《为了周总理的嘱托……——记农民科学家吴吉昌》只是表现原稿中的主题思想，《一篇没有写完的报道》只是写潘从正种树的入迷劲、坚决劲，那么通讯的主题思想就不可能像见报稿这样深刻。因为它们没有能够回答现实斗争中的重大课题，也没有揭示出吴吉昌、潘从正身上最具有时代特征的精神。众所周知，在“十年浩劫”中，人民群众同“四人帮”进行了一场决定党和国家前途和命运的殊死斗争。粉碎“四人帮”以后，人民群众迫切需要澄清被“四人帮”在理论和实践问题上所制造的混乱，将颠倒的历史重新颠倒过来，团结一致向前进。而吴吉昌、潘从正对“四人帮”所表现出来的斗争精神和建设社会主义的革命毅力，不仅深刻地揭露了“四人帮”的倒行逆施，回答了人民群众当时需要回答的课题，而且鼓舞人民总结历史的经验和教训，更好地从事四个现代化的建设。作者之所以能够从吴吉昌、潘从正身上挖掘出具有时代特征的精神表现通讯的主题，正是由于作者对上述三方面的情况作了充分的调查研究的结果。

在深入挖掘人物、事件或典型经验所包含的时代精神，提炼深刻的主题时，一定要从所报道对象的客观事实出发，提炼到符合实际的深度和高度，绝对不能离开所报道对象本身的客观事实，随心所欲地“拔高”，硬性地“提炼”出一个符合当前形势需要但却违背所报道对象的客观事实的所谓深刻主题。有的通讯事实本身包含的意义不深，材料也不充分，却又要说明深刻的主题。这就必然不能正确反映所报道事物的本质，而且也不可能达到预期的宣传效果。这种提炼主题的做法是我们所要反对的。

二、在反复酝酿、不断提炼中形成主题

通讯主题的形成，往往不是直线的，而是曲折的。主题的反复修改是常有的事。作者在写作完成时，通讯的主题往往比最初所拟定的主题更加深刻、更有普遍意义。被评为一九八一年全国受奖作品的《追求——记社会主义实干家、优秀知识分子栾茀》（1981 年 3 月 26 日《光明日报》）这篇通讯，不

断深化主题的过程就说明了这个问题。作者经过初步采访写成第一稿，主题提炼为通过栾茀的坎坷遭遇，揭露“左”的错误路线是怎样摧残人才的。虽然栾茀的事迹能够表现这一主题，但这方面的主题已在别的作品中反复作过报道，再报道这一主题显得不新鲜。于是作者又投入第二轮的采访。写第二稿时，将主题提炼为“癌症不能征服的人”。虽然栾茀的事迹也能表现这一主题，但却显得不深刻，没有较好地表现出栾事迹的本质特征。作者遵照编辑部的意见，又开始了第三轮的采访。最后将主题深化为通过栾茀的事迹，塑造一位追求进步、追求光明、追求共产主义远大理想的知识分子形象。这个主题针对当时出现的所谓信仰危机做文章，具有一定的深度和现实指导意义。这篇通讯深化主题的过程说明，深刻的主题思想是作者付出艰苦的劳动反复酝酿、不断提炼的结果。

写文章提炼主题是一件十分艰苦的事情，需要从事写作的人花大力气才能奏效。有的写家将王国维《人间词话》第二十六则中讲到的三种境界比作写文章时提炼主题思想的三个过程，是颇有道理的。王国维引用晏殊《蝶恋花》、柳永《凤栖梧》和辛弃疾《青玉案》这三首词中的有关词句，说明古今之成大事业、大学问者，必经过三种之境界是：“‘昨夜西风凋碧树。独上高楼，望尽天涯路。’此第一境也。‘衣带渐宽终不悔，为伊消得人憔悴。’此第二境也。‘众里寻他千百度，回头见（当作‘蓦然回首’），那人正（当作‘却’）在，灯火阑珊处。’此第三境也。”就是说凡成大事业、大学问的人在探求事业或学问的过程中，起先是茫无头绪阶段，然后是冥思苦想阶段，最后是豁然开朗阶段。写文章提炼主题同探求事业或学问一样，也常经历这三个阶段。我们可以从这个生动的比喻中领略到探求事业或学问是多么的艰辛！写通讯提炼主题是多么的艰辛！正因为如此艰辛，才需要我们在提炼主题上特别下功夫。

一篇好通讯主题的产生，可以说一般都有一个酝酿过程。作者有时受党的方针政策和编辑部报道提示的启发，有时观察到实际工作或者群众生活中一些有意义的现象，从而产生了写作的欲望，但这时不一定有了明确的中心思想。只有当作者继续深入研究党的方针政策和编辑部的报道提示，继续深入研究实际工作和群众生活中某些有意义的现象以后，才能使写作欲望逐渐发展起来，形成为主题思想。例如魏巍所写的《谁是最可爱的人》这个主题，就是他很久以来在脑子里翻腾着的一个主题。他说："我在部队里时间比较长，对战士有这样一种感情，觉得我们的战士是最可爱的人。""这次我到朝鲜去，在志愿军里，使这种感情更加深了一层。我更加觉得战士们的可爱。""因此，它就更加督促着我，使我有一种更加强烈的愿望来表现《谁是最可爱的人》这一主题。"（见《我怎样写谁是最可爱的人》，载1951年第7期《人民日报通讯》）很显然，"谁是最可爱的人"这一主题是作者长期在部队的生活实践中酝酿成的。有时作者产生了写作的欲望，但不一定马上能找到完全适合的具体事实；或者有了某些事实材料，却不能立即形成一个鲜明的中心思想。这就需要作者继续进行深入的采访，并在掌握大量事实材料的基础上作深入的分析研究，在头脑中经过反复的酝酿，最后才可能形成一个完整的主题。当然，一些时间性比较强的通讯题材，酝酿主题的过程不宜拉得太长，应该在采写中尽快明确。总的来说，确定主题不宜过迟。如果通讯在进入写作时，还未形成主题，势必缺乏一个中心思想，将难于更好地组织材料。如果较早地确定一篇通讯的主题，作者就可以围绕通讯的中心组织和扩展材料，而不致漫无目标地在材料的大海中摸索。

三、选择紧扣主题的典型材料表现主题

确定和提炼通讯的主题，离不开典型的事实材料，表现通讯的主题也同样离不开典型的事实材料。记者采访所报道对象的事实材料是多方面的。关键是要选择紧扣主题的典型材料表现主题。应该说，在通讯的主题已经确定的前提下，做到这一点，是并不困难的。因为通讯的主题既然是根据某些典型的事实材料和有关情况提炼出来的，然后再用某些典型的事实材料去说明、表现主题，不是很自然的事情吗。但是说起来容易，做起来难。如果不下功夫精选材料，也仍然是表现不好主题的。

典型材料是通讯的血肉，只有运用了丰富的典型材料去表现主题，通讯才可能写得生动感人。通讯中涉及的典型材料是多方面的。诸如情节与细节、

人物的语言与行动、典型的场景与背景材料等等。由于这方面的内容在有关的章节中要谈及，这里不一一细讲。下面着重谈谈怎样选择紧扣主题的典型材料表现主题这一问题。

（一）从不同角度选择紧扣主题的典型材料

从不同角度选择紧扣主题的典型材料，不仅可以使通讯显得有立体感和厚度，而且可以防止选材单调，可以从广度和深度上深刻地表现主题。例如李峰、余辉音的《“一厘钱”精神》（1963 年 3 月 24 日《人民日报》）这篇通讯，选择了三件紧扣主题的典型材料表现主题。第一件是“一厘钱”，第二件是“一分钟”，第三件是“一根火柴”。用这三件事表现“一个真理”，就是伟大的事业要从最小的事情做起这个主题。这三件事就是从三个不同的角度选择紧扣主题的材料的。“一厘钱”这个典型材料是从降低成本、节约原材料这个角度表现“一厘钱”精神；“一分钟”这个典型材料是从提高每一分钟的劳动效率这个角度表现“一厘钱”精神；“一根火柴”这个典型材料则是从提高每一件产品、每一项工作的质量这个角度表现“一厘钱”精神。由于从不同角度说明、表现了主题，显得有立体感和厚度。如果不是这样选材，而是像作者开始掌握的材料那样，写“一厘钱”“一克纸浆”“一滴药水”这三件材料，虽然材料同样生动，但由于选择的角度单一（都是表现物质方面“一厘钱”精神的），看上去显得单调，仍然不能深刻地表现主题。有的初写通讯的同志往往对这点注意不够，形成同一角度的材料堆砌，不仅使人感到累赘，也不能更好地表现主题。

（二）选择的典型材料宁可少些，但要好些

记者采访时掌握的材料要多多益善，典型的、非典型的都要搜集。而写作时，则要选择少而精的典型材料表现主题。魏巍对比了他在朝鲜写的《自豪吧，祖国》和《谁是最可爱的人》这两篇通讯的不同写法，而肯定了《谁是最可爱的人》的写法。在前一篇通讯中，写了二十多个他认为最生动的例子。带回来给同志们看了看，感到不好，就没有拿出去发表。因为例子堆得

太多了，好像记账，哪一个也说得不清楚，不充分。写后一篇时，就只选择了几个例子，在写完后又删掉了两个。事实证明，用最能代表一般的典型例子，来说明本质的东西，给人的印象是清楚明白的，也是突出的。为什么前一篇写了二十多个最生动的例子，反而不像只选择了几个例子的后一篇那样，给人的印象清楚明白、突出呢？原因就是“例子堆得太多了，好像记账，哪一个也说得不清楚，不充分”。也许有人会说，例子多，我不采取记账的方式，而是一一地把它们写清楚、写充分难道不行吗？要知道，作为报刊体裁的通讯，篇幅是有限的，在有限的篇幅里，不允许作者把那么多事例都扩展开来写；只有选择最典型最生动最能说明本质问题的事实材料表现主题，才可能扩展开来充分地写，才能达到深刻地表现主题的目的。

（三）忍痛割爱，去掉与主题无关，或者关系不密切的典型材料

在通讯写作中常常碰到这样的情况：有的典型材料情节和细节生动感人，但与所报道的主题关系却不怎么密切。作者能否将这样的典型材料忍痛割爱地去掉，它是直接关系到通讯的主题能否表现得集中突出的一个重要问题。《为了周总理的嘱托……——记农民科学家吴吉昌》的作者从突出主题出发，选材是很严的。吴吉昌是一位研究棉花有成就的农民科学家和劳动模范。写吴吉昌不能不写他研究棉花的事迹。本来在原稿中写到吴吉昌从事科研工作的精神，介绍种棉花的辩证法时，写了吴吉昌如何研究解决棉花脱蕾落桃和水、肥、土、光等关系的事迹。重新采写时，考虑到这些材料技术性太强，不能表现所要报道的主题，因而舍弃了这方面的材料，选择了“四人帮”如何想方设法不准吴吉昌研究棉花；吴吉昌遵循周总理的嘱托，如何不顾禁令和迫害而艰苦奋斗、潜心研究棉花的事迹，既突出了吴吉昌研究棉花的事迹，又使通讯的主题得到突出的表现。

（四）如果是说明同一性质的两个典型材料，则选择其中最精彩、最能说明问题的一个，而舍弃另一个

仍以《为了周总理的嘱托……——记农民科学家吴吉昌》为例，作者曾采

访到这样一个重要的典型事例：1974 年 10 月，中国农科院棉花研究所的两位干部，避开一些人的阻挠，直接来到涞阳，邀请吴吉昌去陕西大荔参加全国棉花栽培技术协作讨论会期间，为了保护吴吉昌，一位地委书记对吴吉昌说："你不要出头露面。"于是，参观时，吴吉昌躲在最后，坐车时，吴吉昌坐在最后；到大荔县出席讨论会那天，吴吉昌仍然远远躲在后面。当地委书记在会上宣布吴吉昌来了，吴劳模来了的时候，吴吉昌发抖地站了起来。地委书记说："你快来指导！"吴吉昌说："我老了，病了。"这件事情节很生动，也揭露了"四人帮"对吴吉昌的迫害和摧残。另一件事是：一些要打倒吴吉昌的人勒令吴吉昌每天必须带着干粮早出晚归去村外割草。一天，吴吉昌离村走了五六里，来到北街大队。队干部和社员都渴望吴吉昌指导他们种棉花。从此吴吉昌每天来这里传授技术，进行科学试验，社员们则利用休息时间帮助吴吉昌割草（注：这件事的详情见通讯的第二节第二至六自然段）。后一件事同前一件事相比更为精彩：有具体场景，有人物的心理活动，有不同人物的对话和行动，既深刻地揭露了"四人帮"对吴吉昌的迫害，也说明人民群众对吴吉昌的支持。因而选择了后一件事，去掉了前一件事。实践证明，这样做是有利于表现主题的。

第三节　通讯的结构

毛泽东同志曾说：写文章要讲逻辑。就是要注意整篇文章、整篇说话的结构，开头、中间、尾巴要有一种关系，要有一种内部的联系，不要互相冲突。这段话说明，文章的结构，就是文章的内部组织构造，不管什么体裁的文章，都要按照客观事物的发展规律组织结构，不能把文章的结构仅仅看成是文章的层次、段落、开头、结尾和过渡、照应这一类的写作方法问题。

不言而喻，通讯的结构，就是要把所报道对象的丰富材料根据主题的需要，合乎逻辑地恰当地组织起来，成为一篇统一与完整的作品。也可以说，结构是通讯的骨架。像盖楼房一样，如果没有钢筋水泥浇成的骨架，楼房是盖不起来的。同样的道理，有了主题，有了材料，如果没有骨架，通讯也是写不成的。

怎样安排结构呢？

一、结构布局要为表现主题服务

（一）结构布局是受主题思想的支配，并为表现主题思想服务的

材料安排恰当，布局合理，就能集中地把主题思想从各个方面体现出来；反之，应是骨干材料的，写成了一般材料，应是一般材料的，又写成了骨干材料，这样，主题也就难以表现得鲜明、集中、深刻。下面看《北京人的新情趣——首都花卉市场踏访三日》（1983 年 3 月 24 日《北京晚报》）这篇通讯的结构布局，是怎样受主题思想的支配，并为表现主题思想服务的。这篇通讯的主题是，通过北京人民在首都花卉市场竞相买花的踊跃情景，反映了北京人渴望城市绿化、家庭美化的新情趣，从侧面反映了首都人民精神文明和物质文明建设的新面貌。因为只有当人民的生活水平提高了的时侯，才可能有条件买花、养花；追求环境美、大自然的美，也可以说是文化素养提高、情操高尚的一种表现。通讯根据主题思想的需要，用记者三天踏访首都花卉市场的情景组织结构，从不同方面表现主题思想。

通讯首先提出一个问题：花卉是否昭示着北京人的新情趣？然后，用记者踏访三天的情况回答问题。

踏访第一天：从热闹的隆福寺街三家新开张的花店写起，讲到个体户花店像雨后春笋般的兴起；“现在哪儿开花店，哪儿有顾客”。这部分主要是从个体户花店的蓬勃兴起和生意兴隆，说明北京人的新情趣。

踏访第二天：写到了北京的花店前些年只有三家国营花店，近两年又增加了三十多家集体办的花店。并着重介绍了作者来到红桥花店遇见老花匠徐振海的情景。这位老花匠说：“前年开业那会儿，一天只能卖个一二十元。”“这两天，好日子口我们卖到两千元！”“往年四五月才是买花旺季，今年好！三月份就抬头了。”而且买花的，“大多数是老百姓”（意思是，不是各单位来买）。这部分主要是从集体办的花店激增、老花匠营业额的增大、买花旺季的提前，以及买花者大多数是普通老百姓等四方面说明北京人的新情趣。

踏访第三天：从北京人养盆花的传统习惯谈到又增加了买鲜花的新习惯；

并着重介绍了踏访国营崇文门花店副经理的情况。这位副经理谈到，北京虽然出现那么多花店，国营花店的销售量却逐年上升；鲜花的需求量也不断增加；北京人现在正从养草本植物转向木本植物和名贵花卉。用这些内容说明北京人的新情趣。

紧接着，记者又提出一个问题："难道北京人都想成为花迷？"通讯又用花木公司经理说的一番话，用中国花卉盆景协会秘书长介绍的情况，回答了记者的提问，并点明主题：北京人的这种新情趣、"这股'花卉热'，是人们渴望城市绿化、家庭美化的结果"。

从上面的具体介绍中就可以看出，这篇通讯的结构布局是受主题思想支配，并为表现主题思想服务的。尽管文章的结构布局同文章的体裁也有密切关系，即一定的体裁适合选择一定的结构形式。但结构布局要为表现主题服务这一要求，则适合任何体裁的文章对组织结构的要求。通讯的主题能否表现得鲜明、集中、深刻，除了前面讲的同选择题材有关系外，还取决于作者能否多层次、多侧面地表现主题。如果表现主题只是停留在一个单一的层次和内容上做文章，所表现的主题思想必然单薄、肤浅。只有层层深入、多侧面地表现主题，所表现的主题思想才能丰满、深刻。而要做到多层次、多侧面地表现主题，同如何结构布局有直接的关系。往往有这种情况，作者掌握了生动的情节和细节等材料，但由于未作深入的分析研究，未弄清这些情节和细节究竟怎样展开、高潮应放在哪里，不同的细节怎样安排才能更好地表现主题，而是无明确目的地将这些生动的材料杂乱地堆砌在一起，不仅湮没了这些生动的材料，主题思想也未能充分表现。很显然，这篇通讯组织结构时，就是根据主题思想的需要，将能够表现主题的材料分成不同层次不同方面地组织起来，对主题作了较充分的表现。否则，这种题材单一的通讯是很容易写得平淡无奇、内容单调的。

组织通讯结构常遇到的一个困难是，面对大量材料，究竟从哪几个侧面去表现主题，用哪些材料说明哪些问题，不明确，容易胡子、眉毛一把抓，你中有我，我中有你，互相纠缠不清。这样也就无法合理安排段落、层次和结构。如果想做到合理安排段落、层次和结构，就要求我们弄清每个材料最能说明什么问题，怎么运用，安排在什么地方最合适。否则，就会观点模糊，眉目不清，结构混乱，不能很好说明通讯所要表现的主题。

（二）通讯的结构方式常见的有纵式、横式和纵横式结合三种

按照时间顺序、事物发展的顺序或作者对所报道事物认识发展的顺序来安排层次，叫纵式结构。在这种结构里，时间发展的顺序、情节展开的顺序或作者对事物认识由浅到深变化的顺序成了表达全文的线索。这种结构的特点是便于读者了解事件发展的全貌，有条不紊，一目了然。用空间变换或按照事物的性质来安排材料，叫作横式结构。这种结构形式的特点在于概括面广，要求合理安排不同空间的不同变换，合理安排通讯所涉及的各个方面的问题。纵横式结合的结构主要是以时空的变换组织结构，往往以时间顺序为经，以空间变换为纬，把二者结合起来运用。采用这种方式组织结构，一般是通讯涉及的事件比较多，时间跨度比较长，地点也比较广。虽然结构灵活多变，但活而不乱。采用这种方式组织结构，需要作者有较强的驾驭材料的能力。纵横式结合的结构一般也是用在篇幅较长的通讯中。采用这种方式组织结构时，一定要注意将一系列情景、场面、特写镜头紧紧围绕一条主线展开，这样才不致使人感到眼花缭乱，漫无头绪。

在纵式结构中，主要有三种组织结构的方式。

1. 按照时间顺序安排层次。采用这种方式组织结构时，要注意详略得当，布局巧妙，富有变化。否则，容易平铺直叙，使人看起来感到沉闷。例如《他、她、她—— 一个买书、让书的故事》（1981 年 4 月 9 日《孝感报》）这篇通讯，就是以时间发展的顺序安排层次的。通讯分为三节。第一节写的是 1981 年 3 月 20 日发生的事情。着重写了安陆县新华书店门市部营业员刘宪群设法满足巡线工购买自学丛书的需要，动员县百货商店王小莉让书的情况。第二节写的是 3 月 20 日当晚和 21 日发生的事情。着重写了巡线工发现王小莉转让的书中夹有一张 190 元的存款折，当即寄回了书店。第三节写的是两天以后发生的事情。着重写了营业员刘宪群将存款折交还王小莉、经过打听，才弄清寄存款折的巡线工的真实姓名。通过刘宪群、王小莉和巡线工李润德之间所

发生的几件平凡事，歌颂了三个普通人高尚的道德品质。

这篇通讯虽然以时间发展的顺序为主线组织结构，但不是记流水账，而是布局巧妙、详略得当，富有戏剧性。第一节着重写了刘宪群动员王小莉让书的经过，对巡线工的情况则是略写。巡线工的姓名和单位均未交代，形成悬念。第二节详细介绍了巡线工发现存款折并寄回书店的情景。虽是详写，仍未交代巡线工的姓名和工作单位，仍然是个悬念。第三节简要地叙述了王小莉收到存款折的情况，并具体交代了巡线工的姓名和工作单位，使悬念得到解决。如果不这样组织结构，而是在第一节就将巡线工的有关情况和盘端出，恐怕就不可能像现在这样吸引人。

2. 按照事物发展的顺序或作者对事物认识变化的顺序安排层次。采用这种方式组织结构时，除了要理清情节展开的主线或作者对所报道事物认识发展的主线以外，还要弄清情节发展的各个阶段、对事物认识由浅到深变化的过程中相互之间的内部联系，使其符合事物发展和认识发展的逻辑。否则，容易出现本末倒置、逻辑混乱的现象。同时，要紧紧围绕所写主线安排材料，组织结构，凡游离于主线之外的材料则一概舍去。这样结构就紧凑了，不致出现松散无头绪或杂乱无章的情况。例如《追求——记社会主义实干家、优秀知识分子栾茀》这篇通讯就是按照事物发展的顺序安排层次的。根据栾茀思想发展的过程，选取五方面突出的事迹表现栾茀的精神境界。这五方面的事迹都有内在的联系，使读者对栾茀思想发展的过程有全面了解。

3. 在篇幅比较长的通讯中，往往把时间发展的顺序和事物发展的顺序或作者对所报道事物认识变化的顺序二者结合起来安排层次、组织结构。这样安排层次、组织结构的好处是使读者看起来脉络清晰，事迹醒目，可以更好地发挥通讯的作用。例如《县委书记的榜样——焦裕禄》就是这样组织结构的。这篇通讯从1962年冬写到1965年春。全文按照这一时间发展的顺序安排层次。同时，又从七个方面描述了焦裕禄的事迹，刻画了一个县委书记的榜样的形象，和一个党员干部崇高的精神境界。这七个方面是："关键在于县委领导核心的思想改变""吃别人嚼过的馍没味道""榜样的力量是无穷的""当群众最困难的时候，共产党员要出现在群众面前""县委书记要善于当'班长'""他心里装着全体人民，唯独没有他自己”“活着我没有治好沙丘，死了也要看着你们把沙丘治好！”“他没有死，他还活着。”这七个方面是互相关联的。它们则是按照事物发展的顺序安排层次。由于这篇通讯既按照时间发展顺序，又按照事物发展的顺序组织结构，虽然篇幅较长，读者看起来仍然一目了然，焦裕禄的事迹给读者留下了深刻的印象。

在横式结构中，也主要有三种组织结构的方式。

1. 用空间变换组织结构。采用这种方法组织结构时，虽然是用地点的变化组织段落，但不是把在一个地点发生的事情都写进通讯，而是要选择能够表现主题的、重点突出的事件来写。而不同地点所发生的不同的事情，又都是围绕一个中心组织材料。它们之间又互相联系，形成一个整体。例如《金杯之光——中国女排夺魁的曲折道路》就是这样组织结构（从报道的内容看，虽然也有时间顺序，但主要是按空间变换组织结构），通讯分三部分，每一部分写一个地点所发生的主要事件。第一部分是：“奇克拉约：痛苦的夜”，主要写 1981 年 9 月 15 日夜晚，中国女排在秘鲁奇克拉约城同美国队交锋时，以 0 ∶ 3 负于美国队，因而在奇克拉约城的这个夜晚对中国女排来说，变成了痛苦的夜。第二部分是：“特鲁希略：倚天绝壁”，主要写中国女排面对倚天绝壁的险境，奋力拼搏，终于杀出重围，以一局未丢的成绩取得了争夺冠军的决赛权。而这些都发生在特鲁希略这座城市。第三部分是：“利马：欢乐的歌”，主要写中国女排吸取负于美国队的教训，克服前进道路上出现的新困难，最后终于打回利马，夺得了世界杯冠军。每一部分写的是一个地点发生的主要事情。各部分之间又有紧密的内在联系，从不同角度表现了主题。

2. 采取并列的方式组织结构。就是各层意思并列，围绕通讯的主题，并列地写几个不同的侧面，这些侧面可以互不关联。各个侧面的重要性都相等或相似。例如《在中国农村三十年——记美国朋友阳早和寒春》（1979 年 3 月 19 日《人民日报》）这篇通讯就是这种结构形式。通讯从炮火中的“牛倌”、奶牛和加速器的结合、脚踩牛粪扎根农村、用延安精神搞四个现代化、为六亿农民服务大有作为等五个方面，报道了阳早和寒春这两位美国朋友长期坚持在中国农村，为中国的社会主义建设和中美人民友好事业贡献力量的事迹。五个方面的事迹是互相并列、互相依存的，都从不同方面表现了通讯的主题。

3. 同写新闻一样，采取倒金字塔式组织结构。就是开头的段落同后面的段落之间属于主从关系，以开头的段落为主，后面的段落处于从属的地位，对开头段落中提出的问题加以具体的阐述，或者进一步补充说明开头段落中提出的问题。这样组织结构可以使通讯所报道的主题先声夺人，引人注目。例如《战士嘱托的报告》（1979 年 7 月 28 日《人民日报》）这篇通讯就是采取这种方式组织结构。通讯首先用事实说明在中越边境自卫战中，我指战员把中国人民解放军半世纪来一往无前的精神传下来了。然后后面的各个段落对开头段落中提出的看法加以具体的阐述和补充，后面的段落从属于前面的段落。

采用纵横式结合的方法组织结构的也很多。例如《为了六十一个阶级弟兄》就是。通讯从 1960 年 2 月 2 日（平陆事件发生的时间）写到 2 月 5 日（六十一名食物中毒的民工被抢救脱险）。这是从纵的方面写的一条主线。同时又从横的方面按照空间的变换描述了不同地点和不同单位关注、支援平陆事件的情景和生动场面。用无数特写镜头再现了一方有难，四方支援的共产主义风格。如果不采用时间和空间的变换相结合的方式组织结构，是很难达到这样的效果的。

不拘一格是写文章的一条客观规律。通讯不可能有一成不变的定型的结构形式。格，不可没有，但不可定于一格。作者要发挥创造性，要敢于破格，只有常破才能常新。为了便于掌握组织通讯结构的基本知识和技能，上面谈到了三种主要的形式。但我们写通讯时切不可拘泥于这些形式，一定要善于根据通讯各种体裁和题材各自的不同需要，找到最恰当的结构形式。并不断创造出新的富有表现力的结构形式。

二、结构布局表现主题的有效方法

（一）波澜起伏

有位领导同志认为写得好的文章，应该像高山起伏，如海浪奔腾。他曾说："文章要写得生动，首先文章的结构不要平淡。农业喜欢坦荡的平原，文章喜欢起伏的高山。文章的结构如果像平原一样，要想写好也就困难了。"又说："海，远看是平的，近看就不平。海浪可以给诗人很大的灵感。为什么呢？因为海浪汹涌澎湃，给予人一种生命激动的感觉。浪有高有低。当浪头从高处跌下来的时候，就使人感到一种惊恐，接着又要看它继续发生的变化。不会写文章的人，就应当到有悬崖的海边去看看，看看自己的文章里有没有这种波浪、悬崖，有没有这种奔腾、澎湃、冲激和激怒？"（《谈谈报纸工作》第 89 页）这就是说，文章的结构要做到波澜起伏，切忌平铺直叙，没有变化。

采用多种方式组织结构，是使通讯写得波澜起伏的重要一环。例如前面提到的《他、她、她—— 一个买书、让书的故事》本来写的是三个平凡人的几件平凡事，但由于结构巧妙，有起有伏，不仅吸引人，且耐人寻味。

精心安排高潮，也能使通讯波澜起伏，主题鲜明。通讯的高潮有的像新闻一样，安排在文章的开头。有的像某些小说一样，安排在文章的主体部分。有的则安排在通讯的末尾。这里需要强调的是，通讯的高潮不是作者脱离所报道事物的实际状况随心所欲地安排的。通讯的高潮必须符合所报道事物的发展状况，通讯的高潮也是所报道事物发展的高潮，通讯只不过把它再现出来罢了。

（二）灵活多变

有个时期，关于典型报道的长篇通讯，往往习惯于把所报道对象的丰富材料按照内容的不同性质，分成几大部分来写，每个部分都包含若干生动的典型材料。这样组织结构，显得很死板，使许多生动的典型材料淹没在几大部分，不醒目。例如《为中华崛起而献身的光辉榜样——记中年光学专家蒋筑英》这篇通讯，开始写了 1.3 万字，并分成五大部分来写。看上去黑压压的一大片，许多生动事表现得不突出。报社负责同志提出把这种死板的结构改成按照典型材料的性质，写一件事（或同类的几件事）安上一个小标题。这样由五大部分改成了十三个小标题，即："人们在追悼会上恸哭""当他步入人生的时候”“攀高峰”“中国人有内行！”“当你看彩色电视的时候”“义务资料员”“你的名字应署在前面”“不能袖手旁观”“不管部长”“在住房、工资和职称面前”“信仰的力量是无穷无尽的”“在最后的四天”“人生命的价值不是以年岁来衡量的”。而且每个小标题下面的文字也长短不一。最短的“当他步入人生的时候”这部分，只有360多个字；最长的“在住房、工资和职称面前”这部分，则长达3000字。这一改，结构立刻就活了起来。一些典型事实表现得很鲜明。读起来也不觉得冗长。看来这种组织结构的方法是可取的。总之要灵活多变，不要固守刻板的形式。

有个时期，在组织通讯的结构时还常常采用这样一种不高明的方法：像写新闻导语那样，在通讯的开头写个大导语，在通讯的每个部分的前面再写一个小导语，并在导语中概括地点明作者所要表达的观点。这样大导语套小导语，等于先让读者看说明书，然后看下文。结果让大小导语把通讯割裂开了，不可能一气读下去。尤其是这种导语式组织结构的方法，往往直叙作者的观点，表现主题不含蓄，过于外露，会减弱通讯的客观性，反倒影响宣传效果。看来这种组织结构的方法最好尽量避免。

（三）突出主线，辅以必要的穿插

不管采用哪种方式组织结构，都要注意突出主线。这里讲的主线包含两方面的意思：一是按时间顺序、按事物发展的顺序或按作者对所报道事物认识变化的顺序安排材料时，自始至终要脉络清晰；二是通讯的主题思想这根红线，从头到尾要贯彻始终。同时，还要围绕主线穿插一些有关的材料，使主线表现得更充分，更丰满。《战士嘱托的报告》中有两大段穿插的材料就是这样写的。

一段穿插是，当通讯写到参加中越边境自卫反击战的整个穿插部队，在战争年代打过仗的不到三十人，营以下一个也没有，都在师团两级，而师团首长也不是人人打过仗的。那么老一代究竟怎样把队伍带上去又把传统作风传下来呢？紧接着通讯以具体事实回答了这一问题。在写到“战争年代打过仗的老首长们都亲自带上一个穿插部队走了”之后，穿插了这样一段：

打穿插，就是不惜一切代价，不管小股敌人袭扰，快速穿插前进。出敌不意的打击往往是在意想不到的情况底下决定的。敌人炸开水库，班翁洼地上水了。坦克冲进泥水，履带就猛打空转，烂泥糊涂乱翻，就像开动了上百台的搅拌机械，把七百平方米洼地都搅拌成了稠糊糊的烂泥陷滩。怎么办？“拿坦克垫路，要多少垫多少？”惊天动地的一声命令，坦克手奋不顾身，全速开进：第一辆坦克陷到履带板了，陷到炮塔上了，再拱不动了。第二辆又全速开进，追上前车，并排陷没。只露出两尊气昂昂的并排的坦克炮了。第三辆又全速开进，照准两尊炮的空档，爬上并排沉没的车体，从并排的两道履带板上猛开过去……在革命战争年代，先辈们曾经在水底下用肩头搭起进军的人桥。现在新一代人又开到没顶的烂泥滩，同坦克一起搭起进军的坦克桥，坦克部队终于闯过班翁了，带着坦克兵一往无前的英雄气概，不到三个小时就开进了东溪大街。正在饭馆里吃喝的人们，还以为来了自家坦克，只管朝街上招手。河内更不信了，收到了情报还骂你谎报军情。在河内看来，中国坦克不出水口，打复和，打通复和东溪公路，是飞不过来的。再想不到我们硬从山夹缝里的牛车道闯过来了。等敌人从太原急调一个反坦克营赶来，把高平地区的反坦克分队都急调过来，我们的步兵穿插部队早插到坦克前面去了。

这一大段，既是对“打穿插”的具体解释，又说明了我们穿插部队的老一代指挥员是怎样把队伍带上去，又把中国人民解放军一往无前的精神和传统作风传下来的。同通讯的主线扣得很紧，更好地表现了通讯的主题思想。

另一段穿插是，通讯写到新战士王爱中是三号首长的警卫员，跟随师前线指挥所穿插二百七十公里，保障火线指挥立了战功，亲眼看着师首长带领前卫部队打了五次反伏击，直捣高平如同卷席。可是在进高平以前，师首长竟然没有吃过一口热饭，没有喝过一口热水，甚至没有睡过一会儿觉。三号首长的第一顿饭还是王爱中拿雨布接了半行军饭盒雨水做的二两挂面汤。叙述了这些情况后，王爱中满怀热泪地对记者说：“如果咱们后方咱们的人民公社、工矿企业、各级党委，都同前方一样，首长亲临前线，同战士同甘共苦，打成一片，咱们的四个现代化建设该有多兴旺啊！”在“王爱中这番话是有一段痛苦经历的”之后，穿插了一段新战士王爱中的经历和切身感受。通过他的经历和切身感受，揭露了“四人帮”破坏三大作风的罪行，说明老八路的三大作风在老一辈指挥员身上得到继承和发扬，并渴望将这种作风带到四个现代化建设中去。这段穿插也是紧紧围绕主线展开的，并起了深化通讯主题的作用。

（四）开头要新颖活泼，引人入胜

明末清初著名的传奇作家和戏剧理论家李笠翁，在《闲情偶寄》一书中谈到文章的开头时写道：“开卷之初，当以奇句夺目，使之一见而惊，不敢弃去，此一法也。”这句话就讲明了文章开头的一个重要要求：要写得新颖活泼，引人入胜。除此以外，文章的开头还要有利于文章内容的引出，能够开拓思路，有利于文章主题的展开；并能够统帅全文，使主题更加鲜明突出等等。一般文章的开头是这样要求，通讯的开头也是这样要求。可以这样说：凡写得好的通讯，一般都有一个好的开头。翻阅一些写得好的通讯，主要采用了这样七种方法开头。

1. 用比兴的手法描绘出一个特定的场面，以渲染气氛，引出报道的内容。用这种方法开头，常常可以把读者引入令人深思回味的意境中去，并能给读者以美的享受。例如《中南海的春天》（新华社 1981 年 4 月 16 日电）这篇通讯的开头：

> 九尽冬去。春天，又来到了中南海。
>
> 三月的风，是那样轻柔，吹拂着中南海湖滨千万条低垂的柳丝，袅袅飘逸。大概是“春江水暖鸭先知”吧，成群的水鸭在清澈碧透的湖中追逐嬉戏，溅起层层细浪，悠然地向着岸边荡去。
>
> ……春分时节的中南海，那柳条上探出头来的嫩黄细叶，苍松翠柏茂密的针叶间泛起的新绿，挺拔的白杨树上挂满枝头的穗穗儿，还有那海棠树上萌发的细芽，都泻出了无限春光，使人看到处处是一派生机。

这个开头描绘了一幅春意盎然的画面。用中南海这个特定环境的自然界的春色起兴，引出下文所要表现的“中央书记处的一些办公室”“蓬勃奋进的朝气，炽热旺盛的活力，更胜似窗外的春光”这一主旨。从中南海自然界的春天写到中南海人们精神面貌的春天，自然贴切，耐人寻味。

用描绘特定的场面、叙述特定的历史背景这种方法开头的通讯比较常见。例如《为中华崛起而献身的光辉榜样——记中年光学专家蒋筑英》这篇通讯的开头，描绘了一个悲恸、隆重的追悼会场面，引出蒋筑英生前的一系列感人的事迹。《县委书记的榜样——焦裕禄》这篇通讯的开头，叙述了“1962年冬天，正是豫东兰考县遭受内涝、风沙、盐碱三害最严重的时刻”这一历史背景，用以展示焦裕禄非凡的革命精神。

2. 用引人的情节、细节或新闻事件开头。这种开头可以起到像电影、戏剧中“序幕”一样的作用，让读者立即触及通讯所报道的人物或事件。《为了周总理的嘱托……——记农民科学家吴吉昌》这篇通讯，就是用一个感人的情节开头。这个情节的梗概是：1966年1月，周恩来总理刚从全国第五次棉花生产会议上作完报告，又立即请几十位植棉劳模来中南海国务院会议室座谈。总理向大家传达了毛主席的指示：要粮棉并举，学会两条腿走路，要继续研究解决棉花脱蕾落桃问题。“总理和大家亲切地谈了一个多小时。临走时，他握住吴吉昌的手，炯炯有神的目光凝视着吴吉昌说：‘我把解决落桃的任务交给你了，你把它担起来！’吴吉昌迟疑地说：‘中，可我是个大老粗，一没文化，二来岁数也大了……’总理打断他的话问：‘你多大了？’吴吉昌答：‘五十七。’总理说：‘你五十七，我六十七，毛主席比我们都大得多。我跟你说，再过二十年，我八十七，你七十七，咱们一起用二十年时间，把毛主席交给的任务完成，行不行？’热血涌上了吴吉昌的脸，他紧紧握着总理的手，响亮地回答：‘行！’”从此以后，吴吉昌把毛主席的指示，周总理的嘱托，看作党的重托。他准备为此付出自己全部的心血。这个情节不仅是通讯的点题之笔，也由此引出通讯下文着意表现的十几年来，吴吉昌所走过的一条光荣而又布满着荆棘的道路。

《亚洲大陆的新崛起——从李四光走的道路看新中国地质科学的跃进》（1978年1月7日《人民日报》）这篇通讯就采用了一个细节开头（引文见270页）。这个开头把李四光走路的脚步特征刻画得细致入微。一入笔，就在读者面前展现了一个地质工作者的生动形象，立刻吸引读者看完全文。截取所报道人物富于个性并与表现主题有关的肖像特征、动作特征加以具体生动的描绘，用以作为通讯的开头，是人物通讯中常常采用的方法。

《“何时补齐？”——访台湾女作家康芸薇在大陆的亲人》（新华社1980年9月21日电）则用了一件新闻事实开头：

> 台湾女作家康芸薇的父亲康为宪，向来访的记者出示了这样一张家庭照片，从右至左，是他的大女儿康芸香、三女儿康芸华、儿子康振麟，而芸华和芸香之间却空着一个位置。康为宪老人说，这是孩子们特意为二女儿芸薇留下的一个位置。芸香在照片上题了四个字：“何时补齐？”

在一张大女儿、三女儿、儿子三人合影的家庭照片上，大女儿和三女儿之间却空着一个位置，这个位置是特意为在台湾的二女儿芸薇留下的，大女儿还意味深长地在照片上题了“何时补齐”四个字。这就使这张家庭照片很不平常，成为具有深刻含意的新闻事实。用这样的新闻事实开头，能引起读者的浓厚兴趣，看看这究竟是怎么回事。

3. 开门见山，下笔点题。就是开宗明义讲清通讯的主题。用这种方法开头，不仅节省篇幅，也使主题更加鲜明。请看《敲开世界冠军的大门——中国女子排球队纪事》这篇通讯的开头：

> 世界排球冠军的大门，终于被一群勇敢、聪慧的中国姑娘敲开了！二十年前，当我国乒乓小将登上世界冠军宝座时，人们就开始盼望我国“三大球”翻身日子的到来。二十年之后，中国女排脱颖而出，率先奏响了这一曲振奋中华的嘹亮凯歌。
>
> 谱写和鸣奏这曲凯歌，是艰难的，然而也是激动人心的。

这个开头就是开门见山，下笔点题。花的笔墨不多，却十分醒目地点明了通讯的主题。第一句中的“终于”二字包含了丰富的内容。紧接着写了“二十年前”和“二十年之后”这两句，说明敲开世界冠军的大门是多么的不容易，整整花了二十年功夫！虽然“是艰难的，然而也是激动人心的”。这就吸引读者弄明白：中国女排究竟是怎样敲开世界冠军大门的。类似的还有提出问题，揭示矛盾，或者提出问题，阐明主题的写法。

4. 用权威人士或所报道先进人物的语言开头，以统帅全文。所引用的权威人士或所报道先进人物的语言一般都与通讯的主题紧密相连。《艰苦作风代代相传——记“南京路上好八连”》（1963年3月30日《解放军报》）这篇通讯，引用了毛主席在党的七届二中全会上的报告中这样一段话作引子开头：

“夺取全国胜利，这只是万里长征走完了第一步。……务必使同志们继续地保持谦虚、谨慎、不骄、不躁的作风，务必使同志们继续地保持艰苦奋斗的作风。”

这段话与通讯的主题扣得很紧，不仅起到了统帅全文的作用，而且更深刻地揭示了通讯的主题。

《党的好儿子 人民的好军医——记第二军医大学附属长征医院骨科主治军医吕士才》（1980年1月2日《解放日报》）这篇通讯，引用了所报道先进人物吕士才这样一段话作引子开头：

在生命史中，抓紧增添一些有意义的篇章。当回顾一生的时候，可以说，我曾经为党的事业奋斗过。

这段话充分反映了吕士才的共产主义献身精神，揭示了吕士才的内心世界。它使读者更深刻地认识吕士才的革命精神，理解吕士才的革命行动，它对全篇通讯也起到了统帅的作用。

5. 用诗歌、民谣和历史典故开头。用这种方法开头，可以起到为通讯定基调的作用，也可以增添通讯的文采。《种瓜人的追求——记湖南省劳动模范、高级农艺师陈为霖》（1983年9月22日《人民日报》）这篇通讯，用了陶行知的《傻瓜》这首诗开头：

傻瓜种瓜，种出傻瓜。
惟有傻瓜，救得中华。

这首诗赞美了勤勤恳恳、埋头苦干、不计个人得失的劳动者。用在这里歌颂无籽西瓜的选育者陈为霖执着的追求精神是很贴切的。为了选育无籽西瓜，他带病奋战了17个年头终于选育成功，为出口提供了一个有竞争能力的西瓜新品种。有的人可能认为他的这种精神是傻瓜在办傻事。而对四化建设来说，我们只有有了千百万像陈为霖这样的“傻瓜”，才能振兴中华。这就为通讯定了基调。

《鱼水新篇——沂蒙山纪事》（1978 年 10 月 2 日《人民日报》）这篇通讯用了沂蒙山两句民歌开头：

河里的鱼儿啊，

没有水就没有家。

用鱼和水的关系比喻党和人民群众的血肉关系。这两句民歌的含意同通讯的内容（党和政府发扬党的优良传统，谱写鱼水新篇）扣得很紧，使通讯的主题阐发得更鲜明，也为通讯增添了文采。

《棋盘陀上五壮士》（1941 年 11 月 5 日《晋察冀日报》）这篇通讯，用司马迁歌颂荆轲的两句诗开头：

风萧萧兮易水寒，

壮士一去兮不复还！

这两句诗用在这里起了特殊的作用：给全篇通讯笼罩了一股悲壮的气氛，定下了悲壮的基调，一下子把读者带到狼牙山五壮士可歌可泣的壮烈场面中去。诗中提到的“易水寒”正好就是通讯中所写的这个“易水”。作者巧妙地用了这个典故，为通讯增添了色彩。

6. 用童话和神话故事开头。引用的童话或神话故事一般都同通讯中所报道的事物有紧密的内在联系。常常用童话或神话故事比喻，用以具体形象地描绘所写事物某方面的特征。这样开头可以增强通讯的感染力。《手执金钥匙的人们——记北京景山学校几位小学教师》这篇通讯，用了这样一则童话开头：

> 有一则很古老、很美丽的童话故事说，在那湛蓝湛蓝的大海边，耸立着一座陡峭的大山，山腹里有一个光辉灿烂、琳琅夺目的大宝库。在这座宝库里，什么好东西全有。然而，寻常的人即便站在宝库的大门口，也看不见它。你必须寻遍天涯海角，找到一位智慧老人，请他用金钥匙打开你的心灵大门，然后你就能找到宝库的大门啦……
>
> 最近，我们对北京景山学校小学部进行了一次访问。我们强烈地感受到，如果真像童话里所说有打开儿童心灵大门的金钥匙的话，掌握金

钥匙的人就是光荣的人民教师。

应该说这是一个非常别致的开头。通过一则童话故事，用手执金钥匙的人比做人民教师，这样就把人民教师的光荣职责、地位和作用生动形象地表达给了读者。见了这个开头，读者就会情不自禁地往下看，看看这些手执金钥匙的人们究竟是怎样打开儿童心灵的大门的。

《来自西双版纳的报告》（1972年5月27日《解放军报》）这篇通讯，则用了一个神话开头。通讯首先用流传的一个神话吸引读者。然后用婉转的笔调生动地揭示了通讯的主题。

7. 用悬念开头。将所报道事物中违反常情的现象或有矛盾的地方突出地摆在开头，吸引读者看完全篇，寻求答案。《这样好的党支部委员为什么跳海？》（1980年7月5日《人民日报》）这篇通讯，是这样开头的：

> 1979年10月21日深夜，从宁波驶往上海的客轮上，一个姑娘纵身投入波涛汹涌的大海。
>
> 她叫范熊熊，是个年仅24岁的共产党员，在浙江省宁波海洋渔业公司镇海渔业基地人保科工作，是党支部的纪律检查委员。她为什么要投海呢？

这个开头先将令人震惊的新闻事实（即事件的结果）端在读者面前，然后介绍新闻人物的政治素质，根据其政治素质，照理说不应该发生投海的事，现在却发生了。那么她为什么要投海呢？设置的这个悬念吸引读者从通讯中寻求答案。

以上讲的只是常见的几种开头的方法。根据内容的需要，还可以采用更多新颖生动的开头。比如还可以采用设问、议论或抒情的方式开头。总之，这里难以一一概全。高尔基曾说："最难的是开头，也就是第一句。就像在音乐中一样，第一句可以给整篇作品一个调子，通常要费很长时间去寻找它。"可见写好通讯的开头并不是一件容易的事情。因此，我们写每一篇通讯时，都应该力求寻找到新颖活泼引人入胜的开头，即使"费很长时间"也在所不惜。

（五）结尾要言尽意未尽，耐人寻味

通讯同新闻一样，不一定都要有结尾。许多通讯把事情报道完就戛然而止，效果也很好。有的通讯不需要写结尾，如果硬性写上一个画蛇添足的结尾，效果反倒不好。有的通讯需要写结尾时，就要尽可能做到言尽意未尽，耐人寻味，使人读完全篇之后，还能引起更多的联想，从中得到更多的教益。

怎样写结尾呢？鲁迅说得好："我们需要的，不是作品后面添上去的口号和矫作的尾巴，而是那全部作品中的真实的生活，生龙活虎的战斗，跳动着的脉搏，思想和热情，等等。"这就是说，要从作品的思想内容出发，写出真情实感，需要怎样结尾就怎样结尾，切忌矫揉造作。常用的结尾方法主要有五种。

1. 画龙点睛，深化主题。《鱼水新篇——沂蒙山纪事》这篇通讯，在报道了蒙阴县各级领导干部同人民群众之间的鱼水关系的具体事迹之后，写了这样一个结尾：

> 得民心者治天下，失民心者乱天下。在极其艰苦的战争年代里，我们凭借着同人民群众血肉相连的"鱼水关系"，打垮了日本侵略者和国民党反动派。今天，在新的长征中，只要我们不忘记曾经为革命做出过巨大贡献的人民群众，时时处处关心他们的利益，那么，沂蒙山人民将会像战争年代一样，为早日实现四个现代化，贡献出自己的一切！

这是画龙点睛的议论。有了这一段议论，使通讯的主题表现得更深刻有力。由于这段议论同全文叙述的具体事迹扣得很紧密，使人感到它是具体事迹的升华，而不是空讲大道理。

2. 言简意赅，点明主题。在叙事的基础上，用简明扼要的语言点明主题。

一种办法是，用作者概括的语言点题。例如《激动人心的名古屋之战——亚洲男篮锦标赛中国队夺魁记》（1980 年 1 月 11 日《体育报》）这篇通讯就是采用这种办法结尾的。在描述了发奖的生动场面以后，结尾写道：

> 眼看五星红旗冉冉升起，耳听中国国歌在大厅里回荡，健儿们深刻地领略了一个人生要义：只有为祖国争得荣誉，为党和人民做出贡献，

才是真正光荣和幸福的啊！

另一种办法是，借所报道人物的语言点题。例如《光荣的脚印》（载《经济建设通讯报告选》）这篇通讯就采用了这种办法。在具体报道了修筑雀儿山公路指战员的事迹以后，作者在结尾通过同一位名叫吴海舟的战士之间的对话点题：

“前面还有很多艰巨的任务呢！”我说。

“是啊！”他拾起一根地上的青稞，振奋地甩了一下。

“感到繁重吗？”我想更深地了解。

“不，我们越往前看，就越觉得高兴，就越觉得生活有意思。今天在这儿建设好了，明天我们就往前走了，明天在那儿建设好了，后天我们就更往前走了。一步一个脚印，一步一个脚印，这样留下的每个脚印，都是我们的光荣，人民的幸福！”

这位战士的最后答话不仅点明了通讯的主题，也揭示了所报道人物的内心世界和精神面貌。

3. 类比烘托，激发斗志。《中南海的春天》的结尾是这样写的：

今年三月十二日，植树节，是“九九”的最后一天，书记处和国务院的领导同志们吃过早饭，就来到中南海植树。他们扛起铁锹，穿着“解放鞋”或布鞋，把一棵棵黄杨树苗植入中南海的沃土。中央领导同志参加绿化大地、改造自然的劳动，这件事唤起了人们多少回忆和憧憬！中南海郁郁葱葱的林木啊，它是我党兴旺发达的象征。社会主义现代化这株深深扎根于全国人民心中的幼苗，在党的培养下，必将成长为枝繁叶茂，花香果硕，挺立于世界之林的参天大树。

用中南海郁郁葱葱的林木比作党的兴旺发达；把社会主义现代化比作扎根于全国人民心中的幼苗，并预示在党的培育下，这株幼苗“必将成长为枝繁叶茂、花香果硕，挺立于世界之林的参天大树”。通过类比烘托，不仅反映了党中央干四化的决心，表现了中央书记处奋发的精神风貌，也激发了读者的斗志。

4. 诗歌故事，用以言志。诗歌、民谣、历史典故和传说故事，既可以用来开头，也可以用来结尾。只是所起作用略有不同罢了。《“是党给我的艺术新生命”——访作家姚雪垠》这篇通讯，在结尾处录了一首姚雪垠的旧作七律《抒怀·赠老友》：

> 堪笑文通留《恨赋》，耻将意气化寒灰。
>
> 凝眸春日千潮涌，挥笔秋风万马来。
>
> 愿共云霞争驰骋，岂容杯酒持徘徊？
>
> 鲁阳时晚戈犹奋，弃杖邓林亦壮哉！

这首七律主要是抒发了所写人物追悔昔日、展示前景、壮心不已的胸怀，有助于表现所写人物的精神面貌。

《奇迹正在英雄的劳动中产生——郑州通讯》（见《经济建设通讯报告选》）这篇通讯，写了这样一个结尾：

> 当我还是小孩子的时候，就常常听人讲神灯和魔戒指的故事。据说，只要有了神灯和魔戒指，一夜之间，就可以在平地上造起一座富丽堂皇的宫殿来。今天看来，这已经不是什么神话，奇迹正在英雄的劳动中产生着。

这个神话故事用在这里主要是为了点题，使“奇迹正在英雄的劳动中产生”这一观点表现得更加鲜明突出。

5. 寓理于事，余音缭绕。《西瓜兄弟》这篇通讯的结尾就有这个特点。结尾部分从表面上看，只是紧接着上文在叙事，也没有讲什么道理，但是读者仔细琢磨，里面却有着深刻的含意；从表面上看，似乎没有结尾，新闻事实报道完了，通讯也结束了。而实际上把什么事实材料放在结尾部分，却是经过作者精心考虑和安排的。这样的事实材料既能深刻地表现通讯的主题，又令人回味，就好像一台美妙的音乐会，虽已结束，却余音缭绕，使听众仍然沉浸在美妙的乐曲声中，而不忍离去一样。请看《西瓜兄弟》的结尾：

> 西瓜老二捧着瓜，直愣愣的在西瓜地边站着。队伍还是肩并肩地往南走，前不见头，后不见尾。

由于通讯对西瓜兄弟的故事情节已经作了具体生动的刻画，结尾的事实材料虽然简单，却寓意深刻。“西瓜老二捧着瓜，直愣愣的在西瓜地边站着”，说明西瓜老二被八路军的好作风感动得不忍离去。“队伍还是肩并肩地往南走，前不见头，后不见尾”，说明秋毫无犯、纪律严明的这种作风，不只是表现在个别八路军指战员的身上，而是表现在全体部队身上。有趣的是，“前不见头，后不见尾”的事实，在短短的通讯中竟然重复出现了三次。这就使这一事实所表现的我军的严明纪律和作风给读者留下了深刻的印象，并产生余音缭绕之感。

（六）首尾相呼应，点明主题，深化主题

不一定每篇通讯都采取首尾相呼应，点明主题，深化主题的做法。根据每篇通讯的具体情况，可以采用多种方式点明主题和深化主题。下面看看《“一厘钱”精神》是怎样首尾相呼应，点明主题，深化主题的。

先看它的开头：

> 一厘钱，最勤俭的家庭也早已不放在眼里。可是却有手经百万元的厂长、会计、供销人员，和长年给国家创造财富的工人，为少花一厘钱，给国家多积攒一厘钱，算盘打了又打，潜力挖了又挖。
>
> 这儿写的，都是工业生产中的这类一鳞半爪。但是，他闪烁着社会主义建设真理的火花。

社会主义企业的领导、干部和工人“为少花一厘钱，给国家多积攒一厘钱，算盘打了又打，潜力挖了又挖”，这是点题；这儿写的工业生产中的这类一鳞半爪，“闪烁着社会主义建设真理的火花”，这也是点题。

再看它的结尾：

> “一厘钱”精神显示了一个颠扑不破的真理：伟大的事业要从最小的事情做起。
>
> 亲爱的读者，当你抱着雄心壮志要建设好我们伟大的社会主义祖国的时候，你就从自己经营的一厘钱、一个产品和自己的每一分钟作起吧！

把“一厘钱”精神与“一个颠扑不破的真理：伟大的事业要从最小的事情做起”联系起来，这无疑的是深化主题。同时又与开头的“它闪烁着社会主义建设真理的火花”相照应。最后一段，则是把“一厘钱”精神扩而广之，号召各行各业的人们都按照“一厘钱”精神从事社会主义建设事业。从而使通讯具有普遍的指导意义。

第四节　通讯的标题

标题是通讯的重要组成部分，与通讯的主题和结构有紧密的关系。好的通讯标题，可以使通讯的主题更加鲜明突出。有的初学写作的同志写完通讯，自己却拟不出标题，而让编辑同志去拟标题。为什么拟不出标题？说明自己对所写通讯的主题还不是十分明确。自己不明确，当然不可能将主题通过标题鲜明地表达给读者。通讯的标题也有助于通讯结构的完整。没有标题的通讯，在结构上就不是一篇完整的通讯。只能说它是个半成品。拟好标题还可以增强通讯的可读性，使通讯更好地发挥作用。现在各种报纸刊物日益增多，报刊上的新闻通讯也日益增多。读者不可能一一阅读，读者首先就借助于新闻通讯的标题加以选择。标题拟得好，就能够吸引读者看完新闻或通讯。因此，我们要十分重视标题的写作。

一、通讯标题的要求

准确、鲜明、生动、简练，是对通讯标题的具体要求。

（一）准确

就是标题与通讯内容切合，题文相符。这是最基本的要求。毛泽东同志曾指出："标题必须有内容。"（《毛泽东新闻工作文选》第 157 页）要做到准确就要避免空泛无内容。拟通讯的标题时，就要注意掌握分寸，切合实际，不要夸大其词，不要有歧义，也不要以偏概全，有片面性。要做到准确，最好虚实结合。既不要过虚，也不要过实。有篇记北京市优抚工作先进单位北下关街道办事处民政科事迹的通讯，初稿的标题是《这里有芳草》，就过于虚了。一般来说，通讯的副题都比较实。如何把副题写得符合通讯内容的要求，也是要认真琢磨的。有的初学写作的同志在拟通讯标题时，就不大注意写好副题。其实，主题和副题只有做到虚实结合，才能准确地表现通讯的内容。例如有篇通讯的主题是"燃烧自己，温暖他人"，副题是"记市劳动模范、清华园煤厂工人刘玉珍"。这个标题的主题和副题就搭配得比较好，突出了送煤工人的特点和思想品质。通讯标题有了合适的副题，就为通讯的题材规定了具体范围。既然写的是市劳动模范，是送煤工人，通讯反映的事迹就要与这一身份相称。如果把市劳动模范应该具有的事迹写成一般工人的事迹，那就与所报道者的身份不相称了。当然，有的通讯主题的含意已经很鲜明，例如《王崇伦抓豆腐》《现场拍板记》《买缸记》等等，就不一定要副题了。

（二）鲜明

就是不含含糊糊，不模棱两可。一看标题就知道通讯的中心是什么，赞成什么，反对什么，爱憎分明。要做到鲜明，拟标题时切忌笼统。有的标题做得大而无当，读者看了不知要说明什么问题。例如有两篇写北京市海淀区卫生防疫站党支部书记李彦鸣的通讯，把他作为革命化、专业化、知识化、年轻化的基层领导干部来写。一篇做了个《大地的胸怀》的标题，也不加副题，就没有将这个基层领导干部的特点鲜明地表现出来。另一篇用群众赞扬他的一句话“他是个明白人！”（当时强调各级领导要明白人当家）作主题，用“记海淀区防疫站党支部书记李彦鸣”作副题，含意就鲜明了。

（三）生动

就是既要具体形象，又要念起来顺口，记起来容易。做到生动，拟标题时可以从两个方面着手。一是抓住通讯中新颖生动的具体事实拟题；二是笔调清新，包含诗情画意。例如《榜上无名脚下有路——访老作家严文井同志》这个标题，将老作家四次考大学均未被录取，最后靠刻苦自学成为一位著名的作家这一具体新颖的事实，生动地表现出来了。由于采用了对仗的写法，念起来顺口，给人留下深刻的印象。《千里归程一路春》这个标题，不仅形象地揭示了通讯的本质，而且用清新的文字描绘出一幅春意盎然的画面，富有诗情画意，使人耳目一新，并从中受到感染。

（四）简练

就是简短有力，含意深刻。要做到简练，就要文字凝练，不拖泥带水。例如有的通讯的标题写成二十几个字，就太长了。《桌上的表》《西瓜兄弟》《十人桥》就很凝练。拟标题时，要尽量将可有可无的字去掉。比如有篇通讯原来的标题是《燕山脚下一雏鹰》，《人民日报》转载时改为《燕山雏鹰》就简练多了。《人民日报》曾连续两天登了题为《柳林有新风》《柳林觅富》这样两篇通讯。应该说这两个标题已经够疑练了吧，然而推敲起来，前一篇标题中的“有”字就似可删去。根据通讯内容的需要，有的标题虽然字数较多，但却深刻地表现了通讯的主题，而且没有多余的字，这样的标题也属于简练之列。

通讯的标题与新闻的标题有所不同。一般说来，它要比新闻的标题用字更少，更简练，不仅具体，还要力求形象生动。通讯的标题可以加副题，也可以不加副题。一般不用肩题，但有的通讯在主题前面加一段引语，起肩题的作用。例如：

陈景润摘取数学王冠上明珠的事迹，使许多年轻人赞佩。然而，也有的青年朋友摇头感叹，在我的平凡工作岗位上有什么明珠可摘呢？请看这篇报道——

摘取明珠缀彩霞

——记扣子行家、青年售货员王娟

（载 1980 年 3 月 8 日《中国青年报》）

为了更好地突出通讯的内容，也有个别的通讯是按照新闻标题的格式作题的，即由肩题、主题和副题组成。例如：

群众盼车心切市场供应奇紧

“凤凰”“永久”为何难以大增产

原因在于调整中遇到的一些问题至今不得解决

（载 1981 年 7 月 23 日《文汇报》）

可见，通讯的标题与新闻的标题虽然有区别，但也不是按框框办事，只要有利于突出通讯的内容，也是可以灵活运用的。

二、拟通讯标题的常见方法

（一）突出新闻事实

这是使标题新颖生动、引人注目的有效方法。因为新闻事实是读者乐于得知的，新闻事实又各有特点，不会出现完全雷同的现象。例如：

英雄登上地球之巅

突出了中国登山队员登上世界最高峰——珠穆朗玛峰顶峰的新闻事实。

飞向太平洋

——我国运载火箭发射试验目击记

突出了我国运载火箭按照预定计划，发射太平洋试验成功的新闻事实。

王崇伦抓豆腐

突出了读者感兴趣的新闻事实。

钢琴进入农民家

突出了过去不曾有过的新鲜事儿，反映了党的政策给农村带来的巨大变化。

（二）相反相成，相映成趣

用这种方法拟标题，不仅可以增添标题的情趣，也可以使标题更加鲜明突出。例如：

大火无情人有情

用“无情”衬托“有情”。

孤儿不孤

用“孤”衬托“不孤”。

静海不静

——静海县大邱庄富起来了

用“静”衬托“不静”。

“沉绿”泛红话群英

用“绿”衬托“红”

小提琴提出的大问题

用“小”衬托“大”。

（三）通俗化，口语化

这样拟标题可以使标题活泼富有个性特征。因为群众中流行的口语常常比较诙谐有生气。由所报道人物之口说出来又常常具有个性特征。例如：

“人到难处，要拉一把”

——记湖北省来凤县土家族社员周碧玉的谈话

“郭炉子”改造“灶王爷”

——记炉灶革新者郭振廷

栽树就是“栽富”

以上三个标题都是采用的群众通俗易懂的口语，显得生动活泼。第一个标题用所报道人物说的话作题，既富有个性，又表现了人物的精神面貌。在第二个标题中，把炉灶革新者称作“郭炉子”，把炉灶称作“灶王爷”。“炉子”同“灶王爷”搭配得很自然贴切，也比较诙谐。第三个标题采用谐音作题，既风趣又突出了栽树的意义。

（四）提出问题，引人注目

标题中所提出的问题必须是群众关心的、比较重大的、具有新闻价值的问题。例如：

谁是第一个到墨西哥的旅行家?

渤海二号钻井船翻沉事故说明了什么?

这样好的党支部委员为什么跳海?

平反刘宝金冤案的阻力在哪里?

以上四个标题所提出的问题都带新闻性，也是读者所关心的。因此能引人注目。

（五）鼓动式，抒情式

采用鼓动式拟标题，一般是通讯所报道的问题具有较强的指导性和方向性，或者具有较强的号召力，并能为读者所接受。否则，是发挥不了鼓动作用的。采用抒情式拟标题，一般是通讯所报道的内容具有较强烈的感情色彩，这样可以增强通讯的感染力。如果内容没有什么感情色彩，却拟一个抒情式的标题反倒不协调，使人看起来别扭。例如：

奔向二〇〇〇年

五亿农民的方向

祖国，您的儿女回来了

——访刚从美国归来的青年博士研究员欧阳本伟和助理研究员李镜莲

前两篇通讯由于所报道的问题具有较强的指导性和方向性，标题带有鼓动性，能引起读者的关注；后一篇通讯由于所报道的问题具有较强烈的感情色彩，标题带有抒情性，可以增强感染力。

（六）形象化，拟人化

采用这种方式拟题，不仅可以使标题更加鲜明生动，而且可以引起读者的联想，有助于读者更深刻地理解通讯的内容。采用拟人化的方式拟题，还可以使标题具有趣味性。例如：

手执金钥匙的人们

——记北京市景山学校几位小学教师

用比喻的修辞手法，把小学教师比作童话中手执金钥匙的智慧老人。可以帮助读者深刻地理解教师的作用。由于比较形象，也能吸引读者看完通讯。

中南海的春天

“春天”是双关语。既指中南海自然界的春天，也指中南海人们精神面貌的春天。也采用了比喻的修辞手法；用自然界的春天比喻人们精神面貌的春天，能使读者产生联想，想到标题中所包含的更丰富的内容。

敲开世界冠军的大门

——中国女子排球队纪事

珍贵树种该坐“上席”

“飞飞”赴日成亲

上面三个标题都采用了拟人化手法。第一个标题把排球赛拟人化；第二个标题把珍贵树种拟人化；第三个标题把熊猫“飞飞”拟人化。这样做题，使标题富有情趣。

（七）设置悬念

这是使标题鲜明突出、吸引人的另一种方法。这种标题往往服务于通讯的顺装结构。读者要想弄清悬念，就必须看完通讯才能得到回答。例如：

他、她、她

——一个买书、让书的故事

她虽然失去了双臂……

——介绍优秀少先队员焦诸静的事迹

以上两个标题，用不同的方式设置悬念，达到吸引读者的目的。看了前一标题，读者会发问：标题中的一男二女究竟是什么人呢？究竟谁是买书人，又让给谁呢？为何买了书，又要让书呢？看了后一标题，读者也会发问：她虽然失去了双臂，却成了优秀少先队员，她究竟是怎样失去双臂的？又是怎样成为优秀少先队员的？这就吸引关心的读者非看完通讯不可。

除上述拟通讯标题的方法以外，我们要善于根据通讯的不同内容，创造一些新的方法，拟出更好更吸引人的标题。

第四章 事件通讯

第一节 事件通讯的主要特点和作用

事件通讯着重叙述改革开放、中国特色社会主义新时代中激动人心而又比较完整的重大事件和典型事件。通过某一重大事件或某一典型事件的报道，赞扬某一战斗集体的英雄事迹，深刻地反映我们伟大时代的精神面貌，歌颂党带领广大人民群众在实践中创造的丰功伟绩。

一、事件通讯的特点

事件通讯具有两大特点：

（一）事件必须具有新闻性

事件通讯所介绍的事件，应该是新近发生的、人民群众普遍关心的重要的事件，它本身就是新闻。有不少事件通讯就是在报道消息的同时，配合消息作详尽的介绍。因为一条简短的消息不能满足读者的要求，读者希望知道更多的详细情况。例如，关于渤海二号钻井船翻沉事故的报道。《工人日报》在 1980 年 7 月 22 日头版发了一篇消息《严重违章指挥 造成重大责任事故 渤海二号钻井船在拖航中翻沉》和一篇通讯《渤海二号钻井船翻沉事故说明了什么？》。《人民日报》1980 年 7 月 22 日发了消息，第二天转载了《工人日报》的通讯。消息和通讯相比，对通讯的反响强烈。通讯报道的是早在 8 个月以前发生的事件，为什么在群众中还会产生强烈的反响呢？它的新闻性表现在哪里呢？新闻性就表现在这篇通讯切中时弊，说出了广大职工想说而不敢说的话。时间近表现在“1980 年 4 月 21 日，天津市劳动局就此向市人民检察院提出控告，要求对事故的责任者追究刑事责任。5 月 7 日，天津市人民检察院接受了市劳动局提出的控告，已经审查、立案，现正在侦查中”。（见《人民日报》所发消息《造成渤海二号钻井船翻沉重大事故》）石油部海洋石油勘探局“渤海二号”钻井船于 1979 年 11 月 25 日在渤海湾迁移井位拖船作业途中翻沉，死亡 72 人，直接经济损失达 3700 多万元。这起重大事故的发生不是偶然的，是由于有关领导人员不从实际出发，不讲科学，不尊重群众，盲目蛮干，严重违章指挥造成的，是执行“极左路线”必然结出的恶果。这种违反客观经济规律的现象是今天才出现的吗？不是。但是，多年来谁敢公开揭露这些问题呢？这篇通讯的可贵之处，就在于作者敢于通过剖析“渤海二号”这个典型，一针见血地公开揭露了“极左路线”在工业上的种种表现，说出了广大职工早已深恶痛绝、心里想说而没有说的话。因而通讯发表后便在广大职工心中引起了强烈的共鸣。

这篇通讯从“只讲需要 不讲可能”“冒险蛮干 不讲科学”“只讲生产 不顾安全”“掩盖矛盾 逃避责任”等四个方面揭露了“极左路线”在“渤海二号”翻沉事件上的影响。例如，在“只讲生产 不顾安全”一节，作者在描述职工在毫无安全保障的条件下辛勤劳动时，用了许多活生生的事例：

“工人出海换班有的要自带行李，船上又无舱房，冬季在甲板上或过道里任凭刺骨寒风吹打。”

“工人们每天一身泥水，二十天才能洗一次澡。”

“进口船上原来配有沙发，但引进后一到码头，沙发就被搬到岸上使用。”

更有甚者：“渤四”有个工人在船上摔伤，处于昏迷状态，钻井船要求局里紧急派直升机抢救。直升机来了，机上坐着钻井处的孙处长和另一位海工处处长。因为直升机只能坐三个人，队长和指导员说明情况，要求他们下机，而这个孙处长无论如何不肯下机。“最后，只好派一名工人跪在机舱里护送伤员，而这个孙处长却端坐舱中，不肯帮一手。”

这就活灵活现地画出了石油部海洋石油勘探局有关领导的官僚主义者的脸谱。

在揭露海洋勘探局不顾客观情况，不讲实效时，引用了局领导的两句话：“要翻船也给我翻到海里去，不要翻在码头里。”“要干着过冬，不要泡着过冬，要过一个革命化的冬天。”

揭露“渤海二号”翻沉事故后不顾工人死活，引用了局领导的一句话：“要奋斗就要有牺牲，战争年代要付出代价，搞四化也要付出代价，72 人死的是值得的，他们是英雄，要交学费嘛！”短短几句话，如见其人，如闻其声，可憎的极左面目淋漓尽致地暴露在人们面前。

又如在写群众批评局领导常常用评英雄、追认烈士的办法逃避事故的责任时，引用了群众这样的语言：“我们海洋局是事故出英雄，一次事故，一批英雄；事故越多，英雄越多。”用群众对这种现象不满的语言，使批评越加尖锐有力。还引用了工人这样的语言：“如果这次仍然不了了之，我们总有一天要被他们‘指挥’到海里去。”更是满含愤慨之情，一语中的。

（二）事件有较强的故事性和事件具有完整的情节

《一个人，一辈子，一道渠——贵州遵义老支书黄大发的无悔人生》（载 2017 年 4 月 19 日《人民日报》，记者吴储岐、郝迎灿采写）这篇通讯，十分突出地表现了事件通讯这一特点。请看通讯的开头：

> 你可曾想象，没有水的日子怎么过？你可曾思量，36 年做一件事情，你会做什么？
>
> 贵州遵义草王坝村，一个被层峦叠嶂的山峰藏得死死的村庄。千百年来，这里的人祖祖辈辈吟唱着一首心酸的民谣：“山高石头多，出门就爬坡，一年四季包沙饭，过年才有米汤喝。”
>
> 水是草王坝人的穷根，是草王坝人生生世世的想、年年岁岁的盼、日日夜夜的求。
>
> 村里有一位老人，今年 82 岁，他和大山较劲，用 36 年的时间只干了一件事：修水渠。
>
> 这条水渠，绕三重大山，过三道绝壁，穿三道险崖。
>
> 这位老人，就是草王坝村的老支书，名叫黄大发。

　　这个横跨36年的故事，是一段注定流芳后世的佳话。

这个开头告诉读者，所报道的事件不仅是一个“横跨36年的故事，是一段注定流芳后世的佳话”，而且具有浓浓的传奇色彩。

再看通讯中所叙述的事件有着完整的情节。

在“立誓 有条汉子不认命”这部分写道：“从我当大队长开始，我就决心为村民干三件事：引水、修路、通电。”正是意气风发的年纪，黄大发撂下了“狠话”。听说这个新上任的小伙子要引水，村里人都觉得他一定是疯了，无异于做白日梦。

……

终因“不懂技术”“缺乏水泥”“没有工具”“没有导洪沟”，“修修补补十几年，办法想尽，可水就是进不来草王坝。全村人喝水的梦在这十几年的时间里被反复拉扯，最终还是破灭了。”

在“学艺 他还想与天再斗一次”这部分写道：

　　“壮志未酬誓不休。那些年来，黄大发四处求教，自学水利技术。一听说哪里有在建的水库沟渠工程，他背着干粮就匆匆上路。无论路途多么遥远，无论要翻几座大山、要蹚几条大河，他都徒步过去，一边走、一边看、一边学。”

　　“三年的时间，他从零起步，从头开始，掌握了许多修渠的知识，知晓了什么是分流渠、什么是导洪沟，还学会了开凿技术。”

在“再战 修不好，他拿命来换”这部分，描述了黄大发懂得单靠本村人的技术力量和财力是修不好水渠的。他竭力求得党和政府的支持——要求县水电局为草王坝村的饮水工程立项。

　　“终于，经过专业测绘和精心谋划，草王坝水利工程批复了！县、乡政府从当时拮据的财政里划拨了6万元资金和19万公斤玉米。可水利站要求：如果村民们能在第二天早上凑齐1.3万元作为规划押金，技术人员就能马上到位。”

　　“看着大伙儿凑来的救命钱，盯着乡亲们质朴的眼神，黄大发流着眼泪立下了军令状——‘修不好我把名字倒过来写，我拿党籍来做保证，我拿命来换！’”

在“攻坚 人心齐，泰山移”这部分，叙述了“故事远不止这么简单，而是充满了曲折和辛酸”的过程，并着重写了下面的这段：

苦心人，终不负。

1995年，这条主渠长7200米，支渠长2200米，地跨3个村10余个村民组，绕三重大山、过三道绝壁、穿三道险崖的“生命渠”通水了！3年来，到底放了多少炮，炸了多少岩石，凿了多少方二，断了多少钢钎，坏了多少锤子，没人能够数得清。

通水那天，山崖上、水沟边，人山人海，鞭炮声、鼓掌声，不绝于耳，杀猪摆席、搭台庆功，好不热闹！这是草王坝人最高兴的一天，梦终于实现了！村民拥簇着黄大发上台讲话，他沉默良久，欲言又止，眼泪顺着黝黑、皱褶的脸庞哗哗往下流。

60岁的黄大发哭得像一个孩子。

在“新生 幸福的歌声心头飞”这部分，着重写了下面这段：

有水了，重要的是如何发展。

水通之后，黄大发带领村民开展“坡改梯”。“我们村耕地少，要想真正富起来，就要搞‘坡改梯’。”农闲拼命干，农忙抽空干，草王坝村的稻田从240亩增至720亩。昔日的荒山秃岭上，10万株温州蜜橘、李子已经开始有收益，家家户户的猪、羊、牛、马、鸡、鸭也大大增加……

通渠的那一年，草王坝也通了电，不少人家里买了电视机、洗衣机、录音机。通电那天，村民们通宵开着灯，一直唱啊跳啊，高兴得睡不着觉；紧接着又修了通村路，通路那天，大人领着小孩在路上跑来跑去，蹦跶着不想停下来；再往后，村里的小学新址落成，建砖木结构“品”字形的小青瓦校舍三幢，如今已有学生50多人……

“种蔬果效益高，但一开始群众观念难转变，以往温饱有余才搞点果木，我就带头栽上了柚子。”在他和村“两委”的努力下，村民正逐步改变传统的种植结构，全村现有核桃5200多亩、柚子650亩、海椒2000亩，牛羊养殖大户超过30户。小青瓦、坡面屋、穿斗枋、转角楼、雕花窗、白粉墙……去年底，草王坝村农民年人均纯收入突破 6500 元。

“不怕山高石头多，苦干就能把贫脱，打岩引水造梯田，穷村变成金银窝。”如今的草王坝，虽然还没有整体脱贫，但村民的荷包日渐鼓了起来，幸福的歌声从草王坝人心头飞出。

从上述的引文中不难看出，通讯所报道的事件有头有尾、有曲折的奋斗过程、有最终实现梦想的结果，实现了黄大发当初立下的誓言：为村民干了三件事：引水、修路、通电。全篇通讯既有故事性，又有完整的情节。

然而，通讯并没有就此打住。在“初心 一个共产党员的本色”这部分中回答了黄大发之所以能够坚持 36 年做修水渠一件事，“是公心！”每每谈起老支书，70 多岁的老党员徐开伦都竖起大拇指。“对他来说，公家的事怎么硬都行，自家的事怎么软都成。”遵义市委常委、组织部部长吴刚平跟黄大发打过几次交道。

通讯在结尾的一段中还颇含深意地写下了这样的文字：

“2014 年 10 月，照习俗，黄大发提前一年过八十大寿。问他有什么愿望，他说：‘活了 80 岁，最远的地方就去过遵义市，我想有生之年去省城看看。’”

“到了贵阳，黄大发既没去景点，也没去商场，而是要求直接去省委。‘老支书在省委有相识？’徐飞（陪同的乡干部）心里一阵嘀咕。进了省委大院，黄大发却不进大楼，根本没有找人的意思。就见他挺起腰，注视着大楼，还有远方飘扬的五星红旗，一言不发……”

这是一个老共产党人的初心！在黔北深山当了几十年村支书的黄大发，在耄耋之年，想来省委看一眼，看看党组织到底是什么模样。

黄大发这一质朴的言谈举止形象地揭示了黄大发忠于党、忠于人民的崇高的精神境界。

新华社孔祥武、付文采写的《古浪“六老汉”三代人治沙造林 21 万多亩》的特别报道（转引自 2019 年第 9 期《老同志参考资料》），也具有较强的故事性和完整的情节。报道中写道：

“1981 年，当过大队党支部书记或生产队干部的 6 位农民，响应党的号召，以联产承包的形式，组建八步沙集体林场，投身治沙造林，38 年如一日，终让沙漠披绿梦成真。”“38 年来，八步沙三代人以守护家园的生态自觉，以愚公移山的久久为功，累计治沙造林21.7万亩，管护封沙育林草37.6万亩。”“创造出了沙漠治理的绿色奇迹”。“如今八步沙林场，历经‘六老汉’三代人 38 年的坚守，已从昔日寸草不生的沙漠，变成了当地群众增收致富的‘金山银山’——绿色在八步沙不断延展，一方水土能够养活一方人。”请看这篇报道三部分的标题：“老支书石满第一个站了出来：治沙，我算一个。”“活着，干到生命最后一刻；死要埋在八步沙”。“久久为功，终于尝到‘绿水青山就是金山银山’的甜头”。“六老汉”三代人不屈不挠与黄沙搏斗的事迹感人至深。

二、事件通讯的作用

事件通讯的作用大致包含三个方面：

（一）正面歌颂改革开放、中国特色社会主义新时代以来涌现出的有意义的典型事件

1. 深入基层，帮助人民群众解决实际问题

时任浙江省委书记的习近平，饱含浓浓的爱民情怀，深入基层，将下姜村作为基层联系点，2003 年至 2007 年，曾 4 次到下姜村调研，每次调研都根据人民群众的需要，帮助人民群众解决实际问题，运用手中掌握的典型事例教育基层干部如何为人民谋幸福，“无数次担当了下姜村脱贫致富的引路人”，并以点带面指导全省的工作。“蹲点调查”“以点带面”，这是我党在实践中创造的行之有效的工作方法。作为省委书记的习近平，身先士卒，为党的高级干部做出了表率。请看《心无百姓莫为官——习近平同志帮扶下姜村纪实》（载 2017 年 12 月 28 日《人民日报》，记者王慧敏、方敏采写）这篇通讯。通讯共有四部分，第一部分的标题是：**（一）群众利益无小事。群众的一桩桩“小事”，是构成国家、集体大事的“细胞”。小的“细胞”健康，大的“肌体”才会充满生机与活力。党的干部，一定要时时刻刻把群众的冷暖挂在心上，**

真心诚意地为人民群众办实事、做好事、解难事。 在这部分写道：

2003年4月24日上午，习近平辗转来到下姜村——从淳安县城颠簸了60多公里的“搓板路”，又坐了半小时轮渡，再绕100多个盘山弯道才到了村里。

顾不上休息，他立刻开始走访调研。

调研结束，习书记召集村干部到简陋的村委会办公室开会。姜银祥（下姜村老支书）拿出事先准备的材料准备汇报。习近平和颜悦色地说：“不要用材料。心里有什么就说什么，想到哪里就讲到哪里。我们是下来听真话的。放开了讲。”

姜银祥一下子放松了，倒了半天苦水。末了，还又提了个要求：“习书记，有件小事不知该不该说？想请省里帮我们建沼气。否则，山就要砍光了……”

“这个提议好！对老百姓来说，他们身边每一件生活小事，都是实实在在的大事。正像人的身体一样，小的‘细胞’健康，大的‘肌体’才会充满生机与活力。”习近平请随行的同志记下来，并叮嘱：“资金由省财政解决。”

几天之后，省农村能源办公室便派专家入村进行指导。资金也很快落实。

村民姜祖海在全村第一个用上了沼气。

沼气建成后，习近平再一次来到下姜村。这是个春雨天，远山雾气如岚。习近平穿着雨鞋，兴致勃勃地听姜祖海谈沼气使用情况。他说：“20多年前我在陕北农村当支部书记时，建起了陕西第一个沼气村。”他幽默地补充：“要论建沼气，我也算得上是半个专家。沼气建好了，还要维护好、使用好。”他又布置了农户厨房改造、太阳能利用等配套工作。

你看，习近平为了满足人民群众的要求，将建沼气的工作一抓到底。沼气建成后，还亲自指导要维护好、使用好，并布置农户厨房改造、太阳能利用等配套工作。

通讯第二部分标题是：**（二）我们强调重视“三农”工作，就是要坚持**

党政主要领导亲自抓“三农”。形成全社会支持农业、关爱农民、服务农村的强大合力和良好氛围。“三农”工作要想有突破，“明白人”是关键。我们要不断完善特派员、指导员制度，真正做到重心下移。 在这部分，通讯写道：

随着原村党总支书记杨红马登上了村里的观景平台：“瞧，那片是150亩水蜜桃园；那片是500亩中药材黄栀花；那片是220亩紫葡萄园；脚底下那片带塑料棚的是60亩草莓园……这些产业能发展起来，倾注了近平书记的心血。”杨红马如数家珍般向记者介绍。

下姜村，周围群山高耸，人均不足一亩耕地。发展空间狭小是造成贫困的原因之一。

2003年4月24日上午，习近平在种茶大户姜德明家召开座谈会，详细询问农产品生产和销售情况。他扳着指头一笔笔和大家算着投入和产出账：“大家还有哪些发展困难？全讲出来。咱们一起商量对策。”

有的村民说：“缺人才！”有的说：“缺资金！”还有的说：“缺技术！”

习近平说，从大家讲的情况看，蚕桑、茶叶、早稻的产量都不算低。那么，为什么辛苦一年，收获不理想呢？种的全是大路货。没有做到优质高效和错位发展。没有优质，就没有市场竞争力。而没有错位发展，就不可能做到人无我有。

“你们村有没有科技特派员？”习近平问。

姜银祥摇摇头。

“省里研究一下，给你们村派一个科技特派员来。”习近平说：目前的“三农”工作面临农业生产经营方式落后和农产品流通方式落后的制约。我们要用现代发展理念指导农业，抓住当前科技进步的机遇，建立现代生产要素流向农业的机制，着力转变农业增长方式。

在习近平的关怀下，浙江省中药研究所高级工程师俞旭平进驻下姜村。有村民起初信不过：“之前扶贫，是发钱发粮发农具。现在‘发’来个专家！他能让地里长出‘金疙瘩’？”

俞旭平在村里“待”了一个月，认为：“村里的低坑坞最适合种中药材黄栀子。”

于是，以前只能长杂草、灌木的低坑坞种上了 500 亩黄栀子。

两年后，当村民们数着厚厚的钞票时，发自内心地说：“服了！”

“习书记全省那么多大事要操心，没想到我到下姜村驻村指导这件小事，也始终惦记着呢。”依然在村里忙碌的俞旭平，向记者感慨道。

那是 2005 年 3 月 22 日，习近平又一次来到下姜村。他提出，要看黄栀子基地。

习近平来到地里，一边看黄栀子的长势，一边问俞旭平：“这个药材的品质如何？”“村民们学得难不难？”“销售情况好不好？”……

知道每户农民通过药材种植，能收入 4000 多元后，习近平拍了拍俞旭平的肩膀：“做得好！你有功啊！”

习近平对省里随行的同志说：“授之以鱼不如授之以渔。要不断完善特派员、指导员制度，真正做到重心下移。今后，驻村指导员，全省要做到每个村一个。”

不久，驻村指导员走进了浙江的 3 万多个村庄。

……

“如今，下姜村不仅形成了较为完整的产业链条——种源优选、种植基地、外销渠道，还形成较为系统的结对帮扶制度。”

你看，习近平真心实意地同村民坐到一起，“扳着指头一笔笔和大家算着投入和产出账”，直到找出“辛苦一年，收获不理想”的原因，进而派科技特派员帮助发展多种经营，提高了村民各户的收入。真是负责到底，帮到实处。并且以点带面，用下姜村的成功经验，指导全省的工作，给全省 3 万多个村庄派了驻村指导员。

通讯第三部分的标题是：**（三）心无百姓莫为官。党员干部要做生产发展的带头人，要做新风尚的示范人，要做和谐的引领人，要做群众的贴心人。** 通讯中写道：

2006 年 5 月 25 日，迎着蒙蒙细雨，习近平又一次来到下姜村。

在村里的养蚕室，他详细了解村民养蚕情况。这时，有的记者为了抢拍镜头，脚步踏进了蚕室的桑叶空隙间。习近平见状连忙说：“小伙子，当心把人家的蚕踩坏了。农民养点蚕不容易！”

在村党员活动室，习近平与大家谈了基层党建工作。他首先给大家讲了一个故事：“一个偏僻的小村庄，因为他们的支部书记生病了，一天之内村民自发筹集了数万元手术费为他治病，村民们说‘就是讨饭也要救他’。他就是永嘉县的一位党支部书记郑九万同志。当地就有一些干部不由地发出了‘假如我病倒了，会有多少村民来救我’这样的感慨！”

习近平环顾着大家继续说：“可以说，郑九万以自己的实际行动，深刻揭示了‘老百姓在干部心中的分量有多重、干部在老百姓心中的分量就有多重’的丰富内涵。一个地方要发展，没有一个战斗堡垒是不行的，干部不为民办事是不行的。因此，广大农村党员要做生产发展的带头人，要做新风尚的示范人，要做和谐的引领人，要做群众的贴心人。”

习近平的谆谆教诲，为下姜村的党员干部指明了努力的方向。

“如何在实际工作中体现‘四种人’，我们一直在努力探索。”杨红马说：“譬如，村容村貌改变后，大家认为下一步发展农家乐是一条不错的路子。可办农家乐，大家都没经验，谁第一个‘吃螃蟹’？老党员姜祖海站了起来：‘习近平同志要党员干部做发展生产的带头人。我先办一个看看，给大家探探路。’他筹了6万元钱搞装修、买家具、扩厨房。建好了，可大半个月没有一单生意，天天亏着钱。村里的党员干部便一起帮他拉客源、介绍生意。他终于坚持了下来。现在，村里农家乐一户挨着一户。而且，家家游客爆满。村里的党员分片联系群众制度，也是实践‘四种人’的具体体现。”

“全村200多户人家有41名党员，加上驻村干部，每人分包5户，正好一户也不遗漏。哪一户有问题，都可以找到分包的党员去解决。”杨红马介绍。

“一个地方要发展，没有一个战斗堡垒是不行的，干部不为民办事是不行的。”习近平与大家谈了基层党建工作，并用一个典型事例教育下姜村的党员干部，要求大家做“四种人”，从而促进了下姜村经济的发展，使老百姓的生存状况大为改善。

通讯第四部分的标题是：**（四）小康，是惠及到每个人的小康；扶贫，是一个都不能掉队的扶贫。帮扶，既要看大多数，也要看到极少数——要让最弱势的人群，也要享受到改革、发展的成果。** 通讯中写道：

“每次习书记到下姜村走访，无论时间多紧张，都要去看看村里的贫困户。2005 年 3 月 22 日下午，习近平总书记一连走访了 4 户贫困户。详细询问各家的生产、生活情况。回到村委会会议室，他叮嘱大家：我们的小康是惠及到每个人的小康。我们的扶贫是一个都不能掉队的扶贫。共产党人闹革命的宗旨，就是让大家都过上好日子。因此，一定要加大对困难户的帮扶力度，要格外重视那些最贫困、最弱势的人，确保他们一样享受到改革、发展成果。”

谈到下姜村对贫困户的帮扶，杨红马说：“我们基本实现了习书记的嘱托。在下姜村，不仅做到了老有所养，贫有所助，还做到了人尽其能。有能力就业的，我们想尽办法扶持他们就业。村里的盲人王建发就是其中的例子。他眼睛看不见，但身体还不错，村支部就推荐他参加了盲人按摩培训，如今一个月能拿到五六千元呢。村里一些以工代赈项目，也多安排困难户参与。”

尽管秋雨下个不停，下姜村的大街小巷都是操着外地口音的游客。卖特产的铺子里，民俗表演的摊档前，人头攒动。杨红马兴奋地说：“现在，我真想告诉习书记，村子里已经没有绝对的贫困户了。村民人均纯收入年年大跨越。家家都是一砖到顶的楼房，有一多半人家买了小汽车。”

习近平同志四下下姜村调研，采取多种扶贫举措，直到下姜村脱贫。他对下姜村百姓的爱民情怀，他在下姜村调研的一言一行，对各级的党员干部无疑具有极大的启示作用。

2. 精准扶贫、精准脱贫，全面建成小康社会的庄严承诺

出席 2015 减贫与发展高层论坛并阐述“扶贫观”（肩题）习近平：我花精力最多的是扶贫（主题）

新华社电（记者 王宇 林晖） 2015 减贫与发展高层论坛 16 日在北

京人民大会堂举行。国家主席习近平出席论坛并发表题为《携手消除贫困 促进共同发展》的主旨演讲。习近平强调，消除贫困是人类的共同使命。改革开放30多年来，中国走出了一条中国特色减贫道路。中国在致力于自身消除贫困的同时，积极展开南南合作，同舟共济，攻坚克难，支持和帮助广大发展中国家特别是最不发达国家消除贫困，为各国人民带来更多福祉。

……

习近平指出，中国一直是世界减贫事业的积极倡导者和有力推动者。经过中国政府、社会各界、贫困地区广大干部群众共同努力以及国际社会积极帮助，中国6亿多人口摆脱贫困。2015年，联合国千年发展目标在中国基本实现。中国是全球最早实现千年发展目标中减贫目标的发展中国家，为全球减贫事业做出了重大贡献。

在谈到扶贫经历时，习近平说，“中国农村的贫困状况让我刻骨铭心”。40多年来，我先后在中国县、市、省、中央工作，扶贫始终是我工作的一个重要内容，我花的精力最多。我到过中国绝大部分最贫困的地区，包括陕西、甘肃、宁夏、贵州、云南、广西、西藏、新疆等地。这两年，我又去了十几个贫困地区，到乡亲们家中，同他们聊天。他们的生活存在困难，我感到揪心。他们生活每好一点，我都感到高兴。

25年前，我在中国福建省宁德地区工作，我记住了中国古人的一句话："‘善为国者，遇民如父母之爱子，兄之爱弟，闻其饥寒为之哀，见其劳苦为之悲。’至今，这句话依然在我心中。”（见2015年10月17日《北京青年报》）

正是这样的“扶贫观”和亲民爱民的情结，以习近平同志为核心的党中央带领全国各族人民开展了一场中国反贫困斗争的伟大决战，并取得了巨大成就。“中国减贫取得的巨大成就，对联合国在世界范围内的减贫事业产生了巨大推动作用。联合国《2015年千年发展目标报告》显示，中国对全球减贫的贡献率超过70%。这个成就，足以载入人类社会发展史册，也足以向世界证明中国共产党领导的政治优势和中国特色社会主义制度优势。联合国秘书长古特雷斯认为，中国的巨大成功和在减贫方面所取得的骄人业绩对全球产生了积极的‘溢出效应’。”《经济学人》不禁赞誉：“在世界减贫方面，中国是个英雄。”［《十八大以来平均每年超1000万人脱贫（肩题）中国成为世界“减贫英雄”（主题）》载2017年6月24日《人民日报》，记者顾仲阳采写］

下面请看《中国反贫困斗争的伟大决战》（载2017年8月14日《人民日报》，新华社北京8月13日电 记者陈二厚、王宇、何雨欣、林晖、姜伟超、郭强、范世辉、杨洪涛、庞明广、潘林青、邹欣媛）这篇通讯，是如何报道这一伟大决战的。

开头的一部分写道：

2017年6月，瑞士日内瓦。

联合国人权理事会第三十五次会议上，中国代表庄严登上发言席，代表全球140多个国家，就共同努力消除贫困发表联合声明。

这是全球与贫困斗争的历史上，中国人刻下的一座里程碑。

联合国开发计划署前署长海伦·克拉克说：“中国最贫困人口的脱贫规模举世瞩目，速度之快绝无仅有！”

久困于穷，冀以小康。

这是中华民族千年追求的梦想；

这是中国共产党人初心不改、前赴后继的百年拼搏；

这是党带领人民用短短30多年让7亿多人脱贫，并将在未来3年让4000多万群众走出绝对贫困的伟大决战。

“我们要立下愚公移山志，咬定目标、苦干实干，坚决打赢脱贫攻坚战，确保到2020年所有贫困地区和贫困人口一道迈入全面小康社会。”

未来1000余日，决战进入倒计时。以习近平同志为核心的党中央正在带领全国各族人民，以非凡的意志和智慧，镌刻出中国反贫困斗争伟大决战的时代画卷。

这个开头，真是高屋建瓴、气势磅礴、引人入胜，将“中国最贫困人口脱贫规模举世瞩目，速度之快绝无仅有”的成就，以及“将在未来3年让

4000 多万群众走出绝对贫困的伟大决战”，摆在读者面前。

通讯第一部分的标题是：**这是中国共产党的使命，只要还有一家一户乃至一个人没有解决基本生活问题，就不能安之若素。** 在这部分，通讯写道：

山西吕梁，中国最贫瘠的土地之一。这里山大沟深，十年九旱，13 个县（区、市）中还有 10 个尚未脱贫。

2017 年 6 月 21 日，习近平总书记风尘仆仆来到他们中间。此时，中国反贫困斗争决战鏖战正酣，脱贫攻坚进入重点解决深度贫困问题的阶段。

吕梁之行，习近平总书记完成了一个心愿——走遍全国 14 个集中连片特困地区。

在这里，他发出坚强有力的动员令——

“攻克深度贫困堡垒，是打赢脱贫攻坚战必须完成的任务，全党同志务必共同努力。”

不忘初心，风雨兼程。近百年的历史坐标下，中国反贫困斗争使人民生活天翻地覆。

2012 年，党的十八大召开，历史的接力棒传递到以习近平同志为核心的党中央手中。此时，中国反贫困斗争进入新的阶段。

国际经验表明，当一国贫困人口数占总人口的 10% 以下时，减贫就进入“最艰难阶段”。2012 年，中国这一比例为 10.2%。

非常之阶段，需要非常之谋划、非常之举措。4 年多来，习近平总书记花精力最多的是扶贫工作，去得最多的是贫困地区，牵挂最多的是贫困群众，在脱贫攻坚中，他亲自挂帅、亲自出征、亲自督战。

4 年多来，以习近平同志为核心的党中央把脱贫攻坚摆到治国理政突出位置，提出精准扶贫方略，带领全国各族人民向着最后的贫困堡垒发起总攻。

一张巨大的决战图，已迅速在中国大地铺开——

14 个集中连片特困地区、12.8 万个贫困村，这是跨越中国中西部广阔版图的主战场；

“五级书记抓扶贫”，层层立下军令状、责任书，这是指挥高度统一的大会战；

19.5 万名第一书记驻村，77.5 万名干部帮扶，这是不拔穷根绝不撤退的突击队；

……

中国共产党执政体系上的各层“链条”全面转动。

2013 至 2016 年间，120 多名共产党员牺牲在反贫困斗争的决战场上，用生命与付出铺就百姓致富路。

乌江滚滚，在武陵山中逶迤蜿蜒。峡谷间，一艘艘小船正浮于江面，逆流而上。在村支书的带领下，一口刀村的村民们带着被条、猪油、斗篷……彻底搬离这座困住他们的大山；

六盘山下，定西在这场艰苦的鏖战中，“县不漏乡，乡不漏村，村不漏户，户不漏人”，走出了一条造血式扶贫新路；

吕梁山深处，一座座新村迎来易地扶贫搬迁的新主人，告别深山沟的乡亲们带着希望开始建设他们的新生活。

你看，这场脱贫攻坚战的规模之大、动员各级领导和干部亲临第一线参战人力之众、“攻克深度贫困堡垒，是打赢脱贫攻坚战必须完成的任务”的决心之坚定，“非常之阶段”采取“非常之谋划、非常之举措”，又是多么英明正确。脱贫攻坚战 4 年间的全过程，真是势如破竹，气壮山河，牺牲了 120 多名共产党员的付出，聚集了中国各方面的磅礴之力，终于“铺就百姓致富路”，使乡亲们摆脱贫困，“带着希望开始建设他们的新生活”。这是何等伟大的成就！

通讯第二部分的标题是：**“不屈于命运，不甘于贫困，竭尽拼劲、韧劲和闯劲，以伟大的决战标注民族精神的新高度”**。通讯中写道：“有一种精神叫‘不屈’，有一种信念叫‘不甘’”，正是这种“不屈”“不甘”的精神、信念，“鼓舞着人们铆足一股劲改天换地”。通讯中写了几件典型事例后，写了这样几段：

每一个贫困户，都有一个自己的战场。

“宁愿苦战，不愿苦熬”。这是一幅写在篱笆墙上的标语，字迹歪歪斜斜，却振奋人心。

“为啥想到写这幅标语？”

“为栽花椒树，去年我在山坡上砍荒，到处是荆棘，双手流了很多血。但是，要想脱贫就不能当懒人。种花椒树跟红军打仗一样，剩我一个人也要打赢。所以我在墙壁上写了这八个字。”四川省通江县柳林村贫困户李国芝说。

柳林村，位于秦巴山区深处的一座山顶上，山下是通江县两河口乡。1932年，红四方面军挺进四川占领两河口，迈出了创建川陕革命根据地的第一步。

“宁愿苦战，不愿苦熬”。这是当年革命精神的继承，是今天反贫困战场上人民群众的坚守。

贫困户李国芝说的一段话多么感人啊！“种花椒树跟红军打仗一样，剩我一个人也要打赢”。真是壮志凌云。这难道不是当年红四方面军革命精神的红色基因埋下的革命种子吗？今天，在反贫困攻坚战场上有这样的人民群众坚守，反贫困攻坚战定能大获全胜。我们信心满满！

通讯第三部分的标题是：**改革是重锤。与贫困斗，唯改革者赢，唯改革者进。** 通讯写道：

王洪梅，河南省滑县大子厢后街村党支部书记。

2016年12月12日，她在日记中这样写道：

“今天有点阴冷，人们仍然热火朝天地在村里葡萄园干活，一座座现代化的葡萄大棚慢慢露出了雏形。这一切，都源于村里搞土地流转……60岁的王长发土地流转了，还长期在葡萄园打工，一年能挣近2万元。村民高兴，我心中也是美滋滋的。”

“土地流转”，这一载入中国反贫困史册的新词汇，标刻出当代中国又一新的巨大变革。

这是一场仍从土地入手的历史性变革——

“土地流转”，林权制度改革，农村集体产权制度改革……带来了我国农村生产力的又一次大解放。

“土地流转唤醒了农村‘沉睡的资本’。截至去年，全国农村土地流转面积4.71亿亩，超过耕地总面积35%。全国农户家庭农场超过87万家，依法登记的农民合作社超过188.8万家。”

“这是一场以市场为导向的根本性变革——

井冈山人便走在这条路上。”

井冈山18个乡镇都有电商扶贫站点，“前店后村”的电商产业模式带动2446名贫困群众增收致富。

山东沂蒙山的农民也走在这条路上。

他们竟把自己种的蜜桃卖到了6000公里外的中东迪拜。

历史上，沂蒙山“四塞之崮、舟车不通、外货不入、土货不出”。沂蒙深处的毛坪村，有着果业种植传统。过去这里种出来的水果只在周边销售，果农辛辛苦苦一年挣不了几个钱。

将蜜桃卖到迪拜的人叫刘宗路。

2015年，他得知迪拜的蜜桃价格很高，但路途遥远，往往还没运到迪拜就已经腐烂了。

别人听个热闹，刘宗路却上了心。随着国家推进“一带一路”建设，刘宗路越发觉得万里之外有商机。

他跑到上海，请教国内水果保鲜权威专家，改进储存方法；咨询了海关，改进了报关流程……

刘宗路成功了。4万斤蜜桃到达迪拜，基本完好无损，几毛钱一斤的蜜桃，在迪拜卖到了十几元。

思路一变天地宽。

全面深化改革，打开了脱贫的万千路。

很明显，谋发展，需要全面深化改革，脱贫也仍然需要全面深化改革。正是“全面深化改革，打开了脱贫的万千路”。不断创新新的脱贫之路，使脱贫不断取得新的成果。

通讯第四部分的标题是：**一根稻草抛不过墙，一根木头架不起梁。扶一把，**

送一程，社会主义的政治优势和制度优势，为反贫困斗争凝聚无坚不摧的伟大力量。 通讯写道：

“要致富，先修路。从兰州到重庆修一条连接西北、西南的铁路大通道，秦巴山区正是关键节点。”

这里的地质属于隧道施工领域的世界难题。以最艰巨的胡麻岭段为例，地层含水量最高达28%，堪比“水豆腐”，不时涌水、涌砂，严重时甚至如泥石流般掩埋隧道。

在铁路隧道施工中享有盛誉的德国专家，曾专门自带顶级设备和施工团队到胡麻岭应战，以失败告终，离开时留下一句话：“不可能在这种地层中打隧道。”

然而，在社会主义中国的大家庭里，扶贫从来不是一个地方、一个单位、一个人的事。“扶贫开发是全党全社会的共同责任，要动员和凝聚全社会力量广泛参与……”习近平总书记强调。

大扶贫格局完整地体现了社会主义制度的优越性，扶贫道路上，再难的障碍也能跨越。

于是，千里兰渝线，集结了10万筑路大军——全国最优秀的专业技术人才、最富经验的作业队伍、最先进的机械设备。面对前所未有的高风险地质状况，坚忍顽强的建设者们挤牙膏般一点点向前推进。

2017年6月19日，胡麻岭隧道终于贯通了！兰渝铁路在历经近9年的艰苦奋战后，一举扫除了全线开通的最后障碍。

“没有社会主义集中力量办大事的制度优势和政治优势，没有党和政府对贫困地区的深切关怀，类似兰渝铁路这样高投入、高难度的‘扶贫路’如何能修得成？”全国扶贫宣传教育中心主任黄承伟感叹。

集中力量攻坚是优势，对口帮扶同样是我们的优势。作为祖国大家庭的儿女，你帮我一把，我扶你一程，目标就是实现共同富裕。

宁夏永宁县，闽宁镇。

站在自家宽敞的小院里，63岁的谢兴昌可以望见镇区一排排新房，宽阔的马路直直伸向远方的贺兰山。

“当年那个‘天上无飞鸟，地上不长草，风吹砂石跑’的荒滩，要是没有福建亲人的帮助，怎么能一步步变成如今的样子呢？”

谢兴昌的感慨来源于21年前，时任福建省委副书记习近平为组长的“福建省对口帮扶宁夏领导小组”正式成立，“闽宁扶贫协作”大幕开启。

从那时起，一批又一批援宁干部真心奉献，数以万计的闽商在宁夏创新创业，几万宁夏贫困群众在福建稳定就业，创造出对口协作实现共同发展的成功范例。

20年后，还是在宁夏这片土地。习近平总书记主持召开东西部扶贫协作座谈会，推动东西扶贫协作继续迈向新的征程。

大扶贫格局的优势，还体现在社会主义制度下政策的快速精准实施。

投钱——在财政转移支付基础上，为中西部地区专设了中央财政专项扶贫资金，2017年资金规模超过860亿元；

派人——全国向各地贫困地区派驻了近80万名帮扶干部，与困难群众同甘苦、共奋进，攥着劲瞄准脱贫目标；

搬迁——自2016年至2020年，一次足以改写历史的大迁徙在中国大地进行，约1000万贫困人口将通过易地扶贫搬迁告别世代生活的贫瘠土地，走向新的生活。

“我们都搬下山来了，今后的娃娃可能都不知道我们从哪里搬来的，应该记录一下村子的历史。”甘肃省文县丰元山村的木匠张代全不顾身体残疾，当起了当代的“司马迁”——写“村史”。

“丰元山村有四大姓，大多从清代嘉庆年间搬迁而来。穷了一辈又一辈，直到扶贫搬迁才看到新的生机……”

张代全笔下的村史，述说着丰元山村的变迁，折射的却是反贫困斗争伟大决战的真实画卷。

上述文字，回答了中国反贫困斗争之所以能够取得节节胜利，是由于社会主义的政治优势和制度优势，为反贫困斗争凝聚了无坚不摧的伟大力量。千里兰渝铁路“历经近9年的艰苦奋战”终于建成；对口帮扶“创造出对口协作实现共同发展的成功范例”；大扶贫格局的优势，还体现在社会主义制度下政策的快速精准实施。所有这些，都是在以习近平同志为核心的党中央运筹帷幄，扶贫一盘棋、统一谋划下，带领全国各族人民群众实施的大动作、大手笔。

请再看结尾的这段文字：

千年梦想，浓缩于未来一千多个日日夜夜；

世纪担当，扛在我们这代共产党人的肩头。

百年初心不改，百年前赴后继。在以习近平同志为核心的党中央坚强领导下，咬定目标、勠力攻坚，我们一定能决战决胜，创造反贫困斗争的人间奇迹。

同开头那段文字相呼应。由于这代共产党人的“世纪担当”，由于共产党人的“百年初心不改，百年前赴后继”，在以习近平同志为核心的党中央坚强领导下，决战决胜，“中华民族将历史性的摆脱绝对贫困”。我们确信，2020年定能创造反贫困斗争的人间奇迹，“全体中国人将共同迈入全面小康的崭新时代”。

整篇通讯，事件连贯，逻辑清晰，事迹典型鲜活，令人振奋。

3. 生态文明建设的伟大创举

“塞罕坝林场的有林地面积，由建场前的24万亩增加到目前的112万亩，成为世界上面积最大的一片人工林。森林覆盖率由12%提高到80%。如果林木按一米的株距排列，可以绕地球赤道整整12圈，给这个蓝色星球系上12条漂亮的‘绿丝巾’。”（见通讯《塞罕坝：生态文明建设范例》）“五十五载斗转星移，塞罕坝人一棵接一棵地把林木立在贫瘠的土壤之中，牢牢地钉在大地之上。他们植绿荒原、久久为功，以艰苦奋斗的优良作风、科学求实的严谨态度、持之以恒的钉钉子精神，书写了这段绿色传奇。曾经一度‘高、远、冷’的塞罕坝，如今变成了‘绿、美、香’的‘华北绿宝石’。”（见通讯《“塞罕坝”是怎样铸成的》）2017年12月5日，“在肯尼亚内罗毕举行的第三届联合国环境大会上，中国塞罕坝林场建设者获得由联合国环境规划署颁发的2017年‘地球卫士奖’。这一奖项是联合国环保最高荣誉，塞罕坝林场建设者获奖，标志着中国绿色发展理念和成功故事已深深打动世界，中国不断推进的生态文明建设正在为全球可持续发展树立典范。”“塞罕坝造林建设者已经把退化的土地变成了一片郁郁葱葱的天堂，并使它成为被植被覆盖的‘新长城’。”联合国环境规划署执行主任埃里克·索尔海姆的话，代表了国际社会对塞罕坝绿色建设成就的高度肯定。从“黄沙遮天日，飞鸟无栖树”的荒漠沙地，到112万亩世界最大人工林海，塞罕坝三代建设者用55年时间成就了绿色奇迹。如今的塞罕坝，森林资源总价值已达约200亿元，生动阐释了发展方式转变的含金量，有力地证明了绿水青山就是金山银山。（见《种下绿色就能收获美丽》，载2017年12月7日《人民日报》）

塞罕坝林场建设者是如何创造这一“绿色传奇”的呢？对这一典范事件，《人民日报》记者以极大的热忱做了连续报道。从2017年8月4日开始，到12月8日，短短5个月的时间，仅通讯体裁的报道就有4篇之多，即2017年8月4日《五十五年持续造林护林，荒原沙地变成绿水青山（肩题）塞罕坝：生态文明建设范例（主题）》记者武卫政、刘毅、史自强；2017年8月5日《半个多世纪的心血和汗水，浇灌出世界上面积最大的一片人工林（肩题）“塞罕坝”是怎样铸成的（主题）》记者刘毅、史自强；2017年12月7日《河北塞罕坝林场建设者荣获联合国环保最高奖项“地球卫士奖”（肩题）“美丽中国”赢得世界掌声（主题）》记者刘毅、李志伟；2017年12月8日《他们为何能站上联合国领奖台——访塞罕坝林场老中青三代建设者代表》记者刘毅、李志伟。下面着重剖析《塞罕坝：生态文明建设范例》这篇通讯的写作特色。

林海苍翠连绵，松树咬定青山，绿草如茵铺展，野花芬芳斗艳……盛夏酷暑时节，我们从北京驱车向北400多公里，来到河北塞罕坝机械林场。心，顿时静了、醉了。

置身茫茫林海，很难想象，半个多世纪前，这里还是“黄沙遮天日、飞鸟无栖树”的荒僻苦寒之地。五十五载寒来暑往，一代代塞罕坝人忠于使命，艰苦奋斗，久久为功，在极其恶劣的生态环境中，营造出世界上面积最大的一片人工林。

今天的塞罕坝，是林的海洋、河的源头、花的世界、鸟的乐园、盛夏避暑的天堂、摄影家流连忘返的地方。

从卫星云图上看塞罕坝112万亩人工防护林，这一片深绿，就像一只展开双翅的雄鹰，牢牢扼守在内蒙古高原浑善达克沙地南缘。这万顷林海，和河北承德、张家口等地的茂密森林连成一体，筑起一道绿色长城，成为京津冀和华北地区的风沙屏障、水源卫士。

在国家的重要生态区位上，塞罕坝人肩扛修复生态、保护生态的历史使命和政治责任，创造了高寒沙地生态建设史上的绿色奇迹，铸造了一个当之无愧的生态文明建设范例，是习近平总书记反复强调的“绿水青山就是金山银山”重要思想的生动写照。

这部分开头，用优美的文字将塞罕坝机械林场的地理位置、治沙成就、昔日的“荒僻苦寒”，今日人人喜爱的乐园，以及“成为京津冀和华北地区的风沙屏障、水源卫士”的作用，特别是塞罕坝人肩扛修复生态、保护生态的历史使命和政治责任，创造了高寒沙地生态建设史上的绿色奇迹，铸造了一个当之无愧的生态文明建设范例，是习近平总书记反复强调的“绿水青山就是金山银山”重要思想的生动写照等丰富内容，一一地摆在了读者的面前，并用以开宗明义，鲜明突出地点明了通讯的主题。

通讯的第一部分：**偿还生态历史欠账，创造人间绿色奇迹**　通讯写道：

“河北北部的围场，早年树海茫茫、水草丰美，但从同治年间开围放垦，致使千里松林几乎荡然无存，出现了几十万亩的荒山秃岭。这些深刻教训，我们一定要认真吸取。”2016年1月，习近平总书记在省部级主要领导干部学习贯彻党的十八届五中全会精神专题研讨班上，语重心长地指出。

习近平总书记强调：“人类发展活动必须尊重自然、顺应自然、保护自然，否则就会遭到大自然的报复，这个规律谁也无法抗拒。”“人因自然而生，人与自然是一种共生关系，对自然的伤害最终会伤及人类自身。只有尊重自然规律，才能有效防止在开发利用自然上走弯路。”

藐视自然，违背规律，大自然的报复就如同洪水猛兽一般袭来：百年间，塞罕坝由“美丽高岭”退变为茫茫荒原。西伯利亚寒风长驱直入，推动内蒙古浑善达克等沙地沙漠南侵，风沙紧逼北京城。

“生态恶化，警钟骤响！造林绿化，势在必行！”

“1962年，塞罕坝林场正式组建。”

按照国家计划委员会批复的规划设计方案，塞罕坝林场承担四项重任：建成大片用材林基地，生产中、小径级用材；改变当地自然面貌，保持水土，为改变京津地带风沙危害创造条件；研究积累高寒地区造林和育林的经验；研究积累大型国营机械化林场经营管理的经验。

55年前的那个秋天，369名林场创业者满怀激情，从大江南北毅然走上塞北高原，承德专署农业局局长王尚海任党委书记，承德专署林业局局长刘文仕任场长。这支平均年龄不到24岁的队伍，拉开了塞罕坝林场建设的历史帷幕。

“咬定青山不放松，立根原在破岩中。千磨万击还坚劲，任尔东西南北风。”在平均海拔1500米的塞罕坝高原上，一代代务林人顽强地扎下根来，种下一棵棵落叶松、樟子松、云杉幼苗，种下恢复绿水青山、创造美好生活的理想和信念。“美丽高岭”重现生机。

通讯特别突出地引用了习近平总书记的两段重要讲话，强调“只有尊重自然规律，才能有效防止在开发利用自然上走弯路”。其中还刻画了一代代务林人顽强地扎下根来，艰苦奋斗，攻坚克难，“种下恢复绿水青山、创造美好生活的理想和信念”的精神风貌，终于使“美丽高岭”重现生机。并引用国家林业局国有林场副站长刘春延的一段话：“在1959年到1961年三年困难时期刚刚过去的时候，党和国家下决心建这么大个林场，是具有远见卓识的。这体现了共产党人勇于偿还生态历史欠账的责任担当，体现了社会主义制度集中力量办大事的优越性。塞罕坝55年沧桑巨变证明，只要有党的坚强领导，我们就一定能够凝心聚力谋发展，创造一个又一个人间绿色奇迹。”用以说明塞罕坝人之所以能够凝心聚力谋发展，创造人间绿色奇迹的真谛。

在这部分中，还运用了形象的比喻手法。通讯写道：“浑善达克沙地与北京最近处的直线距离只有180公里，平均海拔1000多米，而北京的平均海拔仅40多米。有人形象地打比方：‘如果这个离北京最近的沙源堵不住，就相当于站在屋顶上向院里扬沙子。’”这个比喻将“风沙紧逼北京城”的严峻形势描绘得形象逼真，引人警觉。在全篇通讯中，还有两处运用了比喻手法。如通讯开头的一段中写道：“从卫星云图上看塞罕坝112万亩人工防护林，这一片深绿，就像一只展开双翅的雄鹰，牢牢扼守在内蒙古高原浑善达克沙地南缘。”通讯的第三部分中，在写到塞罕坝人建成“世界上面积最大的一片人工林”时，写道：“如果林木按一米的株距排列，可以绕地球赤道整整12圈，给这个蓝色星球系上12条漂亮的‘绿丝巾’。”这两处的比喻增强了所叙述抽象事物的鲜明性和生动性。

通讯的第二部分：**一代接着一代干，撸起袖子加油干** 通讯写道：

京津冀协同发展战略，进一步明确了塞罕坝所在的承德市的生态地位。

在2013年2月召开的京津冀协同发展座谈会上，习近平总书记对河北张承地区生态建设与脱贫攻坚统筹推进提出要求：“建设京津冀水源涵养功能区，同步考虑解决京津周边贫困问题。”2014年早春，在习近平总书记亲自谋划和推动下，京津冀协同发展上升为重大国家战略。《京津冀协同发展规划纲要》将承德列为“京津冀西北部生态涵养功能区”。

“不能逾越生态红线的雷池，全力提高生态服务功能，保障京津冀生态安全。这是国家顶层设计对张承地区提出的功能定位，也是新时期塞罕坝人必须扛起的政治责任。”塞罕坝林场党委书记、场长刘海莹说。

发展林业是全面建成小康社会的重要内容，是生态文明建设的重要举措。2008年以来，每年春季习近平同志都会参加首都义务植树活动，已持续整整十年。在植树时，他谆谆叮嘱：“森林是陆地生态系统的主体和重要资源，是人类生存发展的重要生态保障。不可想象，没有森林，地球和人类会是什么样子。”“造林绿化是功在当代、利在千秋的事业，要一年接着一年干，一代接着一代干，撸起袖子加油干。”

塞罕坝人牢记习近平总书记的殷切嘱托，植树造林敢攻坚，改革发展不停步。

最近几年，林场继续增林扩绿，把土壤贫瘠和岩石裸露的石质阳坡作为绿化重点，大力实施了攻坚造林工程。塞罕坝林场林业科副科长范冬冬介绍说：“在山高坡陡、立地条件极差的硬骨头地块上，目前已完成攻坚造林7.5万亩。明年硬骨头将全部啃下，成林后将大幅提高林场森林覆盖率，达到86%的饱和值。”

正在全面推进的国有林场改革，将给塞罕坝注入新的活力。

对全国4855个国有林场的改革和发展，习近平总书记十分重视，多次作出重要指示。2015年2月，党中央、国务院印发《国有林场改革方案》，提出保护森林和生态是建设生态文明的根基，深化生态文明体制改革，健全森林与生态保护制度是首要任务。方案将国有林场的主要功能定位于保护培育森林资源、维护国家生态安全，这从根本上明确了国有林场的性质，理顺了体制机制。

现阶段，塞罕坝林场的改革实施方案已经制定，提出到2020年森林生态功能显著提升、管理体制全面创新等目标，将进一步明确定位、理顺体制、完善机制、保护生态、改善民生，促进林场可持续发展。

“通过改革，塞罕坝林场可以一心一意地搞好森林管护和经营，提高林分质量，发挥生态效益。”塞罕坝林场副场长张向忠表示，“这对我们来说，将是一个巨大的转变。”

这部分着重介绍了在生态文明建设和京津冀协同发展大力推进的新时代，塞罕坝人进一步明确自身处于“京津冀西北部生态涵养功能区”的定位，扛起阻沙源、涵水源的政治责任。可贵之处，将塞罕坝林场列入国家顶层设计之中。党中央、国务院印发《国有林场改革方案》，明确了国有林场的性质，理顺了体制机制。塞罕坝林场也已经制定了改革实施方案。这就从根本上保证了塞罕坝林场能够可持续发展。

通讯的第三部分：**林场转变发展模式，护林营林再写华章** 通讯中写道：

毋庸讳言，当初兴建林场时，木材生产是一个重要任务，人们只有朴素的、初步的生态意识，种树的重要目的是伐木取材，提供木材产品。现在，务林人有了更为自觉的生态文明意识和绿色发展理念，种树的主要目的，是增林扩绿，提供生态产品。从朴素的生态意识到自觉的生态文明意识，这是一个重大的历史变化。

“这片森林就是我们的眼珠子、命根子！塞罕坝百万亩林海来之不易，把这片森林管护好、经营好，发挥更大的生态效益，是摆在新时期塞罕坝人面前的最大考题。”刘海莹表示，“近几年来，我们深入学习贯彻习近平总书记系列重要讲话精神，自觉践行新发展理念，全面推进改革和发展，实现了造林保护与生态利用的有机结合，生态效益、经济效益、社会效益大幅提升。”

如今，森林面积在不断增加，森林质量越来越好。

塞罕坝林场的有林地面积，由建场前的24万亩增加到目前的112万亩，成为世界上面积最大的一片人工林。森林覆盖率由12%提高到80%。如果林木按一米的株距排列，可以绕地球赤道整整12圈，给这个蓝色星球系上12条漂亮的“绿丝巾”。

这部分在具体生动地报道了塞罕坝人护林营林取得了伟大成就的基础上，写作上突出之处，是运用了抒情和议论的表现手法，赞颂塞罕坝林场建设者的伟大成就和英雄气概。

请看这段抒情：“波澜壮阔的大海是大自然的造化之功，人在大海面前，往往会感到沧海一粟般的渺小。我们眼前这广袤无垠的林海，却是半个多世纪以来，塞罕坝人咬定青山不放松、一张蓝图绘到底，用双手艰苦创造，以心血浇灌而成。这林海碧波，让人由衷感佩生态建设者和保护者的雄心伟力，由衷赞叹‘若问何花开不败，英雄创业越千秋’！”

再看这段议论：“有的英雄，功绩惊天动地，声名远扬四海，在历史长河中留下世人瞩目的印记。有的英雄，只是默默无闻地躬耕在天地之间，植绿在荒僻高原。他们从来没有梦想过成为英雄，他们的业绩，数十年之后，才会一笔一画地写在大地之上。”

由于是在叙述事实基础上的抒情、议论，看上去显得十分贴切。

通讯的第四部分：**绿水青山源源不断地带来金山银山** 通讯中写道：

“既要绿水青山，也要金山银山。”“绿水青山可以源源不断地带来金山银山，绿水青山本身就是金山银山，我们种的常青树就是摇钱树，生态优势变成经济优势，形成了一种浑然一体、和谐统一的关系。”习近平总书记这席话，塞罕坝人听起来感到那么亲切，字字句句都说到了他们的心坎上。让塞罕坝人欣慰和自豪的是，“绿水青山就是金山银山”

的重要思想，已在“美丽高岭”落地生根。

今天的塞罕坝，绿水青山带来真金白银，绿色发展之路越走越宽。郁郁葱葱的林海，成为林场生产发展、职工生活改善、周边群众脱贫致富的“绿色银行”。

“森林旅游引来八方游客”。

“绿化苗木销往全国各地”。

“风力资源变成清洁能源”。

“森林碳汇有望上市‘变现’”。

“森林旅游、绿化苗木等绿色产业的收入，已经超过半壁江山。随着绿色发展提速、产业转型升级，塞罕坝人更有效地保护了绿水青山，收获了金山银山，实现了生态良好、生产发展、生活改善的可喜局面。”

“周边的群众，靠山吃山，靠水吃水，也从这片绿水青山中长久受益。林场创造了大量就业岗位，特别是森林旅游的发展，带动了周边地区的乡村游、农家乐、养殖业、山野特产等产业发展，每年可实现社会总收入6亿多元。”

从上述引文不难看出，习近平总书记“绿水青山就是金山银山”的思想，犹如一根红线贯穿始终。他在这里作了更全面的表述。值得引以欣慰和自豪的是，这一重要思想，“已在‘美丽高岭’落地生根”。“今天的塞罕坝，绿水青山带来真金白银，绿色发展之路越走越宽”。

通讯的第五部分：**绿水青山提供优质生态产品，本身就是金山银山** 通讯中写道：

放眼整个华北，塞罕坝以及周边承德、张家口的大片绿水青山，为京津冀地区的可持续发展提供了厚重而坚实的保障。

“山水林田湖是一个生命共同体，人的命脉在田，田的命脉在水，水的命脉在山，山的命脉在土，土的命脉在树。”习近平总书记的这一论述，科学阐述了自然生态系统各组成部分的相互关系。树，在这个生命共同体中至关重要，有了树和森林，土地、山川、河流以及人类才能生机盎然，生生不息。

"'华北绿宝石',塞罕坝实至名归!"

"她阻击了'沙魔'。"

"她净化了空气。"

"她调节了气候。"

"她庇佑了生物。"

"她还为减缓全球气候变暖做出了重要贡献。"

"塞罕坝处在一个非常重要的生态区位,处于内蒙古高原到华北山地的过渡地带,是多条河流的源头,阻挡北边风沙南侵,对于其南面的京津唐地区是一道不可或缺的生态屏障。"中国工程院院士、林学及生态学专家沈国舫强调,"塞罕坝的这一大片百万亩森林,不仅起到涵养水源、保持水土的作用,有利于生物多样性的保护,而且大量吸收、固定二氧化碳,成为碳汇库,对减缓全球气候变暖具有重要意义。"

"草木植成,国之富也。"中国林科院评估结果显示,塞罕坝森林的生态价值,是木材价值的39.5倍;森林生态系统每年产生超百亿元的生态服务价值。据测算,塞罕坝森林资源的总价值,目前已经达到约200亿元。

"山水不语,行走在塞罕坝,这里的一山一水却告诉我们:绿水青山是优质的生态产品,本身就是金山银山。她正如人们理想中的金山银山一样无比贵重,需要更多的关爱和珍惜!"

在这部分引文中,更进一步地引用习近平总书记的一段精辟论述,科学阐述了自然生态系统各组成部分的相互关系。并以塞罕坝林场建设者实践的伟大成就印证了总书记论述的无比正确。我们由衷地感到,塞罕坝林场不仅是生态文明建设范例,也是通讯开头所写的,正是习近平总书记反复强调的"绿水青山就是金山银山"重要思想的生动写照。文中引用中国工程院院士、林学及生态学专家沈国舫和中国林科院评估结果,对塞罕坝林场建设者创造的伟大成就做出评价,更具有说服力。

请再看结尾部分是如何报道的:

(1)生动形象的描述:"7月下旬,凌晨时分,晨曦微露,七星湖已然聚集了许多来自全国各地的游人,人们共同期待壮观一刻。'出来啦,出来啦!'

四点多钟，太阳从东方的青山上微微探出了头，大家欢呼雀跃。一轮红日缓缓上升，明媚光芒洒向大地。”说明塞罕坝林场确确实实已经成为旅游的胜地。

（2）饱含深沉的抒情：“一代接一代的塞罕坝人，造林，护林，营林，爱林，赢得了光明的今天和未来。”“为了这绿水青山，半个多世纪以来，几代塞罕坝人植绿荒原，有的因公殉职，有的终生残疾，‘献了青春献终身，献了终身献子孙。’他们在高原荒漠营造浩瀚林海，用忠诚和执着凝结出了‘忠于使命、艰苦创业、科学求实、绿色发展’的塞罕坝精神，创造了‘沙地变绿洲，荒原变林海’的奇迹。”“共和国不会忘记，老一辈人筚路蓝缕、伏冰卧雪、可歌可泣的创业历程。”“共和国不会忘记，新一代人不忘初心、矢志不渝、绿色发展的接续传承。”“共和国不会忘记，曾经沧桑的塞罕坝恢复成为‘美丽高岭’，为生态文明建设树立了生动范例。”由于是在具体全面地概述了塞罕坝林场建设者创造绿色奇迹光辉历程基础上的抒情，使饱含深沉的抒情能够引起读者的共鸣。

（3）寓意深邃的议论：“历史的如椽巨笔，为新中国留下了‘塞罕坝’这段充满正能量的记录，写下了浓墨重彩的一页‘中国绿’。”“绿色，是生命的象征。深绿，浅绿，墨绿，嫩绿，油绿……塞罕坝的绿，诗意盎然，灵动飘逸，让人遐思无限；塞罕坝的绿，生机勃发，活力四射，浸润中华大地。”这段议论，将塞罕坝的绿，延伸为“中国绿”，赞颂塞罕坝的绿，“让人遐思无限”，塞罕坝的绿，“浸润中华大地”，预示着塞罕坝的绿将在中华大地生根发芽，造福百姓。

无疑，《塞罕坝：生态文明建设范例》是一篇记者满含激情、奋笔疾书的优秀事件通讯。它颂扬了塞罕坝林场建设者敢于担当、牢记历史使命和政治责任、艰苦奋斗、攻坚克难、无私奉献的时代精神和高贵品德；它生动地体现了以习近平同志为核心的党中央集中优势办大事这一举措的无比英明正确。赏析全文，令人欢欣鼓舞，感谢记者以创新的劳动给我们带来可资借鉴的写作技巧和美的享受!

4. 概述波澜壮阔、成就辉煌的经济形势

例如，2017 年 12 月 17 日《人民日报》报道的《稳中有进，一份提气的成绩单——2017 年中国经济回眸之一》，记者陆娅楠、赵展慧，2017 年 12

月 18 日《人民日报》报道的《提质增效，改革驱动高质量发展——2017 年中国经济回眸之二》，记者吴秋余、许志峰，2017 年 12 月 19 日《人民日报》报道的《民生改善，实打实的获得感——2017 年中国经济回眸之三》，记者杜海涛、林丽鹂。连续三天的报道即是这方面的代表作。

5. 体现党团结关怀各民族的政策

例如，1994 年 8 月 8 日《人民日报》载《屹立在世界屋脊上的丰碑——布达拉宫维修记》，新华社记者郑庆东、多吉占雄、贾奋勇。这一长篇通讯即是这方面的佳作。

（二）广泛报道有意义的社会新闻

诸如：

《兰州牛肉拉面商标注册始末》2018 年 10 月 4 日北京青年报记者孔令晗。

《东航客机遇险记》1993 年 4 月 11 日《新华每日电讯》记者司久岳。

《钱是谁寄的？》1973 年 11 月 13 日《人民日报》。

《钱被风刮跑以后》1980 年 2 月 23 日《人民日报》转发吉林日报发表的小通讯，作者吉林省国防工办卢长林。

《杨沫诉讼案》1992 年 11 月 28 日《北京青年报》青年周末，记者李俊兰。

（三）揭露一切违背改革开放以来、习近平新时代中国特色社会主义思想的不良行为和刑事犯罪案件

例如，前面写到的《渤海二号钻井船翻沉事故说明了什么？》。

《“王武公司”翻案记》1983 年 2 月 3 日人民日报转载《河北日报》报道，河北日报记者李乃毅、《共产党员》杂志记者吕振侠、杨殿通。

《国际列车剿匪记》1993 年 10 月 23 日《北京晚报》，《北京晚报》通讯员艾安军。

《“联营”诈骗记——平阳、福鼎特大骗销伪劣机械设备案追踪》1994 年 5 月 17 日《人民日报》，作者褚庆喜、张宗培，《中国质量万里行》杂志供稿。

以上作品，恕不作具体介绍。

第二节　事件通讯的写作要求

这一节对事件通讯写作的要求，不是泛泛地讲道理，而是通过第一节中所写到的几篇重点佳作，理论联系实际、虚实结合，梳理出能够增添通讯色彩的五点突出要求，以资借鉴。

一、必须完整地报道事件

所报道事件，要有开头、有发生发展过程、有结尾。在第一节中重点提到的几篇通讯都是如此。只是如何完整地报道事件，要做到构思巧妙，安排事件先后次序有讲究。要从不同角度表现通讯的主题。

二、突出重点，详略得当

对事件的报道，不能平铺直叙。从第一节中写到的几篇通讯中可以看出，它们共同的特点是采取倒叙的方式，即是先将所报道事件的结果写在开头，然后确定几个重点，并选用典型事例加以具体生动的表现。例如，写塞罕坝林场三代建设者的事迹时，不是全面介绍一代人一代人是如何艰难创业的，而是选择几位有代表性人物的言行加以表现。这样写比平铺直叙地介绍一代人一代人的业绩更显突出，能给人以深刻印象。

三、对事件巧安排

最突出的有两点：

（一）在对比中叙事

例如，在《塞罕坝：生态文明建设范例》中，有这样两处的对比。

一处是，在通讯的开头部分：

置身茫茫林海，很难想象，半个多世纪前，这里还是“黄沙遮天日、飞鸟无栖树”的荒僻苦寒之地。五十五载寒来暑往，一代代塞罕坝人忠于使命，艰苦奋斗，久久为功，在极其恶劣的生态环境中，营造出世界上面积最大的一片人工林。

今天的塞罕坝，是林的海洋、河的源头、花的世界、鸟的乐园、盛夏避暑的天堂、摄影家流连忘返的地方。

另一处是，在通讯的第一部分：

建场初期，塞罕坝气候恶劣，沙化严重，缺食少房，偏远闭塞。“一年一场风，年始到年终。”极端最低气温达零下43.3摄氏度，年均积雪时间长达7个月。塞罕坝人坚持“先治坡、后置窝，先生产、后生活”，吃黑莜面、喝冰雪水、住马架子、睡地窨子，顶风冒雪，垦荒植树。

他们不畏艰难，愈挫愈勇，克服了一个个困难，闯过了一道道难关。改进“水土不服”的苏联造林机械和植苗锹，改变传统的遮阴育苗法，在高原地区首次成功实现全光育苗。1962年、1963年两次造林失败后，1964年春天开展“马蹄坑造林大会战”，造林成活率达到90%以上，提振了士气，坚定了信心。从此，塞罕坝的造林事业开足马力，最多时一年造林8万亩。

在《心无百姓莫为官》中有这样的对比：

下姜村，隶属浙江省淳安县枫树岭镇。在浙西，下姜村一直很有名。过去出名，是因为“穷”——有这样一句民谣：“土墙房、半年粮，有女不嫁下姜郎。”

现在的下姜村，依然有名：村名前常被人们冠以“最美”“最富”这样的形容词。

凤林港涨了水，一湾清流欢快地流淌。溪两岸的石板路，一尘不染。每家房前的花圃里都盛开着五颜六色的鲜花。

“20世纪80年代初，急于摆脱贫困的村民，纷纷扛着斧头上山砍树。40多座木炭窑同时开烧，整个村庄烟雾缭绕。短短几年间，6000多亩林子不见了，群山成了瘌痢头……”随下姜村老支书姜银祥漫步街巷，他口中的下姜村，昔日是另一番模样：“街道是坑坑洼洼的泥巴路，家家住着土坯房，院坝里养着猪，污水到处流……”

在《中国反贫困斗争的伟大决战》中有这样的对比：

30多年前，定西顶着脱贫的巨大问号；30多年后，定西人把这个问号变成了巨大的惊叹号：贫困人口由1982年的170万人下降到2016年底的37万人，贫困面从78%下降到14%，农民人均纯收入从当初的105元提高到2016年的5854元。

90年前，井冈山的乡亲们手捧着分田地后收获的玉米，唱着《十送红军》送亲人；90年后，井冈山全市4000多贫困户靠着自强不息的精神摘掉了贫困的帽子。

在《一个人，一辈子，一道渠》这篇通讯的结尾，有这样的对比：

“多少年滴水贵如油，如今一渠春水流入草王坝家家户户。”“多少年天黑孤村闭，如今这里夜晚如同掉下星星一片。”“多少年山深人绝音，如今通村路将草王坝与外面紧紧相连。”“青山不服英雄志，流水有情入心田，奔腾不歇的渠水悠悠长长，拍得悬崖直作响，崇山峻岭再难阻隔。阳光下的草王坝，像一只振翅欲飞的雄鹰。”

以上所引在对比中叙事的例子，都是通过同昔日情景的对比，衬托出今日成就的伟大和来之不易。也用以鲜明突出地表现建设者和脱贫决胜奋战者大无畏的拼搏和奋斗精神。

在《中国反贫困斗争的伟大决战》这篇通讯中，还有一处精彩的在对比中叙事的事例：

“土地流转”，这一载入中国反贫困史册的新词汇，标刻出当代中国又一新的巨大变革。

这不由让人们又想起了30多年前的那个冬夜——

安徽小岗村的一间旧屋内。

35岁的严金昌和另外17户村民以“托孤”的方式在白纸条上按出一片红手印，把村里土地包产到了户。第二年，严金昌等村民家的院子里第一次堆满了粮食。

30多年后，严金昌又一次按下红手印，将家中的10亩土地流转出去。第二年，他家年收入第一次突破10万元。

两次红手印，两次巨变，印证了同一个历史逻辑——穷则变，变则通，通则久。与贫困斗，唯改革者赢，唯改革者进。

从前不敢碰、不敢啃的“硬骨头”被一一砸开，见证着改革的勇气，推动着反贫困斗争一步步走向胜利。

用安徽小岗村这个全国知名典型中的人物严金昌“两次红手印”的生动事实作对比，说明一个颠扑不破的真理：“穷则变，变则通，通则久。与贫困斗，唯改革者赢，唯改革者进”，具有很强的说服力，说明“土地流转”对于贫困农民致富是多么的重要，使广大农民乐意接受效仿。

（二）巧妙交代背景材料

在《塞罕坝：生态文明建设范例》中有这样两段：

阴河林场里，一座巨岩拔地而起，巍然屹立，这儿名叫亮兵台，又称康熙点将台。传说康熙皇帝在乌兰布统之战胜利后，曾登临此台检阅凯旋的清军将士。登上海拔1874米的亮兵台，眺望四方，林海浩瀚，壮阔雄浑。阴河林场场长赵立群介绍说：“亮兵台四周都是40多年前栽植的人工落叶松林，现在已经从幼苗长到十八九米高。这一带的7万多亩林海，还只是塞罕坝百万亩林海的一小部分。”

“点将声声随云去，林海滔滔百万兵。”时光荏苒，斗转星移，300多年前接受康熙检阅的威武将士，如今换为高大挺拔、整齐列阵的一棵棵青松，它们忠诚地守护着脚下这片生态脆弱的土地，保卫着四周的大片农田和众多城市。

亮兵台是300多年前，康熙皇帝登临检阅胜利归来的威武将士，“如今换为高大挺拔、整齐列阵的一棵棵青松”。它既是对塞罕坝林场生态文明建设成就的赞颂，也是对塞罕坝林场建设者艰苦创业的颂扬。这一带7万多亩“林海浩瀚、壮阔雄浑”的一棵棵“高大挺拔、整齐列阵”的青松，“还只是塞罕坝百万亩林海的一小部分”。由此，可以使读者联想到塞罕坝百万亩林海是多么的壮观，多么的伟大。虽是介绍背景材料，却表现了丰富的内容。

四、将人物的一言一行穿插在事件的叙述之中，让事件活起来

在事件通讯中，要写好人物。不仅人物通讯要写好人物，就是以记事为

主的事件通讯，也要写好人物。因为人是事件的主人，事是人干的，没有人，也就没有事。事件通讯以写事件为主，只是把人物的活动穿插在事件的叙述之中。写人是为了更好地表现事件，人服务于事件。事件通讯中如果见事又见人，能使事件活起来，动起来，使事件更富有生气。反之，如果只见事不见人，就会显得单调、死板，而又沉闷，不能引起读者的兴趣。在事件通讯中，写人往往是写众多人物的实践，是写群像。写好群像，从某种意义上说，比写好单个人物更困难。既要写事，又要写人，笔墨要十分精练。

在《“塞罕坝”是怎样铸成的》这篇通讯中，写人比较突出，请看以下文字：

“那时经常刮风沙，大的时候对面看不到人，现在没那个风沙天了。住上了三室一厅的房子，每天跳舞、唱歌、打太极拳、打门球。有付出就有回报，我们现在享福了！”80岁的塞罕坝林场退休职工潘文霞，乐呵呵地对记者说。

回想起当初吃的苦，她觉得，再苦再累也值得！

1969年，潘文霞来到塞罕坝大唤起林场，在苗圃从事育苗工作。育苗需要掏大粪给幼苗施肥，年轻俊俏的潘文霞二话不说跳下粪坑，一瓢接一瓢地掏。中午吃饭，丈夫做了香喷喷的面条，饥肠辘辘的潘文霞端起碗来，却怎么也吃不下去，不由得泪流满面。面条一口也没动，下午继续接着干。

再后来，她就适应了，粪照掏，饭照吃，“有时候忙到晚上10点多才回去，实在太累了，吃着吃着饭，人就睡着了，碗和筷子‘哐当’掉在地上……”

有时，年幼的儿子会光着小脚丫，跑到苗圃里找妈妈。潘文霞怕孩子踩着幼苗，总是马上狠心地把孩子赶回家去，同时不忘叮嘱一句“把家里的门锁好”。

另几段文字是：

路途颠簸，这支年轻的队伍一路欢歌。下车的那一瞬间，尹桂芝一行人却彻底“傻了眼”：没有宿舍，到处是半人高的野草，孤零零一座小破屋，连张床也没有。

9月的塞罕坝已经进入冬季，温度开始急速下降。这里年平均气温零下1.2摄氏度，最低气温零下43摄氏度，冬季严寒肆虐。夹着雪花的“白毛风”直钻领口、裤管。

尹桂芝和几名女工抱来干草，在小破屋里搭了个窝，又赶紧糊上窗户。不少人只能住进羊圈、马棚，有的人则用石头、秸秆架起了草房、窝棚。

外面刮风下雪，屋里常常出现一层冰。气温直逼零下40摄氏度，烧着火炉子也丝毫没有暖和的感觉。“我们睡通铺的几个女工就蜷缩在一块儿，戴上皮帽子，把自己裹得尽量严实一些。”尹桂芝说。有时，积雪足有3尺厚，推不开门，大伙儿只能从后窗跳出去。

在育苗圃，尽管寒风袭人，手冻肿了、裂了口子，尹桂芝和同事们仍在泥潭里坚持工作。她们一坐就是一天，每人每天得选上万棵苗子。

“收工的时候，腿都不听使唤了，站不起来，腰也直不起来。整个人就像僵住了一样，好半天才能动。但大家的心里就是憋着一股子劲儿：一定要把苗子育好，把林子造好！”尹桂芝说。

承德农专毕业的赵振宇，也于1962年来到塞罕坝。作为一名施工员，赵振宇每天都要在山上巡查，走几十公里的路。有时晚上回来，棉衣冻成了冰甲，棉鞋冻成了冰鞋，走起路来哗哗响。

“晚上是最难熬的，被窝成了‘冰窝’，怎么睡？有人就把砖头和石头扔到火堆里，烧一阵子，再搬进被窝。”赵振宇说。

再看《他们为何能站上联合国领奖台》中的一段：

“如果让你重新选择，你还会选择塞罕坝吗？”面对记者的问题，73岁的第一代林场建设者陈彦娴的回答是：“选择塞罕坝，我无怨无悔。我们把荒山沙地变成了百万亩林海，当初吃的那些苦受的那些累，都是值得的。这辈子能来到这里，站在联合国的领奖台上，值了！”“我们相信，种下绿色，就能收获美丽，种下希望，就能收获未来！”陈彦娴在发表获奖感言时说。

上面所引文字的一个共同特点就是：既是写事，又是写人。将所叙事件和人物的一言一行穿插在一起，融为一体，非常逼真生动，令人感叹回味。

五、引用民谣和群众的语言表现事件，增强通讯的鲜明性、生动性和感染力

在《一个人，一辈子，一道渠》中是这样运用群众中流行的民谣表现事件的：贵州遵义草王坝村，一个被层峦叠嶂的山峰藏得死死的村庄。千百年来，这里的人祖祖辈辈吟唱着一首心酸的民谣："山高石头多，出门就爬坡，一年四季包沙饭，过年才有米汤喝。""好个草王坝，就是干烧（指干旱）大，姑娘个个往外嫁，40岁以上的单身汉一大把。"小小草王坝村，民谣可真不少，仔细一琢磨，个个因"穷"而起。通讯中还引用了这样的群众语言："不怕山高石头多，苦干就能把贫脱，打岩引水造梯田，穷村变成金银窝。"

在《塞罕坝：生态文明建设范例》中，是这样运用群众的语言表现事件的：创业阶段是"先治坡、后置窝，先生产、后生活"。林场发展起来后，改善职工居住条件提上议事日程，变成"山里治坡、山外置窝，山上生产、山下生活"。山里、山上即林场，山外、山下即围场县城。"'山上多栽树，等于修水库，雨多它能吞，雨少它能吐。'一片林，就是一个蓄水池。""咬定青山不放松，立根原在破岩中。千磨万击还坚劲，任尔东西南北风。"

在《心无百姓莫为官》中，也引用了一句民谣表现事件：下姜村，隶属浙江省淳安县枫树岭镇。在浙西，下姜村一直很有名。过去出名，是因为"穷"——有这样一句民谣："土墙房、半年粮，有女不嫁下姜郎。"

运用民谣和群众的语言表现事件，不仅能够用精炼的文字表现深刻的含意，而且可以增强通讯的鲜明性、生动性和感染力。如何能够获得在群众中流行的民谣和群众中富有生命力和表现力的语言，则要靠记者下功夫深入挖掘。

2019年10月，在原讲稿的基础上修订改写

第五章
工作通讯

第一节　工作通讯的作用和写作要求

党的十二大提出了全面开创社会主义现代化建设新局面的宏伟任务。在第六届全国人民代表大会第一、二、三次会议上，政府工作报告都着重谈到了经济问题，特别是《中共中央关于经济体制改革的决定》的公布，进一步加快了以城市为重点的经济体制改革的步伐。因而我们的报道就要真实、及时、鲜明地体现党中央关于经济工作的一系列方针、政策；反映当前经济体制改革中出现的一些新经验、新情况、新事物和新问题，从政治思想上给人们以新的启示，推动经济建设的发展。由于工作通讯能够直接地记叙和分析当前实际工作的经验、问题，从中提出一些带有规律性的东西去指导实际，推动实际问题的解决，所以它是直接反映和指导当前实际工作的重要体裁。

工作通讯反映的内容一般有：先进典型的工作经验或某些具有普遍意义的业务经验的介绍；提出和探讨当前实际工作中存在的某一重要问题；对工作作风和思想问题的典型事实加以评述等等。工作通讯绝大部分用于介绍和推广先进经验，有时也用于批评一些实际工作中存在的问题，或研究和探讨实际工作中出现的一些新课题。

一、反映实际工作中的新经验或亟待解决的新问题

看一篇工作通讯的质量如何，首先要看它是否反映了当前实际工作中比较重要的、具有普遍意义的新经验，或实际工作中迫切需要解决的新问题。要做到这一点，关键是记者要胸有全局，要深入实际，从党的中心工作出发，

敏锐而又准确地抓住具有指导意义的事物。

下面从黄际昌同志采写《扬州三把刀》（1979 年 5 月 22 日《人民日报》）这篇通讯的过程，看记者在通讯中是怎样揭示矛盾，提出实际工作中亟待解决的问题的。

在 1979 年召开的全国财贸大会上，黄际昌同志经过初步采访，了解到当时财贸战线上存在一个较普遍的问题，就是轻视商业和服务行业的思想。黄际昌同志抓住这个带有普遍性的思想问题，选择了“历史悠久，中外驰名”的“扬州三把刀”（即厨刀、理发刀和修脚刀）这样一个典型做文章。通过报道这个典型，以促使人们消除那种轻视商业和服务行业的思想，使饮食、理发和修脚等服务行业能够兴旺发达，后继有人。

作者到扬州后，采访了一位有四十年理发经验的理发师，这位老理发师却坚决反对自己的儿子当理发师。这件事使记者触动很大。服务行业的确存在后继乏人、后继无人的问题。根据一些服务行业名师的体会和培训单位的经验，收一百个徒工容易，培养出一个好刀手却难，一般需花十年左右功夫。因此，作者曾在通讯中专门写了一段“十年树人事不宜迟”的问题点题。后来编辑同志把这部分内容抽出来配成短评，这样问题就揭示得更加突出，使通讯起到了较好的指导作用，有助于解决轻视商业和服务行业的思想。

因此，写工作通讯时，首先要善于抓住具有普遍指导意义的内容，提倡什么，反对什么，要旗帜鲜明，使读者一目了然。《“凤凰”“永久”为何难以大增产》（1981 年 7 月 23 日《文汇报》）、《并非鱼草之争——从生态系统观点看多种经营的综合安排》（1981 年 9 月 3 日《浙江日报》）这两篇工作通讯也属于这类好通讯。都是鲜明地提出问题，因而有助于问题的解决。

二、要具有广泛的社会兴趣，为广大群众所普遍关心

怎样写好经济建设方面的报道，新闻界有的同志主张所写报道不仅要考虑直接生产者和直接经营者的需要和兴趣，同时也要考虑广大消费者的需要和兴趣；不仅要考虑经济界实际工作者的需要和兴趣，同时也要考虑经济界理论工作者的需要和兴趣。在直接生产者和直接经营者当中，不仅要考虑工人、

农民、营业员的需要和兴趣，同时也要考虑企业里广大干部，包括厂长、经理、党委书记等领导干部的需要和兴趣，考虑工程技术人员、科学研究人员的需要和兴趣。写工作通讯也应该这样，只有不断地摸清广大群众的需要和兴趣，并根据群众的需要和兴趣写报道，这样的工作通讯才能为读者所喜爱。

为什么有的工作通讯读者不爱看呢？原因可能有三：第一，报道的内容使读者觉得与己无关；第二，多从领导的角度写报道，领导是怎么抓工作的，工作取得了什么样的成绩，有什么经验教训，等等；第三，写得干瘪无味，表现形式不新颖。因此，要使工作通讯具有广泛的社会兴趣，为广大群众所普遍关心，看来需从三方面加以改进。

（一）要尽可能选择同人民生活息息相关的题材写工作通讯

比如《“凤凰”“永久”为何难以大增产》这篇工作通讯就是这样。这篇通讯以生产“凤凰”牌车的上海自行车三厂和生产“永久”牌的上海自行车厂为例，揭露了当时自行车生产调整中遇到的阻力和矛盾，批评了有些同志对待调整的消极态度，并建议有关领导部门在必要的时候，采取些行政干预手段，以争取时间，确保上海自行车大增产。这篇通讯写的是上海自行车行业的调整问题。但是它同人民生活关系紧密，因此能引起读者的注意和兴趣。在通讯中，作者不是直接从两个自行车厂的生产调整问题写起，而是从这两个厂生产的产品——“凤凰”和“永久”牌自行车在市场上销售的情况写起：从市场写到工厂。通讯首先写到当时上海生产的“凤凰”“永久”牌自行车是市场上的紧俏商品。并进而具体地报道了这方面的情况：

据说，广东是“凤凰”车的根据地，当年“凤凰”车就是在这里打出名的。近些年，广东在经济上实行特殊政策和灵活措施，群众生活水平提高，手里有钱，要买“凤凰”车的人更多了。可是，我在广州市区跑了不少商店，根本看不到“凤凰”车。省商业厅的同志告诉我，“凤凰”每年飞到广东的数量太少，像著名的游览区肇庆，六百万人口，今年上半年只分到一千余辆。经济特区汕头，今年上半年平均一万人才供应一辆“凤凰”车。因为整车分配少，有些人就动脑筋采购零件组装，可是要搞到“凤凰”车的零件也不容易。

闻名遐迩的深圳特区，上半年只分配到三只车架。

从广东看全国，“凤凰”自行车在各地的紧缺程度也就可想而知了。除了“凤凰”车，上海的“永久”车对各地也有强烈的吸引力。“永久”车在北方农村，载人装货，抵得上一头小毛驴。在广西许多地方，只有超额完成粮食征购计划，才能奖到“凤凰”“永久”车的购买券。

把群众盼望“凤凰”“永久”牌车的急切心情和市场供应奇紧的情况，叙述得非常具体、充分，然后写到两个自行车厂的生产调整问题。由于“凤凰”“永久”牌车是群众关心的产品，从它们在市场上的销售情况写起，就可以引起读者的关注，乐于了解自行车生产调整方面的问题而读完全篇通讯。

（二）要注意从群众角度下笔写工作通讯

比如，从人们熟悉的日常生活现象下笔，使读者有亲切感，以增强报道的吸引力。《风沙紧逼北京城》（1979 年 3 月 2 日《人民日报》）这篇工作通讯的开头就是这样下笔的：

春天到来，生活在首都北京的人们，总想出去观赏一下明媚的春光。可是，这时的北京却常常是风沙“迷”人。大风一起，大街小巷尘土飞扬，扑面而来的风沙吹得人睁不开眼睛。一旦尘暴袭来，首都上空更是一片灰黄，白昼如同黄昏。在城外，人们可以看到，永定河北岸，大红门以南，已经出现了一片沙丘。这些情况表明，风沙已经在紧逼北京，大有“兵临城下”之势。

春天的北京，风沙“迷”人的景象是生活在北京的人们所熟悉的，也是有切身感受的日常生活现象。从这一具体情景下笔，就使人感到亲切，并能吸引读者看下去。

（三）工作通讯的形式要多样化，不要单调、枯燥

只有做到这点，才能引起读者的兴趣。关于工作通讯的新形式问题，将在本章第二节中谈及，这里就不多讲了。

三、要多运用典型、生动的第一手材料

工作通讯的写作要多运用典型、生动的第一手材料，当然，好的第二手材料也要用。

通讯中典型、生动的第一手材料从哪里来？没有别的办法，就是靠记者的深入采访（虽然这里讲写作问题，但通讯写作与采访难以分开）。为了说明问题，这里讲一讲黄际昌同志写《扬州三把刀》这篇通讯时，是怎样采访和运用典型、生动的第一手材料的。他除了深入找各方面的人访问座谈以外，还亲自体验了“三把刀”的滋味。他独自到扬州富春茶社尝了尝三丁包子的味道，他还去理了发、修了脚。据说，富春茶社做的包子曾经名扬日本；这次他亲口尝了尝，味道并不佳。三丁包的三丁粗，而且尽是肥肉丁，吃起来很腻味，折纹也不多。过了几天，饮食行业的领导在这家包子铺请正在举办的一个学习班的有关通讯员吃包子，他也被邀请去了。这次的质量就好多了，味道好，折纹也多。由于他有前后两次吃包子的不同体验，所以他在通讯里把老师傅和青年厨工捏的包子作对比时，就写得十分具体真切：

> 富春茶社的三丁包子，过去很有点名气。老师傅捏起来，个个合规格：鲫鱼嘴、荸荠肚、三十二道折纹，蒸熟以后，挺立笼中，宛如牙雕玉刻，令人神怡！现在不少青年厨工捏的包子，大小不匀，只有十几个折纹，放在笼里，瘫的瘫，趴的趴。

由于他曾深入到厨师的工作间采访，掌握了一些第一手材料，通讯在描写厨师技艺精巧时，就做到有声有色，惟妙惟肖：

> 一块三分厚的豆腐干，可以劈成二十三片，再切成干丝，像火柴棒一样齐整。他们运用割、批、切、剁、挺、削、剔、片、拍、剜、修等二十多种刀法，切制各种条、丝、丁、块、片，都粗细均匀，厚薄一致，长短相等，清爽利落。……他们闷、烧、烤的各种菜肴，色、香、味俱佳，既不太咸，也不过甜，南北皆宜；熬制的汤类，清澈见底，浓则乳白，十分爽口。

用这些典型、生动的第一手材料来衬托通讯中所讲的“后继乏人”的问题，

不仅增强了说服力，也使通讯活了起来。

又由于黄际昌同志注意到现场采访典型、生动的第一手材料，在另一篇通讯《“小熊猫”为什么能够畅销几大洲？》中，他把大小不同的“小熊猫”描写得活灵活现，神态逼真：

厂里的同志把我们带进出口展品陈列室，一进室内，别有洞天！大小“熊猫”，千姿百态：有的站，有的坐，有的蹲，有的卧，能左顾右盼，会抱球击鼓，象在清溪边戏耍，如在竹林中穿行，神气活现，异趣横生。看见这么多活泼可爱的小玩意儿，不由得连声叫好！

工作通讯怎样才不致写得干瘪无味？从黄际昌同志的采写经验中我们可以看出，它同能否多运用典型、生动的第一手材料有直接关系。有了这方面的材料，就能具体生动、新颖别致，使读者有一新耳目之感。当然，要做到这一点必须下功夫。

四、带有一定的评论色彩，做到虚实结合

工作通讯中，有了大量的典型事实，这还是第一步。第二步的工作就需要进行深入细致的分析，同时给以适当的议论，从分析说理中得出正确的结论。这是写好工作通讯的关键。在分析问题时，应该把报道的事实和要发的议论结合起来，边讲事实边议论，即叙中带议，议中带叙，使事实的叙述由于有议论的发挥而显得更有生命力，而议论的发挥也因有事实为依据而显得更有说服力。

工作通讯中评论（或议论）的方法常见的有两种：

（一）引用群众的见解

比如《风沙紧逼北京城》这篇工作通讯，在叙述了风沙紧逼北京城的事实以后，倒数第二段是这样写的：

怎样才能防止北京变成沙化城市呢？专家学者和林业科学工作者提出了许多好的看法和建议。他们说，实现四个现代化，要有一个现代化的环境。科学技术和先进设备可以进口，使人心旷神怡的优美自然环境

只能靠我们的双手来创造。而创造优美的自然环境的有效措施之一，就是造林、种草。“十年树木”，时间紧迫，必须立即着手进行。

这就是一段议论。引用了专家学者和林业科学工作者的看法。有了这段议论，就加强了通讯的指导性。

《并非鱼草之争——从生态系统观点看多种经营的综合安排》这篇工作通讯中有段议论，也是采用了这种方法：

其实，鱼草矛盾也好，羊桑矛盾也好，都不过是一种表面现象。专家们在尔后的讨论中一致认为，从自然生态系统的观点看，实质问题是粮、桑、鱼、畜等多种经营的合理安排问题；也就是要使之组成一个良性循环互相促进，而不是互相排斥的问题。德清县过去水面养菱，水中养鱼，菱叶肥水，水肥多鱼，鱼多泥淤，淤泥肥桑，桑喂蚕、羊，羊粪、蚕沙壅田，多打米粮，六畜兴旺，这便是典型的良性循环。

这样写，把叙述事实同议论有机地结合起来了。由于引用的又是专家学者的见解，自然使人信服。

（二）在叙述具体典型事实的基础上，加上作者的点睛之笔

比如《“小熊猫”为什么能畅销几大洲？》的倒数第二段就是。作者首先叙述了这样的事实：

在这里，不妨举“熊猫眼”的改革做例子：有一次，一批外商到扬州玩具厂陈列室参观和座谈，有位客商望着一只“熊猫”的深红的眼球，自言自语地说：“眼球发红，象射出凶光，孩子们会害怕呵！”说话的无心，听话的留意，厂里陪同人员马上把意见反映到加工车间，车间立即给一只“熊猫”换上一对淡色的眼球，送到客人手中，再次征求意见。客商们望着那双柔和的熊猫眼，啧啧赞叹：“很好，很好。你们改得真快！”当场表示要订货。

紧接着，写了这样的议论：

这件事，应当引起所有长期关门造“车”、搞“十年一贯制”的工厂同志注意。扬州玩具厂的这种工作热忱和办事效率，不是应该很好学习，

迎头赶上吗？

由于议论有事实为依据，加之对事实又作了具体生动的描述，作者提出的观点容易为人们所接受。

（本节中所阐述的观点，吸收了黄际昌同志所谈的有关体会。）

第二节　工作通讯的新形式

新闻界一位老前辈曾这样说过："经济报道，要多用新形式，增加新品种，使报纸像吸铁石一样地去吸引着读者。增加什么新品种，这要根据读者的需要和兴趣。"（《谈谈报纸工作》）四化建设中不断出现许多新的事物，它们需要通过新的适宜的形式去反映。近几年来，报纸上出现了《工作研究》《采访札记》和《记者来信》等新形式。实践证明，这些形式是读者欢迎和喜爱的。

《工作研究》《采访札记》和《记者来信》这些新体裁，有其共同点，也有其不同的特点。

它们的共同点是：表现形式灵活多样，不拘一格。它们吸收了新闻、一般通讯、调查报告和评论写作的长处：可以写记者的所见所闻，可以夹叙夹议，可以对现场进行描绘，也可以发表个人的见解。有人认为它们中的多数作品，兼有消息的简明扼要、开门见山，一般通讯的生动活泼、具体形象，调查报告的材料扎实和揭示规律，评论的分析精辟和论证有力等特点，是有一定道理的。

它们各自不同的特点是什么呢？

（一）《工作研究》的显著特点是侧重于对所报道的客观事物进行探讨和研究

记者往往对占有的事实材料采用叙议结合的方法探求事物的本质和规律。比如刘霄的《苹果市场的反常现象》（1984年1月13日《人民日报》）和《苹果市场反常现象探讨》（1984年2月14日《人民日报》），运用《工作研究》这种新形式和连续报道的方法，对"苹果市场的反常现象"进行了认真的探讨。

在《苹果市场的反常现象》中，作者通过大量有说服力的事实材料说明了苹果市场出现的这种反常现象：去年苹果丰收，人们高兴，满以为可以吃到数量多、质量好、价格便宜的苹果了；事实上恰恰相反，今年不少省市的苹果市场并不好，质次价高造成全国性苹果滞销。丰收之后消费者没有得到实惠，国家企业也受了损失。通讯报道了这样令人痛心的状况："质次价高造成全国性苹果滞销，不但占用大量资金，而且经营部门亏损相当严重。去年九月，天津调入 2192 万斤国光苹果，因为烂坏和价高难销，不得不临时降价处理，一次损失 400 多万元。从去秋苹果上市到去年年底的五个月内，京、津、沪、黑、吉五大销区由于同一原因而造成的亏损已达上千万元，目前亏损尚有继续增加之势。"通讯叙述了苹果市场的反常现象以后，没有直接回答造成苹果市场反常现象的原因，在通讯的最后一段，只是提出问题供有关方面考虑："这究竟是怎么回事？有关方面认为，这反映了产供销各个方面的问题。教训要总结，但当前的问题是，要早日拿出办法来解决。"那么，造成苹果市场反常现象的原因究竟是什么呢？通讯给读者留下了一个悬念。

一个月之后，作者在《苹果市场反常现象探讨》中，通过调查到的各方面的情况，具体回答了苹果市场出现反常现象的两个原因。原因之一是产、购、销方面有些问题；原因之二是没有正确运用价值规律。进而提出两点值得认真汲取的教训：

> 一、优价幅度一定要通盘权衡，切合实际。物价升降，关系到消费者的切身利益，关系到商品的产销调节，必须慎之又慎。像苹果一类的农副产品，可否考虑视年成丰歉不同，实行浮动价格，使优质优价原则和物丰为贱，物稀为贵的供求规律相吻合，以真正有利于生产和消费。二、要真正做到优质优价，价格杠杆固然作用重大，但决非唯一的决定因素，还必须辅之以严格的规章制度和有力的验级把关手段。否则，实行优价反而会刺激一些人掺假施杂，以次充好，牟取高利的胃口。

由于这两点教训是从苹果市场出现反常现象的两个原因中总结出来的，切实具体，令人信服。这两点也同前一篇提出的"教训要总结"相呼应。编辑同志对这两篇通讯又都加了"编者按"，并在同样显著的版面位置上刊登，更加强了它们的宣传效果。

（二）《采访札记》，一般要让读者更多地看到采访过程，看到记者有意义的活动

这种形式往往有现场的叙述和描写，能使读者有较强的现场感，使读者感到亲切可信，乐于接受。值得注意的是，在《采访札记》中写记者的采访过程和活动时，必须服从主题的需要，与主题无关、无意义的过程和活动不写或尽可能少写。

（三）《记者来信》这种体裁在写作形式上更加自由灵活

它主要用来反映记者深入实际调查研究所获得的观感。它可以通过对典型事实的具体剖析，指明克服实际工作中某种错误倾向的必要性。它可以针对实际工作中的问题，提出建议。例如郭超人的《领导干部要学会算账——党委领导经济建设中的一个重要问题》（1979 年 2 月 9 日《人民日报》），这篇来信提出了党委干部在领导经济建设时，要学会算经济账这样一个重要问题。它可以只是提出现实生活中所存在的问题，以引起公众注意。例如奚锦芬、陈钟明、姚柏生的《黄浦江水何日清》（1979 年 11 月 14 日《人民日报》）这篇来信，通过摆具体事实提出“黄浦江污染日趋严重”，如“不及时治理，将重蹈苏州河的覆辙，造成不可估量的后果。”建议国家主管部门对有关方面制定的分期治理黄浦江的方案加以研究，“早日采取有效措施，治理黄浦江的污染。”总之，可以运用《记者来信》这种形式反映多方面的内容。

类似的新形式还有《采访日记》（同《采访札记》类似）《工作探讨》（同《工作研究》类似）等等。四化建设正在日益深入发展，今后还将会出现更多的新形式。

如前所述，在当前的报刊上出现了不少写得好的工作通讯，也创造了不少新形式。但这并不是说过去的报刊上就没有出现过写得比较好的工作通讯，也不是说过去就没有创造出什么新形式。远的不说，单说 1948 年各解放区开展土地改革期间，报纸上刊载的报道晋察冀区平山县整党工作的经验、陕甘

宁区绥德县黄家川调剂土地的经验和晋绥区崞县平分土地的经验这几篇工作通讯，当时就曾受到毛泽东同志的赞扬。他还建议把这三篇工作通讯“印成一个小册子，发给每个乡村的工作干部”，并指出，“这种叙述典型经验的小册子，比我们领导机关发出的决议案和指示文件，要生动丰富得多，能够使缺乏经验的同志们得到下手的方法，能够有力地击破在党内严重地存在着的反马列主义的命令主义和尾巴主义”。还强调各级党组织的领导同志们“在对自己领导的各项重要工作发出决议或指示之后，应当注意收集和传播经过选择的典型性的经验，使自己领导的群众运动按照正确的路线向前发展”（《毛泽东新闻工作文选》第145—146页）。由此看出当时毛泽东同志就十分重视运用工作通讯指导工作。新中国成立以后，有个时期报刊上曾出现一些问题性通讯，也多属于工作通讯。1962年9、10月间，当时的广东省委书记陶铸同志曾同几位同志一起到粤西和海南去检查工作，沿途同地委、县委、公社党委以及基层干部广泛接触，边看边听边谈，共同商量，也到群众中作了一些调查、访问。同行的同志把大家议论得来的意见，写成通讯，题为《随行纪谈》（后改为《西行纪谈》），寄给《南方日报》发表。陆续写陆续登，共写了二十七篇。《随行纪谈》这一形式，也就是当时所创造的工作通讯的新形式。

第六章
风貌通讯

第一节　风貌通讯的作用和形式

风貌通讯，也称概貌通讯（其中包括旅途通讯）。这类通讯以记地为主。风貌通讯的题材比其他通讯更加广泛多样，表现形式也更加自由灵活，不拘一格。因而它历来都是通讯中运用较多的一种体裁。不仅当代的报刊上出现过不少这方面的优秀作品，而且在我国通讯发展史上也曾出现过众多的这方面的通讯集。仅从五四运动以后说起，影响深远的就有瞿秋白的《饿乡纪程》《赤都心史》，周恩来的《旅欧通信》，邹韬奋的《萍踪寄语》《萍踪忆语》，范长江的《中国的西北角》《塞上行》《西线风云》，等等。这些通讯集中的不少作品就属于风貌通讯或旅途通讯。这些作品或客观地描叙旅途见闻，或写作者的所闻所见所思所感，或用生动感人的笔触“试摹‘社会的画稿’”，或者既有生动的描述，又有颇详的评述。总之，积累了丰富的经验可供借鉴。为了较熟练地掌握风貌通讯写作的基本知识和技能，我们不仅要认真学习当代优秀作品的宝贵经验，也要从前人的优秀作品中汲取营养。

一、风貌通讯的作用

由于风貌通讯的题材比其他通讯更加广泛多样，这就决定了它所发挥的作用也是多方面的。这里介绍几种主要的作用：

（一）它可以反映一个地区、一条战线或一个单位发展变化的新气象、新面貌

田流的《八闽共念“山海经”》（1982 年 2 月 9 日《人民日报》）反映了福建省经济形势的新气象。通讯用所见所闻的具体事实阐明了八闽共念的这部“山海经”究竟是什么样的经，它“灵验”在哪里，究竟是怎样念法的。生动地报道了党的十一届三中全会以来，福建人民批判了过去那种“一刀切”的“左”的错误，因地制宜地发展多种经营——依山吃山，靠海吃海，给全省经济形势所带来的新面貌。

刘宾雁的《“好，活了！”——四川省机械工业战线巡礼之一》（1980 年 4 月 22 日《人民日报》）这篇通讯，则生动地展示了党的十一届三中全会以来，四川省机械工业战线扩大自主权以后的新变化。作者把所见所闻和切身感受融会在一起，具有一定的深度。

（二）它可以报道重要的建筑工程、展览会、陈列馆的丰姿或内容

周定舫的《人民英雄永垂不朽——瞻仰首都人民英雄纪念碑》（1958 年 4 月 23 日《人民日报》）这篇通讯，就对天安门前的人民英雄纪念碑巍峨雄伟、庄严朴素的丰姿作了全面细致的描述。

作者根据陪同参观的纪念碑工地负责人的介绍，首先报道了纪念碑兴建经过。在介绍了纪念碑于何时奠定基石、从何时动工兴建以后，特别点明：“这是中国自古以来，第一座最大的纪念碑。它从地面到碑顶高达三十七点九四公尺，有十层楼那么高，比纪念碑对面的天安门还高四点二四公尺”（注：米的旧称，1 公尺 = 1 米），这就使读者对人民英雄纪念碑巍峨雄伟的丰姿留下了具体实在的印象。

然后就作者的现场观察，对纪念碑四周的外形作了具体介绍。并着重叙述了碑的主题和碑文。

接着，通讯用近三分之二的篇幅，生动详尽地描述了镶嵌在大碑座四周的十块汉白玉的大浮雕。对十幅浮雕的画面和人物形象，作了生动的描绘。

使读者读后如同跟随作者瞻仰了人民英雄纪念碑。

对一些重要的展览会、陈列馆也大都采用这种形式进行报道。

（三）它可以赞颂革命历史文物和名胜古迹，使读者开阔眼界，增长知识，从中受到爱国主义的教育

随着旅游事业的发展，为了适应建设物质文明和精神文明的需要，风貌通讯在这方面的作用将不断增强。

此外，它还可以反映异国的社会现状和风土人情，以促进国际交往活动的开展。随着我国对外开放政策的贯彻，我国同各国人民之间的友好交往日益增多。为了适应这一需要，报刊上反映这方面题材的风貌通讯也逐渐多起来。由于它的题材新颖、特点独具，常为读者所喜爱。

二、风貌通讯的形式

风貌通讯除采用移步换形、鸟瞰全景、分类描写等写作方法以外，因题材的内容和作者的风格不同，还采用多种表现形式。常用的形式有：

（一）见闻

主要写作者的所见所闻。把作者所观察到和所听到的新事物具体生动地而不是抽象笼统地表现在通讯里。在写见闻的过程中，作者可以直接发表个人的印象和意见，抒发自己的感受。例如前面提到的《八闽共念“山海经”》就是采用见闻的形式这么写的。

（二）巡礼

虽然也离不开写见闻，但以写作者在现场观察到的新情况、新事物、新变化为主。例如前面提到的《“好，活了！”——四川省机械工业战线巡礼之一》就是这样写的。采用这种形式时，常常运用移步换形的写法。即随着作者足迹的变化，笔下的场景也不断变化。例如前面提到的《人民英雄永垂不朽——瞻仰首都人民英雄纪念碑》就是运用这种写法。运用这种写法时，适当写点

作者个人的活动，只要不是宣扬自己，也是允许的。因为这样写能够加强通讯的感染力，增强通讯的实感。

（三）侧记

从作者所要报道的重要活动、重要事物写起，有一定的现场感。但也可以穿插一些与所报道的重要活动、重要事物有关的、而又是现场以外的一些材料。比巡礼的形式更灵活一些，所反映的内容也可以更丰富一些。例如《茫茫九天任我游——试验通信卫星发射侧记》这篇通讯写了“上九天”和“青年人”两部分。“上九天”这部分，主要写在试验通信卫星发射现场所观察到的一些情景，请看这样几段：

> 在祖国西南一隅，三座碧绿色的小山，呈三角形，屏卫着发射场。数十米高的钢制发射塔架旁，耸立着一枚乳白色的运载火箭。
>
> 四月八日晚，记者们站在距星箭只有五百余米的山腰上，观看星箭升空的壮景。发射场的地面已空无一人，只有几位技术人员在塔架上做最后的处置。
>
> 十九点二十分，计算机一丝不差地发出了点火指令。火箭尾部骤然喷射出红白色的烈焰和滚滚的浓烟，发射场霎时变成一片火海。在撼天震地的轰鸣声中，火箭离开地面直刺蓝天。火箭在上升，上升，十秒钟后变换角度，向东南方向上空飞奔。
>
> 火箭的最后一丝光亮在空中消逝，肉眼已经看不见箭和星了，然而，各地的跟踪遥测系统把捕捉到的各种信息，源源不断地输送到指挥中心。指挥中心的电子计算机，不停地把信息输送到巨大的显示屏上。

这些具体生动的描述，把读者带到了试验通信卫星发射现场，以强烈的现场感吸引人。

“青年人”这部分，则主要是写与试验通信卫星发射这一活动有关的一些青年人的动人故事。通讯写道：

> 航天事业，是一个尖端领域。在这个领域里起中坚作用的，自然是造诣很高的中、老年。然而，在发射现场，记者见到了不少青年人，听

到了不少有关他们的动人故事。

接下来，通讯写了九位青年人在研制试验通信卫星过程中所表现出的感人事迹。这些事迹都不是发生在试验通信卫星发射现场，而是发生在研制试验通信卫星过程之中。有了这方面的内容，这就使读者从中感受到试验通信卫星发射现场以外更多的东西，感受到参加试验通信卫星发射的青年人的精神风貌。

风貌通讯还可以采用访问记、纪行、特写等其他形式，这里就不一一赘述了。

第二节　风貌通讯的写作要求

一、抓住特点写见闻

作者要把所写对象的特点通过自己的观察、见闻和感受传达给读者。最好写成象带领读者去参观一样，娓娓动听地向人们介绍所见所闻所感。作者要善于从所报道的现场观察体验中，获得真情实感，进而抓住一些有特点的、活生生的材料。这是把风貌通讯写得准确、鲜明、生动的一个重要途径。风貌通讯既然要向人们介绍所见所闻所感，记者在采写过程中就要把问、听、记、看、思五者结合起来运用。有的记者不注意发挥眼睛的作用，不注意观察所报道现场的一些有特点、有意义的场景、事件或人物的活动，所写的风貌通讯往往比较死板，难以产生感人的力量。美国哥伦比亚大学教授麦尔文·曼切尔在《新闻报道与写作》一书中谈到培养记者健全的观察力时，指出记者运用观察的方法通常有两种：一种是“不引人注目的观察”，另一种是“体验式的观察”。所谓不引人注目的观察，就是被观察者不知道记者在观察他。所谓体验式的观察，指的是记者置身于被观察者之中，一起参加被观察者的活动。看来，记者在运用眼睛观察时，这两种观察要交替使用。只有这样，才能写出有特点、有现场感的风貌通讯。

如何抓住特点呢？彭子罔在《漫谈游记》一文中，谈到写好游记的第一个要求是准确时的一段话可供借鉴。她说：

写出该地独有的风貌，是旅游文章成败的关键。举例说要写峨眉，至少可以从三个方面去分别把握文章的准确性。峨眉地处四川，从地域角度要区别于天府其他风景名胜。不是有这样的说法——“峨眉天下秀，青城天下幽，剑阁天下雄，夔门天下险”吗？所以首先就要设法体现这个“秀”字。其次，峨眉是我国一座著名的观赏名山，从性质角度也要写出它与黄山、庐山和五岳的区别。再次，峨眉和五台、九华、普陀为我国佛教四大名山，从宗教角度去写其联系及区别，文章则又会别具一格。

这段话告诉我们，抓点的一个有效方法，就是从不同角度的比较中去把握所写对象的特点。写风景名胜要抓住特点，写一个地区、一条战线或一个单位的发展变化，也要抓住特点。为了写出特点，一般都注意选择有鲜明特点的地区的发展变化来反映。要反映党的十一届三中全会以来农村的发展变化，有的通讯就选择河南省有名的穷地方——兰考县的变化来反映。例如李林河写的《兰考农民的喜悦》（1981 年 2 月 23 日《光明日报》）就是通过兰考社员家庭生活的变化反映农村由穷变富的巨大变化；周广义、翟启运的《春节前夕访兰考》（1984 年 2 月 1 日《人民日报》）通过描叙兰考县几个村子的社员在物质生活和精神生活方面的新气象，反映了党的政策给农村带来的大好形势；马鹤青的《兰考城赶集记》（1981 年 4 月 25 日《人民日报》）则通过兰考城集市上社员的购买力大大提高的情景来反映农村实行责任制后的变化。请看这样两段：

在集市上看看听听，真叫人高兴。一位农村姑娘一看二十几元一件的紫红色弹力呢上衣，尺寸合适，大大方方地说：“俺买，包起来吧！”九十多元一辆的架子车，社员们一见就要。在拴着上千头牛马驴的大牲口市上，一头三岁的小母牛要价 420 元。有位老农民仔细看过这头牛，伸出四个指头说：“去掉零头，给你这个数！”卖主也痛快，说：“中，听您老哥一句话！”那老农民付过现款，很“神气”地牵着牛挤出市场。

卖铁木农具的地方，更是挤得水泄不通。农具厂制造的铁叉、镰刀，附近铁匠铺新打的镢头、锄头，一齐摆出来让人挑选。在一片敲打铁器声中，大批农具被人们买走。兰考县委的干部说：前些年，干活大呼隆，谁操心搞农具？如今实行责任制，人们积极得很，不用生产队长开口，都要用最好的农具把自己“武装”起来。

这两段见闻有鲜明的地方特色，有浓郁的乡土气息，作者充分调动了眼睛的功能，写的全是在现场观察到的东西。加之作者又栩栩如生地再现了这一有特征的繁荣兴旺的场面，再现了各类人物有特征的动作和语言，使读者如临其境，读起来格外亲切；兰考的特点和变化也反映得鲜明突出。

二、对比衬托画新貌

要使风貌通讯能够突出地反映一个地区、一条战线、一个单位的新面貌、新气象，就要在“新”字和“变”字上做文章。只有抓住能够反映所报道对象的新发展、新面貌、新变化的事物来写，才能写出一定的深度，而不致停留在浮光掠影的观感上。在风貌通讯中要突出“新”字和“变”字，常常采用对比衬托的方法画出所报道对象的新面貌。具体的写法是：

首先用鲜明绚丽的色彩描绘出一个新的画面，引人入胜。例如武成德的《春风吹绿花园口》（1978 年月 17 日《人民日报》）这篇风貌通讯，开头一段是这样描绘新貌的：

三月的春风，吹绿了郑州北郊黄河花园口。柳树吐绿，芳草茵茵。黄河大堤外面，纵横交错的灌溉渠道，把大地划成块块方田，绿毯似的麦苗覆盖着田野，一片片丛林掩映的村庄、工厂、学校。到处生机勃勃，一派江南风光。

通过这样一个新的画面，使读者对花园口的新面貌有具体形象的感受，从而把读者带到通讯所报道的胜景中去了。

然后用对比的手法衬托面貌之新、变化之大。就是用昔日花园口旧的面貌同今日花园口新的面貌相对照，衬托出花园口的巨大变化。为什么要写黄河花园口呢？因为 1938 年日本鬼子侵占开封时，蒋介石弃地逃命，下令炸开花园口大堤，使千百万人民断送了生命。正是在这里造成了闻名的惨案。写这里的新面貌新变化就更能说明问题。通讯的第二段是这样描述昔日花园口旧的面貌的：

四十年前，蒋介石制造了“花园口事件”，惨绝人寰的景象，人们至今记忆犹新：1938年，日寇铁蹄踏进开封，蒋介石弃地逃命，下令炸开花园口大堤，奔腾咆哮的黄河水，从花园口倾泻而下，冲淹了河南、安徽、江苏三省四十四个县，吞噬了八十九万人民的生命，有一千二百万人流离失所。

紧接着，第三段，又具体地写了现在的新面貌和新变化：

黄河大堤的一座建筑物上面，有一条用红漆书写的毛主席语录："要把黄河的事情办好。"昔日千疮百孔、残破不堪的大堤，黄河儿女把它建成气势雄伟的石堤，既像一座水上长城，又像一条绿色防护林带。大堤上兴建了四座电力灌溉站，引入黄河水灌溉农田和淤地造田。蒋介石扒口冲成的面积两千五百亩、深达十三米的大潭坑，已经淤平了。过去"种一葫芦打两瓢"的盐碱地已改造成良田，有百分之九十以上种植水稻，夏季麦浪起伏，秋天稻谷飘香。去年花园口公社粮食平均亩产八百多斤，过了"长江"。

最后一段再写新的变化：

在距离大堤不远的地方，有个公社办的鱼苗场。它繁殖鱼苗供应各生产队的鱼塘养殖。全社放养的黄河大鲤鱼、武昌鱼等鱼类已超过一百万尾。池塘里，一群群北京鸭在戏水游弋，还种植了芦、蒲、苇、藕和茭白等水生作物。今日的花园口，已变成富饶的鱼米之乡。

这一段同开头的"一派江南风光"相呼应。由于有了四十年前的那段悲惨景象，就衬托出花园口的新变化以及变化的巨大。

为了突出表现一个地区的新面貌，还有一种常用的对比衬托的方法，就是用前后几次访问的不同情况作对比，说明变化的巨大。例如吕建中的《三访平原》（1981年11月8日《人民日报》）这篇风貌通讯，先将第三次访问平原的所见所闻具体生动地描绘给读者，使读者对党的十一届三中全会给这里带来的新面貌有切实的印象，然后追溯到1979年春第二次访问平原的情景：

那时候三中全会刚开过，长期窒息沉闷的农村，开始活动了。农民们抬起疲惫的眼睛在张望，在寻觅，人们预感到一场变革要来临了。……一个壮实农民，他得知我在《人民日报》社工作，便以一种急切而又带些茫然的神情问我："听说上面有新精神了，可是真的？哎呀，俺平原这二十年净瞎折腾，今年来个书记叫挖沟，明年来个书记叫平沟，折腾来折腾去，地没种好，倒荒了不少。你看像我这棒劳力干一天活挣七分钱，抵不上一只母鸡下个蛋。同志，咱不是怕困难，只怕日子没个奔头。听老人说，平原过去也是老根据地，刘邓大军过黄河那年月，群众怕困难来吗？我爹跟大军抬担架一直支援到淮海前线；可如今……不信就真没个治穷的法儿？"

这就用第二次访平原时这位农民的具体反应衬托出党的政策的重要。政策不正确，农村越折腾越穷；如今政策对了头，农村很快就由穷变富；也衬托出农民盼望有个"治穷的法儿"的急切心情。并从第三次访问平原的新面貌中印证出过去农村不是"真没个治穷的法儿"，而是思想路线不端正，政策不得人心，路线端正，政策得人心，就有了治穷的法儿。

作者进而追溯到1948年春随中国人民解放军南下，胜利地挺进中第一次途经平原时艰苦年代的情景，再用这里的一位党支部书记米吉泰的一段话点明三次访问的不同变化：

晚饭端上来的是羊肉水饺。老米不等我开口就抢先说："现在不是你早年一进平原那艰苦年月，也不是你前年二进平原时的生活水平了，这是我们的家常便饭。你想，今年麦一季就收了49万斤，光细粮也吃不完；棉花今年一亩下不来180斤皮棉，光棉花一项全村一口人就能收入200元以上。如今家家都养着四五只羊，随时都有新鲜肉，要不是秋收忙季，咱天天吃饺子都行。"

这样用前两次访问时的情景与第三次访问时的情景相对照，就把第三次访问时平原所发生的变化衬托得格外鲜明，使人确信无疑、有立体感。

还有的风貌通讯是通过以往不曾出现过的新事，衬托说明新变化、新问题。例如穆青、周原的《农民的挑战——河南农村见闻》（1982年11月4日《人民日报》）这篇通讯，写了这样一件新鲜事：扶沟县大李庄公社有两弟兄，哥哥李成仁1982年交售了四千斤小麦，政府奖售给他一辆自行车。弟弟李成怀不甘落后，跑到县里，声明他1983年要卖一万斤小麦，问政府奖售给什么？

由此提出了一个新问题：农民在向政府挑战。农民的挑战，不仅表现为买着难，更重要的表现是卖着难，诸如“卖粮难”“卖油难”“卖烟难”“卖棉难”等等，各级政府应正视这一新变化，及早设法解决农民提出的一系列新问题。通讯对实际工作具有很强的指导作用。

在四个现代化的建设事业中，各种新事物层出不穷，在写风貌通讯时，我们应该学会通过各种新事物反映新变化、新问题。

三、缘物寄情抒心怀

风貌通讯中往往要描写某个地方的风光和景物。这部分内容是风貌通讯的重要组成部分。有了这部分内容，使通讯富有地方色彩，增加风土气息。但在描写风光和景物时，作者要有饱满的激情，做到缘物寄情抒心怀，而不能是纯客观的描写和叙述。比如《今日白帝城》这篇通讯的最后一段就是有景有情，情景交融：

> 登临白帝城最高处，白天远眺，但见千山万壑，云雾缭绕；夜晚俯瞰江峡中灯火万盏照航程。当年毛主席关于航标灯要实现电气化的指示，已经变成了现实。人们面对这锦绣河山，更增添了建设社会主义祖国的豪情。正如一九五八年郭沫若同志在这里所写的那样：“在两岸可能还有天上啼猿，但也不会是悲哀，而是赞叹。中国历史尽管有四千多年，万马奔腾的今天，气象空前。”

这一段中，前一句是描述白帝城白天和夜晚的自然景色；第二句是叙事；第三句和最后的引语，是借景借事抒发作者歌颂“万马奔腾”“气象空前”的社会主义祖国的豪情。真是做到了激情满怀。不仅这一段是如此，全篇通讯都贯穿了这种情怀，使人读后情不自禁地产生作者所写的这样一种感情：“面对这锦绣河山，更增添了建设社会主义祖国的豪情。”

要强调一点的是，在风貌通讯中缘物寄情抒心怀时，所抒发的情怀不是有的作者个人那种孤芳自赏的幽情；也不是某些文人骚客的那种闲情逸致；更不是那种散布精神污染，使人消极低沉、无所事事的情调；而是要抒发社会主义之情，人民大众之情，使人精神振奋、积极向上之情。

还要强调一点的是，风貌通讯中写一个地方的风光时，不能采用地理教科书的笔法来写。地理教科书多是静止地介绍固定的死的材料，不是活的风貌。要想变死为活，作者就要着重写那些读者关心的、有意义的、并经过实地采访的活的风貌，包括自然景色、风土人情等内容。

怎样缘物寄情呢？常用的方法有三：

一是寓情于景、触景生情、情景交融。就是选择特定的场景、环境，边描叙边抒发作者所要抒发的情怀，如前面说的《今日白帝城》最后一段所写的那样。

二是寓情于事、就事抒情。就是通过典型的新鲜事反映新面貌、新变化，抒发颂扬之情。例如张振国的《生日饭——宁国水泥厂工地见闻》（1983年6月8日《人民日报》）这篇通讯，写了这样一件新鲜事：冶金部十七冶二公司行政科长孙圣锁叫食堂管理员孔红搞了个“生日簿”，把在工地上施工的六百零七名职工的生日都登记清楚。每逢谁的生日，食堂就挂出牌子告诉他，并给他做一顿可口的生日饭。通过这件新鲜事，表现了干部工作作风的新变化，表现了干群之间的新型关系。请看这样两段：

> 3月7日，卖饭菜的窗口小黑板上写道：“吴永炎——生日饭——祝您健康。”吴永炎是铆工，今年39岁。单身在外施工多年，从未把生日当回事。炊事班副班长王有礼为他煎了三个荷包蛋，煮了一碗“长寿面”。吴师傅激动得连声道谢，说这是工地上的头号新闻。王有礼说：“单身出门在外，有个照应是应该的，已有几十人吃过‘生日饭’了，不是什么新鲜事！”
>
> “生日饭”的出现，鼓舞了职工的干劲；人们的赞扬，激励了食堂更加做好日常饭、病号饭、回民饭。瓦工余善华牙床发炎，食堂专门为他做软食。小余很受感动。他说：“老科长为工人办伙食，不怕山高路远，四处买菜，就像父母为子女那样操心。我们一定好好干，早点把这个全国重点工程建成投产！”

这两段内容既是叙事，又是抒情。在叙述事实的过程中抒发了干部爱护群众，群众爱护干部，上下齐心协力加快四化进程的感情。

三是把写景叙事抒情三者交织在一起，边写景叙事边抒情。《三访平原》的最后两段就是这样写的。请看：

我们来到了沙宝海老人的家，一边喝茶一边叙谈。他果然是当年接待我们的农会主任。我请他帮我找寻当年的沙妈妈，他听着，思索着，当我说到沙妈妈当年的住处离礼拜堂不远和有一间小厢屋时，他猛地哦了一声："是她呵！"随又压低语气说："你早来二年还能看到她，她前年秋上过世了！"我的心不禁一缩，沉默了。稍停，他又赞叹起来："也是苦命人呐，早年死了丈夫，一个儿子在部队上也牺牲了。可她不灰心，做军鞋，磨军粮总抢头里。老来是队里的五保户。咱沙庄贯彻三中全会精神早，她死那年生产就有了起色，生活也有改善，她死也闭上眼睛了。"

告别了沙宝海老人，归途中我和老米绕路走进礼拜堂附近那个寂静的旧院落，当年的小厢屋已拆毁，沙妈妈住的那座堂屋还在。我凝望着这屋顶长满茅草的老屋，回忆着当年沙妈妈的音容，不禁肃然起敬！这时老米也用深沉的语气说："沙妈妈要是能再活几年，看看这两年沙庄的变化，今天又见到你，她该有多高兴啊！"是呵，更大的变化还在前头。我这样想。

前一段主要是叙事，在叙事中抒发赞叹沙妈妈的感情。后一段主要是描叙沙妈妈住过的那座老屋的情景，在写景中抒发对沙妈妈的敬意和思念之情，并借老米之口赞颂十一届三中全会给沙庄带来的变化。事景情交织成浑然一体。

四、传播知识陶冶情操

风貌通讯在介绍一个地区、一条战线和一个单位的风貌时，还有向读者传播新鲜有益、情趣盎然的知识、传闻、典故等内容的任务。读者对风貌通讯感兴趣的原因之一，就是它可以帮助读者开阔眼界、增长知识、陶冶情操。因此，写风貌通讯时，要注意增强知识性。有了这方面的内容，不仅能使风貌通讯写得丰满，也能使风貌通讯增色生辉。下面一个例子就说明了这个问题。穆青在《十月的罗马》（《意大利散记》）这篇风貌通讯中写了这样一段：

我们在访问罗马市长的时候，曾问起罗马每年有多少旅游者，他说，大概有三四百万，超过罗马市现有人口的总数。这位热情的市长曾亲自带领我们参观了罗马市政府。在那里，我们发现作为罗马城徽的铜雕，庄严地陈设在大厅里。它是一只母狼正在为两个婴儿哺乳的形象，雕塑虽然并不怎么精致，但它所表达的神奇的故事却是十分动人的。据传说，古代特洛伊王族的一位妇女，曾和战神马尔斯结合，生下一对双胞胎男孩，大的名叫罗马路斯，小的叫里穆斯。这件事触怒了当时的国王，他下令害死了母亲，又把两个婴孩放在一个筐子里扔进了台伯河。谁知筐子被水冲到了岸边，一只母狼走来把两个婴儿衔去。它没有伤害婴儿，反而像母亲一样给他们哺乳。后来，一个猎人又把两个孩子救走。这弟兄俩长大成人，就像他们的父亲战神马尔斯一样，勇敢善战，膂力过人，终于为母亲报了仇。从此，哥哥罗马路斯就在母狼哺育他们的台伯河边，建立了一座城池，并以自己的名字命名为罗马。这就是罗马和罗马城徽狼婴图案的由来。

罗马，这座世界著名的古城，本来就令人向往。通讯中写上了关于罗马和罗马城徽狼婴图案的这段传说后，更增添了她古老神奇的色彩。不仅开阔了读者的眼界，也使通讯更有吸引力。

在风貌通讯中穿插各种知识是常见的事。有的需要穿插历史和地理方面的知识，有的需要穿插诗词、典故和传说方面的知识，有的需要穿插对所报道事物的说明、解释方面的知识，等等。在一篇通讯中，究竟穿插什么知识合适，要根据不同的题材确定。例如邝国富、史美泗的《葵乡行》（1978 年 8 月 30 日《人民日报》），主要是报道广东新会县根据周总理的指示发展多种经营的内容，因此，在写到著名的葵乡“葵树成林”时，穿插了一段介绍葵树的知识就很恰当。这段知识是：

葵，属棕榈科，俗称芭蕉，是热带和亚热带常乔木，寿命长达一二百年。葵的全身都是宝。人们用葵叶做扇子，剩的葵尾织提篮、水果盒、工作帽，用葵叶的骨做牙签、刷子，用葵柄皮编成垫子、席子，用葵柄心做画帘，用葵树的衣做绳子、扫帚，用葵子和葵根制成中药。

有了这段介绍，就帮助读者对葵树的经济价值有所认识，并可以推动有条件种葵树的地区多种葵树，发展多种经营。

《今日白帝城》报道的是名胜古迹的新面貌，而白帝城自古有“诗城”之称，因此，在通讯中引用了“朝辞白帝彩云间，千里江陵一日还。两岸猿声啼不住，轻舟已过万重山。”唐代伟大诗人李白这首脍炙人口的七言绝句。还引用了“白帝城中云出门，白帝城下雨翻盆。高江急峡雷霆斗，古木苍藤日月昏。”唐代另一位伟大诗人杜甫描绘白帝城壮丽山川的绝唱。这就很贴切。这些知识也可以陶冶人们的情操。不过，在风貌通讯中引用诗词、典故、传说和有关地理历史知识时，一定要做到少而精，以能够说明问题、更好地表现通讯的主题为原则。

风貌通讯的题材如前所述，是多方面的。有的偏重于写自然风貌，有的偏重于写社会风貌，有的则把自然风貌同社会风貌结合起来写。但不管偏重于写什么，重点都应放在反映新的时代风貌上，要写出时代前进的脚印，以激发人们的社会主义和爱国主义的热情，推动物质文明和精神文明的建设。

第七章
新闻通讯的语言

第一节 新闻的语言[注]

新闻语言的基本要求，就是准确严谨、简明扼要、鲜明生动、通俗易懂。这些要求是由新闻写作的特点和规律决定的。所谓准确严谨，就是所用的词语不仅能够切合所要表达的对象，而且还要做到无懈可击。所谓简明扼要，就是精悍凝练，能用最经济的文字表达最丰富的内容。所谓鲜明生动，就是具体形象，富有个性特征。所谓通俗易懂，就是清新朴实，明白晓畅，易于为读者接受。

在一篇新闻里，全面做到这几点是不容易的，需要下功夫，力争达到这些要求。有的新闻用语做到了准确严谨，简明扼要，却陈词老调有余，鲜明生动不足，显得干巴枯燥；有的新闻用语鲜明生动，新颖别致，却又渲染夸张，华而不实，显得不那么准确严谨。在新闻用语中怎样把这二者结合起来，做到简练而不干巴，鲜明生动而又准确呢？我们从一些新闻作品中至少可以得到四方面的借鉴。

一、直截了当叙述新闻事实

一般说来，新闻事实都是具体生动的。如果直截了当地叙述新闻事实，就能做到既简明扼要，又鲜明生动。所谓直截了当地叙述新闻事实，就是不

注：本节内容，曾以《新闻写作用语浅谈》为题，刊登于湖北人民出版社出版的《字词天地》1984年第1期。

要画蛇添足地穿插一些作者空洞的认识和不必要的解释，做到不枝不蔓，不拐弯抹角，而且叙述得也比较具体生动。《枫桥兴会扶桑客，子夜钟鸣百又八》这则新闻，由于做到了直截了当地叙述新闻事实，使新闻不仅简明扼要，也显得鲜明生动。请看这则新闻的全文：

《文汇报》苏州1981年1月1日电　今晨零点，专程从日本赶来中国的五百多位旅游者，在香烟缭绕的苏州寒山寺旦屏息聆听了新年钟声。

日本民间相传，除夕之夜敲钟108下，就能除尽人世烦恼，迎来锦绣前程。由于唐代诗人张继的诗《枫桥夜泊》在日本广为流传，“姑苏城外寒山寺，夜半钟声到客船”的诗句蜚声扶桑，许多日本人梦寐以求能在除夕聆听寒山寺钟声。从去年十二月下旬开始，来自日本各地的“日本寒山寺除夕听钟声访华团”等十五个旅游团体的日本朋友，就陆续来到苏州，等待聆听除夕钟声。

除夕晚十点整，日本朋友一批批来到寒山寺。午夜十一点四十分，寒山寺性空法师步上钟楼，撞响了新年钟声。当钟声响到第108下的时候，正是元旦零点整。顿时，日本朋友欢呼雀跃，和在场的中国僧侣和工作人员亲切握手，互敬新年问候，洋溢着中日人民的深情厚谊。

这则新闻仅四十多字的导语，就简明扼要而又比较形象地勾画出要报道的新闻事件。主体部分也是不枝不蔓、紧紧围绕新闻事件做文章。第一段具体回答了日本五百多位旅游者为什么专程来苏州寒山寺聆听新年钟声；第二段生动地描绘了日本朋友聆听性空法师撞响新年钟声的情景。尽管只有三百多字，却写得生动形象，不干巴，不枯燥。叙述新闻事件时，在语气上也不是拐弯抹角的。

二、多运用确切有力的动词表现运动状态的事物

任何运动状态的事物总是比静止状态的事物显得生机勃勃，富有活力。川流不息地流动着的活水比纹丝不动的一潭死水活泼有生气。要使新闻生动感人，就要多运用确切有力的动词表现运动状态的事物，尽量避免把运动状态的事物写成静止状态的事物。这样会使所报道的新闻事件活起来，语调也

会显得生动活泼。常常有这种情况，同一题材的两篇新闻，一篇善于用确切有力的动词表现运动状态的事物，使新闻立即活了起来；另一篇却与此相反，多用刻板的叙述，将运动状态的事物写成静止状态的事物，使新闻显得沉闷无生气。可见仅有好的新闻题材不够，还必须选择恰当的语言文字加以表现。《鲁迅笔下的咸亨酒店重新开张》这则新闻，虽然只是一般的动态新闻，新闻事件并不曲折，但由于作者善于采用确切有力的动词去表现，把新闻写得有声有色，富有变化，使读者看后如见其店，如临其境。这则新闻的全文是这样：

> 《文汇报》绍兴 1981 年 9 月 14 日专电　鲁迅笔下多次出现的绍兴咸亨酒店，今天在一片鞭炮声中重新开张。
>
> 坐落在鲁迅故家东昌坊口附近的这爿酒店古色古香，双间店面正中悬挂着一块巨大的“咸亨酒店”招牌，当街一个曲尺形的大柜台，店内竖着一方青龙牌，上书“太白遗风”四个大字，整个格局和当年鲁迅描绘的一模一样。
>
> 今天上午，慕名前来的一大批顾客早就等候在酒店门口。十时整，店门一开，人们蜂拥而入，争相买酒点菜，一片繁忙热闹景象。在众多的荤素下酒物中，有孔乙己当年爱吃的茴香豆，还有盐煮花生、素鸡等具有绍兴风味的菜肴，一部分顾客围坐在仿制的长条桌边上，品尝着元红、加饭、善酿等各色绍兴名酒，大家开怀畅饮，“一杯放手已醺然”。

以上这则新闻，通过句中的这些动词——“重新开张”“悬挂着”“竖着”“上书”“一开”“蜂拥而入”“争相买酒点菜”“围坐”“品尝着”“开怀畅饮”“放手”“醺然”把运动状态中人物的一举一动，新闻事件的展开惟妙惟肖地表现出来了。如果换一种写法，将用动词的地方改成由作者平板地介绍：这里有什么，那儿是什么之类，把动态写成静态，效果就会大不一样。

三、形容词和附加语要用得恰如其分

在新闻写作中运用形容词和附加语，一定要适应新闻写作的特点，不宜过分铺陈，而要用得十分精练和恰如其分，一定要在准确的前提下求生动。

那种同新闻事实脱节，容易使读者对新闻事实产生误解的形容词和附加语，则尽量不要出现在新闻中，以免产生副作用。新闻户采用形容词和附加语的方法主要有下面几种：

（一）用客观事实作形容词或附加语来形容所报道的人物、事件和地区

采用这种方法，既能充实新闻的内容，缩短新闰的篇幅，又能使读者对新闻所报道的人物、事件和地区了解得更翔实、更深刻，从而增强新闻的说服力。

比如下面两例都用了反映客观事实的短语，用这些短语作修饰语刻画新闻人物，可以帮助读者对所报道人物的身份或特征有比较具体形象的印象。

例一，《宋景孚等回国为父亲宋哲元扫墓》：

抗日战争时期的爱国军人、原国民党陆军上将、第 29 军军长宋哲元将军的女儿宋景孚女士、女婿明道广先生以及他们的儿子和女儿共四人，最近专程由美国来四川绵阳为宋哲元将军扫墓。

（中国新闻社成都 1979 年 10 月 6 日电）

通过短语“抗日战争时期的爱国军人、原国民党陆军上将、第 29 军军长宋哲元将军”的描述，可以使读者对宋景孚女士和明道广先生的身份了解得比较具体，也可以使读者对宋景孚等四人专程由美国来四川绵阳为宋哲元将军扫墓这一活动的重要性有明确的认识。

例二，《快乐的巨人》：

当身高七英尺二英寸（二米二十）的中国运动员穆铁柱跨着碎步跑入体育馆时，“嗬！”观众席上发出了阵阵惊叹声。“一位观看过穆不久前在马尼拉举行的世界篮球锦标赛和这届亚运会比赛的裁判员说，他比以往打得泼辣一些了。”

通过前一句短语“当身高七英尺二英寸（二米二十）”的刻画，使读者对穆铁柱的外貌特征有所了解；通过后一句短语“观看过穆不久前在马尼拉举行的世界篮球锦标赛和这届亚运会比赛”的刻画，使读考对所写裁判员的内涵特征有所了解。

（二）用表示时间、地点和数量等词语作修饰语，形容所报道事物的具体程度、状况和情态

这样写可以使读者对所报道事物有具体、真切的感受，可以增强新闻的立体感。这种边叙事边注释说明的写法，比单独花费笔墨对所报道的事物加以描叙或注释说明的写法，能够收到既精炼又生动的效果。

用表示时间的词语形容所报道事物。例如《四川暴雨成灾》中的一段："嘉陵江、涪江、沱江出现新中国成立以来从未有过的特大洪水，岷江洪水接近历史最高水位。"（1981 年全国好新闻评选获奖好新闻）例中两个表示时间"新中国成立以来从未有过的""历史最高"的词语，使读者对嘉陵江、涪江、沱江和岷江的洪水特大到什么程度有具体的了解。

用表示地点的特定典故形容所报道地区。例如《农民都夸三中全会政策好》中写道："6 月 2 日，记者在公元二〇八年魏、吴、蜀赤壁之战的战场——蒲圻县赤壁公社，同那里的党委书记田际成和几位农村基层干部，就当前农村形势进行了座谈。"（新华社武汉 1979 年 6 月 8 日电）例中"在公元二〇八年魏、吴、蜀赤壁之战的战场"这一表示地点的特定典故，可以帮助读者认识蒲圻县赤壁公社在历史上的重要地位，起到引人注目的作用。

用表示数量的词组形容所报道事物。例如，在《百万雄师横渡长江》中的一段："人民解放军百万大军，从一千余华里的战线上，冲破敌阵，横渡长江。"（新华社长江前线 1949 年 4 月 22 日 22 时电）例中"一千余华里的"表示数量的词组使读者对人民解放军百万大军冲破敌阵，横渡长江的规模有所了解。

（三）用含意明确、浅显易懂的俗语或比喻，形容所报道的事物，也可以使新闻写得形象生动

当然，运用时要注意与所报道事物要搭配贴切。例如：《一江春水向东流》是 1947 年拍摄的，它既表现了抗日战争时期中国人民的苦难，又表现了在抗战时的重庆，以及抗日战争胜利后的上海，上层人士灯红酒绿、荒

淫无耻的生活。例中“灯红酒绿”“荒淫无耻”就是两个为读者熟知的成语，可以使读者通过这两个成语的描绘，联想到战时的重庆和抗战胜利后的上海，上层人士花天酒地、醉生梦死、穷奢极侈的生活画面。

又如《我三十万大军胜利南渡长江》的一段：“国民党反动派经营了三个半月的长江防线，遇着人民解放军好似摧枯拉朽，军无斗志，纷纷溃退。”（新华社长江前线 1949 年 4 月 22 日 2 时电）例中“好似摧枯拉朽”就是一个比喻。可以使读者从中生动形象地感受到国民党部队“军无斗志，纷纷溃退”的狼狈相。

四、斟字酌句，反复推敲

新闻写作用语要做到准确严谨，记者在新闻中用词遣句时，就要斟字酌句，反复推敲。看看所用的词语是否切合所要表达的对象，是否做到了准确严谨、无懈可击。力求克服新闻用语不准确不严谨的状况。新闻用语不准确不严谨主要存在五种情况。

（一）不讲分寸，不留有余地，好夸大其词

新闻中要尽量少用最高级形容词。如果要用，一定要把情况弄准确，不能情况未弄准确就下笔。情况弄准确以后，还要善于选择最恰当的词句加以表达。有的新闻好夸大其词。例如：“蒙古族群众最喜爱摔跤这项传统的体育活动，在夏天的草原上，处处可见龙腾虎跃的雄悍身姿。”“处处可见”就夸大其词了。那有在草原上的任何地方都能见到摔跤活动的情景呢？如果仔细斟酌推敲，就会发现这样写不符合实际情况而重新选择恰当的用语。

（二）含意不明确，使人感到似是而非

在新闻中不应出现这样的情况：作者所表达的意思使读者既可以这样理解，又可以那样理解。要使所表达的意思不发生歧义，也需要斟酌推敲。有的新闻由于在这方面做得不够，所表达的意思就出现似是而非的现象。例如有的新闻中出现这样的写法：“实行这个分配住房的办法，还查出不该搬入新房的住户一百三十四家，从而减少新建住宅六千七百

平方米。”既然查出的是“不该搬入新房的住户一百三十四家”，说明这一百三十四家住户已经搬入了新房，这就表明这部分住宅已经建成。已经建成了怎么能“减少新建住宅六千七百平方米”呢？如果这样理解符合作者所要表达的原意的话，就只能说是“增加了新建住宅的使用面积六千七百平方米”而不能说“减少了新建住宅六千七百平方米。”如果作者所表达的不是这个意思，而是新房尚未建成，按照所实行的分配住房的办法衡量，有一百三十四家住户可以不分配住房，这才谈得上“减少新建住宅六千七百平方米”。既是这样，“还查出不该搬入新房的住户一百三十四家”一句中的“搬入”改为“分配”才合适。

（三）用词不当

汉语的词汇极其丰富，有些词汇看上去区别不大，含意却不尽相同。作者要善于分辨各种词汇之间的细小区别，才可能准确地选用合适的词汇。在新闻中，由于用词不当而造成不准确的现象经常可见。请看这个例子：“十二月十一日，由日本驶往我国烟台港的利比里亚‘林格阴’号万吨远洋货轮在我威海以北附近海域发生严重火灾。十五时二十五分，中国人民解放军海军北海舰队发现火情，立即派出舰船三艘驶往现场灭火救人。参加援救的海军指战员，冒着大风大浪，将处于危急关头的四十二名菲律宾籍船员全部安全救到岸上。交通部烟台救捞局也派出船舶，赶赴现场援救。军民密切配合，于十二日凌晨三时三十一分将‘林格阴’号货轮的火灾扑灭，并拖至烟台港。威海市有关部门热情接待了全体遇难船员。”新闻中“遇难”两个词就用得不恰当。所谓遇难，就意味着有人已经牺牲。“四十二名菲律宾籍船员”既已“全部安全救到岸上”，就不能叫作遇难。可将“遇难”改为“遇险”。作者如果认真分辨词意，就不致出现用词不当的情况了。

（四）用词重复

由于推敲锤炼不够，表达同样含意的词重复运用，读起来使人感到累赘。例如有的新闻中这样写道：“一亩小麦收三百斤靠干劲，四、五百斤靠水肥，五百斤往上就要讲科学了。’这话虽不完全准确，却反映人们开始按照自然规律和客观规律办事了。”其中的“自然规律”和“客观规律”用在一起就重复了。

（五）用词苟简，致使表达的内容不准确

例如有的新闻是这样写的:“过去,这个居委会的刑事案件多,民事纠纷多,环境卫生差……一年来，这个居委会的面貌有了很大的改变。”从表面上看，是说这个居委会组织本身刑事案件多，民事纠纷多，环境卫生差。这当然是误解。因为实际上作者是说这个居委会所管辖的地段刑事案件多,民事纠纷多,环境卫生差。将不应省去的“所管辖的地段”省去了，而使读者不能准确地理解新闻所要表达的意思。这就告诉我们，尽管新闻用语要求简练，但却不能苟简。

新闻写作用语不准确不严谨的这些状况，说明斟字酌句、反复推敲是多么的重要。我们应提高这方面的自觉性。

从以上四部分的分析中可以看出，只要我们善于根据新闻写作的特点改进用语，就能够使新闻既短小精炼，又准确、鲜明、生动，可以一扫新闻写作用语中那种刻板、单调、程式化的通病，把新闻写得更加生动、活泼和富有情趣。

第二节　通讯的语言

通讯作为一种新闻文体，它的“新闻性”决定了第一节中谈到的新闻写作用语的一些要求,也适用于通讯写作。同时通讯又具有一定程度的文学色彩，它的“形象性”又要求其语言比新闻用语更加具体真切、鲜明生动。两者的有机统一，构成了通讯语言的特色。

一、朴实无华的笔调

通讯再现所报道的事情不能像文学作品那样渲染和夸张。这就要求作者抓住能反映通讯主题的最感人的事物，用清新朴实、具体真切的语言将它们

生动地描述出来。老舍曾说过："文字不怕朴实，朴实也会生动，也会有光彩。"（《人物、语言及其他》）清新朴实、具体真切，就会使人感到不是矫揉造作，华而不实，而是自然感人。应该说采用这种笔调和语言风格是通讯语言的一个重要特征。但做到这点并不是很容易的。有的初写通讯的同志为了追求作品的生动，往往用一些花里胡哨的词句堆砌在作品中，这样反而使人感到不真切，不自然。而一些写得感人的通讯却大都采用朴实无华的笔调和语言风格。请看《金杯之光——中国女排夺魁的曲折道路》这篇通讯，写中国女排以0比三负于美国队的情景的这部分文字：

九月十五日夜晚，对于中国女排来说，是一个痛苦的夜晚。秘鲁奇克拉约城那美丽的南美风光的夜景在姑娘们眼中，似乎也显得黯然失色了。

每个人的心中都充满了苦涩，一个多小时前的情景在姑娘们脑海里翻腾：体育馆里，美国队欣喜若狂，她们在为自己以三比〇战胜去年的世界杯冠军中国队而欢呼、跳跃。在比赛中为中国队鼓掌加油的观众长时间地伫立在看台上，他们摇头叹息，大失所望。中国女排的大多数姑娘们，眼里满含着痛苦的泪水。教练袁伟民抑制着自己心中那强烈起伏的感情，挥手向姑娘们说："大家不能哭，要笑，要对得起观众，去，向观众们挥手致意。我们球输了，人不能输！"

女排的姑娘们列队向观众鞠躬致意，姑娘们嘴上笑着，可眼圈都是通红的。新队员姜英、杨锡兰，在强作笑颜的同时，终于禁不住泪珠滚滚而下。

对于世界冠军队来说，这惨重失败的滋味是难以忍受的，所有在场的我国在秘鲁工作的各有关人员，也都心情沉重。两位新华社驻秘鲁分社的记者，拉住领队张一沛同志的手，本想说几句安慰的话，还没等开口，眼泪却先"吧嗒、吧嗒"地往下掉。可以理解，对于长期在外工作的中国人来说，他们更是别有一番滋味在心头。

夜深了，在中国女排下榻的市中心那座漂亮的四星旅馆里，姑娘们还没有去洗浴，她们都穿着汗湿的球衣静静地坐在教练的房间里。作为教练，袁伟民、邓若曾此时只能好言劝慰大家，他们费了好大的劲，才使姑娘们最后走进各自的房间。

这是一个不眠之夜……

这六百多字容量该多么大！有秘鲁奇克拉约城那美丽的南美风光的夜景，有美国队的欣喜若狂，欢呼、跳跃，有观众的摇头叹息，有中国女排姑娘们痛苦的泪水，有教练和我国在秘鲁工作的各有关人员的一言一行和复杂的心情。这六百多字又多么感人肺腑！然而，作者在反映这些丰富而感人的内容时，没有采用过分铺叙的笔法，也没有夸张和渲染，有的是具体真切的描述。这段文字之所以感人，就是由于作者对所写对象把握得准确深刻，观察得细致入微，抓住最感人的事物，用朴素无华和具体真切的笔调及语言风格将它们再现出来了。

二、多种多样的修辞手段

要使通讯的语言鲜明生动，方法之一就是要做到富有变化。读作品的人都有这样的体验，再新颖生动的语言，如果在一篇作品中老是一个腔调地采用它，也会使人感到单调、腻味。采用多种多样的修辞手段，就可以避免这种现象。通讯中常用的修辞手段主要有下面几种：

（一）在不同的题材中运用比喻的方法，使所要表现的事物鲜明生动、通俗易懂

常常用具体的容易理解的事物比喻抽象的不易理解的事物。如前所述，新闻中一般只是用精练的词组或短语比喻所报道的事物。它们之间的区别，是由各自不同体裁的不同要求所决定的。新闻在文字上要求简明扼要，比喻不宜铺叙。通讯在文字上则要求更加形象生动，要借助具体生动的情节、细节或事物来表达作者所要报道的观点。与此相适应，采用的比喻最好也是具体生动的事物。

有的比喻是用具体事物比喻人的精神。例如在《戈壁之光——访我国火箭发射试验基地》（1982 年 7 月 27 日《人民日报》）中，有这样一段：

我们结束了对火箭基地的访问，又一次乘电梯登上耸入云天的火箭发射塔架，俯瞰戈壁犹如浩瀚的海洋，眼前仿佛又浮现出一枚运载三颗卫星的火箭的发射情景：火箭喷着强烈的火光呼啸而起，腾飞蓝天。火光是那样鲜红耀眼，壮丽辉煌。它是万千中华儿女在戈壁喷发的生命之光，是我们民族的振兴之光！

把运载三颗卫星的火箭喷出的火光比喻成“万千中华儿女在戈壁喷发的生命之光”和“我们民族的振兴之光”，用以歌颂火箭发射试验基地的英雄们，歌颂我们民族振兴中华的精神。运载三颗卫星的火箭喷出的火光是具体的容易理解的事物，“万千中华儿女在戈壁喷发的生命之光”和“我们民族的振兴之光”则是抽象的、不易理解的事物。用前者比喻后者，有助于读者具体地理解火箭发射试验基地英雄们振兴中华的精神。由于通讯对战斗在我国火箭发射试验基地的英雄儿女们的事迹，已经作了具体的报道，这样比喻，不仅生动贴切，也使通讯的主题更加鲜明。

（二）采用拟人化的手法表现所报道的事物

在探讨问题、传播经验的一些通讯中，由于涉及的题材不易为大多数读者所关注，也不容易写得生动感人，如果在表现手法上不加注意，就会使人感到枯燥乏味。采用拟人化的手法可以使平淡无奇的事物变得生机盎然。例如：

在《苹果市场反常现象探讨》中有这样一段：“条筐装果本来就较落后，去年又有一部分农民违章利用旧筐，稍一搬动，筐破果滚，加上装卸时猛摔猛翻，运输过程几经倒手，再结实的苹果，也难免鼻青脸肿，浑身挂彩了。”用“鼻青脸肿，浑身挂彩”这种表现人物形象的词句表现受损害的苹果，就显得生动形象。如果将“鼻青脸肿，浑身挂彩”换成“受损害”三字，就绝不可能收到现在这样的效果。

在《工业指挥员要有远见——访哈尔滨林业机械厂厂长邵奇惠》这篇通讯（1984年1月12日《人民日报》）中，把“多年来没有形成自己的主导产品”这种状况拟人化，说成如同人“靠‘打零工’‘吃零食’填肚子”一样。读起来生动有趣。如果把“靠‘打零工’‘吃零食’填肚子”的说法改成："有时生产这种产品，有时又生产那种产品，产品很不固定。"这样写就平淡了。

（三）引用诗歌、民谣阐明问题，不仅使通讯富有文采，也可以增强通讯的鲜明性和生动性

在一篇通讯中，无论是引用诗歌，还是引用民谣，一定要少而精。如果过多地不适当地引用诗歌民谣，就会多次打断通讯对事物的描述，并会使人感到累赘，且与全篇通讯的形式不协调，那就不仅不能给通讯增色，反而会产生适得其反的作用。最好引用大家熟知的名句，使读者一看，就产生亲切感，也便于理解通讯所表达的意思。例如李季的《玉门速写》中有这样两段：

"春风不度玉门关"——这是唐代诗人王之涣的名句，用这句诗形容当时玉门这个地方的荒凉空旷和生活在这里的人们的悲惨命运，是十分逼真的。可是，在今天，玉门已经有了显著的改变，自然景象变了，人们的思想情绪变了；反映在人们的情绪上，甚至自然气候也有了改变！每当这个季节，白雪在戈壁滩上融化，在石块边上冒出了针尖似的骆驼草的嫩芽。在这时候，做完夜班的工人刚一走出井区、工地，就可以在黎明的晨曦中听到山谷里一阵阵清脆悦耳的鸟叫，它像一支美妙的乐曲一样，使人们忘掉疲劳；接着，工人们乘着下班的汽车从马路两边成行的白杨中穿过，它的青翠的嫩叶，轻拂着人们的满是灰沙的面孔，透过白杨，人们还可看到在石油河两岸削壁上的一串串的小黄花和一丛丛的野桃花……这时候，你会感到玉门处处充满了生命的勃发和跃动，你能说玉门没有春天吗？当然，这种春天，和你们在江南习见的桃红柳绿、万紫千红的春天是不一样的！

多少次我被这里的这种春天所深深吸引着呵——一群群工人子弟学校的小学生们，脖子里围着鲜红的领巾，"五一"发奖大会上随风飘扬的奖旗，劳动模范们胸前挂的大红花，工人家属们的彩色衣裳，还有，更富有春天气息的创造新纪录、超额完成生产任务的红红绿绿的喜报……所有这些，构成多么美丽的春天的画面！

看，王之涣的这一名句用在这里多么贴切！就是“春风不度玉门关”的这个地方，如今自然景象变了，人们的思想情绪变了，处处充满了生命的勃发和跃动，尤其是这里的有别于江南习见的这种春天更加吸引人：一片欣欣向荣的景象和人们的奋发精神，更富有春天气息的创造新纪录、超额完成生产任务的红红绿绿的喜报，所构成的美丽的春天的画面。由于有了这一名句的陪衬，将这幅美丽的春天的画面刻画得更加鲜明生动，并给它增添了光彩。由于王之涣的这一名句是一般人所熟知的，不仅使读者感到亲切，也使作品的内容给读者留下了深刻的印象。

在《戈壁之光——访我国火箭发射试验基地》中引用了一首民谣，表现我国火箭发射试验基地上人们的精神面貌。通讯写道：“在火箭基地，有一首《红柳歌》反映了万千中华儿女的壮志豪情，歌曰：‘我是戈壁一红柳，风沙为伴度春秋，为国建设现代化，扎根荒原到白头。’”这首新民谣不仅深刻地表现了基地上人们的精神境界，也使通讯给人以清新之感。

（四）反复迭唱，以增强通讯的感染力

在一篇通讯中，当不需要重复的时候，即使前后只是重复几个字、几个词，看起来也会使人感到别扭。如果从更好地表达通讯的内容出发考虑，当需要重复的时候，即使同样的字句反复出现，不仅不使人感到累赘，而且还是一种有力的修辞手段，它可以形成诗的韵律，使作品所要表达的思想更加鲜明突出。比如《为了周总理的嘱托……——记农民科学家吴吉昌》中，就有两例运用这种修辞手法，并取得了较好的效果。

例一，在通讯的开头部分和通讯的第四部分的末尾处，前后两次重复周总理对吴吉昌说的这样一句话：“再过二十年，我八十七，你七十七，咱们一起用二十年时间，把毛主席交给的任务完成，行不行？”写在前后两处不同的地方，其作用也不同。写在前面，说明周总理是如何把研究解决棉花脱蕾落桃的任务交给吴吉昌，吴吉昌又是如何接受这一任务的。写在后面，则表现了吴吉昌对周总理的哀悼之情，思念之情，以及未能在周总理生前完成他的嘱托的惋惜之情。

例二，吴吉昌说的“啥也别想挡住俺！”这句话，在通讯第二部分的末尾、第三部分的中间和第五部分的倒数第一、二段中，前后重复了四次。前两处，说明了吴吉昌在逆境中完成周总理嘱托的决心；第三处，说明在乌云密布、群魔乱舞的日子里，吴吉昌“昂首挺立，用自己的行动为人们谱写了一首悲壮的正气之歌！”第四处，则用以点明吴吉昌的革命精神，并表明吴吉昌“啥也别想挡住俺”的革命精神，“将教育和鼓舞人们去披荆斩棘进行新的长征！”从而揭示了通讯的主题。

这两例各自都是在不同的地方用相同的字句反复迭唱。它不仅不使读者有重复之感，而且是增强了通讯的感染力。

三、朗朗上口的群众语言

多运用朗朗上口的群众语言写通讯，既能使通讯做到群众化、通俗化，为大多数读者所喜闻乐见，还能使通讯具有独特的风格和乡土气息。鲁迅在《人生识字糊涂始》一文中，讲到写文章要通俗易懂时，就曾主张“从活人的嘴上，采取有生命的词儿，搬到纸上来”。这里说得很清楚，就是要多采用群众的口头语言写文章。但又不是不加选择的，而是要选择“有生命的词儿”。这是在文章中去掉陈词滥调和学生腔，使语言新颖生动的一种有效方法。有的初学通讯写作的同志，为了追求新颖生动，在作品中大量引用一些读者难以看懂的方言土语，反而削弱了通讯的效果，这种现象则应尽量避免。许多有经验的记者都喜欢运用群众的口头语言写通讯。

在侯志义、令完成的《糊花灯》（1984 年 2 月 19 日《人民日报》）这篇短通讯中，就运用了一些群众的口头语言。比如：

> 前些年吃“大锅饭”时，每逢元宵节，房老汉问老伴糊个啥花灯，老伴总是皱着眉头说：“糊个‘蝈蝈吃白菜——图个吃饱饭’。“蝈蝈吃白菜”这盏灯，房老汉一连糊了好几年。
>
> 党的十一届三中全会以后，房老汉家开始红盛起来。1982 年，他家一跃成了全村的富裕户。翌年元宵节，房老汉的老伴眉开眼笑地说：“糊个‘鱼灯’—盼党的政策不变，年年有余。”

用“吃‘大锅饭’”代替“未实行生产责任制”的说法，“糊个啥花灯”，“糊个蝈蝈吃白菜’——图个吃饱饭”，房老汉家开始“红盛起来”，“糊个‘鱼灯’——盼党的政策不变，年年有余。”这些都是在农村流传的、富有表现力的群众的口头语言，读起来亲切、上口，而又反映了党的政策给农村所带来的变化。

四、浓郁的感情色彩

一般来说，通讯的语言比新闻的语言带有更浓郁的感情色彩。能否用满怀激情的语言去表现所报道的事物，首先取决于作者对所报道的事物是否有真情实感。只有自己有了真情实感，写起来才可能有真挚的感情。然后通过适当的语言将这种真挚的感情表达出来。在通讯中怎样通过语言表达真挚的感情呢?

（一）采用带有浓郁感情色彩的排比句表现作者所要表现的强烈的感情

我们看魏巍的《谁是最可爱的人》中的这样一段：

> 亲爱的朋友们，当你坐上早晨第一列电车走向工厂的时候，当你扛上犁耙走向田野的时候，当你喝完一杯豆浆、提着书包走向学校的时候，当你安安静静坐到办公桌前计划这一天工作的时候，当你向孩子嘴里塞着苹果的时候，当你和爱人悠闲散步的时候，朋友，你是否意识到你在幸福之中呢？……只有你意识到这一点，你才能更深刻地了解我们的战士在朝鲜奋不顾身的原因。朋友，你是这么爱我们的祖国，爱我们的领袖，你一定会深深地爱我们的战士，他们确实是我们最可爱的人！

这种强烈的感情深深地感染了读者。而这种感情是通过一连六个“当你……”的带有浓郁感情色彩的排比句来表达的。这六个排比句所表达的感情使读者情不自禁地把自己的幸福生活同“最可爱的人”联系起来，并深深地爱着他们。

（二）采用议论加抒情的感叹句和反问句表达作者所要表达的壮怀激烈的思想感情

例如华山的《神河断流》，在描述黄河截流事件的基础上，写了这样的议论加抒情文字：

> 我们要喝令黄河让路！
>
> 我们要锁住黄河！
>
> 我们要把万里黄河捏在手里！
>
> 黄河！黄河！你以文明古国的“文化摇篮”闻名于世界，用移山填海的气魄横贯中国大陆，暴烈的性格里深藏着慈母的心怀。当我们今天要把你抓在手里的时候，还有什么壮丽的图画能比眼前的惊涛骇浪更能激起人们的雄心呢？

这几段文字气势磅礴，表现了我国人民改造大自然的革命英雄主义精神和气概。这种精神和气概就是通过“我们要喝令黄河让路！”“我们要锁住黄河！”“我们要把万里黄河捏在手里！”“黄河！黄河！”这一连串的感叹句，以及“还有什么壮丽的图画能比眼前的惊涛骇浪更能激起人们的雄心呢？”这一反问句来表达的。

（三）语言的色彩有明有暗，语言的声调有的响亮，有的低沉

作者要善于根据作品所要表达的思想感情的需要，选择与之相适应的光彩和声调的语言加以表现。这样才可能使读者更好地理解作品所要表达的思想感情，并从中受到感染。请看《为了周总理的嘱托……——记农民科学家吴吉昌》中这两段：

> ……谁知道 1976 年 1 月 8 日，象晴天霹雳一样，电台突然播放出不祥的哀乐。周总理逝世了！
>
> 这巨大的打击和难言的悲痛，几乎把吴吉昌击倒了。当他踉踉跄跄从外地赶回家乡时，沿途的村庄、道路、田野在他的泪眼中都像蒙上了一层薄纱，模糊着、颤动着。“再也见不到总理啦”！“再也见不到总理啦”！他失魂落魄地推开自家的院门，那些悬挂在檐下、窗前、墙头、树上的一株株棉花，在他的眼前一下子都变成了痛悼总理逝世的白花……此时此刻，吴吉昌再也忍不住自己的悲痛，倒在炕上失声痛哭起来了。

这二百多字饱含了吴吉昌对周总理的无限深情。它深深地打动了读者。这二百多字中有色彩：沿途的村庄、道路、田野在吴吉昌的泪眼中都像蒙上了一层薄纱，模糊着，颤动着；那些悬挂在檐下、窗前、墙头、树上的一株株棉花，在吴吉昌的眼前都变成了痛悼总理逝世的白花。这二百多字中也有声调。吴吉昌沉吟："再也见不到总理啦"！"再也见不到总理啦"！吴吉昌"倒在炕上失声痛哭"。由沉吟到"失声痛哭"，低沉中有响亮。从语言的形式上看，如"沿途的村庄、道路、田野在他的泪眼中都像蒙上了一层薄纱，模糊着，颤动着。""那些悬挂在檐下、窗前、墙头、树上的一株株棉花，在他的眼前一下子都变成了痛悼总理逝世的白花。"读着这两句，使读者从中可以感受到富有节奏的音响。一气读下来真有点像动人的散文诗！

在讲到语言问题时，毛泽东同志曾这样说过："语言这东西，不是随便可以学好的，非下苦功不可。第一，要向人民群众学习语言。人民的语汇是很丰富的，生动活泼的，表现实际生活的。……第二，要从外国语言中吸收我们所需要的成分。我们不是硬搬或滥用外国语言，是要吸收外国语言中的好东西，于我们适用的东西。……第三，我们还要学习古人语言中有生命的东西。……好的仍然有用的东西还是应该继承。"（《毛泽东选集》第 3 卷第 794—795 页）让我们在长期的新闻通讯写作实践中，不断地锤炼语言，不断地向群众语言学习，向外国语言学习，向古典作家的语言学习，以提高语言的表现能力，不断地改进新闻通讯写作的语言，写出具有独特语言风格的新闻通讯作品来！

专题新闻采访报道

第一章 工业新闻采访报道

第一节 工业新闻采访报道的对象、范围和发展概貌

一、工业新闻采访报道的对象和范围

工业采访报道的对象主要是工业、建筑业、交通运输业的主管部门和所属厂矿、企业、单位中的新人、新事、新经验、新典型、新成就、新问题、新动向、新信息和新技术、新知识等题材。

工业新闻采访报道的范围极其广泛庞杂。

就工业而言，有重工业和轻工业两大类。主要生产生产资料，为国民经济各部门提供物质技术基础的工业称为重工业。它包括冶金、电力、煤炭及炼焦、石油、基本化学、建筑材料和机器制造等工业部门。以生产生活资料为主的工业，称为轻工业。它包括纺织、缝纫及皮革、造纸及文教用品、食品、制药等工业部门。两大类大约分 177 个工业部门。

就建筑业而言，建筑业是指“主要从事建筑和安装工程施工的社会生产部门。包括建筑系统的各企业，也包括一部分非建筑系统而从事建筑和安装生产活动的企业或单位”。（见《经济大辞典》工业经济卷，“建筑业”条目，上海辞书出版社 1983 年版，第 442 页）

就交通运输业而言，有水上航业、陆地铁路汽车业、空中飞行业三种。

工业、建筑业、交通运输业三者之间有许多相近的特点和密不可分的联系。

工业新闻采访报道面对的工交基本情况是：目前我国工交企业单位已经

发展到近40万个，培养了大批熟练的工人和上千万事业人才。据有关材料介绍，中华人民共和国成立40年来，工业建设和交通运输业取得了突出的成就。1988年同1949年相比，工业固定资产原值从124亿元增加到10641亿元，增长85倍左右。煤、电、钢铁、纺织工业的生产能力十几倍、几十倍地增长，同时还从无到有地建立了汽车、拖拉机、飞机、电子、石油化工、航天、核工业等新的工业部门。现在我国已建成了独立的、门类比较齐全的工业体系。工业布局也有所改善，在辽阔的内地和少数民族集中的地区，兴建了一批新的工业基地。全国铁路营业里程由解放初期的2.18万公里增加到5万多公里。到1988年底，全国公路通车里程比1949年增加11倍多，目前在全国的1936个县中，除西藏的墨脱县以外，县县都通了汽车；民用航空开通了350条国内国际航线，水运和管道运输也有了很大的发展。全国邮路和农村投递线路总长度由建国初期的70.6万公里增加到500万公里，增长了6倍多，其中航空邮路增长200多倍。长途电话和电报电路形成遍及国内外的网络系统。改革开放以来，工业总产值由1978年的4237亿元增加到1988年的18224亿元，按可比价格计算，平均每年增长12.8%，不但快于前26年平均每年增长11.4%的速度，而且工业技术水平还登上了一个新的台阶。（材料均引自《〈关于社会主义若干问题学习纲要〉参考材料》，人民日报出版社1990年5月出版）我国工业取得了举世瞩目的成就。但是也存在着许多不可忽视的问题，如产品结构不够合理，许多企业经济效益不高等。

二、工业新闻采访报道的发展概貌

这里我们不打算全面叙述工业采访报道的历史，只着重介绍一下中国共产党的报刊有关工业采访报道的发展概貌。

五四运动时期和党成立初期创办的一些进步和革命的报刊上，就刊登过记者采写的纺织厂、煤矿、铁路工人游行罢工，向中外资本家作斗争的报道，以及反映工人悲惨生活和劳动条件恶劣等新闻。后来在根据地和解放区的报刊上，也刊载过一些工业报道。例如，延安《解放日报》就登过记者采写的反映工厂工人和技术人员忘我的劳动热情和主人翁精神的通讯。《三千五百套——记一个八路军被服厂生产突击月》（载1941年12月4日《解放日报》）、《人们在谈说着赵占魁》《赵占魁同志》（载1942年9月7日、13日和14日《解放日报》）、《我们的化学厂——在这里，培养着未来的技师们》（载1943年1月29日《解放日报》）、《英雄们的会晤——记张治国、武生华、郝树才生产竞赛总结会谈》（载1944年12月20日《解放日报》），就是较为突出的作品。

但是，在中国新民主主义革命时期，工业新闻采访报道的经验不如军事、农村新闻采访报道丰富，工业新闻的好作品也不如军事、农村新闻多。这是由中国革命的历史进程决定的。我党坚持“枪杆子里出政权”的武装斗争，坚持土地革命，走农村包围城市、最后夺取城市的道路。因而新闻单位关注的重点是军事问题、农村问题，投入这方面报道的力量也较多。那时，根据地和解放区没有大工厂、大工业，相对来说对工业报道的关注就较少。正如1948年12月21日《新华总社关于必须大大加强对工人、工厂和工业的报道》［参见《中国共产党新闻工作文件汇编》（上），新华出版社1980年版，第258页］中说的那样：“至今为止，我们所发表的工人消息却极其稀少。至今没有一篇像样的工厂通讯”，“各分社有随军记者，有农村记者，但至今还没有听到有专任的工厂记者。”

工业新闻采访报道放到较为重要地位，是随着党即将夺取全国政权，工作重心逐步由农村转入城市的时候开始的。新华通讯总社就曾明确地指出：“在我军进入许多大城市以后，工人活动在整个革命事业中的地位已大为提高。报纸的工人读者也大为增加。我们应该大量满足他们的需要。”［《中国共产党新闻工作文件汇编》（上），新华出版社1980年版，第258页］为了加强工业报道，1949年1月25日，新华总社《在关于工矿交通建设的报道意见》中，提出各地的报纸和通讯社首先应该设立经济记者和编辑，专门从事经济新闻的采写和研究。并要求经济记者和编辑“必须学习经济理论、研究工矿企业的知识，熟悉当地生产建设和工人运动的情况，使自己在这一方面有比普通人为高的知识和能力，能够以一个行家的资格进行经济新闻的报道”。

新中国成立以后，随着第一个五年建设计划的开始，工业新闻采访报道逐渐增加，工业记者的队伍不断壮大。中央、省直辖市和自治区的一些主要新闻单位都有专职工业记者。有的报社还在大的工矿区派有常驻记者。他们学习工业，学习工业采访，采写了许多有影响的工业报道。有的成为出色的懂行的工业记者。

然而，正如其他有些专业采访报道一样，工业采访报道在新中国成立以后也经历了曲折的历程。

第一个五年计划期间，由于没有错误路线的干扰，整个国民经济有很大发展，工农业总产值每年递增10.9%，其中工业增加18%。不少记者采写了一些正确反映和指导工业战线实际的好报道，对促进第一个五年计划的建设、特别是重点工程的建设起了较好的作用，也初步积累了一些工业采访报道的经验。这期间，以采写工业战线新人新事、新思想、新经验、新问题著称的安岗可作为代表。在他担任《人民日报》社副总编辑、记者期间，深入到鞍山、沈阳、哈尔滨等城市的重点建设企业，采写了许多对工业战线具有指导意义的报道。例如：《走向国家五年计划第一年的鞍钢》《同设计工作中无人负责的现象作斗争》《正确的设计来源于正确的原始资料》（以上三篇均载1953年1月《人民日报》）、《设计工作可以实行计划管理》（载1953年5月《人民日报》）、《他们树立了主人翁的新思想》（载1953年6月《人民日报》）、《国营厂矿应有正确的企业管理思想》（载1953年12月《人民日报》）等通讯，有表扬，有批评，既总结经验，又提出问题，在读者中引起了较强烈的反响。

1958年以后，由于工作中“左”的指导思想，造成高积累，低消费，高指标，低效率，导致国民经济的比例失调。经过三年的调整，经济又得到恢复和发展。接着又遭受十年浩劫的破坏。这期间的不少工业报道不能不打上“左”的烙印。有的工业报道甚至沦为“四人帮”推行反革命路线的工具。

尽管如此，在报道工业战线的先进人物、先进经验方面，仍然出现了不少好作品。从1958年到党的十一届三中全会召开前夕，这一时期，突出的报道有《“一厘钱”精神》《红桃是怎么开的？——记党的忠实女儿赵梦桃》《大庆精神大庆人》《玉门风格》《千里归程一路春》《名牌产品访问记》等等，都给读者留下了深刻的印象。

党的十一届三中全会以后，纠正了“左”的指导思想，工业新闻采访报道也随之走上了正轨。随着经济体制和政治体制改革的不断深入，工业新闻采访报道在深度、广度和力度上有了新的发展。优秀作品不断出现。大批中青年记者采写的一系列对实际工作起积极作用的报道更引人注目，并创造了许多新的采写经验。

第二节　工业新闻报道的基本指导思想

要搞好工业新闻采访报道，首先要有正确的指导思想。这个正确的指导思想，就是马克思主义的经济理论，和在马克思主义经济理论指导下党制定的发展我国社会主义经济，尤其是工业经济的方针政策。具体说来，基本的指导思想是：

一、工业新闻报道要符合经济规律

马克思主义的政治经济学告诉我们，经济规律大体有三类：

一是为人类各个社会阶段所共有的经济规律。生产关系一定要适合生产力的发展状况就是这样的规律。

二是为几个社会阶段所共有的经济规律。价值规律就是这样的规律。只有社会上存在商品生产和商品交换，价值规律就必然发生作用。

三是为某一社会阶段所特有的经济规律。它包括基本的经济规律和受基本经济规律制约的其他经济规律。社会主义基本经济规律的主要特点和要求，斯大林的表述是：“用在高度技术基础上使社会主义生产力不断增长和完善的办法，来保证最大限度地满足整个社会经常增长的物质和文化的需要。”（斯大林：《苏联社会主义经济问题》，人民出版社1961年版，第31页）从属于这个基本经济规律，并为实现它的要求服务的社会主义重要的经济规律有：国民经济有计划按比例发展的规律，按劳分配的规律等。

显而易见，上述几类经济规律，对各类记者的报道都有指导意义。不过，他们既然作为经济规律，又毫无疑问与经济记者的关系更为直接，所以我们在本章特别提出来作为工业报道的指针。

工业记者在报道工业时，以经济规律作为指针来观察工业的实际，就能站在应有的高度来认识工业领域发生的种种事情。例如，改革开放以来，企业为什么要推行承包，为什么要改革那些束缚生产力发展的体制，为什么要加强思想政治工作，这些都涉及按照生产关系一定要适合生产力发展状况这个规律办事的问题。又如，国民经济中是否正确地处理了农业、轻工业与重工业的关系，是否合理地安排了发展农业、轻工业与重工业的比例，做到了综合平衡，工业内部的结构是否有畸轻畸重的现象，这些又都涉及按照国民经济有计划按比例发展的规律办事的问题，如此等等。从经济规律着眼，写出来的报道就不会就事论事，就具有较强的指导性。纵观我们的工业报道，符合经济规律的报道是大量的，是整个工业报道的主流。但是也有一些违背经济规律的报道，像 1958 年“大跃进”时关于大炼钢铁的报道，1977 年关于创建十个大庆的报道，1984 年关于高消费、超前消费的报道，都是比较突出的例子。这方面的教训从反面告诉我们，工业记者认识和掌握经济规律对搞好工业报道是一个至关重要的问题。

二、工业新闻报道要坚持和体现长期持续、稳定、协调发展经济的方针

这一方针是总结我国 40 年经济建设得出的最重要的经验教训。这也是由我国的基本国情决定的。邓小平同志说：“要使中国实现四个现代化，至少有两个重要特点是必须看到的：一个是底子薄。……由于底子太薄，现在中国仍然是世界上很贫穷的国家之一。中国的科学技术力量很不足，科学技术水平从总体上看要比世界先进国家落后二三十年。”“第二条是人口多，耕地少。”“耕地少，人口多特别是农民多，这种情况不是很容易改变的。这就成为中国现代化建设必须考虑的特点。”［《邓小平文选》（一九七五—一九八二年），人民出版社 1983 年版，第 149—150 页］这两个特点决定了“社会主义现代化建设，要有一个过程，不能一蹴而就，不能企望在某一天早晨突然一下子使国家落后面貌统统改观。”（《五十天的回顾与反思》，高等教育出版社 1989 年版，第 191 页）

坚持贯彻长期持续、稳定、协调发展经济的方针，并用其指导、衡量工业新闻采访报道，其意义深远。对记者来说，可以促使其更加深入地了解中国国情，确定自己的认识，保持清醒的头脑，当一个工业生产的冷静的促进派。不管是在工业生产比较均衡的顺利发展之时，还是由于各种原因使工业生产出现失调的困难状况之时，都能实事求是地为反映中国工业的生产和发展状况做出应有的贡献。对工业采访来说，可以确定大致的方向，把搜集来的事实放在更广阔的背景之下加以比较鉴别，挑出最能反映工业发展方向或接近中国工业生产本质的新闻事实。对工业报道来说，不仅能使其符合当前中国工业生产的状况，还能经受得住历史的考验。

坚持贯彻长期持续、稳定、协调发展经济的方针，用其指导、衡量工业采访报道，要求记者要有韧劲。这一方针不是管几年、十几年的方针，而是要坚持几十年，甚至更长的时间的方针。同时，我们应当看到，急于求成的心理在中国有根深蒂固的基础。这种心理的形成，有几千年来的思想文化对人的素质影响的因素。有 100 多年来国家战乱、“十年内乱”不发展经济，导致人们产生“穷怕了”的思想而产生的急躁心情因素，也有希望中国得到尽快发展而忽视国情的好心，甚至还有只顾局部或眼前利益而不管不顾其他的因素。记者要坚持贯彻这一方针，就要树立持久战的思想。不管东西南北风，不管风大风小，坚持下去，持之以恒。这样才能采写出对中国工业的生产和发展负责的报道，促进工业建设健康发展。

三、工业新闻采访报道要在促进不断提高经济效益上下功夫

工业是国民经济的主导。作为用现代机械设备大规模集中进行生产的工业更要讲究经济效益，才能真正地提高生产力水平，创造出有益于社会生产和生活的物质财富。自从 1978 年底实行改革开放以来，党和政府多次强调要注意提高企业的经济效益。党的十三届五中全又强调指出，要通过进一步治理整顿和深化改革，坚定不移地把经济工作转移到以提高经济效益为中心的轨道上来，实现国民经济的长期持续、稳定、协调发展。这是极具战略眼光的符合中国国情的决策，是今后工业的生产和发展的重要方针，也是今后进

行工业采访报道的重要准则之一。

工业采访报道，无论是报道工业的生产和发展状况，还是报道工业生产的成就和问题；也无论是报道工业生产的全局情况，还是报道具体工业企业的情况，目的只有一个，就是要通过新鲜而具体的事实鼓实劲，让人们从报道中了解工业生产的实际情况，切切实实感受到工业生产的成绩和问题，以促进工业生产。如果我们的工业采访报道不注意在反映经济效益方面下功夫去讲工业生产的成绩、速度等问题，那样很可能鼓蛮劲，使工业生产不注重产品的质量，不注重科学技术的运用，不注重资源的节约和合理利用，而重蹈单纯追求产值或高投入、少产出、低效益的老路。如果我们的工业新闻采访报道不注重效益问题，还很可能鼓虚劲，使人们泄气。不要忘记，读者并不是仅仅通过新闻了解工业生产的实际情况，还会通过日常的亲身感受和所见所闻来了解。假如新闻不注重效益单纯把成绩讲得天花乱坠，人们在工厂看到的却是产品积压，在市场看到商品质次价高。怎么能不泄气！这样的报道对工业生产又有什么促进作用呢?

把促进不断提高经济效益作为衡量工业新闻的一个重要标准。一是要注意报道工业生产这方面的内容，在我国工业已基本实现从单纯生产型向生产经营型的转变，面临从粗放经营为主到集约经营为主的转变情况下，注意宣传依靠科技进步和推行现代化管理，增加产品品种，提高产品质量，降低能源原材料消耗，提高效益和效率等方面的新鲜事实，以促进逐步实现产业结构、产品结构和企业组织结构的合理化。二是要切实抓住工业企业中带有普遍意义的不断提高经济效益的典型，实事求是加以采访报道，使报道产生良好而广泛的社会效益，对人们的思想能够发挥稳定、启发和上进的作用，摒弃虚劲，去掉蛮劲，鼓足实劲，又促使人们在工业战线上创造新的更大的经济效益。

近来不少新闻单位在这方面得到了加强。仅以 1989 年 11 月至 1990 年这期间的《人民日报》为例，记者就集中地采访报道了一系列工业经济效益好的企业。较为突出的报道有《二汽在中部崛起》（1989 年 11 月 16 日）、《“上五”雄风》（1989 年 11 月 19 日）、《鞍钢十年巨变》（1989 年 11 月 24 日）、《大庆精神的新乐章》（1990 年 5 月 2 日）、吉林化学工业公司办社会主义企业经验的系列报道（1990 年 5 月 8 日至 12 日）、《嘉陵效益之谜》（1990 年 9 月 26 日）等等。这些企业有的是向规模要效益（注意解决企业的体制问题），有的是向科技要效益（注意新产品的科研和开发），有的是向质量要效益（注意增强产品的竞争能力），有的是向效率要效益（注意解决企业的技术改造和管理问题），有的是向市场要效益（注意解决企业产品的去向和经济效益的实现问题），有的是向资源要效益（注意节约原材料，降低成本的问题），或者有的是几个方面兼而有之。通过对这些企业的报道，对提高工业经济效益起到了促进作用。

四、工业新闻报道要讲究辩证法

客观世界充满辩证法。同形而上学把客观世界看作孤立的、静止的、停顿的，相反，辩证法把客观事物看作是相互联系的、运动的、发展的。因此，和其他领域的采访报道一样，工业领域的采访报道也要讲究辩证法。强调工业领域的采访报道要讲究辩证法，并把它作为一个指导思想，还因为现代化的工业生产极其复杂，而工业在国民经济中又具有主导地位，无论是工业内部，还是与其相关的外部，都存在着许多矛盾。只有用辩证思维去观察和分析，报道才能正确揭示矛盾，正确反映和指导工业实际，否则就要犯主观片面的错误。好就是绝对的好，坏就是绝对的坏；强调一个方面，就忽视其他方面，如此等等带有主观性、片面性的工业报道，在以往的报道中并不是个别现象。

工业新闻采访报道要讲究辩证法，关键要用辩证的观点去观察和分析工业内部和外部的矛盾。通常我们又把这种矛盾称作“关系”。那么，有哪些“关系”需要用辩证的观点去观察和分析呢？

早在 1956 年，毛泽东同志在《论十大关系》的讲话中，直接涉及工业的关系有：重工业和轻工业、农业的关系，沿海工业和内地工业的关系，经济建设和国防建设的关系，国家、生产单位和生产者个人的关系，中央和地方的关系。这些都是比较大的关系，是从宏观上着眼的。当然，工业生产领域的关系不只是这些。像产品数量与产品质量的关系，生产与积累、消费的关系，老厂与新厂的关系，大厂与小厂的关系等，都一直是存在的。毛泽东同志《论十大关系》的讲话以后，特别是改革开放以来，又出现了许多新的矛盾，新的关系（其中有些关系原来就是存在的，因为不突出，未引起人们注意，在新的情况下变得突出了）。比如：计划经济与市场调节的关系；总需求与总供给的关系；国有企业与乡镇企业的关系；外向型企业与内向型企业的关系；投入与产出的关系；经济效益与社会效益、环境效益的关系；竞争与联合的关系；物质文明建设与精神文明建设的关系；等等。

记者在采访报道时，要考虑怎样正确处理这些关系。在强调一面的时候，不要忽视另一面，既看到他们之间的区别，又看到他们之间的联系。具体到某一篇报道，可以取三种做法：

一是对问题的分析，贯穿辩证思维。这应该是大量的。

二是对讲究辩证法特别突出的工业部门、企业，可以专门从辩证法的角度做文章。

三是针对实际工作中某些形而上学的做法，讲辩证法。例如在处理物质文明建设和精神文明建设这个关系时，有的工厂企业存在着“一手硬，一手软”的现象。新闻报道既可以直接批评这种现象，又可以选择正面典型，传播“两手抓”的经验。这样做的结果，表面看来讲的是物质文明建设和精神文明建设的关系，实际上却宣传了辩证法思想。

需要指出的是，由于工业战线的部类行业繁多，各部类行业之间虽然有相同点，但更有差异。因此，在采访报道各部类行业时，一定要从实际出发，不“一刀切”。这也是辩证法的要求。

上述四个方面作为工业报道的基本指导思想，他们之间不是互不相关的，而是互相联系、互有交叉的。我们在进行采访报道时，有时需要着重从某一个方面来考虑，有时则需要从几个方面来综合考虑。

第三节　拓宽工业新闻报道的题材

随着工业战线改革的不断深入发展，工业报道的题材越来越宽广。记者一方面要尽力采写关于企业全面完成工业生产计划，关于企业调整产品结构试制新产品，关于传播和推广工业企业先进经验，关于企业中各类先进人物等老题材的报道，使老题材显新意；另一方面，还要冲破过去那种“就工业报道工业、就生产报道工业”的狭小圈子，开阔视野，力争使工业报道多侧面、多层次、多角度地反映出工业战线改革带来的变化。在此基础上，还要根据实际，重点抓好下述四个方面的宣传，使工业报道既能不断扩大报道面，又能有重点，做到不仅五彩纷呈，还有一定声势，反映工业改革状况，使工业改革深入。

一、开阔视野，扩展报道题材

（一）兼顾各类不同经济结构企业的报道

改革开放给工业企业带来很大变化。就总体来说，形成了新的工业格局。就企业自身来说，出现了类别不同的经济结构，它是工业报道新出现的富矿。例如：关于沿海经济特区工业企业的报道，关于加强沿海经济特区和内地工业企业同港澳经济联系的报道，关于调整产业结构实行企业横向联系的报道，关于“三资”企业的报道，关于发展外向型经济的报道，关于开发中国西部工业的报道，等等，都不应被动地反映，碰到什么反映什么。而是要潜心开拓，使报到对深化改革起促进作用。

《人民日报》海外版驻香港首席记者黄际昌关于促进广东、福建、广西与港澳经济联系的报道，就是这方面潜心开拓的佳作。他认为，促进港澳和粤、闽、桂的经济联系问题是党中央战略的一部分，作为《人民日报》记者，应该义不容辞地承担起“通里联外”的作用。胸中怀着这个全局，记者到沿海开放地区和香港做了实地考察，了解“（粤）省、港、澳”的历史渊源，了解近年互相交往的成绩、问题。他听了赴港讲学的内地专家的见解，并亲自解剖了一个“前店后厂”企业（在香港接订单、销售，深圳设厂生产）的典型，手头上掌握了几十份调查资料。根据这些观察和积累，他酝酿了四个月时间，形成了报道设想。1988 年 2 月 5 日，《人民日报》海外版首先在显要位置发表了黄际昌与黄幸群所采写的长篇通讯《经济合作 天宽地阔——香港与珠江三角洲巧结连环》。通讯在用有说服力的材料揭示了香港与珠江三角洲巧结连环的大好形势之后，又从三个方面具体报道了香港与珠江三角洲巧结连环的事实和光辉前景，并反映了在合作中尚存在的问题，具有很强的指导意义。接着，1988 年 3 月 10 日，《人民日报》海外版又发表了黄幸群写的通讯《“中华”轮踏进了国际车场——香港深圳“前店后厂”企业纪实》，用生动的事实（这个企业装配的“中华”牌自行车，已经进入美国、英国、法国的市场）指出内地和香港合作办企业，好比是开办“前店后厂”，资金、技术、人力、信息、销售渠道等生产要素可以很快实行优化组合，从而形成较强的竞争能力，跻身于国际市场。通讯突出了这种联系的意义。

黄际昌还根据“报道设想”，给海外版提供了 30 多篇稿件，以“笔谈”的形式发表。这一系列报道不仅声势大，影响也深，对促进沿海经济特区及内地企业同港澳的经济联系与合作起到了积极作用。

（二）稳定企业改革中一系列政策的报道

改革需要正确的政策做保证。政策是改革的生命线，也是工业战线日常工作和改革的生命线。要通过具体、生动、典型的事实材料，宣传一些带有根本指导作用和保证作用的政策，阐明其稳定性，并进行多层次、深层次的报道。例如关于完善发展企业承包经营责任制的报道，关于抓好企业两轮承包的衔接的报道，关于实现工业从粗放到集约经营转变的报道，关于继续实行和完善厂长责任制的报道，关于增强大中型企业活力、充分发挥大中型企业骨干作用的报道，关于进一步发展企业集团、采取措施推进企业兼并的报道，关于企业内部的机构改革和劳动制度、人事制度、工资制度改革的报道，以及一系列有关企业改革的政策报道，都是人们所关心的。

（三）广泛涉猎一些与工业生产有关的奇闻趣事

这类题材的外延更广，就此写成的报道读起来比较轻松，既能引人注目，又能使读者增长见识，从不同侧面了解工业生产的情况。且看下例：

塔克拉玛干沙漠奇闻

身在沙海却恨无沙可用

世界第二大沙漠塔克拉玛干沙漠虽然遍地是黄沙，却找不到一点儿工程用沙。去年年底从天津来到沙漠腹地为石油探井打地基的渤海石油公司软基础公司的工程技术人员，颇有深在沙海中，却恨无沙可用之感。

在沙漠腹地，全是细如玉米粉的粉沙，干燥疏松，想找一颗芝麻大的沙粒也不可能，真是“一盘散沙”，没有一点凝聚力。施工人员因此不得不租用沙漠运输车，爬沙山、穿沙谷，辗转几百甚至上千公里，从沙漠外面的库尔勒一带往沙漠腹地拉运中粗沙，这一壮举前所未有。

后来技术人员千寻万找，从沙漠的一条古河床挖出了一些相对较粗的黄沙。他们在这种黄沙里掺上一些从沙漠外运来的中粗沙制成泥浆，经过多次试验获得成功，但这种砂浆只能用于井架地基的非主要部位。

（新华社乌鲁木齐1989年8月12日电，载8月14日《人民日报》海外版）

全文仅300余字，写得很有情趣，使人在轻松的笔调中，感受到沙漠腹地工作的工程和施工人员的艰辛，克服困难的可贵精神。

（四）要善于变换角度采写工业报道

过去有的记者往往从工业领导、工业业务部门的角度采写报道，还有的记者多采访报道工业生产活动或生产过程，写来写去愈觉天地狭小。其实工业报道完全可以变换一下角度，从分配、流通、消费领域，甚至从人们的日常生活中去采写。这样写的报道可以改变有些工业振道单调枯燥的面貌，离人们更近些而容易感知，因而更受人们喜爱，更重要的是大大扩展了工业报道领域。1989年11月16日和19日两天，《人民日报》发表了《彩电问题（上）》和《中国人该不该买彩电？——彩电问题（下）》两篇通讯，从彩电在市场上的销售写到彩电的生产和发展。这是一篇反映彩电二业生产和发展的报道，却从彩电的销售入手。由于角度变化得好，贴近读者，因此引起了广大读者的兴趣。

二、突出抓好四个方面的宣传

（一）突出抓好工业企业改革的报道

工业报道要特别下力气反映工业企业改革的主潮，要对工业企业改革的深入发展起推动作用。既要根据企业改革的发展进程采写报道，又要走在企业改革的前头，针对一个时期所要解决的具有普遍意义的具体问题，采写出指导性强的报道，把企业改革不断引向深入。一些比较好的反映企业改革的报道大都突出了这一特点。反映工业企业改革的主潮，可以说是从事工业采写报道记者的共识，很多人都这样做了。然而，要使报道对工业企业改革的深入发展起推动作用，并非是一件易事。它要求记者不仅要做深入周密的调查研究，还要有精深独到的见解。《人民日报》记者艾丰采写《首钢启示录——从一个企业的改革看社会主义公有制优越性的发挥（上、下）》（载 1989 年 11 月 5、6 日《人民日报》）的经验值得借鉴。

这篇通讯，具体生动而又深刻地表现了一个企业在实行企业承包经营责任制时，如何发挥社会主义公有制的优越性这一重要问题。记者认为，在当时这一问题具有“针对性很强的理论价值”，“既包含着很强的政治性，也包含着很强的新闻性”。因为“近几年，在中国有一场重大的理论争论：公有制好还是私有制好”？（艾丰：《寻求新闻与理论的结合——〈首钢启示录〉采写杂感》，见《中国记者》，1990 年底 9 期）为了写好这篇通讯，他蹲在首钢躬身访问生产第一线的职工，虚心求教科技人员，直至从理论和实践的结合上弄清了“从一个企业的改革看社会主义公有制优越性的发挥”这一问题。通讯针对当时人们的疑问做文章，运用翔实的数字从横纵两个方面的对比中，告诉读者首钢的劳动生产率甚至高于西方某些同类企业。通讯还通过首钢实行承包制的成功经验，揭示了“为人民、靠人民、解放人民，这是社会主义公有制经济又一基础特征和优越之处。首钢承包正是从现实条件出发，为企业‘寻求’到了主人”。通讯于 11 月 5 日和 6 日见报，适逢中共中央十三届五中全会于 11 月 6 日至 9 日召开，率先体现了会议关于治理整顿和深化改革的精神，紧密配合了会议的召开。这正是首钢实行承包制的经验早已屡见报端，而该篇通讯仍能给人新鲜之感，给人以启示的力量所在。

（二）突出抓好工业建设的重大成就和重点工程的报道

1989 年 11 月 28 日，江泽民同志接见各省报总编辑时说：“要满怀热情地宣传人民群众在实践中的新成就、新创新、新经验，让群众看到自己的智慧和力量，提高他们的社会主义积极性。”前一时期。许多新闻单位的工业记者都十分注意采写报道工业建设的重大成就。人民日报、新华社和中央电视台的记者还突出报道了全国一些重点建设工程。从 1990 年 3 月起，《人民日报》开辟了《重点工程巡礼》专栏，截至 9 月，发表了近 20 个重点工程的报道，在社会上引起了广泛的关注。中央电视台 1989 年国庆期间播出的《弹指一挥间》专题节目中，《共和国的核工业》《秦山核电站工程进展顺利》《发展中的四川核工业基地》《电力工业 40 年》《前进中的华北电网》《我国最大的电力输出省山西》《蓬勃发展的贵州水电事业》等，从宏观到微观报到了 40 年工业战线的成就，用生动的事实说明了“只有社会主义能够救中国”这个主题。这一套节目播出以后，受到上上下下的好评。

（三）突出抓好工业战线先进人物的报道

改革开放以来，工业战线涌现了大批先进人物，各种新闻媒体都作了比较突出的报道。《工人董志新毛遂自荐，当选为车间主任》（新华社昆明 1979 年 2 月 6 日电），是新华社第一篇报道工人毛遂自荐当基层干部的新闻。这件事打破了干部制度上的陈规，成为新中国干部制度上的一个创举，对干部制度的改革起了促进作用。《劳动模范不要搞终身制 黑龙江劳模孙茂松提出不要选他当劳模》（载 1981 年 12 月 22 日《文汇报》），促使人们解放思想，冲破了原有的陋习。《五十五名厂长、经理呼吁请给我们“松绑”》（载 1984 年 3 月 24 日《福建日报》），对整个经济体制改革起了一定的促进作用。这些报道都给人新意。许多记者还对具有开拓精神、锐意改革的企业家做了大量报道。《北京日报》对长城风雨衣厂厂长张洁世的报道，新华社对北京印染厂厂长徐孝纯的报道，《经济日报》对石家庄造纸厂厂长马胜利的报道，都产生了较大反响，《人民日报》还专门开辟了《企业家画廊》，连续报道突出的企业家。这些先进人物是时代的产物，改革造就了他们。通过对这些先进人物的报道，对深化企业改革、发展生产力起了推动作用。

（四）突出抓好工业建设和企业改革中难点和热点的报道

对工业建设和改革中所出现的难点和热点，记者要敢于触及，不惜花时间和精力深入采访。什么是工业建设和改革中的难点和热点呢？北京电视台负责同志在介绍电视片《同心曲》的选材范围时说得好：“领导揪心的，主管部门费心的，群众关心的”，能够“促进同心的”。凡具有这“四心”的题材，就是难点、热点，对它们进行报道，必然会受到领导、群众的喜爱，必然会对实际工作起积极作用。

对于人民群众关心的、解决起来比较棘手的难点和热点，记者不应回避，而应进行深入的调查研究，用有说服力的事实，从正面加以引导。例如，铁路客票在涨价之前，有些人议论纷纷。为了引导大家正确对待这个问题，中国新闻社记者田惠明采写了《铁路客票会不会涨价？》（载1990年第二期《新世纪》周刊）这篇报道。作者对我国铁路的境况做了深入的采访，报道中运用我国铁路境况同急剧增长的铁路客流量不相适应的具体数字作对照，并引用了铁路专家和铁道部门的呼吁，让读者从循循善诱和对客观事实的分析中，得出铁路客票涨价是合理的结论。

此外，为了统一认识，把大家的注意力引导到研究如何使我国工业建设和企业改革走上健康发展的轨道，记者还可配合编辑部就有普遍意义的问题，组织读者开展讨论。例如，早在20世纪50年代，《人民日报》曾开展设计革命的讨论。1989年以来，《人民日报》还相继开展了有关交通运输的讨论、水资源的讨论、土地问题的讨论。1990年7月初，又同中国工业经济协会联合举办了《实现我国工业从粗放经营到集约经营的转变》的讨论。记者应抓住讨论中所要解决的核心问题，采写有说服力的报道，或者具体组织有关作者写稿参加讨论。

第四节　采访工厂企业的方法

前面几节讲工业报道的对象、范围、指导思想、拓宽报道面、突出报道重点，实际上都是采访要解决的问题，这一节就不打算再全面去讲采访了。

采访工业新闻，当然要跑有关的领导部门，掌握面上的情况，但重点还是在企业，在工厂。怎样采访工厂企业呢？这里我们想着重谈谈方法问题。

一、从了解全面情况入手

一个工厂，小的几十人、几百人，大的几千人、上万人。有的大的联合企业，就不是一万人两万人，而是几万人、几十万人，简直就是一个“小社会”，工厂、矿山、学校、研究所、公安派出所、商店、粮店……什么都有。那么去工厂企业采访，从哪儿入手呢？回答是从了解全面情况入手。因为只有首先做到全局在胸，才能更有目的地深入，下好一着棋。切记一到工厂，就钻到具体问题里去，对全局不闻不问。

全面情况，主要是：历史情况，包括工厂企业发展的历史；组织机构情况，包括有多少部门，多少车间，多少职工（青老工人的比例，男工女工的比例），多少党员，多少团员等；生产情况，包括产品种类、生产任务完成情况、存在的主要问题等；生活情况，包括职工的收入、住房、子女上学等。了解这些情况，不一定都要写到报道中去，但对记者发现问题，掌握分寸，搞好报道是有好处的。

二、深入生产第一线

了解工厂企业的全面情况，请工厂企业有关负责同志介绍就可达到目的，这并不难，如果再看看成文的书面材料，还可以补介绍之不足。但这样是不是就够了呢？远远不够。记者应该迈开双腿到生产第一线去，即到车间班组去，到建设工地去，到作业现场去。坚持做到这一点，至少有三个好处：第一，“百闻不如一见”，到生产第一线目睹的情况，既可以印证厂部介绍的情况是否真实准确，又可以补充丰富厂部介绍的情况；第二，可以和工人直接接触，了解他们的愿望、要求和呼声，听到他们的心里话，使我们的报道有血有肉，能更加贴近群众、贴近实际；第三，可以使报道写得有现场感，克服工业报道容易枯燥的毛病。

到车间班组、建设工地、作业现场采访时，要注意的问题是：第一，如有可能，最好跟班劳动，干一点力所能及的活，通过跟班劳动，一方面自己有了切身体会，可以加深对报道对象的认识，另一方面，可以密切和工人的联系，以利进一步采访；第二，要了解生产过程和工序，弄清产品是怎样生产出来的；第三，留意观察工人生产劳动的情景，对现场的事物，例如车间的黑板报、悬挂的标语口号、班组的记事簿等，也不要忽略，要从中捕捉与报道有关的材料；第四，利用班组工人劳动间隙时间或交接班后的时间，有目的地向有关工人询问有关问题。

三、用不同的方法采访各类人物

工厂企业的采访对象是多种多样的，要因人而异，用不同的方法，才能收到好的效果。

采访老工人，宜用聊家常的方法促膝交谈。老工人大多性格耿直，阅历深，明事理，只要记着推心置腹，提问具体，一般都能获得所需要的材料。

采访新工人，最好采用座谈的方式，新工人大都年轻、热情，有一定的文化水平。但由于刚进工厂，对情况不很熟悉。记者可召开小型座谈会，你一言我一语，互相启发，共同补充。

采访技术人员，比较有效的方法是结合具体技术问题进行采访。比如，涉及某项技术革新或技术改造问题，最好到工作现场，结合某个有报道价值的具体项目询问，包括挖掘革新过程中的情节、细节和人物的先进思想等内容。

当然，上述做法也不是绝对的，只是就一般情况而言。采访对象的情况多种多样，同样是老工人，这个老工人和那个老工人的情况不会完全相同；新工人、技术人员也是如此。记者要善于根据不同的对象采取灵活多样的采访方法。

怎样采访厂长、党委书记，这也应根据他们的特点和具体情况进行。例如，厂长是一厂之长，他的主要职责是抓好全厂的生产，责任重大，采访他们就和采访一个普通工人、普通技术人员不同。要站在全局的高度，了解他们经常考虑全厂哪些重大问题。特别是改革开放以来，企业面临许多新的问题，哪些问题使他们困惑，哪些问题使他们“柳暗花明”，成功的经验是什么，失败的教训又在哪里，都是采访时要注意的。《经济日报》记者对厂长马胜利的采访报道就是如此。马胜利承包造纸厂有成功，也有挫折。记者在采访时注意到了解两个方面的情况，所写通讯《改革者怎样不断完善自己（引题）马胜利一席谈（主题）》（载 1986 年 7 月 22 日《经济日报》），既报道马胜利成功的一面，又指出企业家在逆境中如何不断自我完善的问题，从而给人们以新的启示，向人们提出了对改革者的更高要求。

四、建立采访基点

建立采访基点是工业记者采访的基本方法之一。有经验的记者大都重视建立基点，不只有一个采访基点，甚至有好几个采访基点。基点最好选择大厂、名厂、先进厂，或在国民经济中占重要地位的工厂。一位多年采访工业的记者说得好：“每一个‘点’都是社会的缩影，通过各种渠道同社会发生着千丝万缕的联系。在‘点’里可以多方面地了解全局的情况。”

记者建立了采访基点，平时要有意识地积累素材，一旦发现带有普遍性和倾向性的问题，就抓住不放，直到写出报道。新华社记者陈广俊在这方面有深切的体会。他把第一汽车制造厂作为自己的采访基点，几年中，他积累了几百万字的材料。尤其是在以产品换型为中心的技术改造的三年多时间里，他每年都在一汽采访两三个月，不仅熟悉了一汽的基本情况，而且掌握了一汽在各个不同时期创造的新鲜经验，什么时候该发什么稿子，他心中都有数。每年他都要发稿十几篇至二十几篇。他在基点上是如何发现问题深入采访的呢？以采访一汽技术改造基本经验为例：他了解到，这个厂自 1956 年投产至产品换型改造前，为国家生产汽车 128 万辆，上缴利税 60 多亿元，而同期国家用于这个厂技术改造的投资不足 3 亿元，只占上缴总额的 1/20。接着，他又在面上了解到，我国第一个五年计划期间建设起来的一大批骨干企业，大体都有类似的情况。于是，他把一汽的具体经验放在我国大型企业集团在改革开放时期的经济体制改革、产品研究开发、技术引进创新、技术更新改造、生产经营管理、企业精神文明建设，以及经济效益分析等具有普遍意义的问题上进行研究。将一汽的经验概括为：在组织管理上，一般人马唱两台大戏，即一部分人抓现生产，一部分人抓改造；在产品开发上，“新老并举，以老养新，以新促老”，把现生产积累资金用于改造；在转产手段上，单轨换型，垂直转产（国际上一般采用双轨制，一条线生产，一条线改造），就是在同一条生产线上老产品停产，新产品投产，使产品换型一步到位。这样做风险大，但周期短，时间省。不要国家投资，不增加人，不减产，通过挖掘企业内部潜力和实行科学管理的办法进行技术改造。这种做法对我国大、中、小各种类型企业都具有借鉴和参考价值。于是，他采写了《国家应制定鼓励骨干企业搞技术改造政策》这篇调研稿件。在稿件中，他提出了有关放宽国家投资政策、给企业技术引进政策、发展国内汽车工业要有适当的保护政策、改革竞争体制和价格政策等四个方面的具体政策等建议，有理有据，符合实际，受到有关方面领导的重视。

五、跨地区跨行业采访

当前，在工业建设和企业改革中出现了许多复杂的现象和问题，要弄清这些现象和问题的本质意义，仅在一个地区或一个行业采访，是难以做到的。记者要有计划、有目的地进行跨地区跨行业采访。新华社国内部采用总社记者同有关分社记者合作组成小分队，对工业建设和改革中出现的某些现象、问题进行了跨省区、跨行业的系统的专题性调查，就是本着这种精神做的。

例如，新华社国内部一位记者和四川分社一位记者组成“小分队”，围绕企业人浮于事、劳动效率低下这个题目，考察这种现象究竟严重到了什么程度，造成这种现象的原因是什么，用什么办法加以解决。他们选择有不同代表性的省份、城市和企业，以及各类人员进行解剖分析，从大量材料和司空见惯的现象中，通过概括、提炼，写出《一支在职的失业大军》《城里人要改变就业观》《就业要有合理的竞争环境》《对失业率的探索》等四篇稿件，对我国现行劳动就业制度的弊端和“既在职，又失业”的矛盾现象作了透辟的分析，主张用政治和经济的杠杆来调整产业结构，引导在职的失业大军和社会待业人员流向最需要的地方，并颇有创见地提出可否变“在职失业”为“离职失业”，从引入竞争机制着手，在我国搞一点“失业率”。国家体改委和全国总工会的有关同志对这些报道作了高度评价，认为它们“为下一步改革劳动制度打下了思想基础”，“为改革劳动制度做出了贡献”。

六、虚心诚恳地向专家请教

工业采访中常遇到专业性、技术性的问题。如果既听不懂，又看不懂，是很难使采访深入进行的，当然也就难以完成采写任务。为了弄清工业生产中专业性、技术性的问题，就要不耻下问，向专家请教。新华社上海分社记者吴复民在这方面就做得比较突出。1977 年底，领导把上海石化总厂分配给她联系。当时，她对这个厂的生产技术几乎一无所知。接受任务后，她首先安排一个月时间到厂里蹲点，在这段时间里，他白天观察生产现场，晚上阅读《石油化工》和《化学纤维》两本专业书籍，并且请工程师给她分段讲解工艺流程，直到她自己能够默写出全厂的主要化学反应过程为止。她对传统的纺织技术、设备和产品比较熟悉，但近几年，纺织产品大大加快更新换代的速度，新型的纺纱、织布技术也如雨后春笋般发展起来。每出现一种新的技术和设备，她都请专家做专门介绍，阅读能找到的国内外有关资料，对于各类新诞生的纺织产品，她也是注意学习鉴别，要求自己通过眼看、手摸就能做出正确的判断。这样她终于闯过工业生产专业性、技术性强这个难关，在报道上取得显著成绩。

第五节　工业新闻的写作

一、切实解决工业新闻写作中的难点

技术多、数字多、专业名词多，是工业新闻难以回避的问题。由于这“三多”，工业新闻容易写得枯燥难懂。解决这个难点涉及许多方面的问题，例如怎样

写技术，怎样写数字，这在后面要专门谈到，这里仅从报道内容上谈两点要求：

（一）要发掘新鲜题材

新闻能否吸引人，起决定作用的是题材新鲜与否。老题材再加上老写法，读起来自然令人乏味。新题材加上新写法就引人看。《超越父兄的一代——为上海第三代产业工人塑像》（载 1990 年 5 月 1 日《人民日报》）这篇通讯，着重报道了从 20 世纪 70 年代中期开始，以宝钢、金山为代表的一批国家重点建设工程和新兴产业中成长起来的 100 多万产业大军——上海第三代产业工人，经受了现代大工业的文明和改革开放的洗礼，正在茁壮成长，同时创造出许多超越父兄的业绩，成为现代工业建设的脊梁。这就是一个具有时代精神的新题材，加上写法新颖，读者一看主标题就被吸引住了。再看三个小标题：《他们是——中国现代工业的脊梁》《他们有——独特的精神风貌》《他们的血——和父兄的一样热》，就更想读下去。通讯写了三个部分，每个部分都有典型人典型事。而且有很强的针对性——人们不是说今天的年轻人不行吗，请看上海第三代产业工人的形象！通讯实际上是借歌颂上海第三代产业工人的精神风貌，歌颂了改革开放取得的巨大成绩。

（二）突出人的活动

人作为工业生产活动的主体，在工业新闻中应突出，做到见物见人见思想。“一切经济活动都是人的活动，人是生产力中最活跃、最有生气、起决定作用的因素。无论是资源的配置，生产要素的组合，还是生产的正常运行等，都是由人去组织、指挥、参与。在这过程中，作为主体的人不断创造、奋斗，从而于广阔的领域内每天推出无数的新鲜事。所以，正常的逻辑理应是：经济活动中的主体当然应该成为构成经济新闻的主体。”“当人进入经济新闻，新闻本身就能很快地活起来。”“人的进入会缩短经济新闻与读者的距离，会使读者从心理上感到接近、可亲、可信。”周世康在《经济新闻的“物化”与“人化”》（载 1989 年 7—8 期《新闻战线》）一文中的这些见解，已为无数优秀经济新闻（包括工业新闻）的写作实践所证明。例如：《人民日报》

记者洪天国写的《烛光吹灭之后——北京光电设备厂新“老板”和工人的故事》（载 1988 年 3 月 13 日《人民日报》）这篇通讯，反映的是工厂企业实行租赁承包后的巨大变化，反映了承租人（工厂厂长）同工人之间的融洽关系。作者不是直接写租赁承包是怎样使企业扭亏为盈的，而是通过 1988 年 1 月 28 日下午承租人刘晓芳兑现诺言，为 22 名 30 岁以上职工集体祝寿这件新鲜事来表现。写得见事见人见思想，请看下面几段：

“去年夏天，北京光电设备厂的承租人刘晓方在厂职代会上，讲完生产任务后，当着全厂 500 人的面许愿：从 1988 年 1 月开始，每月一次为当月生辰的 30 岁以上职工集体祝寿。”

“可今天，1988 年 1 月 28 日下午，刘晓方兑现了诺言。这位承租人对工人真大方。22 名寿星手中都有一张精致的贺年片和一本大相册，‘还给我们每人照了一张大彩照！’屋子里弥漫着一股淡淡的奶油香味。瞧那大号蛋糕，好考究！”

“……（32 岁的孙师傅）她又说：‘租赁前，工厂穷得开不出工资，厂长不关心职工的生活，租赁后，承租人为职工修澡堂，建食堂，整整想着工人。’”

“祝寿活动的主题似乎是一部‘双重奏’：厂长们祝贺众寿星快乐、安康，而众寿星们却歌颂承包制，感谢承租人！”

作者还巧妙地将能够反映实行租赁承包后巨大变化的下面这一材料，穿插在适当的地方写了出来：

在我们谈话的办公室墙上，两张表格上的四条曲线表明了 1986 年和 1987 年在总产值和利润上的飞跃：从 142.2 万元和 26.2 万元上升到 306 万元和 90 万元。

这样写，使读者既看到了租赁人同工人之间的新型关系和工厂变化的全貌，又看到了承包制显示的威力。

二、让新闻立体化

是平面反映事实好，还是立体反映事实好，答案是很清楚的。要立体反映新闻事实，就要写矛盾冲突。《科技日报》记者常征的《“顾惠东效应”的启示与沉思》，在写矛盾冲突方面做了一些有益的探索。

《“顾惠东效应”的启示与沉思》包括四篇报道，即《炎凉悬殊的两极》《多元变量的心理效应》《人才效应与商品经济冲击波》和《“亚稳定心态”带来困扰》（《“顾惠东效应”的启示与沉思》是它们的副标题，载 1988 年 1 月 29 日至 2 月 1 日《科技日报》），发表后曾受到读者好评。在报道中，作者是怎样揭示矛盾冲突的呢？

1987 年底，记者深入到南京纺织机械厂采访。这个厂被当地有关部门认为是全市搞租赁承包最成功的。租赁承包人顾惠东是一位工程师，原在一家国营大厂工作，仅 11 个月时间，他就使这个近 800 人的濒临破产的集体小厂扭亏为盈，经济效益成倍增长，总产值近 300 万元，利润 28 万元。上级发给他 2.2 万元奖金。作为一个改革者，顾惠东在事业上是成功的。然而这成功的后面充满矛盾冲突，厂内外议论纷纷，以至于“困陷于群体心里的重围之中”。有的工人甚至要赶走这个厂长。在常征来厂采访前，省、市一些新闻单位已做过报道。记者们只注意到把顾惠东作为改革者、开拓者来颂扬，对工人的反映与心态却一概不提。常征发现这是在按一个老模式走：凡是有成就的企业家都是改革的闯将。只能正面报道他的事迹，不能报道职工同他的矛盾冲突，因租赁承包而引起职工的种种心态，就更不能报道了。其实，改革中出现矛盾冲突是很自然的事，矛盾冲突的解决必然促使改革深入，没有矛盾冲突的改革倒是奇怪的事了。在常征看来，顾惠东面临的矛盾冲突在全国企业改革中具有普遍意义。因此，他采取了正视而不是回避矛盾冲突的态度，具体生动地报道了这些矛盾冲突，重点放在心态的变化上，即改革开拓与传统心态的矛盾、主人翁身份与租赁承包者的心态矛盾、“大锅饭”的温情与承包者以贡献论报酬的心理矛盾、人格效应与商品经济冲击波的矛盾，等等。请看报道中的这样几段：

> “顾惠东好样的！我市租赁承包试点的 8 家企业，他是最成功的……”南京市体改委负责同志介绍道。主管部门、市纺织工业公司，也津津乐道：“老顾实在是不简单，不容易呵！他救活了一个工厂……”

然而，记者发现：也有一些人不以为然，经常围着他吵、闹，匿名信、控告信四起，还有谩骂、恫吓，甚至有人冲上办公楼，要抱着他一块跳楼，同归于尽……

——以上摘自《“顾惠东效应”（一）》

一个真实而发人深省的事：在工厂对租赁承包者的严格考评会上，一位老工人当场呜呜地哭了起来，震惊全场。记者围了上去，以为他为这个改革之举所感动，便请他发表讲话。他坦诚地掏出了心里话：“我们在厂里干了几十年，搞了这么多年社会主义，没想到今天竟把工厂卖掉了！”。

这个偶然的事情，却是很有代表性的。一些人总以为租赁承包是“出卖”企业给私人，租赁承包者是“老板”，故心存疑虑、隔阂和戒心，一些人之所以一肚子怨气，感到有屈主人身份，就是误认为自己干活是为“老板”赚钱的。

——以上摘自《“顾惠东效应”（二）》

应该承认，纺机厂的广大中层干部、职能部门是与自己新工厂同心同德，同舟共济的，发挥了较好的作用。

但是，某些内在因素又造成了“心理震荡”——

“你厂长干两年就走，我在这个企业却是要待一辈子的。我们夹在中间缝隙里，对上对下哪头也不敢得罪啊。”

“上下有矛盾时我们怎么办？退一步说，得罪你厂长只是两年的事情，若得罪工人，那就是一辈子啊！”

——以上摘自《“顾惠东效应”（四）》

报道就是这样把工厂各类人物对待企业改革、对待改革家的心态以及他们之间的矛盾冲突鲜明地揭示出来，从而把企业租赁承包的宣传引向深入。有必要指出的是，作者在大胆写矛盾冲突时，没有批评哪个人，也没有去指责工人群众，只是将新闻所包含的事、理、情立体地呈现给读者，这样就不光使新闻增色耐读，而且引发他们去品味，去思索。如果不是这样，而是回避矛盾冲突，所产生的社会效应是不可能像现在这样强烈的。

三、多写现场

反映完成生产任务或取得建设成果的工业新闻，往往有一种模式：何年何月，何单位，在什么精神鼓舞或什么思想指导下，提前、超额完成了一季度、上半年或全年生产任务，或取得了某项工程建设的成果。这样的新闻靠总结材料编一编就可以写的，很省力，但读起来不免使人感到千篇一律。如果下一番功夫深入现场，通过生动的镜头来反映，情形就大不一样了。《经济日报》记者王若竹采写的《瞬间的转换——12日凌晨上海电信大楼见闻》（载1989年11月13日《经济日报》）这篇通讯，反映的是上海市电话由6位号码升为7位，可使上海市电话号码的容量由80万个上升到800万个这项建设成就，就是这样做的。它着力描述上海电信大楼"瞬间的转换"这一特定时刻的现场情景。请看下面几段：

"这里的空气好像已经凝滞了。"

"无数双眼睛和几十台照相机、摄像机的镜头都对准了站在麦克风前的上海市邮电管理局局长徐志超。人们屏住呼吸，静静地等待那个时间的到来。"

"'时间到了'。7位升号割接总指挥徐志超，向坐在总指挥台前的上海市市长朱镕基报告：'我代表上海市7位升号总指挥部向您报告，割接准备工作已全部就绪，请您下命令开始割接！'他那带有浓厚上海味的普通话因兴奋而微颤。'谢谢同志们！现在请开始割接！'随着朱市长沉稳的话语的尾音，徐志超开始倒数计数：'10、9、8、7……开始！'这一时间是11日23时58分。"

"时间在一秒一秒地过去，总指挥部墙上20多平方米大的显示图上，闪烁的绿灯在一个一个地熄灭，这表示各割接点已完成割接。一位女同志终于忍受不住这种紧张气氛，高喊了一声：'还有6个！'顿时在总指挥部引起一阵骚动，后面的人纷纷向前涌去。时间已经过去2分钟了，最后3个绿灯仍在顽强地闪烁着，又过了十几秒，它们终于熄灭了。指挥部内顿时一片欢腾，掌声雷动，这掌声通过扩音器传到了120个割接点上，和2000名负责割接的职工的掌声融为一体，在全上海响起。"

“是啊，人们怎能不兴奋，全市近50万门电话在同一时刻同时升位，这在中国是第一次！”

“这瞬间的转换仅用了2分15秒。”

此情此景，全是记者在现场捕捉到的第一手材料。它使读者感受到那“瞬间的转换”，由“屏住呼吸”，到“一阵骚动”，直至“一片欢腾”的扣人心弦的“2分15秒”。

四、文字力求通俗易懂，富有文采

同农业相比，工业方面的技术性强得多、复杂得多，而且涉及许多高、精、尖技术，技术性名词、专业性名词更是数不胜数。工业新闻要完全回避是不可能的。问题是在涉及专业性和技术性的问题时如何写。如果写得晦涩难懂，就达不到吸引读者读下去的目的。因此，要尽量用通俗易懂的文字来表述。请看下面这篇新闻：

天津研制成新型光源

一种只发光不发热的新型电光源——冷反射定向照明卤钨灯最近由天津灯泡三厂研制成功并投入生产。它比普通灯泡亮度高1倍至3倍，用电却只有普通灯泡的1/3至1/2；寿命比普通灯泡长3倍以上。

（据新华社，载1991年2月14日《人民日报》）

“冷反射定向照明卤钨灯”是一种新产品。但这是一种什么样的新产品呢？要是不加通俗的解释，一般读者是不会明白的。这条消息只用了一句通俗的语言：“一种只发光不发热的新型电光”，读者就明白了，因为一般灯泡是既发光又发热的。为了让读者进一步了解这种新型光源的作用，消息还从亮度、节电、寿命长几个方面与普通灯泡相比，这样读者就更明白了。

再如，《北京“养鸡下蛋”搞活大中企业》（载1987年4月27日《人民日报》）这篇综合新闻，将扩大企业超额利润支配权这一抽象问题，采取拟人化的手法，比喻为“补血”“加餐”。并借一些干部和职工之口，用“养鸡下蛋”比喻赞扬北京市政府“将企业在完成承包指标后创造的超额利润中原来需要上交市财政的部分，全部或部分留给企业支配”的这一做法，有远见。这样写，就使读者感到亲切而有情趣。

对有些技术问题怎样才能表现得通俗，记者也会感到很困惑。在这种时候，只靠冥思苦想是不够的，最好的办法还是向懂技术的专家内行请教。《人民日报》记者刘夔阳在谈他这方面的采访经验时讲到这么一件事：有一年，他在北戴河参加煤炭部召开的全国总工程师会议，会上，有一份采村下压煤的材料。所谓采村下压煤，就是我国有许多煤压在河流、城市建筑物、铁路、村庄下，很难去采。据有关部门统计，全国村下压煤达 52.21 亿吨。过去，采这些煤炭主要是采用拆迁的办法。搬迁一个村庄，耗资巨大，许多煤矿难以承担。这些年，煤炭科技人员找到了许多不迁村采煤的新途径，挖出煤量达 250 多万吨。这份材料提供了许多宝贵的数据，但最大的缺点是技术性、业务性太强，一般人看不懂。于是，他就向会上的工程技术人员请教，请他们用通俗的形象的语言把这件事讲清楚，要讲得外行人一听就明白，并说明不迁村，又要采出村下大量压煤的难度。有一位工程师说：“这有点类似又要吃鸡蛋，又不能杀鸡。”另有一位工程师说：“这有点像又要吃肉，又怕肉油嘴。”还有的说：“这有些像《三国演义》里的赵子龙，又要救阿斗，又不能让阿斗丧命。”最后，记者从他们的七嘴八舌中得到启发，将新闻的导语写成这样：“既不迁移村庄，又要采出村下大量压煤，这好似部队打仗，既要‘夺城’，又不能‘毁城’，难矣！不过，这个难题现已被煤炭科研人员解决，找到了采压煤的技术途径。全国每年不迁村从村庄下采出煤量可达 250 万吨。”这样一翻译，就通俗、形象、易懂了。

五、巧用数字，用活数字

工业新闻中，常常需要运用数字说明问题。如果运用不好数字，新闻也是难以吸引读者的。如何用好数字涉及的方面很多。如数字的准确性、数字间的可比性、数字计算的科学性以及数字表述的清晰性等等。在运用数字说明问题时，这些问题都得注意。下面着重讲一讲如何用活数字的问题。

（一）要揭示数字包含的意义

例如《我国钢产量突破6000万吨》这条新闻的导语："今天，我国钢的产量已突破6000万吨大关，提前12天完成全年计划，达到6010万吨，成为世界上第4个钢产量超过6000万吨的钢铁大国。其他各项经济指标都完成得很好。"如果只是报道我国每年钢产量达到6010万吨，还说明不了究竟取得了多大的成绩、意味着什么。在"6010万吨"这个数字的后面紧接着写上"成为世界上第4个钢产量超过6000万吨的钢铁大国"这一句，就使读者知道这一成绩的意义所在。这还不够，新闻的第二段写道："目前世界上超过6000万吨钢的国家只有苏联、日本、美国和中国。从3000万吨增加到6000万吨，美国用了28年，苏联用了9年，我国用了11年，发展速度是比较快的。"这就进一步说明，我国钢的产量及其发展速度已经可以同世界上几个强国相媲美。

（二）要阐明数字背后的新闻

在《10亿吨——煤炭工业新突破》这篇报道中，作者写道："煤炭年产达到10亿吨，大体走过两个阶段：第一个阶段，新中国成立到1980年以前，30年产量从3000多万吨达到亿吨以上，30年增加了6亿吨。"在这后面紧接着写了这样几句："这中间走过弯路，有过失误。'大跃进'和'文化大革命'是两个大的失误，煤炭生产受到影响。社会主义是一个新的制度，产生一些失误，也不可避免。当然，如果没有这些失误，煤炭工业的发展会更快一些。""第二个阶段是1981年到1989年，9年又增加了4.1亿吨。特别是近两年，1988年煤炭净增5100万吨、1989年净增6000万吨，两年增加了1亿多吨。"在这后面紧接着写了这样一句："这充分说明改革开放促进了煤炭生产。"这就是数字背后的新闻。它使读者懂得10亿吨煤炭是来之不易的，也认识到改革开放的方针是何等的重要、正确！

（三）要使抽象的数字具体化、形象化

请看《铁路大包干头一年告捷》这篇消息包含十几个数字的导语：

我国铁路部门去年开始实行全面经济承包，大包干第一年初战告捷，全面完成全年运输计划。据统计，全路完成旅客发送量10.725亿人次，提前9天完成全年客运量计划。货物发送量完成13.22亿吨，完成全年计划，比1985年增长3.7%。全路12个铁路局都完成了客货运输计划。3至6月的4个月中，全路日均装车连续超过7万辆，创造了铁路运输新水平。去年货主的请求车满足了87%，比前年的74%提高了13%。煤炭、石油、水泥、木材等重点物资均完成年计划。

在这个导语中，一个接一个地堆砌数字，一般读者恐怕很难有耐心读下去。而中国新闻社在编发这条新闻时，由于记者把抽象的数字具体化、形象化，效果就截然不同。请看改写后的导语：

在刚刚过去的1986年里，10亿中国人平均每人坐过一次火车。

《人民日报》把1986年完成旅客发送量10.725亿人次，提前9天完成全年客运量的成绩，归于铁路部门全面实行经济承包，即大包干。……

这样巧妙地把数字一换算，就能吸引读者往下阅读了。

（四）要尽量采用同读者关系密切、容易使读者理解的数字，并设法化大数字为小数字，化复杂数字为简单数字，以缩短数字同读者的距离

北京将建卢沟桥文化旅游区，占地面积42平方公里。这个数字究竟有多大？可以说多数读者是不清楚的。中国新闻社的有关记者写这篇报道时，在这个数字后面写上了一句“相当14个颐和园”。读者对颐和园是熟悉的，这项工程“相当14个颐和园”，其规模之宏伟就不言而喻了。

第六节　工业记者的基本素质

一、要具备有关的基本知识

（一）要懂得政治经济学和部门经济学

对政治经济学，要特别学好社会主义部分。部门经济学的内容十分丰富，前面提到光轻重工业就有约 177 个工业部门，工业记者不可能对每一个部门的经济学都懂，但对你所跑的有关部门的经济学知识是应该掌握的。更重要的是对部门经济的基础知识要掌握，如工业经济管理的基本知识、工业企业管理的基本知识，则是应该很熟悉的。

（二）要掌握党和政府在经济建设（包括工业交通建设）方面的方针政策

党和政府在经济建设方面的方针政策，特别是在工交建设方面的方针政是工业报道的指针，不言而喻，工业记者应当非常熟悉。由于工业的门类多，具体的方针政策也多，但总有一些是最基本的。例如，国民经济长期持续、稳定、协调发展的方针，自力更生、艰苦奋斗、勤俭建国的方针，物质文明建设和精神文明建设一起抓的方针，社会主义的计划经济和市场调节相结合的方针，都是基本方针；又如国务院提出 1991 年开展“质量、品种、效益年”的活动，要特别注意搞活大中型企业，就是个具体方针。记者首先要熟悉发展工业经济的基本方针，其次对具体方针也应有所了解。

对有些常识性问题，工业记者也应该知道。例如，二业生产上所谓全面完成国家计划，就包括八项具体指标：产品品种、质量、产量、产值、成本、全员劳动生产率、原材料消耗和流动资金的周转。每项都必须达到规定的要求。有一项未达到，就不能算全面完成国家计划。这就是一个常识问题。有的企业片面追求产值而不顾其他，就不能报道。

（三）要了解有关的经济法规

如企业法、专利法等。有的记者由于不懂专利法，以致错误地宣扬侵权行为，给记者工作带来许多纠缠不休的麻烦。

二、要熟知工业发展的历史、现状和前景

第一，要熟知世界上工业发展的历史、现状和前景；

第二，要熟知我国工业发展的历史、现状和前景；

第三，要熟知所采写行业发展的历史、现状和前景。

为了做到这点，记着必须进行经常的、系统的调查研究。有了纵的了解，又有了横的了解，才能比较，才能看到发展，才能看到差距，对自己所采写的行业在世界上和我国工业发展中的地位和作用做出恰当的估量，从而决定哪些问题该报道，哪些问题不该报道；哪些问题应该先报道，哪些问题应该后报道；以及掌握什么样的分寸，等等。

三、要成为企业职工的知心朋友和代言人

工业记者不仅要熟悉企业职工，而且在思想感情上要同他们休戚与共，成为他们信赖的知心朋友和代言人。要运用消息、通讯、记者来信、记者调查等多种新闻题材反映企业职工的呼声，维护企业职工合法的权益。不少长期采访工业的记者在这方面都做得较好。《工人日报》记者于贵华就是其中的一个。1986 年春节，当得知全国较大的本溪彩屯竖井煤矿在城下采煤地表沉陷出现危房时，他顾不上与家人欢聚，正月初二就赶到沉陷区。一看这里地表裂着大缝，地下水直往外溢，他冒着刺骨的寒风，蹚着带冰碴的水，挨家挨户看工人们的房屋。鞋子全湿了，他的脚被冰水浸泡得红肿起来，钻心痛。可是他想，不亲眼看到工人住房内的情况，怎知工人的苦处。在工人王文慧家，他看到炕面鼓起，从炕沿至底部有多处巴掌宽裂缝，房顶和内外墙都有大裂缝，从里面能看到外面的东西，心里很难受。主人王文慧哭着说："《工人日报》记者大年初二到我家，做梦没想到……我全家几天没睡了，大家欢乐我家愁，哪有心思吃饺子！我一家四口躺在凳子上望房梁，祝愿它千万别倒啊，希望国家能保障我们生存的权利。我不忍心打扰厂长过春节，挨到上班后找厂长。"听了这一番哭诉，他心想，这个惨状，还想着让厂长安稳过春节，多好的工人啊。他主动地去找厂长解决，可厂长强调有困难。他又建议厂领导先让工人住进厂办公室，可厂领导不同意，说《工人日报》记者怎么管这么宽啊。他向厂领导反复说明工人的苦处，并与他们一起反复去查看工人住房每天断裂的程度，当场领导亲眼看到一户工人刚搬出后，房子就倒了时，才感到记着的意见对，向记者深表感谢。从大年初二开始，他有 20 多天走访了 4 个工

厂的2000多户，掌握了大量的第一手资料，然后把调查情况写成内参，通过报社转送国务院，引起李鹏总理的深切关注，总理在《工人日报情况参考》上批示："这是人命关天的大事，立即解决，确保工人生命安全。"中共中央办公厅文件全文转发了这份内参。国务院派6人调查组拿着李鹏总理批示的内参，来本溪调查核实，最后确认内参反映的情况属实。国务院立即为本溪拨款5000万元，为灾区人民重建新居。后来2000余户沉陷区居民都搬进了新居。人们欢天喜地，成群结队地到市委、市政府感谢《工人日报》。本溪市委、市政府领导也多次在全市性大会上感谢《工人日报》。工业记者就应做于贵华这样的企业职工的知心朋友和代言人。

第二章
体育新闻采访报道

体育被认为是民族精神的橱窗，是一个国家发展水平的标志。“曾经有人说，在和平时期，体育，不仅仅是体育，它是和平时期的战争。人们往往通过体育竞技及胜利，来显示一个国家、一个地区乃至一个民族的实力。”（《和平的“战争”——亚运会新闻大战亲历记》，记者陆也 达维，载1990年10期《中国记者》）北京2008年成功举办了一次“无与伦比”的夏季奥运会，接着2015年申办2022年冬季奥运会又获成功。在一个城市成功申办夏季和冬季奥运会，迄今为止，全世界仅北京独一无二。这正是我国改革开放以来综合国力强大的体现。

党的十八大以来，习近平总书记多次就体育工作发表重要讲话，提出明确要求，深刻阐述了体育强国建设的战略定位、方针、目标、思路、举措——

“体育强中国强，推动我国体育事业不断发展是中华民族伟大复兴事业的重要组成部分”；

“发展体育运动，增强人民体质，是我国体育工作的根本方针和任务”；

“要分类指导，从娃娃抓起，扎扎实实提高竞技体育水平，持之以恒开展群众体育，不断由体育大国向体育强国迈进”；

“要广泛开展全民健身运动，促进群众体育和竞技体育全面发展”“推动全民健身和全民健康深度融合”；

“加快推进体育改革创新步伐，更新体育理念，借鉴国外有益经验，更好发挥举国体制在攀登顶峰中的重要作用，更好发挥群众性体育在厚植体育基础中的重要作用，为我国体育事业发展注入新的活力和动力”。

（摘自2017年8月8日《人民日报》记者李中文 薛原《为健康中国夯实

体育之基——以习近平同志为核心的党中央关心全民健身工作纪实》）

在第十三届全国运动会即将开幕之际，中共中央总书记、国家主席、中央军委主席习近平27日上午在天津会见了全国群众体育先进单位、先进个人代表和全国体育系统先进集体、先进工作者代表以及在本届全运会群众比赛项目中获奖的运动员代表，并发表重要讲话。习近平强调，体育承载着国家强盛、民族振兴的梦想。体育强则中国强，国运兴则体育兴。要把发展体育工作摆上重要日程，精心谋划，狠抓落实，不断开创我国体育事业发展新局面，加快把我国建设成为体育强国。

习近平指出，加快建设体育强国，就要把握体育强国梦与中国梦息息相关的定位，把体育事业融入实现“两个一百年”奋斗目标大格局中去谋划，深化体育改革，更新体育理念，推动群众体育、竞技体育、体育产业协调发展。

习近平强调，加快建设体育强国，就要坚持以人民为中心的思想，把人民作为发展体育事业的主体，把满足人民健身需求、促进人的全面发展作为体育工作的出发点和落脚点，落实全民健身国家战略，不断提高人民健康水平。把群众性体育纳入全运会，组织人民群众广泛参与，就更好起到了举办全运会的作用。

习近平指出，加快建设体育强国，就要弘扬中华体育精神，弘扬体育道德风尚，坚定自信，奋力拼搏，提高竞技体育综合实力，更好发挥举国体制作用，把竞技体育搞得更好、更快、更高、更强，提高为国争光能力，让体育为社会提供强大正能量。

（摘自2017年8月28日《人民日报》天津8月27日电，记者李中文、胡果、杜尚泽，《习近平在会见全国体育先进单位和先进个人代表等时强调 开创我国体育事业发展新局面 加快把我国建设成为体育强国》）

习近平在上述讲话中，再次对体育工作提出明确要求，深刻阐述了体育强国建设的战略定位、方针、目标、思路和举措。记者在体育新闻的采访报道中，要全面贯彻体现习近平对体育工作的一系列指示精神，推动我国体育事业的发展。

读者对体育新闻感兴趣，特别是大的世界比赛时，除观看电视转播以外，还要看报刊上的体育新闻(体育报、体育专刊上的报道)。各种报刊天天发新闻。汉城奥运会、巴塞罗那奥运会、亚特兰大奥运会、北京奥运会举办时都是这样,历届亚运会举办时也是这样。全国有50多家专门的体育报刊,1984年奥运会体育记者多达8200名。据说,《今日美国》重视体育新闻,300名记者中,体育记者占100人。1990年采访第11届亚运会的记者约5000名,“北京亚运会期间,两条战线的竞争同时展开,一条是5000名运动员争夺金牌,中国队捷报频传,取得了历史性胜利;一条是约5000名中外记者展开新闻争夺战。应该说,中国新闻界也夺取了冠军”。(杨伟光《在亚运会新闻战中的中国电视》,载1990年11期《中国记者》)目前我国尚无专门培养体育记者的院校,新闻单位的同志提出学校要加强专业记者的培养。

第一节　体育新闻的特点

体育新闻的报道范围十分广泛。主要包括三大部分内容:一是竞技体育。二是群众体育,以娱乐、健身、活跃生活为目的。三是同体育运动相关联的体育产业,包括体育服装、体育医疗、体育科技和体育管理等方面的内容。随着体育运动活动走向市场,同体育运动活动有关的一切经济活动,即体育经济,也都在报道之列。

(一)竞争是体育新闻最突出的特征

竞争是竞技体育的生命。现代体育最根本的特性是运动性和竞赛性。这一特点由此产生。人类对本身潜力的认识靠体育竞赛表现出来。新纪录的出现是对人本身潜力的认识。竞赛最能激发人的精神。当我国足球在日本踢胜了获奥运会出线权时,国人游行、狂欢。在1990年亚运会上,中国男排战胜韩国队夺冠。夺冠当天深夜,《人民日报》海外版赶发新闻《苦心人　天不负(肩题)中国男排战胜韩国夺冠(主题)》。大学生热情高涨庆祝胜利。体育新闻要报道竞赛活动。体育竞赛的最主要特点是紧张激烈、斗智斗勇、竞赛场上矛盾丛生、瞬息万变。所写报道要反映这一特点。这就要求体育记者做到下列三点：

第一，在采访中必须有很强的竞争意识。如果没有竞争意识，很难写出好的报道。重要比赛记者之间都要相撞。冠军是热点的热点，找一个冠军说一两句话就可以发新闻。同行之间是竞争对象，要想点路子。请看新华社记者胡浩是如何想招，抢第一块金牌新闻的？（见胡浩《我抢报第一块金牌》，载《中国记者》1990 年 10 期）他采用了四招：

第一招是：经过调查，胡浩的心里已有了底数："第一枚金牌将在女子举重 44 公斤级比赛中产生，综合分析各国参赛运动员实力，中国选手邢芬夺魁有望。"并从别的渠道了解到邢芬的全面情况。

第二招是：在举重赛场北京地坛体育馆争取到两个记者的席位，并办完在地坛馆安装电话、文传机设备的手续。这就保证了电话和中文电传机与总部接通，否则，抢新闻，将成为泡影。

第三招是：第一枚金牌的争夺战在 9 月 23 日下午 1 点开始，胡浩设法在赛前混进了地坛馆，并事先写好邢芬破各项记录的拟发稿。95 公斤，邢芬第二次试举的重量超过了抓举世界纪录和亚洲纪录。此时，胡浩"早已准备好的拟发稿"发挥了作用，"几乎在裁判灯亮起的同时，我的第一条快讯已到达（新华社）总部——《中国选手邢芬超女子举重 44 公斤级挺举世界纪录》"。

第四招是：借着领奖的空隙，胡浩将拟定好的现场情况快速地抄到赛前写成介绍邢芬的人物通讯稿上。"当赛场中，五星红旗升起来的时候，我的这篇通讯已全部发到了总部。"

新华社第一条快讯和一篇千字通讯，终于先于国内外各家新闻单位播出。

《新体育》杂志记者何慧娴讲她参加 1984 年在美国洛杉矶奥运会采访时，坚持了一种精神：采访不好决不罢休的韧劲。当时记者无法进奥运村，运动员同记者隔绝。他通过举重运动员吴数德给她打电话传递消息，写成《吴数德手记》。给郎平录音机，请郎平帮助录音。奥运会开幕式预演不让记者参加。香港《文汇报》记者给一位中国人带照相机进去，让他帮助拍照片，《文汇报》登了照片。总之，采访时，条件有一线希望，也要努力争取，没有条件要创造条件。有的比赛现场体育记者有时不能进去，要想各种办法进去。只要不影响人格、国格就行。在国内不违反政策法令就行。

第二，要有竞争的实力。把竞争意识变成竞争能力。有了具体报道任务要做好充分的准备。像著名体育记者宋世雄那样，能现场转播各种体育比赛。刻苦背运动员的名字、特长等情况。如世界女排赛，就有 7 个方面的准备：1. 总的趋势怎样；2. 各队的水平、技术特长；3. 著名运动员的竞技情况；4. 报道计划胜了如何写，败了如何写；5. 如何发稿（世界性比赛，如何保证线路通畅，怎样同编辑部联系）；6. 对本国参赛运动员要相当熟悉；7. 各种资料、数字的比较，等等。

第三，要热爱体育。平时对所有项目都要有所涉猎。对热门的大的项目要有比较多的了解。对自己分工管辖的项目要达到教练员的水平，能取得发言权。能同教练员、运动员平等交谈。有志从事体育记者的学子，在大学学习期间就要有意识地学习、研究体育新闻。如中国人民大学新闻系 1977 级的汪大昭、中国人民大学第二分校北京联合大学新闻专业 1978 级的李永广，他们的毕业论文就是研究体育新闻的特点、任务、作用和写作技巧。毕业后汪大昭分配到了《人民日报》，李永广分配到了《北京晚报》。他们都成了著名的体育记者，成了体育新闻报道的领军人物和骨干而活跃在体育战线。

（二）讲究时效是第二个特征

迅速及时是体育新闻的生命。新华社在亚运会报道回顾中写道："对于大型运动会的报道来说，谁能够驾驭时效，谁就能争取读者。"（王训生《更快·更好·更全——新华社亚运会报道回顾》，载 1990 年第 11 期《中国记者》）新华社在亚运会一开始，就提出了"不仅在内容上胜过西方通讯社，而且在时效上赛过它们"的口号。当亚运会即将诞生第一块金牌时，有中外 500 多名记者涌到了举重馆抢发这一消息。经过较量，新华社在金牌决出后 5 秒钟即发出英文快讯，在 50 秒时，即被新华社的用户接收到。随后 60 多秒，阿文的快讯也落了地，比合众社快九分半钟，比法新社快十分钟。《人民日报》在头版刊登消息称，新华社获得了第一面"新闻金牌"。之所以能做到这点，就是记者采写得快、传递得快。

越是重要的大的比赛，读者越要求看报纸。可以比较，可以看到电视上看不到的东西。作为体育记者要尽快地让重要比赛的新闻与读者见面。

（三）具有广泛的群众性

一场足球赛 10 万人、7 万人、5 万人观看。世界杯足球赛通过电视，几十亿人观看。体育记者要设法写好体育新闻。写不好读者有意见。该报道没报道，读者有意见。以 2018 年 9 月 29 日—10 月 22 日举办的世界女排锦标赛的报道为例，《北京青年报》（目前为我手头上唯一阅读的报纸）的记者褚鹏、刘艾林就做了充分的报道（下列引文均摘自《北京青年报》有关报道），主要突出了两点：

一是从初赛到复赛，敢打敢拼的精神贯彻始终。女排的拼搏精神还表现在“打逆风球的能力”。在复赛阶段与荷兰队之战，在先失一局的情况下，逆转荷兰队以 3 ∶ 1 获胜。与美国队第二次交锋时，在 1 ∶ 2 落后的情况下迅速调整，连扳两局，以 3 ∶ 2 获胜。“中国女排的拼搏精神不但鼓舞着国内排球观众，也让世界为之赞叹。”初赛 3 ∶ 0 完胜泰国队、保加利亚队，直到《中国女排打出扬眉一仗》，以 3 ∶ 0 的比分“完封最近一个三大赛周期从未击败过的美国队，以 7 胜 1 负的战绩提前一轮晋级六强，已经完成了总教练郎平赛前制定的目标”。郎平在赛后把胜利归结为“队员执行力强大、拦防出色、拼发球见成效等几个原因”。“据前中国女排队长惠若琪透露，郎平在前晚研究美国的战术打法一直到深夜，针对美国队每一位攻守的特点都为队员们制定了相应的拦防策略。”郎平强调：“我早说过，我们要每一分每一局地去争。现在即使获得了出线权。在下一场对阵俄罗斯时也要尽全力。”有人问郎平，女排精神是什么？她的答案是：“女排精神不是赢得冠军，而是有时候知道不会赢，也竭尽全力。是你一路虽走得摇摇晃晃，但站起来抖抖身上的尘土，依旧眼中坚定。人生不是一定会赢，而是要努力去赢。”（引自《郎平：全球资源与中国合力》记者李翊，载《三联生活周刊》2016 年 9 月 5 日第 36 期）

二是中国女排展示出的体育精神，在世界排坛赢得了尊重。中国女排在比赛中不让球，拒绝打“默契球”。主帅郎平更是对每一场比赛做足了功课，正如她所说的“无论打谁都要玩命，每一分都要计较”。“为什么说不让球，因为这些都是强手，跟谁打都很困难，都是一个经验的积累，我们要有这个指导思想。”世锦赛复赛中，中国队曾有机会让美国队出局，但她们遵循公平竞赛原则，击败了俄罗斯队，帮助美国队进入了六强。结果在六强赛中，中美两队再次交锋，中国队又胜了。郎平谈到对手时只有一句：“还是随缘吧，我们不应该挑选对手，为挑选对手故意输球是不好的。”在2018年世锦赛中，中国女排完胜荷兰女排获得铜牌。“赛后，女排总教练郎平对本次世锦赛征程进行总结。她表示，世锦赛是很好的锻炼机会，第三名的成绩也不错。”她还曾表示：“赢球当然好，但输了球，也能看到自己的问题，在比赛中不断提高，训练中不断提高，这是我们的收获。”

（四）具有强烈的数的概念

由数组成的画面，是数字的排列和组合。要用数字为基本词汇写成各种报道。平时要有意识地记一些世界纪录的数字。要用活数字，不然使人感到枯燥。

（五）共同性

在全世界有共同语言。不用翻译能看懂。

（六）频繁的重复

要在重复中写出新意来。世界女排赛、足球赛、乒乓球赛等等，这一次同上一次有何不同？

体育新闻局限最少、固定格式最少，最能发挥创造性。要求记者有广博的知识。知识贫乏必然写得干巴巴。不会运用各种表现手法必然写得枯燥乏味。

第二节　体育新闻的采访

从采访竞技体育方面讲，要做到以下几点：

一、选准报道对象（报道目标、重点）

如采访汉城奥运会金牌得主：楼云跳马、男女跳台和跳水选手，都是事先了解情况确定的，不是到现场临时找人采访报道。

（一）注意观察赛场上出现的特殊因素

任何一场体育比赛，都不会与另一场雷同。记者要善于捕捉特殊之处写报道。2008 年北京奥运会男子 110 米栏决赛在鸟巢体育场激烈进行。在决赛中途，名将李彤突然提前离开跑道。观众不知道发生了什么使李彤退出比赛。记者及时采访，写出了题为《李彤为何退出比赛》的报道。让观众得知李彤因伤痛所迫而退出比赛。

（二）采访黑马爆冷门

1992 年欧洲足锦赛爆冷门，丹麦队点球淘汰了荷兰队。《北京晚报》记者梁卫星于哥德堡 6 月 23 日晨发回专电："北京时间今晨将近 5 时结束的欧洲足球锦标赛第二场半决赛，丹麦队通过互射点球以 7 ： 6 淘汰了荷兰队，爆出了本届比赛的最大冷门。"记着并及时地采访了双方的教练，写成《丹麦队战术对头　荷兰队发挥失常——教练评球》的报道。振道中，丹麦教练尼尔森说："赛前，我对我的队员们说，我们本来是没有资格参加这届比赛的，现在我们来了，而且还打进了前四名，这是我们的机会，要珍惜。我们知道对手的实力比我们强，想守是守不住的。所以我们要以快对快，加强拼抢。今天，队员们在比赛中比较坚决地贯彻了这一战术意图。"荷兰队教练米歇尔斯说："这是一场十分激动人心的比赛，但我对这场比赛的结果表示遗憾。我的队员们在对手的猛攻面前显然思想准备不足，发挥失常。丹麦队踢得很精彩，胜利值得祝贺。"记着对这场冷门做了较好的报道。《人民日报》记者丁刚同日发回的专电标题是：《欧洲足球锦标赛"黑马"闯关 丹麦队击败荷兰队取得决赛权》。导语是："欧洲足球锦标赛再爆冷门，丹麦队以 7 ： 6 战胜上届冠军荷兰队，如'黑马'冲出重围，进入决赛。"《北京晚报》记者梁卫星6月27日还做了连续报道。标题是：《欧洲足坛历史谱写新篇章 丹麦队捧得冠军杯》，导语是："北京时间今天凌晨在这里的乌里维体育场，丹麦队以2 ：0令人信服地击溃世界冠军德国队，成为第九届欧洲足球锦标赛名副其实的冠军。欧洲足球的历史得以改写。"可说对"黑马"爆冷报道得比较充分。

（三）采访比赛中输的一方

1990年第十一届亚运会期间，中国男足在1/4决赛中失利后，由《人民日报》举办的《亚运新闻》记者陈华、刘水明采访了教练高丰文，写了一篇题为《沙场秋点兵 高丰文痛谈失利》的报道。高丰文对记者说："输已成定局，从场上实力看，并非中国队实力不行，而是在个别环节上出了问题，从而毁掉了几年的心血。作为主教练，未能使球队实现既定目标，责任在我，至于其他原因我以后再谈。"接着高丰文具体谈到了场上失利的原因："上半时中国队中场占据优势，但有个别机会失掉了。下半时首先要考虑稳定队员的心理情绪，因再拿不下来，还有30分钟的加时赛，所以要求队员稳定情绪，再加快动作节奏，把握进攻机会，争取速决战，也准备持久战，最有利的一点是中国队体力优于泰国队，同时我们有高度。其次从打法上做了一些调整。如上半时基本进攻右路，下半时强调向左路转移，使两翼能够活起来，利用中间的高度，才能够见效。但整个比赛没有达到这个要求，左路同以往比较起来，成功率很低。在配合上，向前穿插过于急躁，没有按照既定的位置，这也是造成边路没活起来的原因之一。"高教练并进一步指出："几年来，没能够使球队深刻认识那种过多的习惯动作所带来的危害，乃至造成今天这样的恶果。"经记着这样报道，使足球爱好者对输球输在哪里弄了个明白，也有利于球队队员日后总结经验教训，以利再战。

（四）在赛场之外找新闻

新华社记者采写了一篇名人与亚运的报道：《菲总统关注亚运 午夜看电视直到凌晨》（载《人民日报》主办的1990年10月2日《亚运新闻》）报

道中写道：“菲律宾总统科·阿基诺10月1日下午在会见来访的中国福建省省长王兆国时说，9月30日晚，她全家围坐在电视机前观看了菲律宾篮球队与朝鲜篮球队在北京亚运会小组赛的比赛实况录像，一直看到1日凌晨1点30分。”“总统告诉王兆国说，在菲律宾队与朝鲜队比赛开始时，她非常担心，因为朝鲜队有一位2.34米高的队员。”“菲律宾的球员个子矮，只有那个朝鲜队员的肩膀那么高。但后来我发现，我们的球员虽然身材吃亏，但球技出众，最后还是战胜了对手。我非常高兴。”科·阿基诺总统高兴地说：“今晚我还要看菲律宾队与中国队的比赛。”无疑，这是观众感兴趣阅读的报道。

二、要善于提关键性的问题

向运动员或教练员提问，三五句话就可以写成新闻。要提最容易引起运动员或教练员回答的问题。要抓住运动员感兴趣的问题。

三、根据运动员的特点，采取灵活多样的采访方式

运动员的特点：青少年多，年龄小；文化水平低；见识广；好胜心强，自尊心强。记者采访中经常碰鼻子。要掌握运动员的特点，既交朋友，又保持一定距离。采取的采访方式主要有：

（一）聊天式采访

带着要采访的问题同所要采访的对象从聊家常谈起。在聊家常的过程中，要善于察言观色，随机应变，不失时机地将所要采访的问题穿插在聊家常中自然而然地提问，直到获得圆满的回答为止。有时一次提问得不到回答，可以迂回地在聊天时改变一种提问的方式。这种方式适用于不善言谈、性格腼腆内向的采访对象。记者在聊天的过程中要做到心中有数，不管怎么聊、能聊多长时间，最终要获得预先所要采访的真实情况。

（二）体验式采访

同采访对象交朋友。到现场采访，与运动员进行零距离接触。到现场参

加运动员的有关活动，包括训练场、比赛现场、运动员允许记者参与的业余活动。记者在体验参与的过程中，亲自掌握第一手材料，发现新闻线索和素材，进而提炼出所要报道新闻的主题而完成采访任务。

（三）全景式采访

对所要报道的重点运动员可采取跟踪采访的形式。即随时随地亲身掌握其所参加的有意义的活动情况。有的活动记者未能有机会参加，事后可向了解情况的有关人士采访。这种全景式采访不是短时间内一两次采访，而是较长时间的采访。在长时间地连续跟踪采访中积累素材，发现有价值的报道题材，及时写出报道。这种报道具有连续性，也深受体育爱好者的喜爱。

四、要掌握采访时机和恰当的场合，像打仗一样

比赛前运动员不愿说，比赛时运动员很忙不愿说，干扰了比赛不行。赛前会不让记者参加。打胜了愿说，但采访的记者人多。打败了，运动员容易发脾气。因此，掌握采访时机和恰当的场合十分重要。

第三节　体育新闻的写作

一、要善于选择新的报道角度

以 1990 年在北京举办的第十一届亚运会的报道为例，《人民日报》记者集体采写的《北京百姓这一天……》，可谓巧妙地选择了一个新的报道角度。报道的开头写了这样两段：

> “1990 年 9 月 22 日（即亚运会开幕式的日子），为了这一天，中国人忙了整整 6 年。
>
> 现在，这一天终于来了，北京人究竟怀着怎样的一种心情，度过这不平凡的一天？”

接下来，记者分别报道了 14 个有特点的场景：“0 点……夜眺主会场”“7

点30分……团体操的小演员被叮嘱”“10点40分……地铁施工者谈电视”“11点……纪念邮票走俏”“12点……工厂开始放‘亚运假’”“13点……街头行人渐少”“13点50分……工体周围最热闹”“14点……八岁男孩挎相机”“15点15分……欢呼，飞机来了！”“15点20分……大屏幕前过往客”“16点10分……警惕与礼貌”“16点30分……售货员忠于职守”“16点30分……作曲家评团体操”“19点……老先生向海外报盛况”。

下面引三个场景，看记者是如何抓特点的。

第一个场景：

0点……夜眺主会场。阎晓明：亚运会主会场——北京工人体育场四个大门口围满了人群。在西门人群中，有一位用平板车拉着五个孩子和一位老人的中年人，他姓李，住朝阳门附近，车上的老少六人全是街坊。问及眺望的缘由，老李说：“怎么跟您讲呢？睡不着，总想来看看。天明以后，就是敞开大门，让我上贵宾席，那也和今晚望一会儿的劲头不一样。”

第二个场景：

12点……工厂开始放“亚运假”。严冰：今天下午，北京市能够离开岗位的职工全部放假看亚运，这样的事在几十年来还是第一次。有人称这是放“亚运假”。刚过12点，在北京第一针织厂，飞梭走银的场面不见了，轰隆隆的机器声沉寂下来。刚走下岗位的干部、工人塞满了宽阔的街道，真像往日傍晚的情景。

第三个场景：

19点……老先生向海外报盛况。江正茂：开幕式转播结束不久，北京体育学院体育系副主任夏汉明抓起电话，要把今日开幕式的盛况，告诉远在意大利工作的妹妹夏小玲，同时祝愿身在他乡的小妹生日快乐。他说：“我妹妹知道亚运会开幕式和她的生日同一天时，非常高兴，还特意从意大利打来电话，要我把今天的盛况告诉她。”

电话通了，夏先生向小妹描述着今天亚运盛会，也描述着一个体育工作者喜悦的心……

看，这三个场景从不同角度把北京百姓渴望亚运会、喜迎亚运会的心情刻画得具体生动，十分感人。

再比如，选择报道新角度的还有另一组报道：《等待黎明》。这篇报道选了三个镜头："工人体育场静悄悄""重任在身的李瑞英""不夜城中美容师"。在"重任在身的李瑞英"这个镜头中，记者曹焕荣是这样描述的：

播音员真是忙，李瑞英22日重任在身，可今晚还是上了《新闻联播》，九点半才回家。

今天，这位女播音员，还有罗京、宋世雄，将担任开幕式现场解说。播音多年了，各种场面都见过了，但这回真有点忐忑。第一次演练，有人说她的音调像播新闻，少了点激情。

一次次预演，一次次试播，尽管解说词19日才定稿，可李瑞英已将它念得烂熟。终于，人们都说：你的基调对了。

李瑞英在电话里，不无激动地说："我要把宏大的场面，把民族的精神，把中华民族的感召力，在明天的解说中体现出来。"

由于李瑞英是人人皆知的播音员，选择她在亚运会开幕前"等待黎明"时刻的所思、所讲、所做的生动细节写报道，无疑定会十分引人注目。

二、要捕捉有特点的鲜活素材写体育新闻

（一）要突出报道体育明星、尖子运动员的出色成绩，及其成长经历

在这点上，各种媒体都比较重视。比如对中国女排第一主攻朱婷的报道，凡有朱婷参加的重要赛事，各种媒体都及时予以报道，就连朱婷参加土耳其排球俱乐部联赛的每场赛事中朱婷的表现都毫无遗漏地加以报道。记得最近一次的报道是：朱婷参加的瓦基弗银行队同另一球队争夺冠军赛时，大比分2 ∶ 1落后于对手，由于朱婷的奋力拼搏，追成了2 ∶ 2。在决胜局中又以9比12落后的情况下，朱婷在这一局连获9分，竟然反败为胜，使她所在的球队获得联赛的冠军。在今年9月落幕的世界女排锦标赛的颁奖（中国荣获铜牌）仪式上，朱婷被评为最佳主攻手，真是名不虚传。请看《三联生活周刊》

记者程磊在《朱婷：草根天才与第一主攻》的报道中是如何描述朱婷的：

朱婷强大到令人害怕。作为主攻手，她的得分效率惊人，而且发挥稳定，整个奥运会比赛期间，基本没有发挥失误。决赛最后一局打到21平的时候，朱婷扣球，对方拦了一下，朱婷觉得会出界，已经开始庆祝了，谁知道被对手接了回来，比赛继续，朱婷迟疑了一下，转过身又是一扣，整个动作如机器人一般，直到把对手打死。

她本就是“得分机器”：国内联赛单场最高分纪录保持者是朱婷的43分；2013年瑞士女排精英赛五场比赛得105分，位列得分榜第一；2013年U20女排世青赛轰下了167分，位列得分榜第一；2014年世界女排锦标赛13场比赛，9场获得全队最高分，以237分获得最佳得分；2015年世界女排大奖赛以157分高居榜首，2015年女排世界杯总计141分为中国队最高分。

一年前的朱婷，因为只有世锦赛一块银牌，还被普遍担心大赛经验不够。一年后，世界杯夺冠，MVP（最有价值球员）；里约夺冠，MVP。从进入国家队的青涩新生，到成为中国女排当仁不让的核心，进攻大杀器，朱婷只用了3年。其实从2012年U19亚青赛开始，朱婷每年都要拿一个MVP，加一个冠军。要知道，这个全世界排球界都在研究的22岁女孩，接触排球不过9年时间。

河南省体校的排球教练刘宏是朱婷的启蒙教练，她和仲曼莹（注：为河南女排主力自由人，与朱婷同年，是其闺蜜）在接受本刊采访时都认为，将朱婷的天赋、潜力挖掘出来，带给她火箭式进步的是郎平。而对于朱婷，郎平是这样评价的：“她作为主攻手，她有身高，身体的协调性非常棒，她的理解能力和学习能力特别强，很短的时间就能达到教练所希望的，同时她训练刻苦，中国队已经很多年没有出现这样的天才选手了。”

朱婷确实有着得天独厚的身体条件，1.95米的身高，即使作为一名副攻也绰绰有余。更难得的是，朱婷还有绝佳的弹跳。据测量，她的扣球高度可达惊人的3.23米，超过了当今女排第一巨人加莫娃；3.27米的摸高，是中国女排历史上的最高纪录。这个纪录多出色？篮筐是3.05米，基本上是超出篮筐一个小臂。这使她面对对手的拦网毫无惧色，能打出高过拦网手的“超手球”，让后排的防守队员辨不清来球的方向，无法做出应对。这样的身体条件就是在世界排坛也不多见。前中国女排主教练陈忠和仅在澳门看了一场比赛，就非常羡慕郎平的运气，称朱婷为难得的人才。

（引自《三联生活周刊》2016年9月5日第36期第55、56、57页）

上述报道，全面具体地介绍了朱婷在女排重大赛事中磨炼、成长的过程。

为了迎接2022年东京奥运会，郎平还用心良苦地安排朱婷去土耳其打女排联赛。土耳其联赛如今被称为“排坛NBA”，是当今世界上炙手可热的女排联赛。朱婷加盟的瓦基弗银行队是当今世界职业排坛水平最高的俱乐部之一，曾经10次获得土耳其联赛冠军。上赛季，该队获得土耳其超级联赛冠军和欧冠联赛亚军。

“郎平直言，朱婷未来的对手在欧洲，要跟外国选手交流，这是最好的方式。一个队中云集了世界顶尖的运动员，汇集了最先进的打法，朱婷能够在这种顶级的联赛中训练，每周打两三场球，提升将是巨大的。”“郎平从行动上给予了朱婷未来中国女排旗手的期待。”（引自上述引文的第58页）

有意思的是，2018年在浙江绍兴举办的女排世俱杯赛中，土耳其瓦基弗银行队荣获了冠军。全国女排的球迷以极大的热情关注朱婷在每次赛场上的突出表现，并鼓励朱婷加油。最为突出的有两场比赛。一场是瓦基弗银行队对阵浙江女排时，前者以3 ∶ 0的比分战胜浙江女排队。在比赛过程中，浙江女排的球迷见浙江女排无力迎战对手，竟然反过来为朱婷加油。另一场是女排世俱杯决赛。“上届冠军土耳其瓦基弗银行迎接巴西米纳斯挑战。代表土耳其球队出战的中国选手朱婷首发登场，并帮助球队3局横扫对手，卫冕成功。比分为：25 ∶ 23、25 ∶ 21和25 ∶ 19。朱婷也凭借比赛中的优异表现，获‘最佳主攻和最有价值球员’。”最有意思的是，“这次女排世俱赛，土耳其瓦基弗银行队因为朱婷的缘故，成了绍兴球迷眼中的主队。尤其在本次决赛中，整整一个观众席全部由身着黄色助威服（注：当天瓦基弗银行队比赛时穿的即是黄色球衣）的朱婷球迷包场。加上朱婷的出色发挥，调动了观众的情绪，瓦基弗银行队享受到了最棒的待遇。赛后全队也向观众表达了谢意。”就连瓦基弗银行队主教练古德蒂也表示：“他需要感谢朱婷的球迷‘小黄人’。”“这太美妙了，我第一次看到这样的场面，我感觉这场比赛像是在主场作战。我们队能赢，归功于这些球迷，因为他们给了我们能量。”（引自 2018 年 12 月 10 日《北京青年报》记者褚鹏所写的《朱婷率队横扫卫冕》）从上述两场比赛现场的实情，足见朱婷在球迷心中的位置。

（二）突出报道顶级运动员的精神风貌

泳坛名将孙杨在游泳赛场上可以说是一位具有天赋的运动员。在 2018 年第 18 届亚运会上获得了从 200 米自由泳和 1500 米自由泳世界大赛金牌全满贯的骄人成绩。各种媒体都做了充分报道，请看《北京青年报》记者刘艾林的报道。在题为《实现从 200 自到 1500 自世界大赛金牌全满贯 颁奖时刻展现完美孙杨》。报道的开头两段，鲜明突出地展现了孙杨的精神风貌：

昨晚在雅加达的格罗拉蓬卡诺水上中心，奥运冠军孙杨以 1 分 45 秒 43 夺得了亚运会男子 200 米自由泳决赛冠军，这是他本人三次参加亚运会以来的第六块金牌，也是个人首次获得该项目冠军，弥补了自己在前两届大赛上的遗憾。孙杨实现了从 200 自到 1500 自，从亚运会到世界大赛的金牌全满贯！孙杨夺冠其实并没有太大悬念，而赛后在颁奖仪式上出现的一个花絮，更是让大家看到了这位中国游泳队队长在各方面表现出来的完美，他的全面、成熟、爱国精神都在这个细节中得到了体现。

颁奖仪式进行当中，义勇军进行曲演奏到最后部分，现场悬挂国旗的旗杆突然出现了意外状况，三面国旗脱落。孙杨当即做出了一个对此表示遗憾和难以理解的表情，随即他迅速走下冠军领奖台，去和现场的亚运会组委会官员、亚泳联官员用英语去交涉，要求重新举行一遍颁奖仪式，重新升国旗、奏国歌。而此时获得亚军的日本选手和夺得铜牌的中国小将季新杰由于经验问题或是不会英语，还都没有及时反应过来。孙杨此举在颁奖仪式之后也是得到了广大中国体育迷、粉丝和网友的称赞。孙杨举止得体、反应适当而及时，有理有据有节，他更加成熟、稳重，配得上中国游泳队队长的身份。

这两段报道既具体描述了孙杨在大赛中的竞技成绩，通过细节的描写又刻画了孙杨“全面、成熟、爱国精神的风貌”。收到了良好的报道效果。

（三）报道特点鲜明的运动员在大赛中的战绩

在2018年《国际雪联自由式滑雪及单板滑雪世界杯》大赛中，中国16岁的张可欣、15岁的李方慧、16岁的毛秉强，取得了骄人的成绩，《北京青年报》记者褚鹏从河北崇礼发专电，2018年12月21日的《北京青年报》以《16岁张可欣蝉联U型场地世界杯云顶站冠军 动作难度无人能及（肩题）中国自由式滑雪小将惊艳世界（主题）》为题，用通栏大标题做了显著报道，请看：

16岁的张可欣，15岁的李方慧，16岁的毛秉强，这几个年轻的名字让国际雪联自由式滑雪U型场地世界杯崇礼云顶站比赛，成了实实在在的中国主场。中国选手拥有世界上独一无二的高难度动作，这也让滑雪爱好者对3年后的北京冬奥会充满期待。

这是国际雪联自由式滑雪U型场地世界杯第二次来到崇礼的云顶滑雪场。中国女选手张可欣以87.75分蝉联冠军，这也是中国自由式滑雪队新赛季的首冠。加拿大选手卡科以85.75分获得亚军，李方慧以83.75分获得第三名。

值得注意的是，张可欣在比赛中展示了堪称独步世界的难度动作。比赛中张可欣的倒滑900度，惊动了解说嘉宾。这个动作难度有多大，据中国队领队李治介绍，今年9月在新西兰比赛时，平昌冬奥会铜牌获得者、新西兰男子选手博蒂尔斯·尼克可以完成一个倒滑900度，张可欣是世界上第二个。如今张可欣已经可以完成连续两个倒滑900度，也就是世界第一。“这次比赛她只做了一个。从她自身来说，进步还是明显的，冠军的含金量是非常高的。”李治说。

16岁的张可欣，一直以技术动作难度大著称。李治看到的，则是她神速的进步……连续两个倒滑900度的难度在男女自由式滑雪（双板）U

型场地只有她一个人能够完成。

16 岁的毛秉强和另外 4 名运动员都晋级决赛，让中国队成为本次比赛进入决赛圈人数最多的队伍。

上述报道说明三名运动员都是年龄小的运动员，却取得了一般成年运动员都难以取得的优异成绩，可说难能可贵。加上这项冰雪运动项目可直接同 2022 年在北京举办的冬季奥运会联系起来，人们期望他们将在这届运动会上大展身手。因此，这种特点鲜明的运动员非常值得显著报道。

（四）着力报道大赛场上涌现出有特点的新人新事

女足国脚王霜荣膺“亚洲足球小姐”，无疑是大赛场上涌现出有特点的新人新事。在女足国脚中，王霜已开始崭露头角、技压群雄，踢球有其独特风格，她双腿踢球，能够做到左右开弓。被评为“亚洲足球小姐”后，媒体迅即作了报道。《北京青年报》是这样报道的：

23 岁的女足国脚王霜成为继孙雯、白洁、马晓旭之后，第 4 位荣获“亚洲足球小姐”称号的中国球员。北京时间昨天凌晨在阿曼马斯喀特，手捧亚足联“年度最佳女子球员”奖杯的王霜“战战兢兢”地表示“得奖意外”，但熟悉她的人都知道，能够获此殊荣，王霜实至名归。

而王霜此次获奖离马晓旭 2006 年“封后”过去了 12 年。当中国足球在国际赛场整体低迷的时候，王霜获此殊荣格外可贵。

至于王霜为什么能“封后”，谜底显而易见。本年中国女足先是挺进法国世界杯决赛圈，接着又在亚运会上获得亚军。虽然球队连续被日本队击败，但中国女足正在加快缩小与世界强队的差距。王霜作为中国女足的领军人物，其个人表率作用非常突出。

更重要的是，王霜始终保持着长进心。亚运会开始之前，她就放弃国内武汉俱乐部开出的高薪，转投到法甲巴黎圣日耳曼俱乐部。在 3 个多月的时间里，王霜交出了“12 次进场、制造 9 球、打进 3 球”的成绩单。无论在法甲还是欧冠，王霜都是巴黎圣日耳曼女足中最闪耀的一员。

直到到场颁奖仪式之前，王霜还在健身房苦练。为了杜绝在颁奖礼上“露怯”，王霜放弃了在本地游览的打算，而是守在房间里苦练英语。一位和她颇为熟悉的圈内朋友这样评价说，“天道酬勤的道理很简朴，但能像王霜这样坚持下去，始终严于律己保持高追求的女子球员真的很可贵。这个奖就是给有心人筹办的……”

（载2018年11月30日《北京青年报》记者肖赧采写《荣膺“亚洲足球小姐”只有她自己感到“意外” 王霜领奖后直返巴黎备战》）

这一报道，比较充分地满足了读者所期待的答案。

（五）报道顶级运动员的失利，唤醒忧患意识

《北京青年报》记者肖赧在题为《伊藤美诚接连挑落刘诗雯、丁宁、朱雨玲3位世界第一“国乒杀手”今年才十八》的报道中写道：

在刚刚落幕的2018年国际乒联巡回赛瑞典公开赛上，日本女乒的18岁小将伊藤美诚先后击败中国队的刘诗雯、丁宁、朱雨玲3位“世界第一”获得冠军。曾经的国乒手下败将摇身变成“国乒杀手”。对此，国乒女队教练李隼赛后坦言，“不要把这个结果当意外”。

……从小就遭遇父母离异的她，一直跟着曾作为乒乓球运动员的母亲生活。从2岁起，她就跟母亲学打乒乓球，5岁就在学校里接受了专业训练。

10岁那年，她打破了由福原爱保持的全日赛最年轻女单获胜纪录。2014年，她与平野美宇搭档，在国际乒联职业巡回赛德国公开赛上赢得女双冠军，创造了巡回赛历史上最年轻的冠军组合纪录。一年后，15岁的她又赢得了德国公开赛和白俄罗斯公开赛的两个成人组女单冠军，以及韩国公开赛的女单亚军。

在今年各项国际赛事中（包括世乒赛、团体世界杯和巡回赛），伊藤美诚总共20次与中国女将在单打中相遇，其战绩目前为12胜8负，差距看起来不很明显，但如果是从6月份的日本公开赛算起，那么在短短五个月时间里，伊藤美诚对阵中国女乒的胜率是10胜3负！而且与她交手过，曾战胜过她的对手，也一个个被她赢了回来。

上述报道，足以说明伊藤美诚接连战胜刘诗雯、丁宁、朱雨玲3位世界第一，绝非意外。不过，虽然李隼教练坦言“不要把这个结果当意外”，李隼并不认同伊藤无解的说法，他表示，当下国乒女队首先要放下身段，“公开赛输了比世锦赛、奥运会输了强，不要感觉对手都是蒙的，要主动去拼，相信在大赛中，国乒的队员还是能够取得胜利的。”（引文载2018年11月6日《北京青年报》）

这一报道不仅起了唤醒国乒女队要有忧患意识的作用，还明确向国乒女队指明了努力方向：“要放下身段”，“要主动去拼”。

（六）重视对教练的报道

教练是各类运动队的核心人物。赛事的成败教练的运筹帷幄、巧妙运用战略战术、指挥若定的大将风范都起着无人代替的作用。凡重要的赛事，都重视对教练的报道。就中国女排来说，有了郎平执教，就给全队带来了新面貌，就传承了老女排的拼搏精神。在大赛场上，有郎平坐镇，队员心里踏实，观众心里也踏实。这就是一个优秀教练的人格魅力。郎平为何能做到这点呢？这是由郎平的一言一行所决定的。请看下列报道：

> 郎平上任前曾经跟袁伟民说：“我应该是老女排最后一个在一线的了，应该为中国女排传承一点东西，留下一点东西。”吴晓雷（注：系跟着郎平从恒大过来的年轻教练）认为，郎平希望传承的，不仅仅是老女排的思想、精神、技术，还有郎平在国外多年打球、执教的所见、所思和所得。
>
> 2014年世锦赛获得亚军后，郎平曾经说过一番感人肺腑的话：“对于我来说，重要的是把中国女排带上一条正确的发展道路，至于是不是我在任时开花结果，我并不看重，只要中国女排好，我就很开心。”
>
> 在郎平的自传中，张蓉芳这样评价第一次临危受命回国执教（注：1995—1998年）的郎平。“善良，有同情心，做人诚实，还有很纯真的东西，她做了很大牺牲，回国执教，她说，她是国家培养的，国家需要的时候，她感到义不容辞。她的思想有传统的一面，也有新型的一面。她看了很多书，都是原版的英文书，关于克林顿、撒切尔夫人的传记，还有NBA

的书，了解一个优秀运动员的成长，一支优秀队伍的管理，还经常念给队员们听。我很信任她，她喜欢排球这个事业，体育的确是个特殊的领域，当教练的必须具备相当高的条件，队员才能服气，这些国家队队员本来就是万里挑一的，要他们服气不容易。郎平回来执教，确实用自己全身心的投入感染队员，她有凝聚力，队员都崇拜她。”时隔近20年，这样的评价用在郎平身上，依然贴切。

（引自《郎平：全球资源与中国合力》，记者李翊，载《三联生活周刊》2016年9月5日第36期）

在郎平第二次执教中国女排的征程中，我们不难发现，郎平依然有强烈的爱国情怀，依然有强烈的热爱女排的事业心。她身先士卒，以身作则，做队员的表率。她善于发现选拔优秀运动员，善于培养调教优秀运动员。她爱护运动员，在大赛场上善于合理任用运动员，让运动员发挥各自的优势去争取团队的胜利。

在庆祝改革开放40周年大会上，喜闻郎平荣获改革先锋称号。以郎平深厚的爱国情怀，对排球事业的热爱、执着、献身，敢打、敢拼、敢于担当和创新及其崇高的思想境界，改革先锋的称号对她可以说是当之无愧的。郎平先后两次作为中国女排主教练，她率队夺得了世界杯和奥运会的冠军。2017年1月15日，在北京举行的体坛风云人物评选中，郎平荣膺年度最佳教练员奖和评委会大奖。同时，她带领的中国女排也拿到了最佳女子运动员奖和最佳团队奖。2016年12月10日，国际排联官网报道，中国女排主教练郎平当选技术教练委员会委员。国际排联对郎平的评价是：“她在里约奥运会上创造了历史，成为排球史上在球员和教练员时期均获得奥运金牌的第一人。”郎平于2018年5月还兼任新一届中国排球协会副主席。目前，她还担任着中国女排主教练的职务。有这样的金牌教练，中国女排堪称幸运！

昨天，2019年女排世界杯比赛全部结束。中国女排3局横扫阿根廷队，在全部11场比赛中取得11胜，以32个积分捧起中国女排第10个世界三大赛冠军。赛后，郎平谈到世界杯之旅时罕见落泪，“想不到能打到11连胜，挺难的。”

在本届世界杯比赛前，郎平曾表示，既然大家身穿印着中国国旗的球衣出战，目标就是升国旗，奏国歌。如今，中国女排用细致的准备和强大的实力实现了这个目标。用最完美的战绩向祖国献礼。

而夺冠后，备战的压力也让郎平罕见的情绪流露。“这么多场比赛，让16个队员每场都能发挥这么好，说实话，挺难的。能够得到11连胜，没有想到，是一点一点拼出来的。”

［《女排11连胜献礼十一（肩题）以32个积分在女排世界杯夺冠 主教练郎平落泪 坦言“挺难的”（主题）》，《北京青年报》记者褚鹏，统筹汪浩舟，载2019年9月30日《北京青年报》］

2019年第十三届女排世界杯9月14日至29日在日本举行。中国女排取得11连胜的优异成绩，成功卫冕世界杯冠军。习近平总书记于29日致信中国女排表示祝贺。

9月30日，中共中央总书记、国家主席、中央军委主席习近平专门邀请刚刚获得2019年女排世界杯冠军的中国女排队员、教练员代表，参加庆祝中华人民共和国成立70周年招待会，并在会前亲切会见女排代表，同大家合影留念。

在听取了领队和教练员、运动员代表发言后，习近平强调，在第十三届女排世界杯比赛中，你们以十一连胜的骄人成绩夺得了冠军，成功卫冕，为祖国和人民赢得了荣誉。你们不畏强手、敢打敢拼，打出了风格、赛出了水平。在提前一轮锁定冠军的情况下，你们在最后一场比赛中没有丝毫懈怠，尊重对手，尊重自己，坚持打好每一个球，很好诠释了奥林匹克精神和中华体育精神。中国女排夺得了第五个女排世界杯冠军，第十次荣膺世界排球“三大赛”冠军，激发了全国人民的爱国热情，增强了全国人民的民族自信心和自豪感。

习近平指出，广大人民群众对中国女排的喜爱，不仅是因为你们夺得了冠军，更重要的是你们在赛场上展现了祖国至上、团结协作、顽强拼搏、永不言败的精神面貌。女排精神代表着一个时代的精神，喊出了为中华崛起而拼搏的时代最强音。

习近平强调，“实现体育强国目标，要大力弘扬新时代的女排精神”，希望中国女排继续加油、再接再厉，期待你们在东京奥运会取得优异成绩。

受到接见并聆听了总书记讲话，中国女排队员、教练员们倍感振奋。大家表示，在庆祝新中国70周年华诞之际，总书记的关心是对中国女排的莫大鼓励。一定要牢记总书记的嘱托，不骄不躁、再接再厉，保持昂扬斗志、不断拼搏奋斗，争创新的更加优异的成绩。

［《习近平亲切会见中国女排代表（主题）专门邀请女排代表参加国庆招待会 称赞女排精神喊出为中华崛起而拼搏的时代最强音（副题）》新华社记者报道，载2019年10月1日《北京青年报》］

在10月1日的彩车群游中，“祖国万岁”彩车最后一个出场。郎平、赖亚文、朱婷、张常宁、袁心玥等女排队员和教练，登上了“祖国万岁”彩车，她们以高昂的姿态，手持鲜花，祝福祖国，向大家挥手致意。郎平主教练和中国女排姑娘登上群游彩车，是对奋勇拼搏精神的回报，真是无比荣耀。

王霜荣膺“亚洲足球小姐”后，新华社记者岳东兴有篇题为《两位“伯乐”助王霜“破茧成蝶”》的报道，说明一个优秀教练对发现和培养优秀运动员的作用是多么重要。请看下列报道：

从2015年“加拿大之夏”以替补身份收获年轻球员难得的世界杯经历，再到“里约周期”作为核心帮助“铿锵玫瑰”重返奥运舞台，23岁的王霜从天才球员成长为“亚洲足球小姐”。除了天赋、对足球的执着和超出常人的努力外，也得益于她在国家队堪称“伯乐”的两位主帅的延续性培养——他们就是郝伟和布鲁诺。

三年前的女足世界杯上，当时的主教练郝伟虽然知道王霜在那届大赛所起的作用有限，但还是看到她技术型球员的可贵特质和发展潜力，坚持将年仅20岁的武汉姑娘，带到了中国女足时隔八年才得以重返的世界杯舞台——那是仅有23个名额、每一名国脚所渴望的机会。

在那届杯赛上，王霜虽然资历浅，但获得了足够信任，成为全队“万金油”般的替补——踢遍了边前卫、前腰、前锋等中前场所有位置，积累了宝贵的大赛经验。每每谈起这段经历，王霜都坦言，对其成长帮助很大。

随后布鲁诺上任，自信心和技术稳定性都有提升的王霜，真正被打造为国家队的绝对主力、前场核心，也被崇尚技术性踢法的法国老帅赋予很大自由度，得以踢得更为灵动和富有创造力。

从那个时候起，王霜每次接受采访时，言语中总会流露出一种不服输的霸气和信心，反映了她从心理到技术上的飞速进步。

在成为亚洲年度最佳、分享获奖感言时，王霜说："这，只是开始。"展望明年的世界杯，24岁的王霜将在她熟悉的法国赛场，带领"铿锵玫瑰"冲击更高目标。

（引文载2018年11月30日《北京青年报》）

（七）不忘报道发扬体育场上友谊第一、比赛第二的精神

《北京青年报》俄罗斯索契专电 特派记者肖赧在题为《卡瓦尼让C罗成了"背景帝"》的报道中，刻画了一幅C罗搀扶受伤的卡瓦尼下场的经典画面。报道中如是说：

世界杯1/8决赛，葡萄牙队与乌拉圭队比赛第70分钟，C罗搀扶着受伤的卡瓦尼缓步走向场外。那个时候，C罗作为落后一方的队长比谁都更珍惜比赛时间，在"总裁"内心深处有对"登顶世界杯"的渴望，对追平比分的焦急，当然还有对一个伟大对手的敬意。卡瓦尼梅开二度，帮助乌拉圭队以2：1力克葡萄牙队，闯入1/4决赛，是比赛当之无愧的"最佳"。他的进球连同受伤离场勾勒出一幅英雄画面。现场观战的乌拉圭民宿迭戈·弗兰说："我为球队能够拥有这样杰出的球员感到自豪。"

葡萄牙队与乌拉圭队比赛开始前，现场媒体看台的小电视里播放出两队核心球员的资料，而两人分别是C罗、苏亚雷斯。和媒体的判断差不多，到场的许多球迷都习惯性地将比赛视为C罗与苏亚雷斯之间的比拼。但这个夜晚，闪耀的却是31岁的卡瓦尼。外媒昨晚赛后这样评价："在索契，当人们期待C罗的第4次世界杯冲击可以继续前行的时候，他却成了对方卡瓦尼的背景板……"卡瓦尼头顶、脚踢，梅开二度，诠释了

"全能中锋"的定义。当乌拉圭作为小组赛唯一一支零失球队被质疑"重守轻攻"的时候，卡瓦尼用两粒无懈可击的入球回击了质疑。

（引文载 2018 年 7 月 2 日《北京青年报》）

报道中刻画的 C 罗搀扶受伤的卡瓦尼下场的经典画面，感人至深，充分表现了大牌体育明星 C 罗的职业道德精神，将友谊放在第一位，比赛放在第二位。

（八）注重群众体育的报道

"群众体育是体育强国建设的根本，离开了根本，体育强国无从谈起。"习近平总书记多次在不同场合强调全民健身的重要意义——

2013 年 8 月 31 日，总书记会见参加全国体育系统先进集体和先进工作者表彰会的代表时强调，全民健身是全体人民增强体魄、健康生活的基础和保障，人民身体健康是全面建成小康社会的重要内涵，是每一个人成长和实现幸福生活的重要基础。

2014 年 8 月 15 日，总书记在看望南京青奥会中国体育代表团时指出，一个健全的人既要有丰富的知识和文化内涵，还要有健康的精神和强健的身体，要通过发展体育运动以不断提高全民族身体素质与健康。

2016 年 8 月 25 日，总书记在会见凯旋的第三十一届奥林匹克运动会中国体育代表团全体成员时叮嘱说，希望同志们充分认识体育对提高人民健康水平的积极意义，落实全民健身国家战略，普及全民健身运动，促进健康中国建设。（引自《人民日报》记者李中文、薛原《为健康中国夯实体育之基——以习近平同志为核心的党中央关心全民健身工作纪实》，载 2017 年 8 月 8 日《人民日报》）

习近平上述一系列的指示，充分说明注重群众体育的重要。自从 2015 年申办 2022 年冬奥会成功以后，中国政府和中国奥运会庄严宣称，申办 2022 年冬奥会，将会吸引 3 亿民众走向冰雪运动。由此，各种冰雪体育项目在不同人群中纷纷展开。各种媒体有关这方面的报道也日益增多。最近，《北京青年报》有两篇群众体育的报道引起读者的关注。一篇题为《全民健身热在深秋“公园半马”跑成北京品牌》。报道中写道：

昨天上午，由北京市体育局、北京市体育总会主办的以“跑向2022”为主题的第三十七届公园半程马拉松北京公开赛朝阳公园站在风景秀丽的朝阳公园鸣笛起跑，800名来自全市的长跑和健身爱好者参加了本次比赛，这也是今年的最后一站。“公园半程马拉松”经过3年多的推动和不断完善，已成为北京全民健身的一大品牌赛事。

“公园半马”始于2015年，当年7月31日，北京2022年冬奥会申办成功，为进一步树立北京筹备冬奥会理念，宣传和普及冰雪运动知识，大力推广冬季运动项目，营造良好的筹备冬奥会氛围，市体育总会创建公园半程马拉松北京公开赛，借助大众喜爱的路跑比赛平台，以跑向2022冬奥会为主题，宣传北京筹办冬奥会工作，推广冰雪运动项目的知识。同时，该项赛事依托符合条件的郊野公园、体育公园开展，旨在突出“专业·跑、绿色·跑、纯净·跑、权威·跑”的办赛理念，具有活动影响力大、场地选择因地制宜、低碳环保、活动参与覆盖面广、赛事专业性强和服务水平高五大特点。在迄今为止举行的37届比赛中，通过线上线下相结合的方式，共吸引了4万余人次参与。

（引文载2018年10月28日《北京青年报》记者刘艾林）

另一篇记者李天际的报道，题为《9000人长走十三陵水库》，开头两段写道：

2018秋季·北京国际长走大会10月27日在昌平区十三陵水库沿线举行，9000余名长走爱好者共同体验徒步的乐趣。

与往届相比，2018年长走大会的起点和终点设置有所变化，起点设置在十三陵水库大坝西南坝头停车场，紧邻水库西南坝头，途经十三陵水库大坝、蟒山石门、二道坝，再经水库大坝返程至终点十三陵水库坝下停车场，全程约12公里，较往年路线减少约1公里。往返路线两次穿越水库大坝，可满足长走爱好者一览水库美景的愿望。

（引文载2018年10月29日《北京青年报》）

以上两篇报道的群众体育运动的项目，从全民健身角度考虑，很值得提倡。

此外，体育界存在的一些负面情况也应注意报道。诸如在申奥过程中有关国家向国际奥委会官员行贿的问题；“打假球”“打黑球”“吹假球”（黑哨）“赌球”“兴奋剂”“运动员参赛选拔黑幕”“选手年龄造假”“操纵干预比赛”“明星运动员商业代言纠纷”等事件（参见最高人民检察院主管、《检察日报》主办的《方圆杂志》，作者汪文涛、汪宇堂）；“拆分合同，阴阳合同”的问题；运动员罢赛、假摔的问题，等等。一经发现，只要证据确凿，就要及时毫不留情地予以揭发报道。这方面的内容也是体育爱好者关注的问题。

三、要学会采用多种形式写体育新闻。

（一）特写

“特写写作要求生动而集中地再现人物、现场、画面及新闻事件的精彩片断”，“以特写镜头式的取材”为特色。（引自《新闻学大辞典》第 160 页）1990 年第十一届亚运会期间，《人民日报》记者李力采写的《伍绍祖睡地板》的新闻特写就符合上述要求。特写从睡地板开头：“25 日晨，要抠字眼的话，伍绍祖不是起床，而是‘起地板’，因为他已经好几天席地而卧了。”“军人出身的组委会执行主席有个死要求：问题不过夜。他让秘书谢亚龙替他回家搬来了被褥，执行主席办公室又成了没有床的卧室。”特写最后又从睡地板结尾：“开幕几天来，诸事顺利，伍绍祖的心也渐渐踏实了，晚上的碰头会依然开得很晚。茶水送下几块饼干，他又睡到地板上了……”特写通过“睡地板”的特写镜头，再现了伍绍祖为了开好亚运会，不辞辛劳的精神面貌。具体生动感人。

（二）专访

对特定的人和事进行专门采访的纪实报道。在 1990 年亚运会期间，《人民日报》记者李力采写的《荣毅仁：亚运虽短 友谊永存》的报道就是一篇短小的专访。报道写了这样的开头：“应《亚运新闻》（《人民日报》社主办）

的约请，荣毅仁副委员长4日晚欣然接受了记者的采访。”荣毅仁说，他和全中国人民一起，对亚运会寄予很大的希望，这个希望就目前看已经成为现实，“团结、友谊、进步”的宗旨已经实现。他说：“亚运会的成功是全中国人民的喜事，是实现了几代人的愿望。”“荣副委员长在亚运期间专程去看了游泳比赛和足球比赛，当然，作为中国棒垒球协会名誉主席，他也去看了垒球比赛，他很高兴中国女垒能够取得亚运会冠军。荣毅仁说，虽然他年纪大了，但仍喜欢去看健儿们拼搏，从中感受到一种力量。他说，亚洲不少选手发扬体育风格，取得了不少好成绩，他向这些选手表示祝贺。他说，亚运会很短，但各国各地区朋友们结下的友谊将永存。”通篇突出荣毅仁的讲话。荣毅仁不仅是重要的国家领导人，而且是世人皆知的“红色资本家”。专访报道他对亚运会的一言一行，将会对世人有深远的影响力。

（三）花絮

主题要广泛，内容要有情趣。人物新闻、事件新闻、各种运动项目的赛事中都可能出现有趣的花絮。因此，在捕捉、采写花絮新闻时，视野要开阔，花絮所表现的主题是多方面的。只要既有情趣，又能表现一定的主题，就值得采写。在1990年亚运会游泳赛场上，有这样一篇富有情趣，又能表现运动员坚强意志的花絮。这篇花絮就是《北京日报》记者马益群采写的《一对恋人 两块金牌》。报道中写道：“中国游泳队主力沈坚强和杨文意昨天都喜获金牌。他俩是上海人，也是一对恋人。沈坚强，1.83米的个头，英俊潇洒。他是100米蝶泳世界纪录和100米自由泳亚运会纪录保持者。杨文意，亭亭玉立，眉清目秀。1988年，她创造了50米自由泳的世界纪录，”“赛前几天，沈坚强不慎将腰扭伤，急坏了杨文意。沈坚强，真坚强，他让医生打了两针‘封闭’，忍痛上阵。”“当沈坚强和杨文意手持鲜花向欢呼的观众挥动时，中国游泳队总教练陈运鹏激动地站起身来，为他的两名爱将鼓掌。”短短200多字，表现了两位运动员在游泳赛场上坚强的拼搏精神，表现了一对恋人在事业上的关心，表现了游泳队总教练对游泳爱将的鼓励。这样有情趣、有意义的花絮，必然受到读者的喜爱。

《北京日报》记者严力强采写了一组《开幕式花絮》，其中有一节题为《绿草坪原来是松针》写道："用于表演团体操的草坪显得格外绿。不过，据一位亚运会组委会的高级官员透露，这'绿草坪'上撒的是一层松树针。原来，为了开幕式上的表演绝对成功，刻苦排练的演员们用双脚把原有的草坪踩出了一片片'斑秃'。于是不得不动员成百学生在地上均匀撒上十来卡车特意从松树上捋下的松针，然后再压实以为应急。虽是假的，却足以乱真，看台上没听到有一个人提出怀疑。"这一段花絮，表现了多方面的内容：团体操演员们刻苦排练的精神面貌；亚运会组委会应急的智慧；用松针代替"绿草坪"，颇有情趣。

（四）体育述评

边叙边议，夹叙夹议，在叙述事实的基础上，表现所要表达的观点。1993年2月12日《新华每日电讯》上，新华社记者许基仁所写的评述《中西体育文化的借鉴和交流——评施拉普纳执教中国足球队》正是采取这样的表现手法。述评开头的两段先是叙述事实：

> 1992年11月2日，日本广岛，中国足球队在第十届亚洲杯小组赛"生死一役"中反败为胜，力克卡塔尔队。6天后，在半决赛中负于日本队的中国队在互射点球中击败阿联酋队，获得亚洲杯第三名。
>
> 多年来，在"关心"和"伤心"中循环折腾的中国球迷大喜过望，他们从中国队在5场比赛中表现出来焕然一新的精神面貌中又看到了希望。这一切变化都与中国队德国籍教练施拉普纳的名字连在一起。

接下来，在"中西体育文化有本质上的相同"这一节，作者采取了夹叙夹议的手法：

> 施拉普纳给中国足球界乃至体育界带来了巨大的震动和启发。然而，让人始料不及的是，他的理论中的许多重要内容其实是我们以前行之有效，而现在又被我们所淡忘的东西。强调精神教育就是突出的一例。过去我们狭隘地认为政治思想工作是我们的"专利"，而且还有人认为它是一项过时的"专利"。

然而，让我们想不到的是来自西方世界的施拉普纳居然也讲精神教育，而且讲得比我们一点也不差。

施拉普纳说：“我既已做了中国队教练，也就成了‘中国人’。‘中国心’‘爱国主义’‘敬业精神’我都要讲。”他在组队和带队中非常注重队员爱国心强不强，是不是爱足球、肯吃苦、守纪律，收效甚大。在以前国家队呆过、现在施拉普纳麾下的老队员说：“在施拉普纳手下踢球，大伙的心劲特别足。”

中国体育界以前也重视思想政治工作，在条件不好、待遇较差的环境中，培养了以中国女排为代表的一批优秀球队和运动员。但是在条件和待遇渐渐好转的同时，体育界却普遍放松了对队员的精神教育。

在这一节的最后两段，作者鲜明地表达了所要表现的观点：施拉普纳的言行恰恰提醒了我们：进行爱国主义、集体主义、拼搏精神的教育是体育管理科学的一部分；这些精神不分国籍，永远不会过时，永远能提高球队的战斗力。

在施拉普纳带来的西方体育文化的反衬下，我们深切感受到中西体育文化有许多相通之处。中国体育界，包括中国足球界也有许多宝贵经验，我们不应妄自菲薄，而应该明确和坚持我们的长处。

整篇述评，由于叙事翔实，说理透彻，增强了说服力，为读者所信服。

体育述评，包括：1. 赛前述评。分析重大赛事的战局形势。要敢于亮自己的观点。能否做到这点，取决于作者赛前要做充分的调查研究，深入采访知情人士，在此基础上形成自己的观点。2. 赛场分析。密切关注重大赛事的发展进程，聆听知情人士对赛事的观点，从而形成自己对赛场的分析。3. 赛后述评。对赛事做总结。要通过权威教练赛后的发言、有代表性的运动队和队员的表态，对赛事的评估做出正确的判断。

（五）预测性体育新闻

不是凭空预测，而是对有关体育运动队在大赛期间的表现及评论家的观点所做出的结论。在 1994 年举行的第 12 届世界女排锦标赛上，有一篇这类报道：《拉美社展望世界女排锦标赛 断言巴西队和古巴队有望问鼎》，其导语是：【拉美社哈瓦拉 10 月 18 日电】尽管对任何一位专家来说，进行预测都是最大的冒险，但我们可以断言，在巴西圣保罗和贝洛奥里藏特举行的第 12 届世界女排锦标赛上，将只有一个赢家：拉丁美洲。

接下来，分 4 个段落，摆事实、摆评论家的观点，证明报道者“断言”的准确性。

“就像大家所知道的那样，拉美现有 3 支著名球队，但只有两支球队，即巴西队和古巴队夺魁有望，因为秘鲁队今非昔比，现在的秘鲁队已远不如 20 世纪七八十年代的那支蜚声于世界排坛的球队了。”

“因此，为本地区夺取金牌的重任就自然而然地落在了巴西队和古巴队的身上。大多数评论家认为，这已成为定局，因为他们在最近举行的第二届大奖赛上的非凡表现证明了这一点。”

“凡是观看了古巴队和巴西队的那场扣人心弦的比赛的人，都对巴西队以 3 ∶ 2 险胜古巴队的那一幕记忆犹新。在圣保罗世界女排锦标赛争夺世界排坛的巨人肯定将再次相遇，决一雌雄。”

“这一次，天平是向东道主倾斜的，因为巴西队占有天时、地利、人和之便。此外，它因在第二届大奖赛中战胜了近几年来一直立于不败之地的欧亨尼奥·乔治（古巴队的教练）的弟子而斗志旺盛。”

看了上述事实和评论家的观点，读者对报道者的“断言”定会确信无疑。

（六）预告性体育新闻

2018 年 11 月 7 日《北京青年报》上，就刊登了该报记者张昆龙所写的一篇这类报道：《2020 年世界体育大会将落户北京》。其导语是：昨晚，正在瑞士洛桑召开的 2018 年国际单项体育联合会论坛开幕式上，北京正式成为 2020 年世界体育大会主办城市。国际奥委会主席巴赫，世界体育大会执委、夏季奥运项目国际单项体育联合会总会主席弗朗塞斯科·里奇·比蒂以及各国际单项体育组织主席等 100 余位参会代表共同见证了这一时刻。

接下来的一段是：北京市市长、北京 2022 年冬奥会和冬残奥会组委会执行主席陈吉宁在世界体育大会官网上表示，举办2020年世界体育大会，将积极促进中国以及北京的体育事业发展，进一步深化与国际体育界的交流合作，助力北京冬奥会、冬残奥会筹办，也为世界体育运动发展做出应有的贡献。陈吉宁表示，北京获得2020年世界体育大会举办权，充分体现了世界体育大会对北京的信任。北京将充分发挥优势，加强与世界体育大会、国际单项体育联合会等方面合作，确保2020年世界体育大会取得丰硕成果。

这类报道虽是预告性的，但是必须做到准确无误。所报道的事预告何时发生，到预告时必须兑现。上述预告性报道令人信服，相信到2020年世界体育大会一定会落户北京，并将取得丰硕成果。之所以能够做到这点，首先在导语中明确写到“100余位参会代表共同见证了”“北京正式成为2020年世界体育大会主办城市”这一时刻。其次，当市城市的市长——北京市市长陈吉宁在世界体育大会官网上充分表达了办好世界体育大会的积极意义，并将“确保2020年世界体育大会取得丰硕成果”。基于这两点，读者对这一预告的报道定会确信无疑。

总起来说，不管采用哪种形式写报道，都要“注意抓有特点、有情趣、有价值的新闻”。“记者情动于心，因而做到情涌于笔。”（引自《人民日报》海外版1990年亚运宣传小结）《北京日报》亚运专刊上记着刘厘华报道的《萨马兰奇说这是最好的开幕式》中写道：“国际奥委会主席萨马兰奇先生，看完第11届亚运会团体操表演后非常兴奋，站起来与中国奥委会主席何振梁热烈拥抱，祝贺开幕式圆满成功。他说：‘北京亚运会开幕式是我一生中见到的最好的开幕式！’”

“萨马兰奇对中国举办这样好的开幕式表示感谢。他说：‘希望今后的亚运会都能像北京亚运会一样开得成功。’中国奥委会主席何振梁感谢萨马兰奇对第11届亚运会开幕式的称赞，他说：‘这是我们的责任。’”

这篇报道虽然文字短小，可说是既有特点、有情趣，又有价值的新闻。记者满怀热情地抓住了所报道人物的一言一行，以及人物的生动细节，使读者深受鼓舞。

作为一名称职的体育记者，力求练就体育新闻采访和报道的十八般武艺，在坚持为社会主义为人民服务的方向、坚持真实性的原则、坚持用事实说话的基本要求的前提下，要锐意改革创新，做到不拘一格写新闻，最大限度地满足广大爱好者和读者的需求。

2018 年 12 月，在原讲稿的基础上修订改写

2019 年 10 月 3 日补充有关内容

第三章

人物新闻通讯采访报道

人物新闻、人物通讯要写人，即使工作、事件、风貌通讯，或反映其他题材的新闻通讯都离不开写人。学会人物新闻通讯的采访报道是十分重要的。应该引起新闻工作者的足够重视。

第一节　人物新闻的写作特点

人物新闻（消息）是反映某个特定人物先进思想、先进事迹的新闻。它篇幅短小，报道迅速，在宣传典型人物方面有它重要的地位和作用。《光明日报》用消息的形式报道先进人物方面比较突出。从 1982 年 5 月开始，5 月至 8 月，该报宣传的先进人物有 131 个，其中采用消息形式的就有 81 个，占 60% 以上。被认为是"该报宣传工作的一个突破和新的发展。"（见 1983 年第 3 期《新闻学会通讯》）

根据上述特点，人物新闻的写作基本要求是：

一、要写新闻人物

所谓新闻人物，就是有新闻的人物。具体地说，新闻人物应该是这样的人物：

（一）新出现的人物

2019 年 2 月 15 日《北京青年报》刊登的新闻《LG 杯世界围棋大赛决赛杨鼎新击败时越（肩题）中国围棋诞生"98 后"世界冠军（主题）》所报道

的就是一位新出现的新闻人物。请看记者褚鹏的报道：

1998年出生的杨鼎新，成为中国围棋第21位世界冠军。

昨天，第23届LG杯世界围棋大赛三番棋决战分出胜负，中国“98后”棋手杨鼎新，第三局击败同胞时越，三番棋2比1夺取冠军。凭借这个世界冠军，杨鼎新也一举晋升为九段棋手。

本届LG杯，杨鼎新的晋级之路充满艰辛。八强战对阵世界大赛双冠王姜东润，杨鼎新顽强逆转，突破了自己世界大赛八强的屏障。半决赛对阵韩国新锐第一人申旻埈，杨鼎新一鼓作气，没有给对手任何机会，以一场酣畅淋漓的完胜闯入决赛。

决赛三番棋，也是杨鼎新第一次打世界大赛的番棋赛。杨鼎新“先抑后扬”，状态越来越好。此前两局，双方均以二连星开局，杨鼎新渐渐走进了自己的节奏。

昨天的决胜局，时越执黑换了套路，以两个小目开局。至黑25，整个过程都与“绝艺”的分析一样，可见AI在一流棋手训练中的作用。而杨鼎新执白并不退缩，在序盘到中盘逐渐确立了优势。到官子之前，AI一度判断杨鼎新有超过九成的胜率。虽然收官中杨鼎新出现疑问手，被时越扳回局面，但时越最终没能逆转局势，中盘告负。

就此，杨鼎新七段以2比1的比分夺得冠军，同时获得3亿韩元（约合180万元人民币）的冠军奖金。杨鼎新的段位也升为九段，成为中国棋院第21位世界冠军和第47位职业九段棋手。

上述报道，记者具体详尽地叙述了杨鼎新“成为中国围棋第21位世界冠军”的夺冠过程，令人信服。接下来，记者还用四段文字交代背景材料，进一步说明杨鼎新为何能夺得中国围棋第21位世界冠军佳绩的。

（二）代表发展方向的人物

2019年1月13日《北京青年报》刊登的新华社电《孙家栋中国航天事业推动者》，这篇报道中的“孙家栋”即是代表发展方向的人物。请看新华社的报道：

在2018年12月18日举行的庆祝改革开放40周年大会上，已近九旬高龄、作为中国航天科技集团高级技术顾问的孙家栋被授予 “改革先锋” 称号。

从 1958 年留学归国，孙家栋先后参与了中国第一颗导弹的研制工作，领导第一颗人造卫星“东方红一号”研制工作。60 多年来，所有中国航天发展的关键事件，他都是参与者、亲历者。

孙家栋说，中国航天起步时，首先是考虑解决有无问题。出去办事都是到厂里头把老师傅组织起来，把要求提出来，做出来认为合格就拿走，对方也不会提报酬的事。

伴随着改革开放的春天，科技产业界有了更好的发展条件，中国航天也吹响了开放的号角。

“航天事业是一项系统工程，是各种科学技术发展的集成。各行各业基础好了，取得了各种发展，再找人合作时，对方能够提供一些新的技术应用在航天上。”他说。

……

到了 20 世纪 80 年代，中国政府提出中国火箭走向世界，为世界航天市场服务。并宣布，中国的运载火箭将投入国际市场，承揽对外发射业务。

发射外星，是带有商业性质的国际技术合作。时任航天工业部副部长的孙家栋又一次受命于中国航天发展的关键时刻。首次商业卫星发射，就成功用长征火箭将一颗美国制造的卫星发射升空。

“那个时候确实做了大量工作，在世界市场也有很大的影响。”孙家栋说。

看完整篇报道，使读者恳切地感到，孙家栋的确是一位代表发展方向的人物。（注：2019 年 9 月 17 日中央电视台《新闻联播》播出习近平主席令，授予孙家栋“共和国勋章”。）

（三）有新成就的人物

在 2019 年 1 月 8 日上午在北京隆重举行的国家科学技术奖励大会上，获得2018年度国家最高科学技术奖的哈尔滨工业大学刘永坦院士和中国人民解放军陆军工程大学钱七虎院士所取得的新成就，在会上受到习近平总书记的“热情握手表示祝贺，并首先亲手向他们颁发奖章、证书”。新华社在《给万里海疆安上“千里眼”》的报道中，介绍刘永坦的主要成就是：我国著名的雷达与信号处理技术专家，我国对海探测新体制雷达奠基人，对海远程探测技术跨越发展的引领者。他率领团队全面自主创新，实现对海新体制探测理论、技术的重大突破，在工程应用中发挥重要作用。报道中写道：“解决不了抗干扰问题，雷达就没有生命。”刘永坦说，各种各样的广播电台、短波电台、渔船，发出强大的电磁干扰是最大的难题。设计—试验—失败—总结—再试验……他带领团队进行上千次调整，终于找到了解决方案。

这项完全自主创新的研究成果于2015年再次获得国家科技进步奖一等奖。它不仅破解了长期以来困扰雷达发展的诸多瓶颈难题，更让我国成为世界上少数几个拥有该技术的国家。

“依靠传统雷达，我国海域可监控可预警范围不足20%，有了新体制雷达，则实现了全覆盖。”刘永坦告诉记者，给祖国的万里海疆安上“千里眼”，国防才能更安全。

40年里，刘永坦的团队从最初的6人发展到30多人，成为新体制雷达领域老中青齐全的人才梯队，建立起一支雷达科研“铁军”。

刚领完奖，这位“80后”老院士又许下了新的愿望，继续带领团队向小型化雷达进军，让技术造价更低，让功能性能更优，更好保卫祖国海疆。

新华社记者在《为国铸就“地下钢铁长城”》的报道中，介绍钱七虎院士的主要成就是：我国现代防护工程理论的奠基人、防护工程学科的创立者、防护工程科技创新的引领者。他建立了我国现代防护工程理论体系，解决了核武器空中、触地、钻地爆炸和新型钻地弹侵彻爆炸等若干工程防护关键技术难题，完成了我国防护工程领域的时代跨越。记者在报道中写道：“20世纪80年代初期，国外就已经开展深部岩石力学研究，中国的研究晚了近10年。作为后来者，钱七虎带领团队奋起直追。他一次次深入地下1000多米，在气温近40摄氏度的湿热环境中实地考察，获取大量一手数据。钱七虎成功研制我国首套爆炸压力模拟器、首台深部岩体加卸荷实验装置，提出16项关键技术方案，解决困扰世界岩体力学界多年的数十项技术难题。对于钱七虎及其他中国同行对岩石力学的贡献，国际岩石力学学会前主席汉德森评价说，无论是理论岩石力学，还是地面、地下岩石工程方面，中国都正在引领全世界。”走下国家最高科学技术奖的领奖台，钱七虎又踏上新征程。“川藏铁路即将全面开建，大量高难度的工程、岩石力学难题需要攻克，我有责任做出自己的最大努力。”

很显然，这两位获得新成就的人物非常值得报道。

（四）读者喜爱的人物

2019年2月13日，《北京青年报》记者祖薇在《鸣笛两声说爱你 匆匆一面成奢望》新闻的开头这样写道：

> 没想到看《新闻联播》，竟然也能被感动得稀里哗啦。
>
> 2月10日，央视《新闻联播》播出了一段春节期间铁路上发生的一个真实的爱情故事。故事名叫《相约在零点37分》，记录了春节期间坚守在各自工作岗位上的两名铁路工作者，仅有短暂的1分52秒的相聚时间。准备求婚的男孩把戒指和食盒匆忙塞给女孩，来不及说声“嫁给我”，就又要分别。男孩在站台上冲着车上的女孩挥手，却说不出话来，女孩在车厢里看着男孩塞给自己的东西，低头抹去泪水，配乐放着《因为爱情》。

这段新闻播出后，引发了网友的强烈情感共鸣，微博话题“1分52秒神仙爱情故事”上了热搜榜第一，两天时间阅读量达到2亿。

《相约在零点37分》记录了春节期间坚守在各自工作岗位上的两名铁路工作者，仅有短暂的1分52秒的相聚时间。正是这段新闻引发了网友的强烈情感共鸣，微博话题“1分52秒神仙爱情故事”上了热搜榜第一。仅仅两天时间，阅读量竟达到2亿。这足够说明，读者对这条新闻是多么的喜爱。

紧接着，记者进一步报道了这段“‘神仙爱情故事’是如何被发现和挖掘的？央视新闻今日解读了这段新闻背后的故事”。

报道中写道：“这段新闻来自中央广播电视总台央视新春走基层《相约在零点37分》，由央视陕西站记者谭海梅和摄像甘志庆、许辉负责拍摄。故事的主角男孩叫郝康，是中铁西安局延安机务段电力机车司机；女孩叫雷杰，中铁西安局的乘务员。一个跑货运、一个跑客运，平时是否能见上，全靠运气。”“郝康计算过，两人有时同在一地的时间只有3秒，细心的郝康会特意算好时间点，等雷杰的客车与他停靠同一个站，就会鸣笛两声。谭海梅问这代表什么，他说‘爱你！’”

难能可贵的是，谭海梅、甘志庆、许辉三人要拍摄这段新闻，却不能事先让郝康和雷杰知道。于是，他们暗地里分两路，一路跟雷杰上车，一路跟郝康上车，最后终于拍摄到这段感人的新闻画面。

记者在报道中说：“拍摄这段新闻的团队同样让人感动。据介绍，拍摄时，摄像许辉的媳妇怀孕七个月。《相约在零点37分》播出当天，摄像甘志庆的儿子出生，可谓‘双喜临门’。”

“为了更好地呈现这段新闻，选题的发现者、后期带班制片人晏琴介绍：‘光让前方传素材就补传了九次。’新闻的配音是她带着重感冒配的，期间改了三次，‘相聚那么短，列车那么长’这句神仙‘文案’也是她在配音前的最后一刻灵光一现定下的。晏琴的父母春节前来北京，初八离开。这期间，她愣是为了工作一天都没有陪上！”

“报道结束的第二天早晨，看见父亲在朋友圈给自己的留言，晏琴险些掉下眼泪。而这种与家人的‘爽约’，也是所有新闻工作者的日常生活写照。”

你看，为了成功播出这段感人的新闻，竟有如此多的新闻工作者牺牲了春节与家人团聚的时间。真该为他们点赞。

（五）代表某种倾向的反面人物

2018年，新华社报道了两个令人震惊的反面人物典型：一个是中共中央军委原委员、军委联合参谋部原参谋长房峰辉；另一个是中共中央军委原委员、中央军委政治工作部原主任张阳。

2018年1月11日，习近平总书记在十九届中央纪委二次全会上强调，全面从严治党必须持之以恒、毫不动摇。谈到反腐时，他铿锵有力、旗帜鲜明地说：“‘老虎’要露头就打，‘苍蝇’乱飞也要拍！”新华社及时报道房峰辉、张阳“二虎”行贿、受贿、巨额财产来源不明犯罪的新闻，是事关我党我军全局的大事，这说明以习近平同志为核心的党中央坚定不移惩治腐败的坚强决心。这样的报道无疑对读者是具有深刻教育意义的。

二、要依托新闻事件表现新闻人物

虽说人物新闻重在写人，但并不能脱离新闻事件，而是以新闻事件为依托，用事实做陪衬烘托人物。上述几种新闻人物都有新闻事件做依托。

三、要写得生动形象

人物新闻中要有必要的典型的细节，以增强感染力。有一种错误的观点，认为细节描写是“通讯”的任务，消息中似乎不需要细节描写，以致写得干巴巴的。在 1983 年全国好新闻获奖作品集中，有一篇报道文艺界体制改革的人物新闻，注意了细节描写，增强了新闻的感染力。请看这篇新闻：

率先跨出上海京剧院体制改革步伐（肩题）童祥苓李炳淑组建包干演出队（主题）两个演出队昨天同院方签订承包合同（副题）

本报讯 由著名京剧演员童祥苓和李炳淑、李长春分别组建的两个包干责任制演出队（上海京剧院二团一队、二队），率先冲出了上海京剧院体制改革的起跑线。昨天（4 日）上午，他们与院方正式签订了试行包干责任制的合同书。

签订合同书的仪式，气氛十分热烈。童祥苓和院方代表、京剧院副院长李玉茹在合同书上签字。当童祥苓戴上眼镜、正襟危坐、情绪激动地举笔签名时，他的队友们向他高声呼喊：“签！手别哆嗦。”掌声中，他和李玉茹紧紧握手，交换副本。李玉茹说：“签了字，要负法律责任啦。”童祥苓说：“彼此一样。”（你看，签字时的细节描写得多么形象生动！）

年届四十的李炳淑，谦虚地向队友们鞠了一躬，上台和院方代表、京剧院副院长齐英才签订合同。他仔细地把合同书复看了一遍，站起身来，向队友们点头示意，然后工工整整地签了名，她回到了队友们的中间，把合同书副本高高举起，说："现在我们拴在一块啦。"队友们都大笑起来。（同上一段一样，对签字过程中的细节描写具体生动，能引人入胜。）

另外，在人物新闻中，对所写人物在现场一举一动的叙述、描写要具体生动。请看路透社记者 1978 年报道邓小平副主席访问泰国的消息。记者在描写邓副主席抵达曼谷受到欢迎的情景时说："他走路像是在跳跃，他的精力是那样充沛，走路几乎脚不着地……他满面笑容，握了每一只手。"接着记者又写道：这位 74 岁的领导人在检阅台上站得笔直，接受军礼，然后迈着大步检阅仪仗队，等等。

有一种错误的观点，认为肖像描写是"通讯"的任务，新闻中似乎没有必要。请看美联社记者罗德里克在报道邓小平副主席会见美国记者的新闻中，生动地描写了邓小平同志的外貌特征："邓穿着烫得很平的深灰色的毛式服装和浅色袜子。（你看，连袜子是什么颜色都注意到了）在记者提问时，他架着腿，显得心情舒坦。在大部分时间里，他的左手总是拿着一支烟。他脸色红润，显得很机敏。会见结束后，他和大家一一握手，并为一些美国杂志签名，兴致很高。"这种描述使读者感到邓小平同志当时的言谈笑貌历历在目。

四、要写出深度

1. 要写出人物的情感。包括喜、怒、哀、乐、爱、憎。

2. 要写出人物的个性特征。

3. 要写出人物的思想境界、时代风貌。

五、要克服人物新闻的通病

人物无新闻性。人物新，未写出新的地方。写作平铺直叙、干巴巴，如做鉴定。文字臃长，新闻被湮没在臃长的文字之中。

第二节　人物通讯的写作特点

人物通讯主要表现以习近平新时代中国特色社会主义思想为指导，在改革开放、全面建成小康社会、为实现两个一百年奋斗目标、实现中华民族伟大复兴的实践中涌现出来的先进人物。通过反映先进人物的动人事迹和崇高思想，教育和感染读者，激励人们为改革开放、全面建成小康社会、实现两个一百年的奋斗目标、实现中华民族伟大复兴而作出积极的贡献。人物通讯是通讯中体裁运用较多的一种体裁，它在报纸上占有重要的地位。

人物通讯写作的基本要求有以下四点：

一、着力反映人物的先进思想和精神境界

写人物通讯，不仅要写出先进人物做了些什么，而且要写出他为什么会这样做。也就是说，要通过人物的活动、人物的事迹，反映出人物的先进思想和精神境界，从而显示出时代的精神面貌，只有这样，才能使人物通讯具有感染力，才能起到教育人的作用。

黑格尔曾说："艺术应该通过什么来感动人呢？一般地说，感动就是感情上的共鸣。"（黑格尔《美学》，转引自《钟山》1979 年第 4 期）艺术作品是这样，人物通讯也应该是这样。人物通讯中写人时，表达什么样的思想感情、精神境界才能具有感染力，才能引起读者的共鸣呢？一般说来，它所表达的应该是典型化的、包含两方面内容的思想感情和精神境界：一方面，这种思想感情、精神境界真实准确地体现了人物心灵深处美好的情操；另一方面，它又与当前时代精神、社会情绪的节奏合拍，也就是说，这种思想感情、精神境界是一定时期党和政府大力提倡的、人民群众所追求的。几乎所有优秀的人物通讯作品都具有这一特点。

别的作品不说，单说说 2017 年曾震动全国的两篇人物通讯：《心有大我，山一样的巍峨——追记著名地球物理学家、国家"千人计划"专家黄大年》(《人民日报》记者温红彦、吴储岐采写，载 2017 年 7 月 12 日《人民日报》）和《我国第一代核潜艇总设计师、中国工程院院士黄旭华（肩题）"我的一生属于核潜艇属于祖国"（主题）》（《人民日报》记者刘志强采写，载 2017 年 12 月 26 日《人民日报》）就具有这样的特点。这两篇通讯以大量确凿而感人的事实，介绍了两个闪烁着共产主义理想光辉的知识分子典型。他们为了振兴

中华，为了让祖国由大变强，为发展祖国的科学事业，为填补我国科技领域的某些空白，心有大我，至诚报国。为了科学事业，为了祖国富强，他们刻苦钻研、勇于创新，不怕吃苦，不怕劳累，不怕牺牲，淡泊名利，甘于奉献，敢闯科学的新区、敢攀险峻的高峰。

尽管黄大年只活了58岁，却已经是一位著名地球物理学家，国家“千人计划”专家，吉林大学地球探测科学与技术学院教授，当今中国不可多得的战略科学家，全国优秀共产党员。黄大年率领由多个高校和科研院所的优秀科技人员组成的400余人的科研团队，突破国外严格禁运和技术封锁，在航空重力高精度探测关键仪器装备项目、深部探测关键仪器装备项目等多个国家级重要研究方面取得卓越成绩，填补了我国“巡天探地潜海”的多项技术空白。

新华社北京（2017年）5月25日电　中共中央总书记、国家主席、中央军委主席习近平近日对黄大年同志先进事迹作出重要指示指出，黄大年同志秉持科技报国理想，把祖国富强、民族振兴、人民幸福贡献力量作为毕生追求，为我国教育科研事业作出了突出贡献，他的先进事迹感人肺腑。

习近平强调，我们要以黄大年同志为榜样，学习他心有大我、至诚报国的爱国情怀，学习他教书育人、敢为人先的敬业精神，学习他淡泊名利、甘于奉献的高尚情操，把爱国之情、报国之志融入祖国改革发展的伟大事业之中，融入人民创造历史的伟大奋斗之中。从自己做起，为实现“两个一百年”奋斗目标、实现中华民族伟大复兴的中国梦贡献智慧和力量。

习近平总书记的指示精神，在《心有大我，山一样的巍峨》这篇通讯中有了深入人心的反映。请看下面的描述：

“心有大我，让他的行止有了山的巍峨；至诚报国，让他的胸怀有了海的辽阔。他以战略科学家的气魄，为国家地球深部探测技术运筹帷幄；他以教育家的身姿，为培养学生尽心尽责；他似一朵浪花撞击着梦想的礁石，又像炽热的熔岩冲出地壳，奔涌燃烧，光芒四射直至生命的最后一刻。”

“一个人的成长成才，有其宏大的时代背景和独特的心路历程。

刚刚大学毕业的黄大年，在毕业留念册上，就写下了这样的豪言，‘振兴中华，乃我辈之责！’

‘父辈们的祖国情结，伴随着我的成长、成熟和成才，并左右我一生中几乎所有的选择。这就是祖国高于一切！’从他的一份工作自述中，也能清晰地管窥他高尚的内心世界。

这是怎样一位纯粹的、有情怀的、赤胆忠心的科学家！”

请再看下面的描述：

“‘对我而言，我从未和祖国分开过，只要祖国需要，我必全力以赴！’黄大年虽然身在海外，但一颗心，时刻准备着回来。

作为享誉世界的地球物理学家，黄大年在英国搞科研，始终是一个被追赶者，但他并不觉得荣耀，因为他是‘有祖国的人’。

‘作为中国人，无论你在国外取得多大成绩，而你所研究的领域在自己的祖国却有很大差距甚至刚刚起步，那你都不是真正意义上的成功。’

满腔赤子情，一颗报国心。对于黄大年来说，学成归来，报效祖国，才是最大的成功，才是今生今世最大的价值。”

“本领过硬，黄大年成为国际著名航空‘地球物理探测技术专家，受到国际同行的尊敬’。”许多年后，当黄大年带队到他曾经工作过的英国公司考察时，对方安排他们参观正在研发装置的核心部分，甚至不吝介绍其中的重要参数。此情此景，让随团考察的中科院院士罗俊感慨万分：“我从事这项工作多年，还第一次受到西方发达国家如此隆重的接待。”

“一晃10多年，英国俨然成了黄大年的第二故乡。事业有成，收入优渥，有花园洋房，妻子在伦敦经营着两间诊所，女儿也上了大学，一家人的生活安逸舒适。

可是，他心里始终有一团熔岩渴望爆发、渴望奔涌，渴望将这份光与热奉献给祖国。”

“黄大年需要祖国，祖国也需要黄大年。

‘多数人选择落叶归根，但是高端科技人才，在果实累累的时候回来，更能发挥价值。现在正是国家最需要我们的时候，我们这批人应该带着经验、技术、想法和追求回来。’在黄大年给刘财（时任吉林大学地球探测与技术学院院长）的一封邮件中，爱国之情一览无遗。”

“黄大年（回国7年后）在朋友圈中这样写道：

‘从海漂到海归一晃18年，得益于国家强大后盾，在各国才子强强碰撞的群雄逐鹿中从未言败，他几乎从未败过！有理由相信，回归到具备雄厚实力的母校，只要大家团结和坚持，一定能实现壮校情、强国梦。’”

通讯中，还有一段感人至深的文字：

“人的生命相对历史的长河不过是短暂的一现，随波逐流只能是枉自一生，若能做一朵小小的浪花奔腾，呼啸加入献身者的滚滚洪流推动人类历史向前发展，我觉得这才是一生中最值得骄傲和自豪的事情。”

斯人已逝，当人们今天再次翻看黄大年在1988年写的这份充满理想主义和浪漫主义的入党志愿书，无不为之动容。

这段文字，像一个预设的程序，在对初心的坚守中，完成了一次伟大的运行；

这段文字，更像一粒饱满的种子，虽历经风雨寒暑，最终扎根沃土，华盖参天，达成了一个完美的心愿。

黄大年是一代人的楷模，是中国知识分子的楷模，是460万留学生的楷模，正如清华大学副校长施一公教授所说，“他的精神感染、激励和鼓舞的绝不仅仅是一个团队、几届学生、一所学校，而将是一个领域、一批学子、一代人。”

从上述引文中不难看出，这是一篇不可多得的优秀人物通讯。

在党中央2019年8月27日公示的“共和国勋章”建议人选中（如前所述，2019年9月17日习近平主席令已授予黄旭华“共和国勋章”）是这样介绍黄旭华的：中共党员，中国船舶重工集团719所名誉所长、原所长，中国工程院院士。他隐姓埋名几十年，为我国核潜艇事业奉献了毕生精力，为核潜艇研制和跨越式发展作出卓越贡献。在某次深潜试验中，他置个人安危于不顾，作为总设计师，亲自随产品深潜到极限。荣获国家科学技术进步奖特等奖和“全国先进工作者”等称号。

下面请看在《“我的一生属于核潜艇属于祖国”》这篇通讯中是如何表现黄旭华的先进事迹的?

47年前的12月26日，我国第一艘核潜艇下水——在没有任何外援的情况下，我国仅用10年时间就研制出了国外几十年才研制出的核潜艇。

当这个承载着中华民族强国梦、强军梦的庞然大物从水中浮起时，我国第一代核潜艇总设计师黄旭华难掩激动，泪流满面……正是包括他在内的无数人的艰辛付出，才使中国成为世界上第五个拥有核动力潜艇的国家。由此，黄旭华的名字与核潜艇紧紧地联系在了一起。

再往后，不少人称他为“中国核潜艇之父”，但黄旭华婉拒美意。这个为了核潜艇隐姓埋名30年、奉献了毕生精力的九旬老翁，哪里在乎什么名头，他只是觉得：“这辈子没有虚度，我的一生属于核潜艇、属于祖国，无怨无悔！”

再请看黄旭华及其团队是如何攻坚克难建成我国第一艘核潜艇的?

功夫不负有心人。一次，有人从国外带回两个美国“华盛顿号”核潜艇模型玩具。黄旭华如获至宝，把玩具拆开、分解，他兴奋地发现，里面密密麻麻的设备，竟与他们一半靠零散资料、一半靠想象推演出的设计图基本一样。“再尖端的东西，都是在常规设备的基础上发展、创新出来的，没那么神秘。”从此，黄旭华更加坚定了信心。

没有现成条件，他们就“骑驴找马”、创造条件，甚至靠着算盘打出一个个数据。

“绝不能等有条件再说，有驴先骑驴，什么时候有马了再骑马，总比停在原地好！”研制核潜艇，要运用各种复杂、高难度的运算公式和数字模型。如今的计算机一秒钟能计算上万次，但在当时，黄旭华他们连计算器也没有，只能用算盘、计算尺。谁曾想到，这些体量巨大的关键数据，都是大家用一把把算盘噼里啪啦打出来的。为了保证计算准确，黄旭华将研制人员分成两组，分别单独进行计算，获得相同答案才能通过，出现不同结果就推倒重算，“我们常常为了一个数据，日夜不停、争分夺秒地计算。”

对核潜艇来说，稳定性至关重要，太重容易下沉，太轻潜不下去，重心斜了容易侧翻，必须精确计算。然而，艇上的设备、管线数以万计，如何才能精密测出各个设备的重心，调整出一个理想的艇体重心呢？

因陋就简，勤能补拙。黄旭华想出了现在看来十分“笨拙”的土办法：把科技人员派到设备制造厂去弄清每个设备的重量和重心，设备装艇时，在艇体进口处放一个磅秤，凡是拿进去的东西都一一过秤、登记在册，大小设备件件如此、天天如此。有人嘀咕：“我们是来干大事业的，做这些初中生都可以做的小事，大材小用。”黄旭华抽出时间挨个谈话，他说：“每个人手中的每一件小事，最终都归结到我国第一代核潜艇的性能上；稍有不慎，可能造成不可挽回的损失。”正是这样的“斤斤计较”，使得这艘排水量达数千吨的核潜艇，在下水后的试潜、定重测试值和设计值毫无二致。

看了以上的叙述，我们情不自禁地为黄旭华及其研制团队的脚踏实地、不畏艰难、苦干加巧干的精神所感动，要为他们大唱赞歌！

什么叫“跨越式发展”？“当时，世界上最先进的核潜艇是‘水滴形’。美国为实现这种艇体构造，谨慎地走了三步：先把核动力装置装在常规潜艇上，建造水滴型常规动力潜艇，再把两者结合成核动力水滴型核潜艇。我们是不是也要三步走？‘必须三步并作一步走！’黄旭华大胆提出，既然国外已经成功地将水滴型艇和核动力结合，就说明这条路切实可行，‘一万年太久，只争朝夕。我国国力薄弱，核潜艇研制时间紧迫。’在他的主导下，中国‘三步并成一步’，直捣龙潭。”“……黄旭华和同事们义无反顾地摸索前行，最终使我国第一首核潜艇顺利下水，让中华民族拥有了捍卫国家安全的海上苍龙。更让黄旭华自豪的是：‘我们的核潜艇没有一件设备、仪表、原料来自国外，艇体的每一部分都是国产。’”

最后，请看通讯中画龙点睛的描述：

老骥伏枥，志在千里。1988年初，核潜艇按设计极限在南海作深潜试验。内行人明白，这是一次重要试验，也是一次极其危险的试验。20

世纪60年代，美国一艘王牌核潜艇就曾在做这一试验时永沉海底。为了安定试验队伍军心，年过六旬的黄旭华以总设计师身份亲自登艇，现场指挥极限深潜，成为世界上第一个参与核潜艇极限深潜的总设计师。

试验成功后，黄旭华激动不已，即兴挥毫：“花甲痴翁，志探龙宫，惊涛骇浪，乐在其中！”

通读这篇通讯，使人切实地感到，作者全面深刻、细致入微、通俗易懂地将黄旭华超人的崇高思想和精神面貌做了充分的表现，值得我们学习。

由于黄大年、黄旭华身上的高尚品德、精神境界同新时代中国特色社会主义的时代精神、社会情绪的节奏合拍，又是眼下党和政府大力提倡的、人民群众所追求的。因此，这两个典型具有时代意义，引起了人民群众感情上的共鸣。

下面我们再看另一个先进人物的典型屠呦呦。

在党中央公示的“共和国勋章”建议人选中（如前所述，2019年9月17日习近平主席令已授予屠哟哟“共和国勋章”）是这样介绍屠呦呦的：中共党员，中国中医科学院中药研究所青蒿素研究中心主任。她60多年致力于中医药研究实践，带领团队攻坚克难，研究发现了青蒿素，解决了抗疟治疗失效难题，为中医药科技创新和人类健康事业作出重要贡献。荣获国家最高科学技术奖、诺贝尔生理学或医学奖和“全国优秀共产党员”“全国先进工作者”“改革先锋”等称号。

请看下面两篇新闻通讯是如何报道屠呦呦的先进事迹的。

《屠呦呦团队“青蒿素抗药性”获新突破（主题）研究成果获世界卫生组织和国内外权威专家的高度认可（副题）》

屠呦呦近日接受新华社独家专访时表示：“未来很长一段时间内，青蒿素依然是人类抗疟首选高效药物。”

（载2019年6月18日《北京青年报》）

《诺奖获得者屠呦呦北京时间今晚瑞典登台演讲 回首一生，85岁老人常记70年前哥哥一句告诫（引题）学问决不能使诚心求它的人失望（主题）》

（载2015年12月7日《北京青年报》记者张嘉报道）

这两篇新闻通讯报道了屠呦呦及其团队的研究成果。

新华社记者在新闻和专访中报道：经过三年多科研攻坚，屠呦呦团队在“抗疟机理研究”“抗药性成因”“调整治疗手段”等方面终获新突破，提出新的治疗应对方案：一是适当延长用药时间，由三天疗法增至五天或七天疗法；二是更换青蒿素联合疗法中已产生抗药性的辅助药物，疗效立竿见影。

国际顶级医学权威期刊《新英格兰医学》杂志（NEJM）近期刊载了屠呦呦团队该项重大研究成果和“青蒿素抗药性”治疗应对方案，引发业内关注。

屠呦呦认为，解决“青蒿素抗药性”难题意义重大：一是坚定了全球青蒿素研发方向，即在未来很长一段时间内，青蒿素依然是人类抗疟首选高效药物；二是因青蒿素抗疟药价格低廉，每个疗程仅需几美元，适用于疫区集中的非洲广大贫困地区人群，更有助于实现全球消灭疟疾的目标。

“全球疟疾防控与中国政府提出的构建人类命运共同体的行动倡议主旨高度一致。”世卫组织全球疟疾项目主任佩罗德·阿隆索说，“截至目前，青蒿素联合疗法治愈的疟疾病患已达数十亿例。屠呦呦团队开展的抗疟科研工作具有卓越性，贡献不可估量。”

在《学问决不能使诚心求它的人失望》中，有这样一个小标题：“领取诺奖前两天叮嘱所长要不断创新”。文中写道：“屠呦呦认为，一些地区大规模使用青蒿素预防疟疾的做法，是产生药物抗药性的一种潜在因素，希望国际社会规范疟疾治疗方法，停止对青蒿素的药物滥用。”12 月 2 日晚上，就在前往斯德哥尔摩领取诺贝尔奖的前两天，屠呦呦还对中国中医科学院中药研究所所长陈士林谈到创新的重要性。她说：“如果当年发现青蒿素抗疟有什么秘诀，那就是创新，要想着各种办法进行试验。现在，要使青蒿素不断焕发新的生命力，就依然要不断创新。只有这样才能取得成功。”对于 85 岁的屠呦呦而言，创新不是一个时髦的词汇，而是她始终践行的理念，更是她科研成功之路的关键。

这两篇新闻通讯用朴实无华、确凿准确、赋予科学性的笔调，对屠呦呦及其团队的研究成果做了充分的报道，从中也可窥见屠呦呦的精神风貌和人格魅力。

我们强调人物通讯要着力反映人物的先进思想和精神境界，就是防止单纯介绍人物的活动和事迹，而是要在写人物的活动和事迹的过程中着眼于写人，写人又着眼于反映人的思想面貌。人物通讯要把写人放在更加突出的位置上，以人物为中心，要求集中写出一个英雄人物或先进人物的形象来。不过，写人物的思想境界、崇高风尚时，要实事求是，讲究分寸，留有余地，不要把话说满说绝，更不能夸张和任意“拔高”。

二、采用多种手法刻画和表现人物的个性特征

不管写什么样的人物，要写出人物的个性特征，就是说你所写的这个人物要同你写的别个人物，或者其他人写的别个人物要有所区别，不至于写什么人都是一个面孔。

怎样才能把人物的个性特征刻画和表现出来呢?

（一）描述人物具有特征性的行动来表现人物

在《学问决不能使诚心求它的人失望》中，为了研制青蒿素，屠呦呦经历了190次试验的失败，直至191次终获成功，以及不顾个人安危，以身试药等一系列有特征性的行动，十分鲜明生动地刻画出了屠呦呦的个性特征。请看通讯中的精彩描述：

1967年，全民抗发疟疾523项目启动，屠呦呦与同事调查了2000多种中草药制剂，选择了其中640种可能治疗疟疾的药方，最后从200种草药中得到380种提取物用于小白鼠身上抗疟疾检测，但进展并不顺利。在困境时，东晋葛洪的《肘后备急方》给了她灵感。1971年10月4日，屠呦呦第一次成功地用沸点较低的乙醚制取青蒿提取物，并在实验室中观察到这种提取物对疟原虫的抑制率达到了100%。这个解决问题的转折点，是在经历了第190次失败之后才出现的。尽管从中国传统医学文献中得到了很大的启发，但还有大量筛选鉴别工作需要去做。青蒿只是传统中草药中的一个类别，其中包括了6种不同的中草药，每一种都包含了不同的化学成分，治疗疟疾的效果也有所不同。

青蒿素治疗疟疾在动物实验中获得了完全的成功，那么，作用于人

类身上是否安全有效呢？为了尽快确定这一点，屠呦呦和同事们只能以身试药。1972年7月，屠呦呦等3名科研人员一起住进了北京东直门医院，成为首批人体试毒的“小白鼠”。短时间内提取大量青蒿提取物，困难重重。“文化大革命”期间，业务工作都停了，根本没有药厂可配合。当时为了争取时间，课题组“土法上马”，用七个大水缸代替实验室常规提取容器，中药所又增派人员，开始大量提取青蒿乙醚提取物。课题组姜廷良说：“乙醚等有机溶媒对身体有危害，当时设施都比较简陋，没有通风系统，更没有实验防护，大家顶多戴个纱布口罩。”

回忆那段攻坚期，屠呦呦的丈夫李廷钊很心疼妻子：“那时候，她脑子里只有青蒿，回家满身都是酒精、乙醚等有机溶剂味，还得了中毒性肝炎。”最终，实验得以成功，屠呦呦表示：“青蒿素是一个古老中药的真正馈赠。我相信，中国医药将帮助我们战胜危害世界各地人们生命的疾病。”屠呦呦在发表于《自然》上的论文中写道：“我的梦想是用古老的中医药促进人类健康，让全世界的人们都能享受到它的好处。”

从上述文字中，我们不仅看到了屠呦呦一系列艰苦卓绝的行动，还见到了她深邃博大的思想境界。对于这点，通讯下面的一段更表现得淋漓尽致：

今年10月5日晚，刚刚获得2015年诺贝尔生理学或医学奖的屠呦呦通过前往看望她的有关部门负责人向外界表达的获奖感言是：“青蒿素是传统中医药送给世界人民的礼物，对防治疟疾等传染性疾病、维护世界人民健康具有重要意义。青蒿素的发现是集体发掘中药的成功范例，由此获奖是中国科学事业、中医中药走向世界的一个荣誉。”对屠呦呦来说，与获奖相比，她一直感到欣慰的是，在传统中医药启发下发现的青蒿素已拯救了全球数以百万计疟疾病人的生命。

（二）用人物个性化的语言刻画人物

要善于选择人物个性化的语言刻画人物。要力求做到像鲁迅说的那样：“如果删除了不必要之点，只摘出个人有特色的谈话来，我想，就可以使别人从谈话里推见每个说话的人物。”（《花边文学·看书琐记》）鲁迅这番话是指对生活中人物语言的集中提炼时，应达到这样的要求。写人物通讯时，也要注意提炼出人物个性化的语言。

《“我的一生属于核潜艇属于祖国”》这篇通讯，用黄旭华个性化的语言刻画黄旭华的高尚情操、精神风貌十分突出。请看下面的引文：

> 1938年，抗日战争爆发后，沿海省份学校停办，14岁的黄旭华不得不离开广东汕尾老家外出求学。梅县、韶关、坪石、桂林……在日军飞机的一轮轮轰炸下，黄旭华的求学路被迫不断转移。“祖国那么大，为什么连一个安静读书的地方都找不到？”年轻的黄旭华悟出一个道理，国家太弱就会任人欺凌宰割。出生于医生之家的他决定改行：“我要读航空、读造船，将来造飞机捍卫我们的蓝天，造军舰从海上抵御外国的侵略！”

黄旭华的这番话，点明了黄旭华从年轻时就立下了保卫祖国的志愿。

> 同年（1958年），曾参与仿制苏式常规潜艇的黄旭华因其优秀的专业能力被调往北京，参加我国第一代核潜艇的论证与设计，“我那时就知道，研制核潜艇将成为我一辈子的事业。搞不出来，我死不瞑目！”

黄旭华的这番话，说明黄旭华从接受任务之日起，就立下了“一腔凌云志”“一份创业情”。

> “只有共产党才能救中国。”早在上海交通大学就读期间，黄旭华便凭借进步的思想、出色的表现成长为地下党培养的重点对象。1949年春节期间，他终于如愿成为一名光荣的共产党员。时至今日，他依然记得当初立下的铮铮誓言：“党需要我冲锋陷阵时，我就一次流光自己的血；党需要我一滴一滴地流血时，我就一滴一滴地流！”

黄旭华的这番话，揭示了“是共产党员的忠诚信念，让他坚定了为人民服务的崇高理想”。

> “我到现在还感觉很内疚，很想念我的父母。”可是，当别人问起黄旭华对忠孝的理解之时，黄旭华淡然答道：“对国家的忠，就是对父母最大的孝。”

黄旭华的这番话，表明了黄旭华忠贞不渝的爱国情怀。

如今，为核潜艇奉献了一生的黄旭华已年满93岁，有只耳朵已听不太清，但腿脚还算利索。身为中国工程院院士、中船重工第719研究所名誉所长，他仍坚持每天从家属楼走到研究所的办公室，整理整理材料，必要时帮后辈出出主意。黄旭华说，他最希望年轻人记住一句话——“爱国主义，就是把自己的人生志愿同国家命运结合在一起，有这一点就够了。”

黄旭华的这番话，既是对年轻人的忠告，也是黄旭华一生在事业上能够获得成功的真谛之一。借此，他毫无保留地传授给后辈年轻人。

最后，让我们重温黄旭华在通讯开头部分说的一段话：“这辈子没有虚度，我的一生属于核潜艇、属于祖国，无怨无悔！”这段话是黄旭华一生的总结，用以阐明通讯的主题真是恰到好处。

在此，我由衷地佩服作者的采写功底，在一篇通讯中，竟然深入挖掘出黄旭华如此多的闪光语言。如果将这些语言串联起来，黄旭华闪耀着共产主义光辉的活生生的形象便矗立在我们的面前。

（三）用恰当的心理描写刻画人物的内心世界

人物通讯中的心理描写必须合情合理，令人可信。文字要精练，不能像文艺作品那样大段大段的心理描写。1994年5月3日《人民日报》头版头条发表的《叶乔波：用伤痛之躯托起五星红旗》（新华社通讯员曹慧民、新华社记者李月柱、《人民日报》记者曹焕荣采写）这篇通讯，通过叶乔波勇夺世界大赛金牌、冬季奥运会铜牌的感人事迹，鲜明生动地刻画了一位具有强烈爱国主义品德的“体坛尖兵”的思想境界和精神风貌。这篇通讯三部分的标题是：“血——点点滴滴，凝聚对祖国的忠诚”“汗——挥挥洒洒，熔铸奋斗者的刚强”“泪——飘飘落落，倾诉无悔的青春”。请看通讯中对叶乔波的心理描写：

燕子双手挥动着一面五星红旗，好不威风。发令枪怦然打响，叶乔波和布莱尔同时冲上跑道。猛然，叶乔波觉得膝关节一阵发软，他强令自己：“挺住！挺住！”

布莱尔跑在前面，叶乔波紧紧咬住不放。

“全力跑下200米，拼下前600米，后面的就是顶，拼着命顶，顶到哪算哪！”叶乔波一切都按照自己心理预演的进行着。

马上进入最后一个弯道。在右脚刚离地的当口，她左腿一软，身体失去平衡，差点摔倒。“顶住，死也要顶住！”

“祖国，给我一个支点吧！”

场上沸腾了。叶乔波脑子里一片空白。内行人看到，她的技术完全变了形。这哪里是在滑冰，在比赛？当她张着嘴冲过终点线的时候，双手抱着剧烈疼痛的膝盖，再也支持不住了。

记分牌上显示出叶乔波的成绩：第三名。这是一个奇迹。叶乔波拖着一条半腿，为中国队夺得了冬奥会开幕11天来的第一枚奖牌.

叶乔波站在领奖台上，眼泪再也止不住了。中国奥委会主席何振梁前来颁奖，叶乔波哭着说：“对不起，何主席，我没有完成任务。”“不要哭，乔波。你用伤痛的身躯，第一个托起了五星红旗，祖国人民感谢你！”何振梁说着泪水也夺眶而出。

叶乔波，这位冰坛铁姑娘的眼泪，像断了线的珠子，飘下来，飘下来……

通讯中几处叶乔波的心理描写，由于同叶乔波在比赛场上的行动紧紧地联系在一起，加上结尾处四段的生动描叙，不仅使读者感到可信，而且深刻地揭示了叶乔波“血——点点滴滴，凝聚对祖国的忠诚”“汗——挥挥洒洒，熔铸奋斗者的刚强”“泪——飘飘落落，倾诉无悔的青春”的崇高大无畏的精神境界，同时也深刻地揭示了通讯的主题，令人感动不已，也使读者从中受到深刻的教育。

（四）用必要的肖像描写刻画人物

要抓住特点描写，笔墨少而精。《为了周总理的嘱托……——记农民科学家吴吉昌》（新华社记者穆青、陆拂为、廖由滨采写，载1978年3月14日《人民日报》）这篇通讯中对吴吉昌有这样的肖像描写：

“当头裹白毛巾，身穿黑棉袄的农民科学家吴吉昌进门时，总理指指自己右侧的座位说：‘老吴同志，坐这里来。’”

“长期的折磨，使吴吉昌患了重病。从外表看来，他脸孔蜡黄，两腿肿胀，身似朽木，但在内心深处，一种严肃的使命感，仍然像烈火一样，熊熊不息。周总理那‘我把任务交给你了’的声音，不断在他耳边回旋……”

你看，“头裹白毛巾，身穿黑棉袄”“他脸孔蜡黄，两腿肿胀，身似朽木”，仅寥寥数语，就把一个农民科学家及其受“四人帮”迫害的外貌特征形象地刻画出来了。并用以衬托吴吉昌“内心深处，一种严肃的使命感，仍然像烈火一样，熊熊不息”的坚定革命意志。

（五）用典型生动的细节描写刻画人物

细节描写有助于突出人物的个性特征。在《亚洲大陆的新崛起——从李四光走的道路看新中国地质科学的跃进》（作者《人民日报》特约记者黄钢）这篇通讯的开头有这样的细节描写：

1949年9月底的一个夜晚，英吉利海峡的朴次茅斯港口，有一个身材高大的中国人，快步踏上了一艘开往法国的渡海轮船。当他穿过英伦海峡的迷雾，迎着海风走上甲板的时候，可以看见他的脚步稳重、矫健，他每一步的跨度，总是0.85米——这是他多年从事地质工作、长期在野外考察养成的习惯：他平时迈开的每一步，实际就成了测量大地、计算岩层距离的尺子。

这位用准确尺子走路的人，就是李四光。

但是，此时此刻，李四光在英伦海峡跨出的这一步，却不是普通的0.85米，而是结束了他在旧中国旧世界半个世纪多的生活斗争历程的一步。

这样的细节描写不仅鲜明准确地刻画出李四光作为一个地质工作者的特征，而且“是有象征性的。延伸到他是一步从旧世界跨到新世界”（引自黄钢采写《李四光的体会》），使其更具有深刻含意。

三、人物通讯的多种取材形式

（一）写人物的一生

作为重大典型来宣传，可以写先进人物战斗的一生、写全人全貌。例如《中国工人阶级的先锋战士——铁人王进喜》（载1972年1月27日《人民日报》）从四个方面描写了王进喜同志光辉的一生：一不怕苦二不怕死的铁人、捍卫毛主席革命路线的英雄、胸怀远大目标的革命先锋、为革命鞠躬尽瘁奋战终生。

（二）以一个主要事件贯穿始终

新华社记者顾洪洪采写的《杏林奇葩又一枝——张朝堂“神刀”绝技目击记》（载1993年1月27日《新华每日电讯》）这篇通讯就是采用了这种取材形式。通讯开头的一段写道：

> 久闻咸阳有个“神刀”张朝堂。病人在他那里做手术，不觉痛苦，也不流血。听来虽然很神，但总有点半信半疑。这次到咸阳亲眼看了张朝堂给病人做手术，才真正叹服于他的神刀绝技，如果用“剜肉若等闲，剔骨谈笑间”来形容也不过分。

在开头这一段，鲜明地告诉读者“亲眼看了张朝堂给病人做手术，才真正叹服于他的神刀绝技”。接下来的四段，描述了先后为“一个小伙子”“一个中年妇女”“一个干瘦的老太太”和另一位“中年妇女”做手术的情景，都证实张朝堂的神刀绝技。

为了进一步说明张朝堂的绝技是怎样得来的，通讯在结尾的一段写道：

> 看了张朝堂的“神刀”绝技，我们不禁想了解他的绝技是怎样得来的。张朝堂说：“我从9岁开始跟姑父学医，至今已30多年了。在继承前人成果的基础上，千辛万苦才制成了‘双止灵’这一神药。有了这种药后，由于病人手术时不疼痛、不流血、不感染，所以，许多外科手术都变得十分简单了，就像你们刚才看到的一样。如今，经我手治疗的病人已有近20万人次，治愈率在90%以上。”

有了最后一段，使读者对张朝堂的“神刀”绝技确信无疑。经张朝堂治疗的病人“已有近 20 万人次，治愈率在 90% 以上”这一概述，进一步证实了张朝堂的“神刀”绝技的成功有效。

（三）从几个侧面反映人物的事迹

前面写到的《叶乔波：用伤痛之躯托起五星红旗》这篇通讯，就是从三个侧面反映叶乔波的先进事迹。

（四）从一个侧面取材

《女局长的星期天》（载 1991 年 3 月 9 日《人民日报》）这篇通讯，写局长，单写局长的星期天，集中一点，不计其余，选择的这个事实就很鲜明突出。表现这个事实时，不仅写了这位水利局长、高级工程师“92 个星期天，基本上是在水利工地、防汛指挥第一线上度过的”有关这一事实的全面情况，还着重具体地描述了这位水利局局长两个星期天的活动。一个星期天是，淮阴“全市农田水利建设正是较劲的时候”，“从山东、安徽两境洪水飞速而下，一时间把沭阳县茆圩乡全部淹没，一万多人无家可归”。“她立即赶赴受灾地点”“指挥抗洪抢险”；“带头冲上大堤把生命放在死亡边缘”。另一个星期天是，“她连续跑了泗阳、淮阳、涟水、淮安等 20 多处水利工地，检查督促施工。”这就使读者看到了所报道事物的广度和深度，增强了通讯的说服力。

（五）截取一个横断面

今晚报记者李永君新华社记者张淑英采写的《立德 立功 立言——记相声大师马三立》（载 1993 年 4 月 27 日《新华每日电讯》）这篇通讯就采用了这种取材形式。马三立从“15 岁即开始了艺人生涯”。通讯的第 2、3、4、5 段具体叙述了马三立从事相声的经历和成就，第 6 段介绍了马三立“被凑数打成了右派，从此在农村沉默了 20 载”的坎坷遭遇。可见马三立的人生经历十分丰富，而通讯在开头和结尾的两段却突出表现了马三立的人品和思想境界。请看开头这段：

马三立，今年已经80岁高龄，在相声界辈高人鼎。相声界的后辈们对他十分敬重。但他总说："不应再论资排辈儿了，同是说相声的，谁的成就大我们就可以称老师，对于辈分比自己小而艺术上令人服的也应以他为师，师不分长幼。……如果觉得我的艺术还行，称我为老师比什么都强。"寥寥数语，可窥人品。

再看结尾这段：

1984年秋天，年已七旬的马三立加入了中国共产党，新的生命赋予马三立新的使命和任务。他更忙了。除去参加各类演出，社会活动接踵而来；出席各种会议，讲相声艺术，为大学师生讲相声语言，给漫画学会讲幽默，在幼儿师范学校讲表演，在医院讲医德，在劳改局给犯人们讲如何重新做人……作为一名艺术家，马三立大大突破了职业活动范围，全身心地投入社会。他告诉记者："古书曰：君子有三立，即立德、立功、立言。名字由此而来。我这一生也要永远朝着这个方向努力。"

你看，开头一段讲马三立的人品，最后一段落脚点也是讲马三立的人品和政治上的追求目标。年已70高龄的马三立加入了中国共产党，真令人敬佩。

（六）写人物的群像

新华社记者揭衍珍、曹国强采写的《艰苦创业新篇章——今日"南京路上好八连"》（载1993年4月25日《新华每日电讯》）这篇通讯就是写人物的群像。请看通讯的开头：

4月25日是"南京路上好八连"命名30周年纪念日。

30年，沧桑巨变，好八连这面旗帜变得更加鲜艳了。从当年脚穿草鞋巡逻在南京路上，到今天投身于改革开放的大潮，官兵们始终以艰苦奋斗为荣，以无私奉献为本，谱写着艰苦创业的新篇章。

这个开头，从总的方面概括了"南京路上好上好八连"这个集体的崇高品格。

接下来，通讯用四部分以具体的事实印证了好八连的崇高品格。

第一部分，写了"节约一滴水、一分钱、一度电、一粒米、一寸布的传统，被好八连视为宝贵的精神财富，代代相传"。三箱一包（理发箱、木工箱、修鞋箱、针线包），每年老兵退伍前都要交接。“全年官兵一直是头发长了自己理，营具坏了自己修，鞋子、衣服破了自己补。”

这部分写了好八连的集体形象，并着重写了五个人的活动：

一位军校毕业生分到八连，一天，他组织战士们做丢手绢的游戏。游戏后，他就把手绢扔了。不料，第二天这块手绢又回到了他的床头。手绢被洗得干干净净，叠得方方整整，撕破的地方还绣了一朵梅花。手绢下面压着的纸条上写着：“尊敬的排长，请收下连队的传统。”

这一段描述了一位新来好八连的军官和一位好八连老战士的生动形象。

无独有偶，军校毕业的一位“学生官”一次吃饭时，把一粒米（饭粒）掉在桌上，坐在旁边的一位老战士默不作声地捡起来吃了。这个小小的细节在这位“学生官”的脑海里留下了难以磨灭的印记。

这一段描述了另一位新来好八连的军官和好八连另一位好八连老战士的生动形象。

条件好了为什么还要发扬艰苦奋斗的光荣传统？好八连现任指导员李晓明对记者说：“艰苦奋斗是我党我军‘传家宝’。革命前辈靠艰苦奋斗创造了辉煌的业绩；今天改革开放，建设有中国特色的社会主义的伟大创业实践，仍需要我们去艰苦奋斗。”

这里写了一位懂得我党我军“传家宝”的光辉业绩，心怀改革开放政治目标的指导员的鲜明形象。

第二部分，着重写了好八连官兵应该树立什么样的价值观。“当社会上有人用金钱作为砝码来衡量人生价值时，军人的荣誉受到了挑战。生活在大上海这个商品世界的八连军官，受到了严峻考验。”八连党支部敏锐地意识到“拜金主义的影响，以及背离社会主义价值观念、道德的东西，仍然会潜移默化地濡染着战士们。必须引导官兵们直面人生，用光荣传统的力量，抵制一切腐朽思想的侵蚀，永葆革命战士的本色。”强调“金钱既不是幸福的象征，更不是人生的目的，奉献比金钱更有价值”。“这话，是八连官兵认识上的升华，更是他们行动的写照。”

鲜明地刻画了八连党支部是一个坚强的战斗堡垒的光辉形象。

接下来写了三件具体事印证官兵的价值观：一是写老战士沈宁拾到一个精致的钱包，把钱包交给了连队领导；二是司务长汪学海一次在余姚路菜市场买菜，一位摊贩为了抢生意，故意将发票金额多开了几元钱。汪学海拒收这张发票，要求摊主重新如实开一张发票；三是八连的社会活动多。作报告、做好事几乎天天都有。官兵们都是自己掏钱买票坐公共汽车，回来从不要连队报销。“因为他们懂得，生活的意义并不表现在对金钱的偏爱，奉献的价值也不能用金钱来衡量。”

第三部分，写了“好八连官兵认为，在新的历史条件下，保持和弘扬连队的光荣传统不是固守过去的生活方式，强调艰苦奋斗，重在创业”。接下来写了下面的事实：“为了增强体质，八连天天坚持早晚练长跑，不管炎夏还是寒冬”。没有训练场地，“充分利用狭小的空间搞训练”。“为了练瞄准，他们用废旧材料做一根只有正常制式靶五分之一的靶杆。”“没有标准的投弹场，就用背包带拴在围墙的钢筋上，按投弹要领，练挥臂动作，全连拉断了 17 根背包带。”“奋斗使全连投弹成绩提高到优秀水平，其他科目也跃上新台阶。1990 年，连队获得警备区步兵专业比武第一名；1991 年，5 个参考科目全部获得大军区和警备区的优秀成绩；1992 年，全连训练成绩总评优秀，连进攻实弹战术演习获全团第一。”此外，还写了“好八连的艰苦奋斗精神”在支援地方经济建设中放射出更加夺目光彩的一些感人事迹。

第四部分，写了在改革开放的新形势下，好八连的官兵们刻苦攀登科学文化高峰的事迹。为了充实、丰富自己，经过刻苦努力，“八连副指导员许方勇中尉自己创作、自己朗诵的《上海的速度》诗歌，获上海《文学报》主办的‘壬申元宵诗会’唯一的一等奖”。“为了满足官兵们成才的强烈愿望，连队开办了‘文化夜校’”：“开办了‘社会主义市场经济讲座’，请地方英语老师讲授英语”，“请复旦大学新闻系老师开办新闻报道系列讲座，请地方音乐老师辅导乐理知识，并经常组织战士参加共建单位举办的理论研讨、知识竞赛、读书演讲、文艺联欢、体育比赛等活动”。“科学文化知识丰富了八连艰苦奋斗的内涵，提高了官兵们为人民服务的本领”，在支援地方经济建设中，创造了“一桩桩令人欣慰的新事，给老传统增添了时代的光彩。”

全篇通讯写了八个个人的事迹，七处好八连官兵们的集体事迹。而且穿插了一些生动感人的事例。令人耐看，而不感到枯燥乏味。

人物通讯究竟采用哪种取材形式，要根据采访中获得的素材而确定。

四、正确表现先进人物与党的领导和群众的关系

先进人物是群众的优秀代表、先进典型，同时，他们又是群众中的一员。群众的实践，造就了优秀人物。真正的先进人物总是在党的哺育下成长起来的，深深地扎根于群众的土壤之中，与广大群众同呼吸、共命运，血肉相连，并且能够带领群众前进，先进人物之所以能够创造出先进业绩，也总离不开党的领导和群众的支持与帮助。要防止用贬低领导的作用和群众的帮助来抬高先进人物。前面写到的表现黄大年、黄旭华、屠呦呦的三篇通讯中在这方面处理得当，既突出了党对他们的领导教育，又表现了科研中团队的作用，不是孤立地写先进人物的事迹。这样可以避免在群众中起副作用。

第三节　人物新闻通讯的采访方法

（一）深入挖掘反映人物时代精神的事实材料，使人物新闻（消息）通讯具有针对性、现实性、时代感。要根据人物消息、人物通讯不同的写作特点的需要，深入挖掘各种典型的事实材料

在这方面，高级记者、《科技日报》记者部主任郭梅尼的采写经验值得借鉴。1988 年她采写的通讯《通往科学家之路——记著名科学家钱三强在居里实验室的十年》（载 1988 年 2 月 23 日《科技日报》），在海内外科技界获得普遍好评。为了写这篇通讯，郭梅尼采访钱三强前后 5 次。他和钱老谈了三次以后，就写了一个初稿。“但是，自己看来看去，像是一篇‘原子史话’。”她又反复研究采访笔记和有关资料，后来，列出了一份第二稿的写作提纲。提纲共分五个部分，其中后两部分，钱老在采访中都未向她提起。把这份提纲寄给了钱老。这份初稿和第二稿的提纲，使钱老了解了她的意图。钱老按

照她提纲中提出的问题，仔细地给她提供了相当长的文字材料和有关资料。看完这些材料和资料以后，她又进行了两次深入一步的采访。最后，她终于写成令钱老满意、一些物理学家“也无可挑剔”的优秀作品。［参见 1988 年第 10 期《中国记者》郭梅尼所写《怎样采写科学家（下）》］

郭梅尼是怎样深入挖掘反映时代精神的事实材料，使通讯具有针对性、现实性、时代感的呢？郭梅尼在谈到采写经验时她写道：“据我了解，我国科技人员中，特别是青年中，存在着动手能力差或者不重视动手能力，不愿做具体工作的问题。中外一些大科学家的经历和主张告诉我们，动手能力是取得科研成果的重要手段。轻视动手能力是出成果、出人才的一种思想障碍。针对这个普遍存在的矛盾，在采写这篇通讯时，我便抓住了钱三强和他的老师约里奥的‘动手能力’，充分地写了一番。”“在采写中，我选择哪些科学思想、科学精神和科学方法，运用哪些典型事例说明问题，都要放在当今时代的大背景下来衡量，才能使它更富有时代感，对当今的读者具有现实意义。”请看郭梅尼在通讯中是如何表现钱三强和他的老师约里奥的“动手能力”的：

> “约里奥的动手能力很强，自己会上车床，和市郊小工厂的师傅们混得很熟。有一天，他问我：‘你会不会金工？’‘会一点。’我在清华大学时选修过这门课，这下用上了。‘那好，我带你一起去一趟，以后你自己就可以去了。’他来到郊区的小工厂，和工人们说着土话，像老朋友似的，一边抽着烟，一边拍着他们的肩膀，把他画的草图交给他们，把自己的意图一讲，工作师傅很快就给他做好了。然后，他自己再动手改改，就成了。他对我说，实验室的工作如何能实现？很重要的是要使工人感到是合作，而不是受命去工作。”
>
> “我去时，他正在搞回旋加速器，这是欧洲的第一台，战争中德国法西斯就想要占有它。他自己设计的云雾室，自己不断动手改造它。我去时，他又设计了一个新的，让我和他一起干。后来，又要我按他的原理再设计一个。和我一起干的还有一个荷兰人。”
>
> “第一天，他整天和我们一起干，把所有的设备都拆下来，洗得干干净净。他告诉我们，设备里不能有任何一点点脏东西。我们做时，他

常来看，动手调调，问问有什么问题。他做出来的有效时间是2/10秒，我做出来的是5/10秒。他高兴地说‘你这个装好后放在居里实验室。’”

约里奥的动手能力和与工人师傅的合作关系，给钱三强留下非常深刻的印象。他深有体会地说：“每个人都有许多好的愿望，但愿望不一定都能实现。要使愿望实现，非通过实践不可。比如实验室的工作，很重要的是要自己动手，与工人合作好。约里奥这两点都不错，所以一些好的想法都能实现。”

郭梅尼说：“从文中我们看到，诺贝尔奖获得者、著名科学家约里奥的动手能力、对待科学工作的严谨作风以及对动手能力的观点。约里奥尚且如此，一般的科学工作者又有什么理由轻视动手能力呢？因此，抓这样的典型事例来解决普遍存在的矛盾，才能更加具有说服力。”［以上引文转引自1988年第9期《中国记者》郭梅尼所写的《怎样采访科学家（上）》］

（二）要在深入采访的过程中捕捉能够反映新闻通讯人物最本质特征的典型材料

不管是通讯还是消息中的典型材料，不能靠作者的想象，而要在深入采访中捕捉和挖掘。如前所述，黄钢同志采写的《亚洲大陆的新崛起》的开头所写的一个典型的细节，既能表现李四光准确的工作作风，又能表现李四光的个性特征。据说进地质学院第一课就是学走步。并进一步“引申到他这一步是从旧世界跨到了新世界”的深刻含意。这个具有个性特征和深刻含意的典型细节，就是黄钢同志采访李四光的学生许杰同志时挖掘到的。

（三）要同采访对象交朋友，深入挖掘能够反映先进人物崇高的思想境界和精神风貌的典型事实

采访先进人物的事迹比较容易，难的是挖掘先进人物的思想境界，揭示人物的精神世界。因为人的思想是看不见摸不着的，不像事迹那样外露，容易为周围的人们所知道。另外，先进人物都很谦虚，不肯说出自己的思想境界。但是报道中如果不写出人物的思想就缺少灵魂。因此，必须努力挖掘。

《光明日报》采写《贴心人》（写科研单位的好干部、好后勤的中国科学院数学所五科室党支部书记李尚杰）的记者林玉树在体会中谈到，为了挖掘先进人物的思想境界，要有心与采访对象交朋友。林玉树第一次采访李书记时，不管怎么问他，他就是不说。记者决心想办法去同他交朋友。从经常的接触中，熟悉他，了解他。有一次，李书记病了，记者去看望他。进门时，李书记正躺在床上。李书记见张广厚把记者带了进来，想起床，又起不来。他躺在床上一边同记者打招呼，一边对张广厚说："你赶快到所里去汇报一下，上午中关村医院的大夫对我说，陈景润同志的病又加重了，让组织上劝他去治疗。"李书记自己病得都起不了床，心里还惦着科研人员。这种优秀品德使记者感触很深。但是，他为什么这样关心同志？后来从记者同李书记的深谈中，终于找到了答案。北京一解放，李书记就参加了中国人民解放军。有一段时间驻在南京。冬天天气冷，他衣服单薄，有一位老同志把一条毛裤送给了他。这条毛裤是那位老同志当年给周总理当警卫员时，周总理送给他的。这位同志又把这条珍贵的毛裤送给了老李。李书记说，他在部队里感到了党的温暖，现在自己做的工作还差得远呢！记者从这句话中看到了李书记的思想：原来李书记所做的一些平凡的事情是党的优良作风的进一步发扬。细微之处见精神。记者又利用一个星期天，专程去看望李书记。这一天，从上午九点半一直谈到下午四点半，终于把李书记的精神面貌反映出来了。

（四）采访头面人物、风云人物、高层领导时，必须胸有成竹，大胆出击。从正面和侧面深入采访

《文汇报》1979 年 9 月 14 日刊登了记者郑重采写的一篇通讯：《他掌握了自己的命运——访荣毅荣》（荣毅荣当时是国际贸易总公司经理）。开始采访时，一位记者首先采访荣毅荣本人。采访了 20 分钟，荣毅荣不谈了，成了僵局。后来只得换了另一位记者——郑重去采访。这位记者换了一种方法，先从侧面采访，然后找荣本人采访，找荣的夫人采访。在采访荣本人之前，花一周时间，采访了荣的两个女儿、妹妹、姐姐、姐夫和荣身边的工作人员、领导工商联的和外贸局的有关同志。新中国成立以后有关荣毅荣的文章他都找来看了，做到胸有成竹。然后选择适当的时机，约定采访时间。郑重头天晚上十一时半给荣毅荣家中打电话，想了解一下他的态度，并告诉荣毅荣，是编辑部派他专程来北京访问他的，想约第二天见他。荣毅荣当即同意第二天上午八时半记者到史家胡同住地接受采访。由于郑重对荣毅荣的情况很熟悉，运用了掌握的材料，谈了一些尽量能够引起他回忆的事，使他倍感亲切。后来又谈了两三次，共谈了四个半天。接着又同荣毅荣的夫人谈了两个半天。他们着重谈了荣毅荣的思想改造过程。由于正面采访与侧面采访结合得好，采访很顺利。荣毅荣及其夫人都谈得比较坦率。经过“三反五反”“反右斗争”“文化大革命”风浪的考验，他都能忍受得住，说明他爱国主义精神强。民族资产阶级的两面性着重写他的爱国主义精神。从开始对共产党半信半疑，只能举一只手赞成共产党，到后来要举起双手拥护共产党，到最后成为自食其力的劳动者。是什么力量促使他能够接受改造的呢？是党正确执行了对民族资产阶级的政策，是党对他的帮助、教育。陈毅同志、周总理都曾关怀过他，让他为社会主义建设事业发挥作用。稿子写成后（共 8000 字），荣毅荣看后反映比较好，只提了一个修改的地方，把“三反五反”时的“偷税漏税”改成资本主义经营方式。

（五）深入新闻通讯发生的现场观察，获取第一手的典型生动的材料，达到作品以情动人的效果

记者要学会运用自己的眼睛观察。因为眼睛是人身上最灵敏的一个器官。从现场观察、体验中，获得真情实感，进而抓住一些活生生的材料。这是把新闻通讯写得准确、鲜明、生动的一个重要途径。记者采访时，不但要口问、耳听、手记、脑思，还要眼看，把问、听、记、思、看五者结合起来。在《新闻通讯写作》第三章（第 61 页）中写到的沈鼎采写的《二十年岁月 三千里行程——许广平和海婴在纪念鲁迅逝世二十周年的日子里》这篇通讯中所写的一段感人的生动材料，就是记者运用观察的方法捕捉到的。据说当时人很拥挤，记者能够捕捉到这个生动的材料，说明记者非常留心，观察得很仔细。

（六）要把采访同写作紧密联系起来考虑问题，对写作中将要涉及的典型材料要问得细致入微

报道中所涉及的事件已成往事，现场已不复存在，要靠记者问深问细，做到能够再现当时的现场。郭梅尼在这方面有深切的体会：“一个有经验的记者，采访过程就是写作的过程。在采访时就能够判断哪些细节是写稿时用得着的，用在什么地方。采访中也就问得非常细致，以达到细节的完整，不至于造成写稿时需要的材料采访时还没问及的状况。比如，钱三强第一次见到导师里约奥·居里夫人的细节和钱三强重返居里实验室的细节，采访时，我就心中有数，知道需要充分地写，并准备将第一次见面和三十年后‘重返’呼应起来写。”请看通讯的这部分：

钱三强走进这世界上著名的实验室，心情非常激动而又紧张。他默默地随着严先生走进实验室后面的小花园。这儿十分恬静，灌木葱绿，绿草茵茵。草坪上有两张绿色的长椅，一条长椅上坐着约里奥·居里夫人，三强随着严先生坐在另一条长椅上。

“这是中法教育基金委员会考取的留学生，准备读博士。”严先生介绍说。他曾在这里实习过，对这里很熟悉。

“是做物理方面的，还是做化学方面的？”约里奥·居里夫人问。

三强听着这平易近人的问话，抬头看看坐在椅子上的约里奥夫人。她高高的额头，明亮的眼睛，朴素的穿着，和蔼可亲的气质。三强紧张的心情稍稍放松一些，忙答道：“做物理方面的。”

“那好，我负责你的博士论文。”夫人一口应承下来。

三强一直担心，他日夜向往的实验室，能成为自己工作的园地吗？他崇敬的诺贝尔奖获得者，能成为培育自己的导师吗？万万没想到，问题解决得这么痛快，他的梦想变成现实了。

“法文怎么样？”夫人问。

“从前读过，后来改学英文了，这次考试考得不错。”严先生介绍说。

夫人关心地说：“以后在实验室多和同事们谈谈话，法文就可以学

好了。我们这儿外国人不少，也有过你们中国人。”

三十年过去了。

1978年，钱三强作为中国科学院副院长，率领科学院代表团访问法国、比利时、荷兰等国。在法国访问期间，他怀着崇敬和激动的心情，重返居里实验室。

实验室依然是那样清洁和安静，一切几乎没有什么改变。实验室后面的小花园，依然是那样恬静，灌木还是那样葱绿，草坪还是那样绿茵。可是，老师呢……

突然，三强发现那两条绿色的长椅。四十年前，他跟随严先生第一次在这儿见到老师约里奥·居里夫人的情景又浮现在眼前……

这熟悉的长椅啊，这绿色的草坪。多少次，他做强放射源时，从工作室走出来，在这儿呼吸新鲜空气，通过熟悉的窗户，他看见导师在工作室勤奋地工作……

接下来，郭梅尼又谈道：“采访时，由于我心中有数，对见面时的环境、花草树木、居里夫人的相貌、穿着和相互的对话，都详细地进行了询问。比如我问钱老：‘花园里长什么树？’他说‘记不准了。但是灌木’。‘有没有草坪？’‘有。’然后，他给我画了图，详细地介绍，长椅在什么地方，草坪、小路以及夫人的工作室等等，一边谈一边又引出一些有用的细节。这些，如果采访时没有问准，写作时是不敢也不能写得生动形象的。”［以上引文转引自1988年第10期《中国记者》郭梅尼所写《怎样采写科学家（下）》］

总之，人物新闻通讯的采访要把握两条：第一，根据人物新闻通讯的写作特点的要求，采取多种采访方法。第二，要因人而异，采用适合不同新闻通讯人物的行之有效的采访方法。

2019年8月，在原讲稿的基础上修订改写

新闻通讯选评

经济学家赶集

本报讯 3月4日下午，经济学家薛暮桥到北京北太平庄农副产品市场赶集。

这位75岁高龄的老人，兴致勃勃地挤进人群，东瞧西看，问这问那。见到卖鲜鱼的，便问是怎么运进城里来的。有几个顾客正和卖主讨价还价，最后达成协议：一元二角一斤。薛暮桥同志高兴地说："好，我也买一条。"卖鱼的拣了一条又大又肥的活胖头鱼，一称，五斤重。薛暮桥一边付款，一边说："看来还是两个市场好。"买完鱼，又买了一条扦面杖。这时，一个老头在叫卖挖耳勺。他赶忙过去花三分钱买下一个，说："我很早就想买这么个小东西，总买不着，今天算是盼着了。"

赶完集，来到市场管理所。薛暮桥对管理所同志说："这样的市场多开辟几个、分散一些就更方便了，是不是可以让那些较富裕的社队自己投资建市场呢？"管理所同志说，也有个别人搞投机倒把。他说："我看要进行教育，做到公买公卖。我们以国营市场为主，农贸市场作为补充，提倡社队集体卖货，也保留少数商贩。"

（冯国熙）

（1980年4月25日《市场报》）

【简评】

借一位著名经济学家赶集的具体情景来表现城市集市贸易的优越性，真是别开生面，富有情趣。

一位全国知名、年事已高的经济学家亲自赶集，这件事在当时具有较强的新闻价值，能引起读者的兴趣。这篇新闻的作者叙事具体，并且寓理于事。新闻中写道，这位经济学家"兴致勃勃地挤进人群，东瞧西看，问这问那"，一连买了活鱼、扦面杖和挖耳勺三样东西。这些事实有力地说明了城市集市贸易给人们带来的好处。因为在这里，城市居民可以买到新鲜的活鱼，可以买到人们日常生活中少不了的小商品。在叙述事实的基础上，新闻中又用经济学家的话点明："看来还是两个市场好。"就能使读者产生共鸣。

（劳沫之）

邹振先惊人的一跳

本报讯 22日晚十时许，布加勒斯特华灯初上。"八·二三"体育场四周看台上观众的视线，一齐随着水银灯的光束，投向三级跳远的沙坑。"哗……"一阵阵雷鸣般的掌声，电子记分牌上显示出中国运动员邹振先的成绩："17.32米"！一位站在沙坑旁久久注视着邹振先比赛的英国教练对记者说："近年来，世界上能跳过17米的运动员是极少的。一向被认为世界高水平比赛的美苏田径对抗赛，今年也只跳过17.18米。邹是非常杰出的。"

领奖结束，邹振先刚走出赛场，一位罗马尼亚姑娘立即跑过去热情地在他的脸颊上吻了一下，并用中国话说："这是按罗马尼亚的方式向你祝贺。"这时，国际田径联合会主席鲍伦也从看台上站起来同他热烈握手，并带着一种年迈者特有的激情对记者说："我至少亲眼看过四次邹的表演，这次是惊人的。不仅最后一跳的纪录，整个17米的过程都是难忘的。这个成绩即使在1984年的洛杉矶奥运会上，也会赢得胜利。"

（1981年7月27日《体育报》）

【简评】

抓住新闻事件发展的高潮，并再现给读者，是特写性新闻的一个写作特色。这篇新闻的作者成功地把握了这一点，对邹振先的其他事迹一概不写，就写他"惊人的一跳"，使新闻达到了引人入胜的境地。

首先，作者以叙述和描写的手法，将这一新闻事件的高潮中有特征的片断和场面，写成特写镜头，并用作导语，生动形象，细致入微，读者看了这个导语，就情不自禁地被带到了比赛现场。

其次，在新闻的第二段，作者用同样的手法描述了两个与新闻事件有关的感人细节（一是罗马尼亚姑娘吻邹振先的脸颊表示祝贺；二是国际田径联合会主席鲍伦同邹振先热烈握手），进一步说明了邹振先的“一跳”的确是“惊人”的。尤其是权威人士鲍伦的一番话，包含了丰富的内容。从而增强了新闻的表现力。

（劳沫之）

运载火箭飞越万里长空

本报发射场5月18日电 记者王建国、侯业扬、钱钢自某发射场报道我国第一枚运载火箭发射情景称：

今天，发射场晴空万里。上午九点多钟，发射工位进入了“一小时准备”，发射架的多层工作平台上和发射控制室里，各专业的工程技术人员投入了对火箭起飞前的最后测试。随着准备工作一件件地最后完成，拥抱着箭体的各层工作平台陆续收回了臂膀，地面工作人员一批一批撤离现场，发射场上静无一人，巨大的乳白色的火箭，静静地耸立在发射台上。

地下发射控制室里，气氛严肃紧张。调度电话中不断传来各系统简短有力的报告：“遥测转电好！”“控制转电好！”进入“一分钟准备”后，控制室里每个人，只能听到仪器的蜂鸣和自己心脏的跳动声。随着最后几秒钟的到来，场区上的各种跟踪测量设备开机，高速摄影机、磁带记录仪等记录设备启动。

“点火！”发射控制台上年轻的操纵员沉着果断地按下了按钮。顷刻，排山倒海般的隆隆巨响震撼了大地，巨大的火箭拔地而起，冉冉上升，速度越来越快，尾部拖着长长的火舌和疾风般的轰响，扶摇直上，直刺蓝天。

几秒钟后，垂直上升的火箭开始拐弯。尾部的火舌此刻变成了一条白色的航迹。从地面望去，只见无垠的湛蓝天幕上，一条细小的白色缎带疾速地向东南方向延伸。刚才还是一个有十多层楼高的庞然大物，渐渐地变成了蓝天中的一个很小的亮点。

突然，缎带终断，亮点逐渐隐去——火箭穿出了大气层。

本报测控中心5月18日电 记者张友谦、吕宝亮、刘波、杨学泉报道：我国发射的第一枚运载火箭，在高空顺利地完成了级间分离、关机等一系列程序，精确地沿着预定轨道飞完了全程。

今天，从我国本土到远洋测量船队，几百套我国设计制造的现代化测量通信设备，参加了对运载火箭的跟踪、测量工作。从火箭起飞开始，各种测量设备，便一批一批地对谁了飞行中的运载火箭，精确地测定并记录下它在每瞬间的速度、位置和姿态。每一秒钟都有成百上千的测量数据，从四面八方汇集到测控中心。这里的电子计算机系统和数据传输系统的大批设备紧张运转；一排排指示灯欢快地闪烁；各种示波器上的信号，有的似闪电，有的如流萤，有的异峰突起，有的纹波荡漾，美妙奇幻。

总控制室的调度电话里，不断传来全国各地“跟踪良好”“工作正常”的报告。一排排电视屏幕上，频频变换着五颜六色的数码，自动记录仪在显示板上轻轻地描下了火箭飞行轨迹的曲线。这条曲线，与事前标上去的理论弹道曲线紧密地吻合在一起，它形象地向人们显示：运载火箭内部仪器工作良好，火箭飞行正常！

本报南太平洋测量船队5月18日电 记者罗同松、何德来、王文杰报道：从我国本土发射的第一枚运载火箭，飞越万里长空，今天在这里准确地落入预定海域。

今天，南太平洋火箭落区附近波光粼粼，海空白云朵朵。飘扬着五星红旗的一艘艘测量船、打捞船，按照预定时间，在湛蓝色的海面上展开队形。千百名参加试验的人员严阵以待，只等我国第一枚运载火箭开始发射。

“起飞！”通过电子设备从祖国发射场传来了火箭精确的起飞时间。

各条战线的专业人员顿时忙碌起来，人们屏息静气，全神贯注，精心地操纵着各种设备，以获得火箭再入大气层后的各种参数。机房里，各种仪器一齐运转；舷旁，玻璃钢工作快艇启动了马达；空中，直升机轮番盘旋，注视着落区洋面。

“雷达、遥测、经纬仪发现目标！”喜讯传来，人们不约而同地跑上甲板，站在驾驶台上，靠在舷梯旁，目不转睛地朝着船队的西北上空看去。下午2时30分（北京时间上午10时30分），南太平洋上空出现了奇丽的景象，一个亮点拖着长长的白烟从西北天空飞来。穿过一团烟雾之后，亮点越来越大，变成了一个火球，呼啸而至。随着一声巨响，火箭头部在预定区域准确入海，激起冲天的水柱，像是从海底钻出一条白色的飞龙。接着，水柱又从晴空徐徐下落。那浩大的气势，使人想起“飞流直下三千尺，疑是银河落九天”的诗句。这时，火箭头部落水前抛出的记录着火箭飞行各种参数的仪器舱，带着红白相间的彩色降落伞，徐徐降落在洋面。橘红色的漂浮气囊自动充气，染色剂把海水染成澄荧光黄绿色，像一条数百米长的锦带漂浮在海面上。

“火箭落入预定海域！”“测量回收任务完成！”这鼓舞人心的好消息，通过测量船上强大的通讯电波，迅速地传到祖国本土上的各个测控台站，传到发射场，传到首都北京。

这时，扩音器里传来了中央领导同志对参加试验人员的祝贺。顷刻，船队汽笛长鸣，彩旗飘舞，远离祖国的人们在甲板上争相握手，热烈鼓掌。

本报南太平洋测量船队5月18日电 记者何德来、王文杰报道：当我国第一枚运载火箭在这里重返大气层距离海面3千米~4千米高度时，装有火箭飞行重要参数的仪器舱，自动从弹体弹射出来，打开降落伞，发出无线电定向信号，穿过云层，向洋面飘落。正在这里作业的我打捞船只和飞机立即出动。辽阔的洋面上，一艘艘工作快艇如离弦之箭向落区开进。某部一七二、一七九机组，驾驶直升机，穿过无雨云层，飞临目标上空，看见仪器舱在和风暖日下随波逐流。荧光染色剂把蔚蓝色的洋面染成一条形如翠绿色的飘带。一七二机组垂直悬停在离洋面30米的空中。潜水战士沿着悬梯，跳入海洋，勇敢敏捷地在水中抓住仪器舱，仅用 5 分 20 秒就打了一场打捞仪器舱的漂亮仗。直升机载着仪器舱，安全返回打捞船的飞行甲板上。在甲板等候的人群蜂拥而上，伸出一双双热情的手向英雄的机组人员和潜水战士祝贺，热烈鼓掌欢迎从祖国飞来的仪器舱。

（1980 年 5 月 22 日《解放军报》）

【简评】

我国第一枚运载火箭发射试验成功，这是一件举世瞩目的重大事件。这样的重大事件能不能写得短小生动？这组新闻作了肯定的回答。作者将事件发生的全过程写成四篇既独立又有连续性的一组短新闻。篇幅虽短，运载火箭发射的情景却给读者留下了具体、形象、生动的印象。可以设想，如果不是写成四篇描述现场情景的短新闻，而是写成一篇综述性的长新闻，运载火箭的发射、沿着预定轨道飞完全程、落入预定海域和打捞仪器舱的情景，就不可能报道得像现在这样醒目。由于每篇新闻只集中报道一个方面的情况，就有可能抓住重点，刻画得较细致些，不仅使每篇新闻特点鲜明，也使读者感到亲切可信。

这组新闻写得短小生动的另一重要原因，就是作者采用了现场目击记的形式写新闻，并且语言形象，描述具体。新闻中所写的人和事大都是记者亲临现场实地调查采访，或用肉眼观察到的情景。加上作者把事件发生的地点和时间作为发稿电头，使读者感到这是当日发生、当日在现场采写和播发的新闻，更加突出了新闻的现场感。还由于作者在写作中采用了多种表现方式和修辞手法，再现了所发生的事件，使所报道的事件如发生在读者眼前，更增强了新闻的感染力。

（劳沫之）

为中华崛起而献身的光辉榜样

——记中年光学专家蒋筑英

陈禹山

人们在追悼会上恸哭

在摆满鲜花和花圈的灵台上，挂着一位中年人的大幅遗像：一头黑发，瘦长脸儿，长得很英俊；一双闪烁着智慧光芒的眼睛，好似深情地瞧着俱乐部大厅里正在垂泪的人们。不少人举目仰望灵台上那张熟识的面容，禁不住失声恸哭。这哭声和那低回的哀乐声在大厅里萦回，穿过窗户，飘向蓝天……

这是今年 7 月 8 日中国科学院长春光学精密机械研究所一次破格追悼会的情景。被追悼的人叫蒋筑英，是这个研究所的副研究员。灵台两侧贴着的那副挽联，就是他一生的写照：

坚持马列光明磊落忘我工作对祖国无限忠诚

刻苦钻研才华横溢不计名利为四化鞠躬尽瘁

灵堂的墙上挂着许多挽联、挽幛，既有本单位的，也有外单位的；既有省内的，也有省外的。从全国各地还发来了 100 多封唁电、唁函……

追悼会开成这般隆重，完全出乎研究所领导的意料之外。蒋筑英不幸去世，是研究所的重大损失。他们决定召开 500 人参加的追悼会。可是，许多人戴着自做的白花，带着花圈、挽联、挽幛自动来到灵堂，把容纳 1000 多人的研究所俱乐部挤满了。

大家这样来悼念这位中年死者，他生前在人世间到底给人们心里留下了些什么呢？

当他步入人生的时候

他出身于杭州一个旧职员家庭，在红旗下成长。当他步入人生的时候，社会给他的既有蜂蜜，也有苦酒。他的父亲是旧社会的过来人，有些政治历史问题，1954年被错判入狱。但他相信党，相信革命事业。他努力学习。两年后，他考取了北京大学物理系。由于家庭经济困难，他是靠人民助学金完成学业的，“生育我者父母，教养我者党。”他学习异常刻苦，准备将来报答党的栽培。大学期间10个寒暑假，有8个他是在学校图书馆度过的。1962年，他大学毕业了。毕业前夕，母亲一再来信，要他回杭州或上海工作，以便照应家庭。他是长子，懂得母亲的艰难，深知母亲的苦楚。但他追求的是事业。他学的专业是光学专门化。中国最大的光学基地在东北，最著名的光学科学家也在东北。岂能燕雀恋窝，要学鹏程万里。他写信说服了母亲，来到长春，考取了王大珩招收的研究生。这就是他走向科学迷宫的起点。

攀高峰

当他挑着简易的行李跨进长春光学精密机械研究所的大门时，谁也看不出这个高瘦个儿的青年人身上有什么闪光的东西。经过几次接触后，王大珩看出来了：他质朴、正直、勤奋，进取心极强，对学习和工作，有着火样般的热忱，走起路来大步流星，上楼梯一步跨两级。这些品质和劲头，是科技工作者最可贵的。科学家判定他是块璞玉，经过雕琢，必然会放出奇光异彩。

20世纪60年代初，国外在光学传递函数的研究方面已开始应用于生产实践。这是应用光学的理论课题，也是一门实用性很强的基础技术。在这个科研领域，我国尚是个空白。王大珩根据科学的发展和国家建设的需要，为蒋筑英选定光学传递函数这一研究课题。在导师的指导下，蒋筑英开始攻关了。

这项科研，是开创性的工作，在我国前无古人，今人谁也没做过，要克服重重难关。有的伙伴在困难面前却步。他对伙伴们说："科研的道路是不平坦的，不会一帆风顺。居里夫人在小木屋里，节衣缩食，废寝忘餐，搞四年才发现放射性元素镭。我们还搞不到一年呢，要打起精神，继续干！"他们经过700个日日夜夜的努力，在1965年建立了我国第一台光学传递函数测量装置。日本学者村田和美参观了这套装置后，深为惊异，说："想不到中国这么早就搞出这样高精度的装置。你们应当把它报道出去，让全世界都知道中国人的才能！"人生三十而立。蒋筑英和伙伴们搞出这台高精度的装置时，还不足30岁。

"中国人有内行！"

此后，蒋筑英又在光学传递函数研究方面取得了一个又一个重要成果，发表了10篇学术论文报告。无论在光学检验方面，还是在颜色光学领域，他的成就都是突出的。他先后解决了国产镜头研制工作中的许多关键技术难题，编写了《彩色电视变焦距镜头技术标准方法》；设计了我国第一台电子分色机的分色特性及镀膜要求。在颜色光学方面，又发表了五篇学术论文，其中《显像基色坐标变动对彩色电视复现的影响》，已作为国内制定荧光粉色度值标准的参考文献之一。他进行了大量研究后，撰写了《关于摄影物镜光谱透过率》重要论著，对我国电影电视事业具有重要的指导意义。在X光射线测试技术方面，使检测精度达到一根头发丝的十万分之一，被同行们誉为"水平很高，很有独创性。"

他的成就意义重大。他运用自己掌握的知识，为人民造福，为国家创造了巨额财富。吉林省一些部门进口一批光学器材。我国商检部门请他帮助检验产品的质量。他二话没说，把任务接下来。他和组里的同志用自己建立的测量装置对进口镜头进行查检，发现了这批锃光铮亮的洋货质量上存在严重问题，并拍成现状照片，交由我方去向外商提出索赔。当外商看了蒋筑英提供的查检报告后，才明白过来："中国人有内行！"此项查检，不但使国家免遭10多万元的损失，而且维护了祖国的尊严和声誉。研究所建立光学传递函数测量试验室，蒋筑英提出只进口几部主要的仪器，其余部件自己制造。这一项，他又为国家节省了10多万元。他在患胸膜炎全休期间，去具体指导和帮助长春第二光学仪器厂生产出了国内第一流的变焦距镜头。仅这一项，就使这家工厂实现了纯利30多万元。

当你看彩色电视的时候

也许你还记得：前些年，当你看彩色电视时，看到荧光屏上人面猪肝色，红旗变成了紫红色。这是我国电视台的彩色电视的彩色复原技术当时没过关所致。那时正在挨批判的王大珩，为解决这一技术难题，在长春办学习班攻关。谁也怕同他接触，怕得政治上的“急性传染病”。但被人骂为“狗崽子”的蒋筑英不怕。他和王大珩白天一道工作，夜里独个儿到所里通过电子计算机进行计算，常常工作到后半夜。经过一番艰辛的努力，他编写出《彩色电视摄像机校色矩阵最优化程序》一文，提出了解决彩色复原质量问题的新方案，最后攻破了这一技术难关。这在国内是个创举。他又登上了一座从来没有人登上过的高峰！亲爱的读者，当你在茶余饭后观看彩色电视的时候，你可知道这位已经离开了我们的中年科学家为你所作的贡献吗?

“义务资料员”

蒋筑英家住长春唯一的风景区南湖附近。他有两个孩子，女儿13岁，儿子11岁。孩子多次求爸爸，周末全家人到南湖去玩。爸爸答应了，但一再推迟，因为他实在太忙了。

他办公室的门常常是敞开的，因为找他的人太多，他要找的人也太多。这些人大都是来谈科研和生产上的事的。这些事，许多不是蒋筑英的本职工作。他是个有求必应的人，所以大家有事都去找他。所里有一位年逾花甲的副研究员说：“蒋筑英把我当师长，非常尊敬我。我对他非常佩服。他知识面广，学问很深，比我强。我有难题，愿意向他求教，他也从不推托。”是的，有些不懂的问题，他也不推托，把它记在小本子上。他随身带着一个小本子，这就是他的“备忘录”。凡是“备忘录”记上的事，件件有着落，哪怕翻箱倒柜找资料，也给人家作解答。他本身的科研任务繁重，又加上这么许多额外的事，额外的事需要在额外的时间去做。他的时间往往不够用。他每天清晨五点钟左右就起床，一直忙到夜里十点左右。年复一年，他就是这样过来的。

查阅资料，他搞综合利用。他懂得英、俄、德、法、日五门外语，可以博览洋书。翻到与自己科研有关的资料，他记在自己的本子里；对别人有用的资料，他用另纸译出，如果写得不干净，又工工整整地誊清，送去给研究有关课题的同志参考。他是个难得的“义务资料员”。仅四室的同志就收到他送上门的译文资料九篇。所里有一位同志研究的课题，他发现很有意义，就主动帮助，极力推荐，最后使这个同志出席了国际有关学术会议。有一位同志与人不好相处，也曾同蒋筑英多次争吵过。一次，蒋筑英发现他的一篇论文有个公式错了。要是直接向他指出，恐怕又会引起争吵。蒋筑英收集了有关中文和外文资料，给他送上，说：“你那篇论文的公式看来可能有错，请你看看这个资料吧！”这位同志看了资料，发现自己是错了。他意识到：这个“义务资料员”不但在帮助自己改正错误的公式，也在帮助自己改正缺点呀！“文革”中，有位同志觉悟不高，整过蒋筑英。蒋筑英不记仇，热情地帮助他，对他说：“过去的事就算了，也不是你的责任，以后一起好好干吧！”

他查资料时，想着别人要查资料。怎样才能花最少的时间找到需要的资料呢？他想出了办法，主动去帮助所里图书馆编书目，去帮助情报室编《光学设计与检验》索引资料。全书7000多篇资料，他一页一页审改，精心编排。他把自己多年积累的大量文献卡片送给情报室，方便大家查阅。中国科学院图书馆的光学资料也不好找，他设计了个书目编排方案寄去。素不相识的人来求他讲课，他加班加点给他们编写了8万字的讲义。长春光机学院的老师常常前来向他请教，他热情接待，诲人不倦，是个难得的“好老师”。更为难得的是，他把自己掌握的最原始最珍贵的科研资料也随时献给他人！

“你的名字应署在前面”

他把知识献给他人，也把荣誉让给他人。所内外，省内外许多同志工作上得到过他的具体指导和帮助。有的同志发表论文报告时，要署上他的名字，他坚决谢绝。

所里齐钰同志根据蒋筑英提出的想法完成了一个研究课题后，和他合写了一篇论文，题为《摄影物镜的光谱透过率和彩色还原特性的校正》。这篇填补空白的科学论文诞生后，齐钰要把蒋筑英的名字署在自己的名字前面，蒋筑英不依，坚持要把齐钰的名字署在前面。齐钰不让蒋筑英知道，在论文上把蒋筑英的名字署在前面后就交付打印。蒋筑英也不让齐钰知道，赶在论文打印前到打字室，把论文上两人的署名调换了个位置。论文打印出来了，齐钰过意不去，去找蒋筑英，说：“老蒋，这项研究工作，原始思想是你提出的，许多工作也是你做的呀，你的名字应署在前面！”

“实际工作是你做的，你的名字应署在前面。”蒋筑英说。

“你是第一作者，我只做部分工作。”

蒋筑英笑着，说：“得了，得了！”

这篇论文引起了一次全国专业会议的注意。会议向蒋筑英发了请帖，请他前往厦门在会上作报告。蒋筑英去找齐钰，说:“有个会议，你去参加。”

齐钰说：“我不应该去，该你去！”

“我工作忙，走不开，就这样定了，你去！”蒋筑英说完转身走了。

在会议上，齐钰宣读了那篇论文。与会者反应强烈，以为齐钰就是蒋筑英。齐钰向大家解释说：“蒋筑英同志工作忙，没有来。”

蒋筑英不幸去世后，所里收集材料的同志请齐钰谈谈他和蒋筑英合写论文一事。齐钰一听，连一句话还没说出来，就流下了行行热泪……

不能袖手旁观

蒋筑英常说：“要看到国家的需要，为国家解决实际问题。”晚上，他在家看到电视图像不清，第二天就主动跑到电视台帮助查原因，毛遂自荐讲摄像技术。一次他正在外地出差，接到天津电视台关于解决飞点扫描彩色电视电影彩色还原效果不好的求援信，他顾不得旅途的辛劳，同老科学家冯家璋一起连夜赶往天津，先是查明了原因，后来又亲自帮助制作了颜色玻璃滤光片，解决了这个技术难题。他还热情帮助工厂解决生产上遇到的难题。国内十几个省、市的有关光学产品生产的工厂都留下了他的足迹。长春几家光学仪器厂把他看作自己的参谋和顾问。蒋筑英也常往这些工厂跑。他鼓励大家说："长春是全国光学基地，这几年落后了，大家加把劲赶上去，光机所作你们的后盾！"

有人劝蒋筑英："依你的基础和才华，何不趁年轻时多写几篇论文！把许多时间和精力花在为别人服务上，太可惜了！"蒋筑英笑着说："国家需要就是我们的责任。一个科学工作者怎么能对生产实际问题袖手旁观呢？"

"不管部长"

对所内所外的事情，蒋筑英都不袖手旁观。所里计算机房的冷冻机坏了，影响了工作，本来这不是他的任务，他带几个人去修；情报室手摇油印机坏了，他去修；图书馆借书登记处的钢笔没有笔尖，他找个笔尖安上；室里同事生病，他冒着大雨去看望，有位同事孩子需奶粉，他托人从外地捎来，亲自给送去；他原住的房子，10家人用一个厕所，厕所堵塞了，他去掏，成了邻居们公认的"义务清扫员"……

一次，他下班回家，在公共汽车总站看到一个妇女背着孩子，带着沉重的行李，在请求售票员让他们母子上车，因为汽车不是在站上，售票员不让。蒋筑英上前去劝说。售票员冲着他说："没你的分儿，你少管闲事！"蒋筑英说："我们每个人都应讲点社会公德，多为别人着想，都应对社会负责。"售票员还是不让。蒋筑英去找调度，直至把那妇女母子送上车才离开。他路过一家机床厂，发现马路上撒有铁屑，为防止扎坏路人的自行车，他找来扫帚把铁屑打扫干净；看到工地上水管漏水，他去找人修理；马车进城，牲口粪便拉在街上他向《长春日报》投书，呼吁制止这种破坏市容卫生的行为……他就是这样一个“不管部长”，时时处处在对社会负责！

他忙极了！所里的老工人说他是“永动机”。可他把自己比作“铺路石”。他时刻在为国家着想，为他人着想，常常忘了自己。他的门牙脱落了，他抽不出时间去安上。身体有病，也不抽时间上医院去瞧瞧。他一天天消瘦，腹痛越来越剧烈。他的爱人催他去看病，他老是说“明天”。

在住房、工资和职称面前

人到中年。他的工作和生活的担子是沉重的，生活条件也并不好。他 30 岁才成家，一是为了事业，二来对象也不好找。他在北大上学时，有过对象，在家乡杭州。他大学毕业后非要去东北不可，姑娘不愿当“牛郎织女”，又不想跟他到东北受苦，一刀两断了。亲戚朋友多次给他介绍过对象，人家一听他父亲是个“反革命”“劳改犯”，都告吹了。他倒不在乎，不在爱情上多费心思。也有慧眼姑娘。在同一个所工作的高中生，叫路长琴的标致姑娘爱上了他。1968 年，他们登记结婚，但没能组成家庭，夫妇分居，各自分别住在单身汉和单身女的集体宿舍里。他们不算“牛郎织女”，因为他们天天可以见面，吃饭也能凑在一起。所里房子实在困难。第一个孩子要降生了，所里挤出一个阴湿的小房间，他们才有了家。不过，这个家也太不像家了，家徒四壁，几乎什么也没有。孩子出生 40 天，他响应号召，到黑龙江干校去劳动锻炼，“接受再教育”。

后来，他又多次搬家，条件一次比一次好。1971 年，他搬进了一间 11 平方米的房子。这时他的第二个孩子已出生。房子不大，一家 4 口，孩子尚小，还算凑合。难以凑合的是，隔壁是个公用厨房，装有 10 个煤炉子，5 个靠着他家的墙。冬天，给他家送“暖气”；夏天，给他家加温。好在长春夏日短，忍受一下就过去了。最忍受不了的，谁家的炉子灭了，生起火来，遍屋生烟，直往家里灌。他，就在这样的环境中生活，歇息。

上班，他回所搞测试，查阅资料，计算。下班，他买菜，做饭，柴米油盐酱醋茶，他得和妻子共管，刷锅洗碗，他也得做。他的妻子贤惠而勤劳，尽量包揽家务，好让丈夫能抽出更多的时间搞科研，为国出力；而他是个非常体贴妻子的丈夫。妻子身体不好，他要尽量减轻她的负担，这也是对社会负责。特殊的条件，使他学会了许多特殊的本领。所有家务他都会做，尤其是烧菜做饭，是他的拿手好戏。同事们和他开玩笑，说他“穷知识分子巧当家，里里外外一把手。”吃完晚饭，洗罢碗筷，他就搬来小板凳，在床前坐下来。床，就是书桌。他继续班上的工作——阅读文献，查阅资料，撰写论文，一直忙到10点。孩子等着要睡觉。他不能夜战了，收拾起资料、纸笔，这时，他的工作间又还原为卧室。

典型的环境，造就了典型的性格。他意志坚强，刻苦耐劳，干净利索，细腻过人，精神专注。胃不好，他能照样吃高粱米饭。甜酸苦辣咸，他都能吃。孩子在家里闹翻了窝，他坐在那里看书一动不动。

1980年底，所里分房子，分给他三间一套的，有厨房还有厕所。他面临着第七次搬家，简直是一步登天了。这一夜，他的妻子高兴得合不上眼，他也失眠了。第二天，他去找管房子的领导，说：“我想找你谈谈分房子的事，我不要三间一套的！”

这些年来，领导最头痛的是遇上评工资、评职称和分房子。可蒋筑英却说：“所里有些同志住得很挤，有的还三代同堂。我觉得住三间一套不合适。我不能要。我要二间一套就行了。”

他的孩子也不小了，女儿个头已长得比母亲还高。领导向蒋筑英解释说:“这次分配的这栋房子,是上级为落实知识分子政策,拨专款修建的,专款专用，够条件的能分，不够条件的，打破头也分不得。分给你三间一套的，是照章办事。不要说了，你回去吧！”

照章办事，吵也没用，蒋筑英才退了下来。1982年春节前夕，他搬进了新居——五层，最顶一层的三间一套的房子里。

在福利面前，我们的英雄战士是在无声无息中度过的。1977年调资，他没评上；后来，所领导关怀他，每月给他10元科研津贴。1980年调资，他也没评上。他不吭一声，照样大步流星地走路，一步跨两级上楼梯，没白没黑地干。他经济不困难吗？不！自从参加工作的第一天起，他一直“经济恐慌”。他要寄钱养家，还要买书。母亲和弟妹在家糊火柴盒度日。他工作了10年，还没带上手表。“的确良”衣服在神州大地普及了，对他来说是“奢侈品”，他穿的是粗布衣裳。他的弟弟参加工作后从杭州来，看到哥哥实在太穷了，回去后，买了件“的确良”上衣寄给他。1979年前，他家最闪光的家具，就是两个破旧木头箱子。但他有大批家产，那是书，这些书在他眼里是最闪光的东西。

他穷，但也能搞到钱。他帮助工厂企业解决技术难题，发展生产，给他报酬，他不要。长春第二光学仪器厂请他当顾问，每月给20元酬金，他全部交给研究室。他的父亲的冤案平反后，他给父亲去信，说：“国家现在有困难，不要向组织伸手，你需要钱，由我和弟弟妹妹们负担。”

1979年，蒋筑英发过一笔“洋财”。那年，所里派他往西德进修。他省吃俭用，硬是从口里抠出一笔钱来。一起工作的外国朋友请他去吃饭，他不能不去。来而不往非礼也。他不能不回请。上馆子，太费钱了，他舍不得。他决定充分发挥他的特殊本领，自己买菜做饭请客。他做了几道中国菜，外国朋友一一品尝，啧啧称赞：“Sehr put！”（顶好）平日，他吃饭尽量凑合，对付，省下了钱。这顿“家宴”又省下了不少钱。半年时间，他省下的钱是个不小的数目，相当于他几年工资收入的总和。他给所里写信，问领导所里需要买些什么器材。领导回信说，你在国外很辛苦，需要加强营养，不要给所里买什么东西。我驻外机构有一位长春“老乡”劝他：“老蒋，你应该给家里买部彩色电视。”蒋筑英说：“我也真想买部电视，不过买部黑白的就可以了。”他到旧货商店花了折合50元人民币的马克，买了一部旧的黑白电视机。蒋筑英对那“老乡”说：“如果不是所里派出国，买部黑白电视也不容易，有这个也就够意思了。”回国的时候，蒋筑英给所里买了一台英文打字机、一部录音机、19台电子计算器和一些光学器材部件，剩下的钱，他都交公了。

1981年，他第二次出国，到英国和西德去验收所里要进口的机器。他飞抵伦敦时，迎接他的同志看他提着一个沉甸甸的箱子，准备叫部出租汽车。蒋筑英拒绝了，提着箱子去挤公共汽车。到了驻地，那同志问他：

“吃饭了吗？”

“没有。”

“那我去买菜做饭。”

“不用啦，已有菜了！”蒋筑英说。

“什么菜？”

“祖国特产——四川榨菜！”蒋筑英说着取出一大包榨菜来。这是他在北京上飞机前买的。经过第一次出国，他积累了经验。这次，他决心从自己口里抠出更多的钱来，再给所里增添些器材。他的心，就是这样想着祖国，想着科研！

1979年，所里学术委员会根据他的才能和贡献，决定把他从助理研究员晋升为副研究员。领导要他填写一分晋升职称的表格。他不填，说：“所里许多老同志学术造诣比我深，贡献比我大，这样的机会应当先让给他们。我还年轻，还需要不断地探索、磨炼，在实际工作中不断地提高。”他放弃了这次提职的机会。三年后，又一次提职称，领导又去找他填表。这次，他填了。在业务自传栏，谈到成就，他大大从略了。主要写了以下四点体会：

“一、要看到国家的需要，要为国家解决实际问题。二、要学以致用，不要漫无边际地去积累知识，要为解决实际问题去学习。三、要善于向周围的同志学习。人各有所长，有的理论基础好，有的实践经验丰富。遇到问题除了自己刻苦钻研以外，找适当的人讨论讨论往往很快就找到解决问题的办法。四、要勤动脑，勤动手。知识和技能都是靠不断积累。科学技术在不断发展，不勤于学习和实践就会落伍。”

最后他写道：“我们肩负继往开来的重任。今后多做铺路石的工作，为实现科技现代化，为年青一代科技工作者攀登世界高峰创造条件。”

亲爱的读者，在这位英雄战士面前，你在想些什么呢？

信仰的力量是无穷无尽的

在我们日常生活要填写的诸多表格中，有一种蒋筑英是追求填写的，那就是《入党志愿书》。他知道，这张表格，对他来说，是不容易得到的。

他努力学习业务，刻苦钻研，即使在“文革”中，被卷进波涛滚滚的政治旋涡里，他还坚持钻研业务，坚信知识必有用。这本来是优点，但被扭曲了，说他走的是“白专道路”。

作为一个科技人员，他没有足够的时间去通读马列。但马列著作和毛主席的一些主要著作他读过，并写了10多万字的读书笔记。刘少奇同志的《论共产党员的修养》，他不知读过多少遍了，上面留下他划的各种符号。他读这些书，是为了学习做人的道理。他对党的追求，对共产主义事业的信念，这些书给了他启发。他父亲的政治历史问题，是他追求党的道路上的难以逾越的鸿沟。但他不气馁，一次又一次向党组织写思想汇报，倾诉衷情。在一次思想汇报里，他写道：“由于党的多年教育和学习马列主义、毛主席著作，使自己对社会发展规律、个人对社会应负的责任有了一些明确的认识，并逐渐认识到实现共产主义是人类最美好和最崇高的理想，也是社会历史发展的方向。中国共产党代表最大多数人民的根本利益……历史证明，中国要富强，人民要幸福，只有依靠共产党，走社会主义道路，才能实现。”

有人曾劝他，说：“像你这样背着包袱的人，还是谨慎点好，还谈什么入党！”但，他不动摇，无论处于什么样的逆境，也从不动摇。共产主义信仰；就有这样的力量，它能使人身处逆境而毫不动摇，使人为了祖国，为了他人而不顾自己的一切，甚至在死神面前，也放声大笑！

在他第一次出国临行前的一天，夜很深了，孩子们早已睡熟，他的妻子在给他准备行装，他在屋里踱来踱去。

“休息吧，你在想些什么呀？”妻子一边收拾东西，一边问。

是啊，他在想些什么呢？是对异国风光的憧憬？是对离别妻子儿女的挂牵？都不是。他对妻子说：“国家还相当困难，出国名额有限，谁不想有这样的机会？组织上偏偏给了我……”

“那你更要好好干，做出成绩来。”

“这还不够，”蒋筑英说，“党对我的要求不只这些。作为社会主义祖国的科学工作者，光是业务拔尖还远远不够……”

夜，更深了。蒋筑英摊开稿纸，在写入党申请书。这一夜，他家窗户的灯光一直亮着，亮到凌晨。

1981 年，蒋筑英父亲的冤案平反了。父亲被作为退休职工处置。蒋筑英给父亲去信，说："要相信，相信社会主义。我的入党问题，在你的问题明确结论之后，就有可能得到解决。人总是应该有个信仰。现在有些人对入党无兴趣，但是我想，加入党组织，是我的归宿。"

1982年5月，党支部根据他的多次申请和一贯表现，准备接收他入党。当他接过多少年来梦寐以求要填的那分表格——《入党志愿书》的时候，眼里闪动着幸福的泪花，这一天他终于盼来了！

新的任务在等待着他。他要到成都去执行一项紧急任务。临行前，他填写了《入党志愿书》，写下了他的信仰和誓言："一个人活着应当有个信仰——人的生命是有限的，党的事业是永存的。我愿为实现党提出的各项战斗任务贡献自己的一切。"

在最后的四天

蒋筑英是6月13日到成都出差的。他走得很仓促。12日下午才决定的。这天是星期六，他工作了一整天。下班前，他和战友们在新建的一个试验室墙上打洞，安钩挂窗帘。窗帘挂钩安上了，还剩下一些水泥。该下班了，他拣起水泥去修院内一处被破坏了的柏油路面。吃过晚饭，他拿起工具去帮助本室一位同志家修理下水道，八点多才回家。

路长琴正在给他收拾携带的东西，见丈夫进来问道："这趟出差不是早就指定别人了吗？"

"那位同志有困难去不了，儿子考大学，他得留下来辅导。"

"你身体不好，叫你去瞧瞧，你总是说'明天'。你这身体能走吗？"

"领导上决定了，不给领导添麻烦啦。出差也只有一个星期，回来一定到医院检查一下。"

第二天凌晨四点多钟，蒋筑英起来把昨晚锅里的剩饭加上水，做稀饭当早餐。妻子给他拿了六个鸡蛋，要他煮熟路上吃。他煮了四个，自己要了两个，留下两个给孩子。

清晨五点多钟，蒋筑英踏着茫茫的晨雾匆匆地走了。路长琴望着丈夫消瘦的身影，不禁心头一酸，视线也模糊了。

13日下午，蒋筑英和所里的另两位同志飞抵成都。当晚七点他召集验收组的人员开会，直到深夜十一点半才结束。

次日七点五十分，他从招待所出发，挤换两次公共汽车，步行了三段路程，于八点五十分到达某工厂。蒋筑英直奔厂房，忍着病痛开展工作，一刻也没有休息，下午回到招待所，又同有关人员讨论验收仪器装置的有关事宜。

深夜十一点半，蒋筑英腹痛难忍，同志们把他送往医院。他患有多种疾病：肿瘤压迫导致胆管狭窄，化脓性胆管炎，败血症，感染性休克，急性肺水肿。由于劳累过度，病情急剧恶化，抢救无效，终于在次日下午5时03分去世，终年43岁。

人生命的价值不是以年岁来衡量的

这个不幸的消息传到北京，王大珩悲感交集，紧握双拳敲击着自己的太阳穴，流着泪，连声叹道："从何谈起！从何谈起呀！中国科学院刚决定把光机所领导重担加给他的时候，他却离去了……"

16日一上班，长春光学精密机械研究所开会，所领导在会上宣布这个不幸的消息，话没有讲完就泣不成声。人们都在为失去这样的好同志哭泣。

追悼会那天，中国科学院和北京、上海、成都、沈阳、哈尔滨等地的近百个单位送来挽幛和花圈。著名光学专家、南开大学母国光教授发来唁函，沉痛悼念蒋筑英同志，唁函说："这样一位我们寄以极大希望的同志去世，是中国光学界的重大损失！"蒋筑英同志年迈的父亲让亲人送来了催人泪下的悼词："作为爸爸来追悼儿子，这心情是沉重悲痛的！但是，你一心为公，忠于科学事业以身殉职的精神，永远值得我向你学习！"

中共吉林省委根据蒋筑英生前的表现和遗愿，追认他为中国共产党正式党员。经长春市人民政府批准，蒋筑英同志的骨灰盒已被安放在革命公墓。蒋筑英同志呀，你安息吧！

人总是要死的。不过，你死得太早了。然而，人的生命的价值不是以年岁来衡量的。你活着，像一颗耀眼的新星存在；你逝去，也像一颗耀眼的新星陨落，在祖国的万里长空划出一道强烈的闪光。这闪光，将永远留在人们的心里，是永远不会消逝的！

（1982 年 10 月 10 日《光明日报》）

【简评】

这篇通讯以大量生动而感人的事迹，报道了一个闪烁着共产主义思想光辉的知识分子典型。蒋筑英的先进思想，崇高品质和精神境界，具有时代意义，能够引起读者感情上的共鸣，并从中受到深刻的教育。

这篇通讯之所以能够引起读者的共鸣，还在于作者在写作技巧上下了功夫。

首先，通过具体生动的描述，再现了蒋筑英具有鲜明个性特征的人物形象。一个个生动的情节和细节，一幕幕感人的场景和画面，一句句质朴的语言，都使人感到一个满怀抱负，富有朝气和勇于进取的蒋筑英，就好像仍然活在我们的身旁。

其次，以质朴的文风、灵活多变的结构形式吸引人。全文朴实无华，没有雕琢的痕迹，却刻画出蒋筑英内心世界感人的东西，读后感人至深。这篇通讯虽长达 11000 多字，读起来却不觉得沉重。原因是结构生动、灵活，自然。全文 13 个小标题，每个小标题都是按照典型材料的性质，写一件事，或同类的几件事。每个小标题下面的文字长短不一。最短的“当他步入人生的时候”这部分，只有 360 多个字，最长的“在住房、工资和职称面前”这部分，则长达 3000 字。显得参差错落，富有变化，把一些典型事实表现得很鲜明，读起来也不觉得冗长。结尾一段议论起到了升华主题的作用。它与总标题相呼应，与全文结构又有严密的内在联系。这段意味深长的议论，使蒋筑英的形象深深地印在读者的心里。

（劳沫之）

王崇伦抓豆腐

陈坚发

在中共哈尔滨市委副书记王崇伦办公室的墙壁上，挂着一幅别具一格的哈尔滨市地图。图上用文字标明的，不是什么重要建筑物，而是分布在全市的所有豆腐生产车间。

全国总工会副主席王崇伦是去年8月到哈尔滨兼任市委副书记的。市委分工他负责全市的财贸工作。他就把“抓豆腐”作为自己的一项重要任务。

近十几年来，哈尔滨市群众爱吃的豆腐一直供应短缺。有关部门每年收到许多批评信，而“吃豆腐难”的问题却仍然年复一年地得不到解决。王崇伦一上任，市委第一书记文敏生在向他介绍情况时就建议他先抓好豆腐的生产和供应工作。王崇伦听了介绍，心里激动起来：怎么能让生活在“大豆之乡”的人吃豆腐那么困难！第二天，他就一步跨进了豆腐坊。

整整两个多月，王崇伦清早起来走访豆腐供应点，夜晚出入在各个豆腐生产车间。他一边调查，一边解决豆腐生产和供应中的一个个具体问题。

豆腐生产能力太小，是“吃豆腐难”的一个重要原因。全市29个豆腐生产车间中，有13个车间的锅炉“老掉了牙”，严重影响生产；有一个车间安装着一条效率很低，浪费大豆严重的“豆腐生产自动线”；有的豆腐车间厂房太旧，也影响生产。

王崇伦一一调查清楚后，立即向市委汇报。在市委的支持下，更新了八台旧锅炉，翻修车间厂房的领导小组也在他的过问下成立了起来。他又组织技术人员改装了那条“豆腐生产自动线”。还把一个别的车间改造成生产豆腐。

豆腐的产量上去了。为了提高豆腐质量，王崇伦又和有关部门的同志一起，到车间摸索泡豆、磨浆、过罗、煮浆、点脑、压型等六个生产环节的“优选法”，总结推广了在这方面搞得比较好的南岗豆制品厂的经验，建立了标准化的工艺操作规程和质量检查制度。还组织有关车间的职工选举出18名生产经验丰富的车间主任，做到每个车间都有两名主任轮流值班，严格把住了质量关。

生产车间布局不合理和供应网点少，是造成豆腐供应紧张的另一个原因。王崇伦与市有关部门的领导同志一起，走街串巷，帮助开办起一个又一个新的豆腐供应点。

今年1月下旬，在市委大楼的会议室里，开了一个别开生面的会。十几名从未迈进过市委大楼的“豆腐匠”，接受王崇伦的邀请，前来座谈豆腐生产的发展前景。王崇伦泡满一杯杯清茶，热情地招待他们。短短几个月里，王崇伦在雾气腾腾、又湿又热的豆腐生产车间里，已和他们中间的许多人交上了朋友。这些做豆腐的师傅在会上提出的一些建议，后来逐步得到落实。全市豆腐行业还提拔了一批豆腐技师。

现在，哈尔滨市平均每人每月吃豆腐量，已居全国各大城市之冠。

（新华社哈尔滨1981年8月25日电）

【简评】

这篇通讯所报道的“抓豆腐”这件事，看上去不起眼，却关系到人民群众日常生活的切身利益。它反映了党的领导干部深入实际、密切联系群众，关心群众生活的优良作风。通讯不仅深刻地揭示了这一主题，而且充分地表现了这一主题。

通讯一开头，就给读者展示了一幅别具一格的哈尔滨市地图。这幅地图挂在王崇伦办公室的墙壁上。图上用文字标明的是分布在全市的所有豆腐生产车间。这个画面立即给人一个印象：王崇伦的领导作风的确不同一般，他把哈尔滨市群众吃豆腐难的问题当作大事来抓。接下来，通讯用王崇伦所想所做的一系列具体事实，进一步说明王崇伦的领导作风与众不同。例如王崇伦听了市委第一书记关于哈尔滨市群众吃豆腐难的问题“年复一年得不到解决”的情况介绍以后，“心里激动起来：怎么能让生活在‘大豆之乡’的人吃豆腐那么困难！第二天，他就一步跨进了豆腐坊”；组织技术人员改装“豆腐生产自动线”；到车间摸索六个生产环节的“优选法”；总结推广南岗豆制品厂的经验；建立标准化的工艺操作规程和质量检查制度；帮助健全各个豆腐车间的领导班子；走街串巷，帮助开办新的豆腐供应点；邀请“豆腐匠”来市委大楼“座谈豆腐生产的发展前景”，等等。真是一抓到底，抓出成效。这些事看上去都显得平平常常，却十分可贵，很有说服力。典型材料是通讯的血肉，只有运用紧扣主题的典型材料去表现主题，通讯才可能写得深刻感人。这篇通讯又一次说明了这一点。

（劳沫之）

并非鱼草之争

——从生态系统观点看多种经营的综合安排

陈晓微　周守瑾

前些日子，几位专家和科研工作者到德清去进行农业生态系统考察。谁也没想到，第一个缠住专家的竟是个“草”的问题。

德清县的外荡水面本来种菱而不养草。解放初期那阵子，德清还年产菱角28万担。弃菱而种草，这是70年代以后的事。年复一年，水面养草越来越多，以致许多宽阔的漾面，不见碧波闪光，倒成了水上草原。群众说，行船一条缝，用水打个洞，便是极生动的概括。那天专家们从县城乘小汽艇到公社去调查研究，船行未几，螺旋桨即被水草缠住，折腾了老半天才算解围。一位畜牧专家于是说了一句很风趣的话：“这是湖羊被蚕宝宝赶下水的结果！”

这句话，是有一段“潜台词”的。

我们知道，杭嘉湖地区素以产湖羊称著。特别是小湖羊皮进入国际市场以后，更是名闻遐迩。湖羊品质之佳，重要原因之一是喂以桑叶。

因为当时习惯秋桑不养蚕，所以秋叶又称羊叶。以后随着养蚕业的发展，一年里已不是养两季、三季，而是养五季。这样，桑叶供蚕犹感不足，哪来的余叶喂羊呢？而湖羊又是传统“产品”，弃之不能。这时，又加上养猪、养兔业的迅速发展，草的需求量成倍增加。在这种矛盾极度尖锐的情况下，人们只好转而在非耕地上找出路，而面积宽广的外荡水面，自然成了首先被瞩目之处。这便是水草出现的原因及其背景。而各生产队为了管理上的方便，又将养草水面直接划给了社员，实行谁养谁有的政策，这就激发了群众养草的积极性。有人估算，现在至少有一半以上的水草并非真正是社员自己养羊的需要，而是当作商品草出售了，每亩水草可得款 120 到 150 元。眼前的利益又刺激着人们把草越养越多，有的漾面上，水草的领地竟占了百分之九十以上，以致到了妨碍交通、污染水质的地步。这就是这位专家说的“赶下水”的来龙去脉。

提到水，研究水产的同志说话了，也挺风趣：“羊下了水，这鱼米之乡可就只剩下一半了。”

这话也需要做点注解。

原来德清县水产资源相当丰富，仅淡水鱼即达 42 种之多。50 年代鱼产量曾达 11.7 万担。因此，说德清为鱼米之乡是当之无愧的。但是，70 年代以后，外荡的水草封锁了水面，使水中的藻类无法进行光合作用，浮游动物无以为生，螺蚌类也就逐渐少下去，鱼类的天然粮源便告匮缺。加上每到盛暑，水草根部腐烂，水质污染，这样的生态环境，对于鱼类的生长当然是极为不利的。因此，现在除人工饲养的花、白鲢、草鱼等七个品种外，其余如鳜鱼、黄颡、鲶鱼、鳗鱼、鳑鲏等大都已濒临绝迹。鱼产量 1980 年下降到 6.5 万担，其中外荡不到 1.3 万担，而 1960 年外荡鱼产量则为 5.2 万担。连水乡的群众也渐渐觉得吃鱼难了，搞水产的同志心里当然不好受，他们感到愧对“鱼米之乡”的称号。

其实，鱼草矛盾也好，羊桑矛盾也好，都不过是一种表面现象。专家们在尔后的讨论中一致认为，从自然生态系统的观点看，实质问题是粮、桑、鱼、畜等多种经营的合理安排问题；也就是要使之组成一个良性循环互相促进，而不是互相排斥的问题。德清县过去水面养菱，水中养鱼，菱叶肥水，水肥多鱼，鱼多泥淤，淤泥肥桑，桑喂蚕、羊，羊粪、蚕沙壅田，多打米粮，六畜兴旺，这便是典型的良性循环。所以县志上记载说："物产不贵珍异，求适民生，五谷蚕丝而外，蔬果鱼菱草木禽兽，莫非日常所见。"但是，后来由于生产的发展，把这种平衡给打破了。应当说，在历史的进程中，不断打破旧的平衡，这是正常的现象；问题在于，在一个相当长的时间里，人们忽视了重新建立新的相对平衡，以致某些方面出现了恶性循环。因为养殖水草，固然在一定程度上缓和了青饲料的矛盾，并可用作沤肥壅田，甚至还能获得一笔现金收入；但是过多放养的结果，却造成水域生态的平衡失调，外荡养鱼生产大幅度下降。鱼少则河泥亦不肥了。而且水草作为羊、猪的饲料也并不是理想的。因为第一，容易带来寄生虫为害。据调查，由于水草的传播，目前为害羊、猪的寄生虫病至少已有27种之多；第二，营养价值不高，使得湖羊体质普遍下降。过去100多斤重的湖羊并不为奇，现在要找八九十斤重的羊已非易事。因而湖羊皮的尺寸缩小，皮张薄，色泽差。1957年小湖羊皮达到甲级标准的占百分之十八点七，到去年已下降到百分之一点三。后果可见一斑。

于是，现实向人们提出了一个尖锐的问题：在发展多种经营中，怎样保持自然生态的平衡，从而形成良性循环，使各业相互促进，都得到发展?

专家们非常赞赏陆家湾大队的做法。他们搞多种经营，并不为市价的高低所左右而盲目发展。他们总是瞩前顾后，把每个项目都当作一个链节，上下左右都考虑到，然后才作出决定。这样就始终保持着生态平衡，始终占着主动地位。去冬种油菜的时候，因为油菜籽收入高，有的队拼命扩种，陆家湾却不这样干。他们知道，从孤立地看，种一亩油菜确实比种一亩绿肥收益高；但是从整个生态系统来看却未必。因为少种一亩花草，就要少收六到八千斤绿肥；少种一亩春粮，就要少收600斤麦子，肥田、养猪都将受到影响，粮、桑、鱼的产量也会跟着发生连锁反应。然而他们也扩种了50亩，那着眼点也不在油菜籽本身，而是这样做了就能使队里的菜籽饼总数增加到3.5万斤，从而有足够的菜饼作猪、鱼的配合饲料，还可保证160亩桑园每亩施上200斤饼肥。你看他们想得多远！难怪陆家湾的粮食超双千，亩桑产茧过200。内塘养鱼亩产在千斤以上，而猪、羊的饲养量全大队平均每人已达到了11.8头。近几年来人均收入都在300元以上。

现在，德清的一些有识之士已经开始意识到：保持生态系统平衡，建立良性循环对于发展多种经营的紧迫性了。他们正在认真探索陆家湾的经验，有的并且已经采取政策的和经济的措施，首先来恢复水域的生态平衡。二都公社和勾里公社打破农业队和渔业队的界限，实行水域渔农联合经营，压缩水草放养面积，发展养鱼育珠生产，利润按股分红。这样做了之后，水边有草，水中有鱼，粮桑有肥，畜牧有食，生产发展，收入增加。专家们一致认为，这实在是明智之举。如果再能利用田边地角种植饲草，在杭嘉湖平原地区的农业生态系统中增加“草”这一环，使羊、兔、牛、鹅、猪、鱼都有高质量的青饲料，那么“水草危机”不也就到了结束的时候了吗？

（1981年9月3日《浙江日报》）

【简评】

《并非鱼草之争》一文，通过丰富有力的事实，阐明了保持生态系统平衡，建立良性循环对于发展多种经营的紧迫性。通讯涉及的是农业改革中带有科学哲理的抽象问题，但是读起来却不枯燥乏味，这是因为它在写作上有三点比较突出：

一是作者依托了德清县在农业生产中由于从自然生态平衡上考虑不够，以致某些方面出现了恶性循环这一典型事实说明问题。通讯从具体的鱼草之争、羊桑矛盾写起，通俗易懂，给人以新鲜感，也能为读者增长不少科学知识。

二是用几位专家和科研工作者在德清县进行农业生态系统考察时的见解说明问题，增强了说服力。例如通讯中提到“在发展多种经营中，怎样保持自然生态的平衡，从而形成良性循环，使各业相互促进，都得到发展”这一问题时，写的是“专家们非常赞赏陆家湾大队的做法。”由专家们认可的典型经验自然值得重视。通讯末尾所写“在杭嘉湖平原地区的农业生态系统中增加‘草’这一环”的具体建议，也是专家们提出的。这比作者出面讲道理要有力得多。

三是采取边叙述事实，边分析问题，边阐明道理的表现手法，易于为读者所接受。比如通讯中在引用一位畜牧专家的话：“这是湖羊被蚕宝宝赶下水的结果！”之后，作者写了一大段有关这件事的来龙去脉的“潜台词”，作分析解释；当引用研究水产的同志的话：“羊下了水，这鱼米之乡可就只剩下一半了。”之后，又用了一大段有关这件事发生发展的过程作“注解”。在这些事实解释的基础上点明“鱼草矛盾”“羊桑矛盾”这种表面现象的实质，作者所要阐明的道理就一目了然地摆在了读者面前。

（劳沫之）

八闽共念“山海经”

田 流

到福建，听到看见的第一件事，就是人们都在谈论山海经的事。开会研究的是这件事，报纸上报道的是这件事，朋友们一见面首先向我介绍的，也是这件事。他们说，我们福建的干部和人民，到今天算是看准认清了，要大念山海经，要念好山海经。

山海经！这是一部什么样的经，怎样念法？被好奇心所驱使，我从闽北到闽南，从山地到滨海，作了一次有趣的访问旅行，历时两个月，纵横3000里，看了很多地方，同很多干部和群众作了多次座谈，听了一些闻所未闻的事，我竟然也被这部经迷住了。这真是一部好经，出现在眼前的许许多多事实，令人信服地证明，这也真是一部非常灵验的经。我完全相信，只要认真念下去，坚持念下去，一定会念出个繁荣昌盛的新福建，一定会给福建人民带来无限美好的幸福生活。

“人本来是很聪明的，可是有时候又很傻。”省农委同志向我介绍全省农业情况时这样说，“我们在这里生活、工作了30多年，直到现在才算知道了福建是个什么样的地方。”他们说的30多年是指新中国成立以来，至于解放以前，谁还顾得上想别人、想整个福建省呢？只要把自己的肚子填饱，不致饿死就算万幸了。他们详细地津津有味地给我介绍，自己经过多年才比较清楚地认识了福建的特点：地处亚热带，气候温和，雨量充沛，热带能生长的动植物这里都能生长，温带有的更不在话下；有比耕地大七八倍的山区，有比山区更广阔的海洋，“可是我们长期只在每人才有八分的耕地上做文章，忘掉了山，丢掉了海。”农委主任温秀山同志更一针见血地指出：“有一阵子，就是十年动乱期间，岂止忘掉，简直是瞎做文章，‘以粮为纲，全面砍光’……”

“大念山海经”是1981年春省委针对一向强调以粮为纲、不重视多种经营提出来的。省委在这年春天明确指出，再不能只重视2000万亩粮田，忽视1.4亿多万亩山区；不能只重视12万平方公里陆地，忽视13.6万平方公里渔场和更广阔的海洋了，提出了我们福建要大念“山海经”。大念山海经这口号使广大干部和群众的思想开阔了，看得更远了；再加上这一年又认真落实三中全会通过的各项农村政策，实行了各种形式的责任制，时间虽然只一年，广大的农村、渔乡都出现了比人们希望的还要好得多的大变化。

“我们多年希求的愿望，没想到今年一年就大见成效。”建瓯县小桥公社副主任不无自豪地告诉我们。他们公社念山海经，加强了茶园管理，茶叶产量由前一年的9000来担，一下子猛增到1.3万多担。一个公社产130多万斤茶叶在我还是第一次听到。其实，何止一个小桥公社，何止茶叶一项生产呢！全省南北，农林牧副渔，处处皆然，样样如此。1981年，为了进一步合理安排农业内部构成，粮食面积压缩了40万亩，又不巧，素有粮仓之称的闽南地区遇到了新中国成立以来没有见过的大水灾，使几十万亩稻田失收，再加上全省发生了“五月寒”，早稻受了“冷害”，秋天又发生了大面积的稻瘟病。可是，稻谷产量还高于创纪录的上一年，其他方面，什么甘蔗，水果、茶叶……都远远超过大丰收的1980年，有的竟成倍增长。

统计数字可以给人以全貌，而真正使这个全貌丰满和活起来，还得多看事实。在山区访问时，我参观、访问了很多果园、林场、猪场和鱼塘，处处都有意想不到的新鲜事。

“小年不小，我们的柑橘今年平均亩产5000多斤。”在我参观建瓯县东峰公社桂林大队时，支部书记抑制不住内心的喜悦，指着果实累累的橘树，对我这样说。他们橘园的高产量，引起了我极大的赞佩，可是没几天我去建瓯农场参观时，就发现自己“少见多怪”了。这个农场44亩柑橘，平均亩产竟然高达9000多斤。

“世界杉木主要产区在中国，中国杉木主要产区在福建。”这话一点不假。在福建山区近一个月的旅行访问中，山山岭岭，沟沟坡坡，到处是茂密的杉木林。我在武夷山自然保护区，登上了黄岗山顶，这是华东地区第一高峰，站在高山之巅，放眼远眺，但见满目青翠，绿波起伏，东西南北都是望不到边的浩瀚林海，据有关部门的材料，全省森林覆盖率达百分之三十七。

“也是几起几落了。”建阳地委书记赵毅在听到我赞扬福建林业建设的成就时，无限感慨地说：“50年代初期有个大发展，大炼钢铁时有个大破坏；60年代初期有一次恢复，十年动乱又有一次更大的破坏。前几年，你远远一望虽然也是群山绿遍，近前细一瞧都是些毛毛草草。只是近三四年来才又大力植树。”我参观了很多林场，果然小树幼树很多。

“大念山海经以来，我们总结了多年来山林建设的经验，叫作山头戴帽，山腰披袍，山脚穿靴。”建瓯县林业局长叶学荣领我们参观林场时向我这样介绍。他是60年代林业专科学校的毕业生，在建瓯工作20多年了，山上的杉木林、毛竹林，山下的茶园、果树，都是他亲眼看着栽植的。他说：“我们县真是得天独厚，山场肥沃，雨量充沛，气候适宜，大部地区杉树种下去一年能长一米多，是速生丰产地带。”

我得出了一个结论：福建的山真是万宝山，从树叶到树干，从树上到树下，从植物到动物，样样都是宝，处处都有宝。迅速发展着的茶叶远销世界各国，特别是乌龙茶更负盛名，近年来在日本还掀起了“乌龙热”；毛竹木材的产量在江南诸省名列第一；柑橘、荔枝、龙眼等水果；笋干、香菇、锥栗等山珍，哪样不使人口水欲滴！

“山林下面还有一宝，大概你没注意。”一次，在省城同福建日报的朋友们闲谈时，和我一同去闽北采访的小余说，“林下面我们还有3000多万亩草坡哩！”

这里的草坡是谁也不会看不见的，真是发展畜牧业最理想的地方。我访问过内蒙古草原，那是我国发展畜牧业的好地方，可是一到冬天，草就枯了，就被大雪覆盖了。这里呢，一年到头，春夏秋冬，草总是绿的，牛、羊、兔等365天都有鲜嫩碧绿的青草吃，难怪不少社队已经平均一户一牛了。闽北有名的养猪状元戴廷贵，只用四亩饲料田，就保证了600多口猪天天有水葫芦吃。这位状元和他的夫人是养猪专业户，承包了县农场的养猪场。两个人1980年赚了5465元，1981年自动降低报酬，由每交售一斤肉农场给一角一分钱降到八分钱，由于养的猪更多，长膘更快，六个半月就能长成近200斤的大肥猪，单位报酬虽然降低了，收入仍比上年多得多。

山是万宝山，海又怎么样呢？当我从山地走向海滨时，心里总想这个问题。

“你吃过福建的海蚌么，没有？”长乐县委书记郑心坦同志谈到他们如何念海经时说，“世界上出产这种海蚌的地方不多，一个是意大利的威尼斯，一个就是我们这里。这里不仅海蚌资源丰富，而且体大、肉厚，味道更加鲜美，营养价值非常高，老年人吃了可以延年益寿，小孩吃了茁壮成长，很多外国人到中国来访问，都希望尝尝福建的大海蚌。”经过对连江、长乐、晋江、厦门等沿海地区和平潭、东山等海岛县、社的访问，我自己解答了我离开山区来滨海地区访问前心里想的那个问题：不仅山是万宝山，海更是聚宝盆。山上有的海里大多数都有，陆地上没有的，海里也有。我访问了长乐县的海星大队和连江县的东升大队，这两个大队都是渔业大队。海星大队 1981 年的捕捞量比上一年增长三成。东升大队增长更多，全队 500 多户社员，百分之九十以上的户平均收入 500 元，有 100 多户收入超过 1 万元，多的达 3 万多元。特别令人高兴的是，三中全会后，尤其是大念山海经以来，不仅海洋捕捞有很大发展，海产的人工养殖发展得更快，对虾、鳗鱼、海蚌、蛏、蛤、海带、紫菜……都以成倍的速度迅速增长，90 多万亩滩涂、浅海、港湾已经利用起来，其余 100 多万亩也正在积极开发。从下面的几个数字，就可以清楚地看到，海经给渔乡带来了多么大的变化：

渔业生产——1980 年创历史最高纪录后，1981 年又比 1980 年增产百分之三。

海带——去年产量已达 52 万担；紫菜发展更快，只三四年时间，就从无到有地发展到 4 万多亩了。整个的海产养殖业，已经从前几年只占整个渔业生产的百分之十几，增长到快百分之三十了。

“一个责任制，一个八大基地，就把一部山海经念活了。”晋江地区农委主任苏昌培同志对我们说，“其实这三件事是一件事，因地制宜发挥优势，向生产的广度深度进军，使农林牧副渔全面迅速发展上去。”

“八大基地”是福建省委在提出大念山海经以后，又根据省里的具体情况，按照自然条件和群众的生产经验、习惯和特长，提出了建立林业、牧业、渔业、经济作物如甘蔗、水果、茶叶等基地。省人大常委会还专门成立了建设八大基地审议委员会，以加强对这一事业的研究和指导。我去访问的时候，从省到地区到县、社、生产队，已经都有了自己的规划和实施方案，每级都有自己的标准、实施步骤，都在有计划、有步骤地办这件事。“不搞大呼隆，我们今天铺它一片，明天铺它一片，用不了多久我们就会把福建的山山水水铺好用好的。”苏昌培在结束向我们介绍情况时满怀信心地说：“现在，群众的积极性是起来了，各级领导的责任是如何保护群众的积极性问题。”

“保护群众的积极性”，这倒是个有意思的问题，从我们将近一个上午的座谈中，看得出来老苏是个懂农业，了解农民，又肯动脑筋的人，他给我们谈了不少有见地的意见，当我问他用什么办法保护群众积极性时，他说：“两条，一条是发展社队企业，特别是农副产品加工业，把原始产品变成二级以至最终产品，这样可以增加农民的收入。第二条疏通流通渠道。像目前这样，农民的粮食、水果、蔗糖完成国家征购派购任务后，仍有很多压在农民手里甚至烂掉，是会挫伤群众积极性的……”这情况我在山区、滨海访问时，已经知道不少，甚至有人以《公社书记的苦恼》为题，写过文章，说农产品多了，商业工作跟不上、不适应。其实，何止公社干部呢，县和地区的干部同样为这事发愁。仙游县委领导同志就曾向我诉苦：我们县还有8000吨蔗糖、1500担桂圆肉压在手里，国家不收购，自己又不能卖……

“这种东西多了的苦恼，总比没有东西犯愁好吧？”这一问，很多干部群众的劲头就来了，一转眼就眉开眼笑地谈起大念山海经一年来的大变化。建阳县委书记陈治平同志在送别我们的时候热情地说：“我们县今年有四个变化：生产发展快，对国家贡献大，个人收入多，干部群众心情舒畅！”我笑着问他：“那1982年又将是什么样？”他毫不犹豫地说：“一切都会比1981年更好。”

（1982年2月9日《人民日报》）

【简评】

这篇通讯反映了福建省经济形势的新气象。作者用所见所闻的具体事实，生动地报道了党的十一届三中全会以来，福建人民因地制宜地发展多种经营——依山吃山，靠海吃海，给全省经济形势所带来的新面貌。

作者运用娴熟的写作技巧，把一篇反映地区风貌的通讯写得叫人一睹为快。主要采用了三种表现方法。

第一种是，采用设置悬念的方法吸引读者。通讯的标题鲜明地提出“八闽共念‘山海经’”，开头的一、二、三段也都提到“山海经”，但究竟什么是“山海经”却一直不作回答，吸引读者非往下看不可。直到第四段才说明“大念山海经”是1981年福建省委提倡农业要实行多种经营的一个口号。接着用具体事实阐明了“大念山海经”的来龙去脉。

第二种是，用穿插多种人物富有表现力的精练语言，来表现“大念山海经”后所出现的新面貌，使通讯显得生动活泼。全篇通讯引用了省、地、县、公社和大队各级干部不下十人的谈话，每个人的谈话都是从不同的角度阐明问题。作者根据表现主题的需要安排人物谈话的先后次序。虽然每个人的谈话是各自独立的，但前后次序却是层层深入的。这比用作者的话平铺直叙地介绍“大念山海经”的新面貌更加生动活泼。

第三种是，将所见所闻同作者的感受和见解自然、贴切地结合起来写。例如在报道了反映“大念山海经”全貌的统计数字和大量具体的典型事实之后，写了这样一段作者的感受和见解：“我得出了一个结论：福建的山真是万宝山，从树叶到树干，从树上到树下，从植物到动物，样样都是宝，处处都有宝。迅速发展着的茶叶远销世界各国，特别是乌龙茶更负盛名，近年来在日本还掀起了‘乌龙热’；毛竹木材的产量在江南诸省名列第一；柑橘、荔枝、龙眼等水果；笋干、香菇、锥栗等山珍，哪样不使人口水欲滴！”由于这一感受是同所见所闻的事实结合在一起写的，就使读者感到作者的感受和见解很实在，很令人信服。同这个问题相连的是，作者将现场的活材料同与报道内容有关的死（背景）材料也结合得比较完美。

（劳沫之）

一张营业证解决了13口人生活

乌鲁木齐市居民艾得力斯开起了小饭馆，既养活了全家，又方便了群众，支援了国家

本报讯　记者顾月忠、通讯员张建军报道：乌鲁木齐市天池路在今年初新设了一家私人小饭馆，经营传统的民族小吃抓饭、羊肉包子等，

开业半年多来，从早到晚顾客盈门，生意红火得很。居民委员会的干部高兴地对记者说：“艾得力斯以前东讨西借，吃百家的饭，现在百家都去买他家的饭。一张营业许可证，把背了十多年的穷包袱卸掉了，一家13口人的生活有着落啦。”

艾得力斯是这家小饭馆的厨师，今年58岁。就在十多个月前，人们还时常见他在街头流浪，吃上顿没有下顿，孩子因没有衣服穿出不了门口。他有一套做抓饭、烤馕、烤包子的手艺。“文化大革命”前曾开设过小饭馆，尽管人口多，又无别的经济来源，日子仍然过得美满。文化大革命初，批判“资本主义”的大棒砸到他的头上。小饭馆一夜之间被捣毁了，钱和粮票被抢走，他的肋骨也被打断。饭碗砸了，一家人的生活顿时失去依靠。孩子们喊肚子饿，他的心碎了，硬着头皮在巷口摆个小茶摊，靠一点微薄的收入糊口度日。可就连这样的日子也不让过，小茶摊又被当作“资本主义尾巴”取缔了。

“唉！”艾得力斯说，“这都是林彪、‘四人帮’的罪孽。现在好啦！”他指着市场管理委员会发给的“营业许可证”说：“三中全会的政策落实到我头上，集市贸易的绿灯一开，我便办起了小饭馆。每天平均营业额280元左右，除去成本、税收和交纳管理费，赢利15元，每月能赚450元。现在全家13口人能经常吃到抓饭、包子，每人还做了一套新衣服，不再为生活打饥荒了。”艾得力斯又让我们参观他今年新买的一条地毯、两条毛毯、一架收音机和一张写字台。他说这些东西价值400多元。此外，手头还有现金六七百元。“真没想到，穷汉子过起富日子来啦！”他得意地笑起来。

市场管理委员会的同志对记者说：“我们以前光干蠢事，生怕产生‘资本主义’，其实啥叫资本主义，自己也没搞清。你看艾得力斯小饭馆一开，自己的问题解决了，又方便了群众，支援了国家，他今年已经交税和管理费500多元。”

（原载1979年11月9日《人民日报》）

【简评】

公开报道城市个体经济的新闻，这是第一篇。它体现了三中全会以来党对城市个体经济的政策，对城市个体经济的发展起了推动作用。

艾得力斯开办小饭馆经历了三个阶段：“文化大革命”前“曾开设过小饭馆”，“文化大革命”初“小饭馆一夜之间被捣毁”，1979年初又办起小饭馆。不同的生活遭遇，说明了重要的主题：推行“极左路线”，人民就遭殃；清除了“极左路线”，不到一年就使“穷汉子过起富日子来啦”。新闻通过事实告诉读者，三中全会的政策不仅给艾得力斯一家带来了好处，而且“方便了群众，支援了的国家”。

这是一篇经济新闻，却没有枯燥乏味地写经商业务，也没有板起面孔讲大道理。新闻写了艾得力斯的音容笑貌、爱憎感情，读来亲切动人。

（劳沫之《亲切动人的经济新闻》，载《好新闻1979年全国好新闻评选得奖作品》，由人民日报出版社出版）

杨匡民副教授宣布一项民歌研究成果

湖北人民广播电台记者纪卓如报道　今天上午，湖北艺术学院副教授杨匡民宣布了一项他研究民歌的成果。他说：“台湾高山族民歌音调和大陆民歌音调，有着密切的联系。这说明，自古以来，台湾就是我国不可分割的一部分。高山族同胞是中华民族大家庭中的骨肉兄弟。”杨匡民副教授是在湖北省归侨、侨眷、侨务工作者先进工作（生产）者表彰大会上介绍经验的时候说这番话的。

杨匡民副教授是缅甸归侨、《全国民歌集成》编委会委员。30多年来，他收集和研究了全国各地大量丰富的民歌资料。他根据1000多首台湾高山族民歌和大陆南方民歌，从音阶、调式、旋律、音列等几个方面，进行对比研究，认为古代台湾高山族和大陆南方一些民族属于同一个文化区的人，是确信无疑的。杨匡民副教授在会上演唱了台湾高山族民歌《四脚蛇呀，你快走开》和湖南民歌《峨眉豆》。这两首民歌的旋律、行腔、曲体、结构都很接近。他激动地说："让民歌唤起海峡两岸人民共同的心声，促使台湾早日回归祖国的怀抱吧！"杨匡民副教授的研究成果和他热情洋溢的讲话，受到全体归侨、侨眷代表的热烈欢迎。

（湖北广播电台 1982 年 5 月 26 日播出）

【简评】

台湾回归祖国，实现祖国统一，这一问题已经在报刊上做了大量宣传。在这种情况下，怎样才能使反复宣传过的主题增添新意呢？

这篇新闻采取的方法是，捕捉有新闻价值的新题材，选择新的角度写报道。湖北艺术学院杨匡民副教授是在湖北省归侨、侨眷、侨务工作者先进工作（生产）者表彰大会上介绍经验时，宣布了一项他研究民歌的成果，指出："台湾高山族民歌音调和大陆民歌音调，有着密切的联系。这说明，自古以来，台湾就是我国不可分割的一部分。高山族同胞是中华民族大家庭中的骨肉兄弟。"记者敏锐地捕捉到了这一新题材，从报道一项研究成果的角度，当天写了这篇新闻。由于杨匡民这个人物有一定的代表性，其研究成果和热情洋溢的讲话都很典型，使这一新题材具有一定的新闻价值。新闻在叙述事实的基础上，又巧妙地用杨匡民所说的"让民歌唤起海峡两岸人民共同的心声，促使台湾早日回归祖国的怀抱吧！"这段话点明主题，显得自然、贴切，有说服力。

（劳沫之，载《全国短新闻选》，由中国人民大学新闻系、光明日报记者部编，光明日报出版社 1984 年 5 月出版）

荀派弟子宋长荣昨夜在沪演《红娘》

本报讯　昨天晚上，中国剧场满堂彩声，为江苏省淮阴地区京剧团演出的荀派名剧《红娘》叫好。我国京剧四大名旦之一荀慧生的嫡传学生、45 岁的男旦角宋长荣主演红娘。

在昨晚的演出中，宋长荣把发扬荀派艺术特色，唱腔念白，婉转动人，手眼身步，妙不可言，把一个热心、聪明、活泼、调皮的红娘演得活灵活现，根本看不出是男扮女装，许多观众连连称赞“好戏！好戏！”演出结束时，演员一再谢幕，观众久久不离。

（原载 1979 年 12 月 2 日《解放日报》）

【简评】

短而活是这篇新闻逗人喜欢的地方。包括标点在内 190 字的短新闻，写得如此生动、吸引人，真叫人情不自禁地赞叹：“妙哉！”

妙就妙在作者运用表现力很强的语言，把人物写活了，使读者如见其人。新闻的第二段，刻意描绘了宋长荣精湛的表演，说明他是如何发扬荀派艺术特色的。你看：“唱腔念白，婉转动人，手眼身步，妙不可言”这 16 字，多像诗歌中的对仗；“把一个热心、聪明、活泼、调皮的红娘演得活灵活现，根本看不出是男扮女装”，这又近似日常生活中的口语。这些表达了丰富含意的短词短句念起来朗朗上口，也把人物写得呼之欲出。

还妙在写出了现场感，使读者如临其境。你看，“中国剧场满堂彩声”，“许多观众连连称赞‘好戏！好戏！’演出结束时，演员一再谢幕，观众久久不离。”边叙述，边描写，把读者带到了演出现场。

新闻也从一个侧面表现了戏剧界贯彻“百花齐放，推陈出新”文艺方针的新气象，令人振奋！

（劳沫之，载《全国短新闻选》，由中国人民大学新闻系、光明日报记者部编，光明日报出版社 1984 年 5 月出版）

通讯体裁的发展专题研究

通讯体裁的发展初探

初探一　澄清几种对通讯体裁的混乱观点

通讯写作的特点和要求已有专门的章节谈及，本篇不从这个角度阐述。这里只是想澄清几种对通讯体裁的混乱观点，以便于按照通讯体裁的固有特征，分析研究通讯体裁的发展。

（一）通讯和报告是两类体裁，还是同一类体裁？

不管是在理论研究，还是在写作实践中，常常出现这样的混乱：时而把通讯和报告看成两类不同的体裁，时而又把它们看成一类体裁。

它们究竟是两类体裁，还是同一类体裁呢？

要回答这个问题，还得从正确理解“Report”和“Reportage”这两个英语单词同新闻写作直接有关的解释说起。

Report 作为及物和不及物动词以及名词的解释包含：报道；通讯（以上解释见《新英汉辞典》第 1139 页，1976 年 12 月第 1 版，上海人民出版社出版）。报道（所见，所闻，所做等的某事物）；报道有关……的新闻或消息；报道；报告；记事；写访稿（以上解释见《现代高级英汉双解辞典》第 906 页，1970 年初版，1978 年第 10 版，牛津大学出版社出版）。

Reportage 作为名字的解释包含：新闻报道；新闻报道的典型文体（以上解释见《现代高级英汉双解辞典》第 906 页）。通讯文学，报告文学（以上解释见《新英汉辞典》第 1139 页）。对于直接观察过，或者有文件资料认真地记载下来的事件或场面，给以真实的、详细的描述（以上解释见美国《韦伯斯特大辞典》，1961 年版）。

从上面的解释中可以看出：Report 不管是作动词，还是作名词，都包含对所闻、所见、所做等的事物的报道；都包含报告、记事的含意。Reportage 包含新闻报道的典型文体等意思。《新英汉辞典》则同时解释为“通讯文学”“报告文学”。说明“通讯”和“报告”不是两类体裁，而是同一类体裁。

《新英汉辞典》在解释“Reportage”时，在“通讯”和“报告”之后加上“文学”二字，是否合适？还是值得研究的。如前所述，英美出版的辞典对这一词的解释中，并没有“文学”的意思。“文学”二字在英语中，专门有个单词，即“Literature”。1937 年，茅盾在《关于“报告文学”》一文中，就曾经指出：“这一种新样式在外国被称为 Reportage，诚然是‘报告’，也诚然是‘文学’，可就没有写成‘报告文学’，——只是‘报告’，正像‘小说’这样式新登文坛之时，未曾写成‘小说文学’。Reportage 不过是年龄最小而已，其与‘小说’同为文学之一部门，现在倘有人在‘小说’这名词下特缀以‘文学’二字，见者必掩口葫芦，我想将来‘报告文学’这四个字大概也将引人失笑的——虽然现在只有不多人觉得可怪。”从实际情况看，过去很长一段时间是把通讯和报告看成一类体裁，把这种体裁叫作“报告”，而不称为“报告文学”；那个时期编的集子也是把通讯和报告编在一起的，如《朝鲜通讯报告选》（1952 年出版）、《经济建设通讯报告选》（1954 年出版）。读者很难分辨集子中哪些是通讯，哪些是报告。总之，都把它们当成新闻报道中的同一类文体。现在，不管是在理论研究，还是在新闻工作的实践中，都有不少人把通讯和报告当成两类不同的体裁。把通讯划为新闻报道的一种体裁，把报告划为文学范畴的一种体裁，称之为“报告文学”，可是在阐述“报告文学”的特征时，却又按照 Reportage 这一单词所解释的“新闻报道的典型文体”去解释，这样就必然引起混乱。现在报刊上冠以“报告文学”的作品，除少部分完全按照“新闻报道的典型文体”的要求写作的以外，那些在情节和细节等方面有虚构和“合理想象”的成分的作品，则不能同通讯、报告等同起来，它们只能划进文学部门。但存在矛盾的是，这类作品在情节和细节等方面一方面有虚构和合理想象的成分，另一方面却又写的是真人真事。这个矛盾、这种混乱应该尽快得到解决和澄清，办法就是按照 Reportage 的要求，把通讯、报告看成同一类体裁，严格按照“新闻报道的典型文体”的要求去写作。

（二）通讯（或称报告）是文学样式吗?

认为通讯、报告是文学样式的，有种种说法。

有的同志说：“确凿无疑的历史现象之一，就是报告文学这种轻捷的武器，在今天已经发展成为一种独立的文学部类，成为文学大军（诗歌、散文、小说、戏剧等等兄弟兵种与友邻部队）中的一个独立的兵种。”（黄钢：《中国报告文学丛书总序》，长江文艺出版社出版）

甚至出现了一些自相矛盾、令人费解的说法。例如：

“无论怎样说，报告文学应该落实到文学上。它是一种文学的样式，而不属于新闻体裁，但是从题材来说，它却属于新闻报道的领域。”（林帆：《文学为体 报告为用——浅谈报告文学的特色》）你看，又是“文学的样式，而不属于新闻体裁”，却又“属于新闻报道的领域”，谁能理解这是什么意思?

又例如：“报告文学这种新的文体一方面逐步从报纸的新闻通讯中脱胎出来，另一方面又逐步与文学中的散文、小说划清了界限，在文体上显示了自己与众不同的特色。”（杨江柱：《为报告文学正名》，载 1979 年第三期《武汉师范学院学报〈哲学社会科学版〉》）类似的说法还有：“然而报告文学发展到如今，似乎已从通讯报告、速写、特写的胚胎中脱颖而出，带着它特有的质的变异出现在我们面前。有些什么特异之点呢?我以为，它已经有着更为浓烈的文学性，还有切中时肤的对现实状态抒发的议论。”（洁泯：《不断开拓》，载 1983 年第 1 期《时代的报告》）看了这两段话，真叫人不知报告文学是怎样“从报纸的新闻通讯中脱胎出来的”（或者是怎样从通讯报告、速写、特写的胚胎中脱颖而出的），既已从新闻通讯中脱胎出来，又是如何“与文学中的散文、小说划清了界限”的?总之，报告文学究竟属于新闻范畴，还是属于文学范畴，说法含糊不清，对其特征表达得不够明确。

其实，关于这个问题的正确阐述，早在 1937 年 2 月，茅盾就已经说得清清楚楚：“报告”虽具有“浓厚的新闻性，但它跟报纸新闻不同，因为它必须充分的形象化。必须将‘事件’发生的环境和人物活生生地描写着，读者便如同亲身经验，而且从这个具体的生活画面中明白了作者所要表达的思想。”（《关于“报告文学”》载《中流》杂志）茅盾在这里讲的“跟报纸新闻不同”中的“新闻”，很显然只是指“消息”这种体裁，并不包括具有形象性、生动性的通讯（或报告）这种体裁。关于形象化的要求，通讯作品应该也是能够做到的。从茅盾在同一篇文章中的下面一段话中，更可以说明这点：“‘报告’作家的主要任务是将刻刻在变化、刻刻在发生的社会和政治的问题立即有正确尖锐的批评和反映。好的‘报告’需要具备小说所有的艺术上的条件——人物的刻画，环境的描写，气氛的渲染等等；但‘报告’和‘小说’不同。前者是注重实有的‘某一事件’和时间上的‘立即’报道，而后者则是作家积累下多少的生活体验，研究分析得了结论，借创作想象之力而给以充分的形象化。‘小说’的故事，大都是虚构，——不过要合情合理，使人置信。‘报告’则须是真实的事件。”这不是把“报告”与“文学”二者之间的区别说得清清楚楚了吗？

现在还有个奇怪的现象：有些主张通讯和报告是两类不同体裁的同志，在涉及具体作品时，凡通讯作品中的特别优秀者，他们都选入报告文学集，对五四运动至新中国成立以前的这类作品是如此，对新中国成立以后和近几年来涌现的这类作品也是如此。这就又产生了一个矛盾和混乱：难道同一篇作品既是新闻报道的文体，又是文学样式吗？那么，新闻报道的文体与文学样式的体裁二者之间的区别究竟在哪里？有的同志好心地认为：“诚然，优秀的通讯作品也必然会成为文学作品、文学读物”，但是为什么一定要将优秀的通讯作品看成是“文学作品、文学读物”呢？难道只有把它们看成是文学作品才算提到应有的高度了吗？新闻与文学这两种截然不同范畴的体裁都有各自不同的特征，并各自起着不同的作用，怎么能把它们如此混杂在一起呢？

由于把通讯（其中的特别优秀者）报告划为文学样式，于是又派生出两个矛盾和混乱：

一是既承认通讯报告具有新闻性，又主张（对报告文学）“我们不提‘绝对真实’或‘完全真实’，因为这种提法并不科学，实际上也做不到。”（杨如鹏：《试论报告文学的起源、形成和发展》，见 1981 年第 4 期《时代的报告》第 184 页）有的同志明确提出：“它（指报告文学）在报道真人真事的同时，还应当对读者产生一种艺术感染，这就离不开必要的文学加工，而在文学的加工过程中，通常说来，虚构确是一个不易回避的环节。”“报告文学可以而且应当允许在生活真实的基础上进行适当的虚构。”（李亦中：《试谈报告文学中的艺术虚构》）甚至还出现这种情况：有的同志曾经指出过“报告文学家，正如记者，是时代的记录员，历史的见证人”，“在我们写作时，要进行概括、提炼、描绘和塑造形象等等，以显示事实，再现事物。概括提炼，不是虚构；描绘塑造形象，力求准确无误”（徐迟：《一些速记下来的思想》，载 1963 年第 4 期《文艺报》）。1978 年 5 月，这位同志在《报告文学的个性与共性》的讲话中，以写陈景润为例，却公然主张，在报告文学中可以虚构，可以调动情节和细节。在这种矛盾和混乱的状况下所产生的某些作品，已经在读者中造成一定的副作用，并已引起有关方面的关注。陈荒煤同志在谈到报告文学的文学性和新闻性的关系、真实性和虚构的问题时说：“我倾向于报告文学要用事实说话。首先强调的是事实，真实。一有虚构，读者就会说你这篇作品掺假了，就会和小说、散文混淆起来了。”“我看应该提出‘保护报告文学的纯洁性’。”（《大力发展报告文学 努力反映伟大时代》，载 1983 年第 5 期《时代的报告》），这真是一条切中时弊的好建议。绝大多数同志认为，凡是在报纸一、二、三版上发表的东西，不管是叫通讯，还是叫做报告文学都必须坚持真实性的原则。至于在报纸副刊上和文学刊物上发表的报告文学和散文特写，如果不是写真人真事，那就另当别论了。

二是在强调报告文学的文学性的同时，忽视通讯作品同样可以采用多种表现手法（包括有些文学上的表现手法）的一面，以致否定了它的感染力。例如有这样的说法：“报告文学的文学性，是指它所选取的虽然是具有新闻价值的题材，但在表现方法上要同新闻报道的概括叙述相区别，要求作者调动形象化、典型化的文学手法，即要对人物关系的具体分析、严密的构思、精当的剪裁、生动的语言等等，是给真人真事披上文学彩衣的艺术品。”还说什么："有的研究者从新闻的角度出发，把新闻性作为报告文学的最主要特征，把报告文学视为新闻范畴的一种体裁，因而不利于作品艺术感染力的发挥。"（杨如鹏上述文章第182页）还有这样一段："报纸上每天的新闻通讯很多，但那是新闻通讯，即不是以形象化的方法，不是以表现的描绘的方法，而仅仅是抽象的论述的文章，只具有新闻性，缺乏文学性，那就只能称为新闻通讯，还不能称为报告文学。""文学性将报告文学和一切不具文学性的通讯报道区别开来"（田仲济：《中国报告文学丛书》第一辑第一分册《序》）。

新闻报道的体裁很多，不细说，单说消息、通讯、调查报告这几大类，它们所采用的表现方法绝不仅仅是"概括叙述"。就拿主要采用"概括叙述"的消息而言，它也同样运用细节描写、场景描写，也包括"严密的构思、精当的剪裁、生动的语言"等形象化和典型化的文学手法，更何况通讯报告这一类体裁呢？因此，说什么"把报告文学视为新闻范畴的一种体裁"，"不利于作品艺术感染力的发挥"，甚至说什么"报纸上每天的新闻通讯很多，但那是新闻通讯，即不是以形象化的方法，也不是以表现的描绘的方法，而仅仅是抽象的论述的文章"。（请注意：这里指的是报纸上的整个新闻通讯作品"仅仅是抽象的论述的文章"！）这是不符合新闻通讯写作的实际情况的。君不见，《我三十万大军胜利南渡长江》《共产党员刘胡兰慷慨就义》《强渡长江》《承德撤退》《谁是最可爱的人》《为了六十一个阶级弟兄》《县委书记的榜样——焦裕禄》《为了周总理的嘱托……——记农民科学家吴吉昌》（以上作品见《新闻通讯选》中国人民大学新闻系，《解放军报》社1979年12月编）等等无数新闻和通讯作品，难道都"仅仅是抽象的论述的文章"吗？（谁都知道，即使是写得再蹩脚的新闻通讯，它也是事实的报道，绝不可能是"抽象的论述的文章"！）。难道没有运用各种"形象化、典型化的文学手法"吗？这些作品地地道道的属于新闻范畴的体裁，其中的通讯作品报纸在发表它们时，尽管没有称它们为报告文学（有的是后来收入报告文学集的），难道有什么地方影响了它们"艺术感染力的发挥"吗？这里不是要将新闻通讯体裁同所谓的报告文学争个谁高谁低的问题，而是涉及如何正确认识新闻通讯体裁的特征和作用的问题。不澄清上述种种混乱的认识，则不利于它们“艺术感染力的发挥”，不利于新闻通讯写作品沿着正确的轨道向前发展。新闻通讯作品的威力在于，它们所报道的是完全真实的事实，不管时间怎样向前推移，它们始终是“历史的见证”。这是任何文学作品无法同它们相比、也是无法代替它们的。企图用文学性贬低新闻通讯体裁的作用，也无异于用文学性贬低所谓报告文学的作用一样。因为报告文学之所以有存在的必要，正因为它不是虚构的文艺作品。否则，何必不去写小说、写戏剧，因为这样不是可以名正言顺地虚构、能够彻彻底底地采用文学手法吗?

（三）通讯报告是外来的样式吗?

有的研究通讯报告的产生和发展的文章，认为它们是20世纪30年代从国外引进的新兴的样式。

还有的认为报告“这种‘独特的新形式’，源起于《一八七一年公社史》，发端于《震撼世界的十天》；但就‘艺术的文告’——从理论到实践的自觉地完成，则始于基希诸人。”（黄钢：《报告文学的时代特征及其必须严守真实的党性原则》，载1980年第1期《文艺研究》）

多数同志认为不能把通讯报告看成外来的形式。刘白羽同志1983年3月在《时代的报告》编辑部召开的一次座谈会上就曾经说过：“我们这个土壤上绝不仅仅是因为某一年某一月翻译了某一篇外国作品，报告文学才发展起来的。它是有自己的民族传统的。”（见《大力发展报告文学 努力反映伟大时代》，载1983年第5期《时代的报告》）

上述两种说法，符合中国通讯报告写作实际情况的究竟是哪种呢？应该说是后一种。因为早在西欧报告文学传入中国之前，就存在着大量的通讯报告一类的作品。只是没有把它们叫作“报告文学”而已。其实报告文学也罢，通讯也罢，不过是后来加的名称。现在西方报刊上也没有（或很少见）我们概念中的通讯和报告文学，被西方记者称之为“新闻专稿”的这种体裁，可以说近似于我们的通讯。按照辩证唯物主义和历史唯物主义的观点，通讯报告作为“新闻报道的典型文体”，其产生是同近代报刊的产生紧密相连的。

可以这么说：没有近代报刊，也就没有通讯报告。二者是相辅相成的。通讯报告这类体裁绝不是由于某个知名人物的首创而出现的（再伟大的人物，如果没有近代报刊的出现，就不可能产生真正的通讯报告这类体裁）；也绝不只是由于某个伟大的革命运动而促成了通讯报告的产生。只有为了推动某一个革命运动，应运而产生了适应革命运动需要的报刊，才可能出现通讯报告这类体裁。

在澄清了对通讯体裁的种种混乱观点，对通讯体裁的认识求得大致统一的前提下，然后让我们按照通讯的固有特征探讨通讯体裁的发展。

初探二　溯 源

本文打算从纵的方面探讨一下通讯体裁的产生和发展，以便为深入学习和研究通讯写作问题提供一条线索。为了便于阅读，也为了使文章好读一些，将全文分作若干独立的又有内在联系的一组文章，并同编者商定，从本期起，每期发一篇，直到连载完为止。由于受水平和材料的限制，文中难免会出现这样或那样的谬误。这里仅按照现有的认识写下来，求教于读者。

通讯体裁是在我国近代报刊的产生和发展过程中，逐步形成和发展起来的。它的形成有着久长的渊源和坚实的基础。仅以中国古代纪实文和游记来说，它们对通讯的形成就有着深远的影响。

在我国灿烂的文化遗产中，有许多是属于纪录体、笔记体和纪传体的纪实文。比如《春秋》和《左传》都是中国早期的编年史。《春秋》原是朝报邸钞一类的原始记录，是鲁太史世代相续，按年、时、月、日秉笔登记的档册。《左传》是我国第一部叙事详细的完整的历史著作，是一部“主于纪事”的“载记之传”（《春秋通论》引张杓语）；它是春秋时鲁国史官左丘明所作，后来经过许多人增益。与《左传》同时写成的《国语》及由汉代刘向集先秦诸国所记战国时事的《战国策》这两部书，则是以地域为限的国别史。汉代司马迁撰写的《史记》是我国第一部通史，也是纪传体的创始。《史记》全书计有本纪十二篇，以序帝王；表十篇，以系时事；书八篇，以详制度；世家三十篇，以记侯国；列传七十篇（包括《太史公自序》），以志人物，共一百三十篇。鲁迅在《汉文学史纲要》中称这部书为“史家之绝唱，无韵之《离骚》”（《鲁迅全集》第八卷第308页）。刘义庆的《世说新语》、李肇的《国史补》、沈括的《梦溪笔谈》、苏轼的《志林》、庄季裕的《鸡肋编》、陆游的《老学庵笔记》、周去非的《岭外代答》，以及周密的《癸辛杂识》《武林旧事》等著作，则属于笔记体的作品。还有其他一些名家的名作就不一一列举了。这些浩如烟海的纪实文所涉及的题材广泛，表现形式多种多样，且富有文采。它们既是宝贵的历史遗产，又是优秀的文学作品。

那么，这些作品与通讯体裁有什么关系呢？蔡元培先生说过：“余惟新闻者，史之流裔耳。古之人君，左史记言，右史记事，非犹今之新闻中记某某之谈话若行动乎？不修春秋录各国报告，非犹今新闻中有专电通信若译件乎？由是观之，虽谓新闻之内容无异于史可也。”（转引自黄天鹏著《新闻文学概论》第2页，1930年出版）说明上述历史著作与新闻通讯作品有某些共同之处。事实上，许多有经验的记者在通讯写作的实践过程中，是十分注意从这些优秀的文学作品中汲取营养的。刘白羽同志在《论特写》一文中，曾明确指出：“在中国文学遗产中，无数纪录体、笔记体的作品，就是我们的特写（引者注：刘白羽同志所说的‘特写’，就包括通讯体裁）的渊源与基础。”（1985年第1期《新闻战线》）刘白羽同志的这一见解是很符合实际状况的。上述纪录体中一些记事文，以小见大，寓作者的观点于对客观事实的叙述之中，叙事精练明确，井然有序；《史记》列传中一些纪传体的作品，生动形象地刻画了众多的人物形象；一些笔记体作品中，有写人情的，有述物理的，有记一时之谐谑的，有叙一地之风土的。“笔记作者不刻意为文，只是遇有可写，随笔写去，是‘质胜’之文，风格较为朴质而自然。”（吕叔湘选注：《笔记文选读·序》）因而为人们所爱好。下面三例充分说明了这点。

记事的，请看《管宁割席》这篇的全文：

管宁、华歆共园中锄菜。见地有片金，管挥锄与瓦石不异，华捉而掷去之。又尝同席读书，有乘轩冕过门者，宁读如故，歆废书出观。宁割席分坐，曰：“子非吾友也。”

仅七十多个字，却具体生动地记叙了两件事，并通过这两件事表现了管宁、华歆二人不同的秉性格调。

刻画人物的，请看《王蓝田性急》这篇的全文：

王蓝田性急。尝食鸡子，以筯刺之不得，便大怒，举以掷地。鸡子于地圆转未止，仍下地以屐齿碾之，又不得。瞋甚，复于地取内口中，啮破，即吐之。王右军闻而大笑，曰："使安期有此性，犹当无一豪可论，况蓝田耶？"

仅九十多个字，却通过细节描写鲜明地表明了所写人物的性格。并借王右军之口，对王蓝田性急的性格加以评论。

写景的，请看《观潮》中的两段文字：

"浙江之潮，天下之伟观也。自既望以至十八日为最盛。方其远出海门，仅如银线；既而渐近，则玉城雪岭，际天而来，大声如雷霆，震撼激射，吞天沃日，势极雄豪。杨诚斋诗云'海涌银为郭，江横玉系腰'者是也。"

"吴儿善泅者数百，皆披发文身，手持十幅大彩旗，争先鼓勇，溯迎而上，出没于鲸波万仞之中，腾身百变，而旗尾略不沾湿，以此夸能。而豪民贵宦，争赏银彩。"

前一段将浙江钱塘江涨潮时的壮观景象富有变化地描绘出来了，写得很有气势。后一段则描绘了数百个游泳健儿"争先鼓勇""腾身百变"的动人场面。

无论是纪录体、纪传体，还是笔记体的这些内容丰富、手法各异的作品，都为通讯写作提供了宝贵的经验。

除上述纪实文以外，从汉晋到近代，大量写景、状物、言志的游记，对通讯体裁也有深远的影响。

早在1922年，由劳亦安编、中华书局出版的《古今游记丛钞》（共12册）一书，就搜集了从汉晋到近代的四百多位名人所写的四百多篇游记。清代刘鹗写的《老残游记》（1903年发表于《绣像小说》半月刊，至十三回因故中止，后续载于天津《日日新闻》），虽是一部瑕瑜互见的书，但"其书即借铁英号老残者之游行，而历记其言论闻见，叙景状物，时有可观，作者信仰，并见于内，而攻击官吏之处亦多。”（《中国小说史略》，《鲁迅全集》第8卷第246页）这部书在语言的运用、对生活的观察和细节的描绘上，也都有其突出的特色。

被明末清初著名学者钱谦益誉为“古今游记之最”的《徐霞客游记》，全书四十多万字，精详真实，千姿百态地描绘了大半个中国的山脉河流。徐霞客在考察全国十六个省的山脉、水道、地质和地貌的奥秘中，潜心探索、不畏艰辛的精神，他写作游记的科学态度和表现技巧，都给后世的新闻工作者采写新闻通讯作品以潜移默化的影响。

资产阶级改良派首领康有为的《欧洲十一国游记》、梁启超的《新大陆游记》、中国近代新闻史上第一个新闻记者王韬的《漫游随录》《扶桑游记》，在思想内容上虽有其局限性，但无论写景状物，还是描绘异国的风土人情，都栩栩如生，使人读来如身临其境；边叙事边言志的表现手法，也能在后来的通讯作品中找到影子。

1876年6月7日起，在《申报》上连载的署名“环游地球客”（真名为李小池，又名李圭）的《东行日记》（注：后收入《环游地球新录》一书），记述了作者赴美沿途的见闻，其写法已“接近于后来的旅行通讯”；1882年9月9日起，在同一报纸上陆续刊载了该报驻朝鲜记者写的题为《高事近耗》《游高丽王城记》《高丽形势》等报道，其写法“有点像后来的战地通讯”。

此外，国外众多的非真人真事的优秀特写和游记先后以各种形式源源不断地流传我国，这些作品也在一定程度上对通讯的写作产生积极的影响。别的不说，单说流传我国较早的《马可·波罗游记》（上、中、下册）就有好几个中译本。

通讯体裁正是在这样源远流长的基础上形成和发展起来的。明确了这点，我们就应自觉地从这些文化宝库中索取更多有益的东西，不断改进通讯写作，把通讯写作的水平提到应有的高度。

（载《新闻与写作》月刊1985年第11期。该刊由北京市新闻学会、北京新闻工作者协会主办，《北京日报》社《新闻与写作》编辑部编辑）

初探三　光辉的范例

（一）

在我国通讯体裁的发展过程中，世界无产阶级新闻工作者一些不朽的通讯作品为我们提供了学习的光辉范例。

大家知道，新闻工作是许多无产阶级革命导师从事革命活动的一部分，有些导师就是从新闻工作开始他们的革命活动的。早在1847年，恩格斯就亲手写作了许多内容深邃、表现手法精湛的通讯。有的是揭露“统治的资产阶级已经彻底地老朽‘无用’了”；有的是对无产阶级英勇起义的革命行动的热情讴歌。

恩格斯写的《6月23日事件的详情（法国革命）》可以被看作通讯体裁的光辉范例。它所报道的是1848年,法国历史上著名的巴黎无产阶级六月起义。马克思创办的世界上第一个无产阶级机关报《新莱茵报》，从6月25至7月1日，连续六天，以消息、通讯和评论的形式，对起义事件作了忠实、全面的报道和评述。恩格斯先是在《巴黎消息》中鲜明地指出：“起义发展成为比以往任何一次革命都要伟大的革命,发展成为无产阶级反对资产阶级的革命。”后又在通讯中写道：“起义带有真正工人起义的性质”，“事件的一切详情都说明起义是具有明确的无产阶级性质的。”通讯有着鲜明的无产阶级政治倾向性。

通讯的表现手法也是多种多样的。有具体生动的描述：

> 10点钟左右，发出了构筑街垒的号召。……街垒上竖起了旗帜，旗帜上有的写着“没有面包，不如死亡！”有的写着“没有工作，不如死亡！”
>
> 11点钟，普朗什一米布雷街（圣马丁街向塞纳河延伸的部分）上也发生了战斗，有一个人被击毙。
>
> 在中央市场、兰布托街等等地区也发生了流血冲突。地上躺着四五具尸体。
>
> 圣母尼街在遭到骑兵冲击后失陷。

看了这些具体生动的描述，如同把读者带到了起义现场。

有简明扼要的概述：

> 双方到晚上就散去了，决定明天早晨再交锋。政府在斗争的第一天没有占到任何便宜；被击退的起义者可以在一夜之间重新占领失去的阵地，他们果然这样做了，而下面两件严重的事情显然对政治不利：政应用霰弹射击，却并没有在第一天就把骚动平息。但是，在用霰弹射击以后，在黑夜（它带来的不是胜利，只是休战）过去以后，骚动就会结束，革命就要开始。

这段文字不仅是对第一天起义经过的概括，而且对起义者来说，还起着不可低估的号令作用，你听最后一句：在用霰弹射击以后，在黑夜过去以后，“骚动就会结束，革命就要开始”！它号召起义者为争取最后胜利，继续战斗。

还有在叙事基础上的议论：

> 工人在战斗中表现出来的那种英勇精神真是令人惊叹。三四万工人整整坚持了三天，来对付八万多士兵和十万国民自卫军，对付霰弹、榴弹和燃烧弹，对付那些不惜采用阿尔及利亚作战方法的将军们的“宝贵的”军事经验！工人被击溃了，并且大部分被残酷地消灭了。这次阵亡的战士不会受到像七月革命和二月革命的牺牲者所受到的那种尊敬；但是历史将给他们以特殊的地位，把他们看作是无产阶级第一次决战的牺牲者。

这里有对起义的镇压者的辛辣嘲讽，有对起义的牺牲者的高度评价。

通讯中这些充满革命激情的报道对无产阶级的鼓舞作月是可想而知的。难怪过了三十六年以后，恩格斯为纪念马克思逝世一周年而作的《马克思和〈新莱茵报〉》一文中，还热情地回顾了在巴黎六月起义时，《新莱茵报》“高高举着被击溃了的无产阶级的旗帜”这一情景。

（二）

被列宁誉为“无产阶级艺术的最杰出的代表”的高尔基，不仅主编过《内战史》《工厂史》《农村史》《世界的一日》这样一些写真人真事的丛书，并主持了专门刊登通讯特写的杂志《我们的成就》。在他的一些讲话和论文中，还从理论上阐明了通讯特写的重要和写作要求。他强调“特写是巨大的、重要的事业”，号召大家“不要再把特写看作‘艺术的低级形式’，要尽力帮助它成长和发展，达到尽可能完美的程度”。

高尔基还亲自写了《一月九日》《列宁》等许多优秀的通讯特写。1905年1月9日，彼得堡十余万工人列队赴冬宫向沙皇尼古拉二世请愿，沙皇下令向赤手空拳的民众开枪，造成惨案。高尔基目睹了这次惨案，在《一月九日》这篇特写中，愤怒地控诉了沙皇的血腥罪行。沙皇十分恐惧，把高尔基逮捕下狱。在俄国和欧洲各国社会人士的正义的声援下，沙皇被迫释放了高尔基。由此可见这篇特写的威力之大。这篇特写于20世纪30年代初，由曹靖华翻译介绍到我国。1933年5月，鲁迅为译本在国内重印写了序文。序文中说："这小本子虽然只是一个短篇，但以作者的伟大，译者的诚实，就正是这一种范本。而且从此脱出了文人的书斋，开始与大家相见，此后所启发的是和先前不同的读者，它将要生出不同的结果来。""这结果，将来也会有事实来确证的。"鲁迅的预言为以后的事实所证明。高尔基的作品自20世纪初叶、30年代起译成中文后，更被大量介绍到我国。他的作品（其中包括通讯特写）对我国无产阶级文学的发展（包括通讯体裁的发展），对我国无产阶级革命事业的发展，无疑地都有着重要的影响。《列宁》这篇特写，1924年发表在《俄罗斯同时代人》第1期上。高尔基通过卓越的艺术技巧，从多方面刻画了列宁的伟大形象。他描绘了列宁的肖像、姿态、特性和讲话的风度；详细叙述了与列宁在伦敦代表大会上的会面，以及列宁对世界、对人的看法。克鲁普斯卡娅曾写信给高尔基，对这篇特写表示赞赏："写伦敦代表大会写得好极啦"，"整个列宁是栩栩如生的"。

（三）

被称为"现代新闻写作之父"的约翰·里德写的《震撼世界的十天》这部不朽的名著，可以说在无产阶级通讯特写的发展史上，具有划时代的意义。约翰·里德不仅是美国一名杰出的新闻记者，也是一位国际共产主义运动的活动家。作为新闻记者，哪里有政治风暴，他就奔向哪里，然后写出许多文章和报道。1917年8月，他以几家报刊的特约记者的名义到俄国。十月革命爆发，他立即以饱满的热情报道了这一伟大事件。他亲眼看见了当时的"首都兼起义中心的'红色彼得格勒'的实况"。更难能可贵的是，他蹲在斯莫尔尼的大厅里记录了攻打冬宫这个有历史意义的战斗。在写作《震撼世界的十天》这部通讯特写集时，约翰·里德限定自己只使用那些他所亲身观察到和经历过的历史事件的实录，以及那些有可靠的证据足以证明其为真实的记载。在部书的《著者序言》中，他写道："不论人们对于布尔什维克主义的观感如何，这一点是无可否认的：俄国革命是人类历史上伟大的事件之一，而布尔什维克的兴起则是一件具有世界意义的非凡大事。""在实际斗争里面，我是爱憎分明、绝非中立的。但在叙述那些伟大日子的历史时，我却力求用一个有高度责任心的记者的眼光来观察事变，务求把真实的情况记载下来。"正因为这样，列宁对这部书给予了高度评价，并为之写了序言。列宁说："我衷心地把这部著作推荐给各国工人，我希望这本书能发行千百万册，译成各种文字，因为它就那些对于理解什么是无产阶级革命，什么是无产阶级专政具有极端重要意义的事件，作了真实的、异常生动的描述。"

此书后来被译成世界各国文字。在我国，对我国无产阶级革命事业，对我国通讯体裁的发展，都有一定的影响。直到今天，它仍然不失为我们学习通讯特写写作的典范作品。

（载《新闻与写作》1986 年第 1 期）

初探四　见长者的启示

对我国通讯的发展起着积极作用的通讯作品，除前文提到的光辉范例以外，还有其他一些以写通讯见长的进步的和革命的新闻工作者所写的通讯。这主要包括两方面的作品。

（一）作者被古老的中国和中国人民的革命事业所吸引，以中国和中国人民的革命事业为题材的通讯。也可以说，是中国和中国人民的革命事业造就成了他们的通讯作品，他们的通讯作品又鼓舞了中国人民，也影响了中国通讯的发展。例如对中国人民正义事业作出重大贡献的三位美国友人埃德加·斯诺、艾格妮丝·史沫特莱和安娜·路易斯·斯特朗。由于他们的英语姓氏的第一个字母都是 S，特别是由于他们三人的名字都同我国人民的革命事业紧紧地联系在一起，所以今天当我们谈起他们的时候，就亲切地叫他们为“三S”。正因为这样，去年十一月二十三日，中国人民对外友好协会在人民大会堂集会纪念三S诞辰的大会上，康克清、黄华、陆定一、艾泼斯坦同志和新西兰友人路易·艾黎的发言中，对三S作了高度的评价。

在这类作品中，影响最大的要算斯诺的《西行漫记》（原名《红星照耀中国》）。这部通讯集，1937年10月由伦敦戈兰茨公司第一次出版，次年在美国出版。中译本1938年2月出版。为了适应当时的处境，改名《西行漫记》作掩护，以便于它能够顺畅地发行全国。中译本是根据斯诺送给胡愈之的英国戈兰茨公司1937年出版的《红星照耀中国》，由漂泊在上海租界内的一些抗日救亡人士，在一部分中共地下党员的领导下，组织起来，以“复社”的名义，集体翻译（参加翻译的有胡仲持、王厂清、吴景崧、邵宗汉、林淡秋、倪文宙、陈仲逸、梅益、章育武，傅东华、冯宾符等十一人）、印刷、出版和发行的。

这部通讯集打破了当时国民党已持续九年的新闻封锁，真实地反映了陕甘宁边区革命根据地的革命斗争和建设事业，具体地报道了中国共产党举行的震撼世界的二万五千里长征，较详尽地记叙了“西安事变”的真相，作者在书中把他“和共产党员同在一起这些日子所看到、所听到而且所学习的一切，作一番公平的、客观的无党派之见的报告”。（引自1938年中译本作者序）尤其是用生动的笔触描述了毛主席、周副主席和其他一些领导人、革命战士、普通农民等人物的形象。因此，它一问世，就在中国和全世界产生着深远的影响，先后被译成十多种文字。1938年，毛泽东同志读过这部书以后，曾赞扬“斯诺写了一本真实地介绍我们情况的书”。1978年3月，路易·艾黎在《〈“我热爱中国”〉序》中说：“在这以后的半个世纪里，这本书一直极为畅销，译成多种文字，使中国人民的争取进步的斗争博得了世人的尊敬和钦佩。这本书写得非常精彩，有着经久不衰的吸引力，在今后的一个很长时间内一定还会使人百读不厌。”（引自《埃德加·斯诺》一文，载1972年6月《中国建设》）的确是这样。在这本通讯集问世四十二年之后的1979年，应广大读者的要求，三联书店又重印了它；直到现在，这本通讯集仍然是国外研究中国问题的首要通俗读物。

斯诺是怎样到陕甘宁边区采写这一名著的呢？1936 年 6 月，在宋庆龄和我地下党组织的帮助、安排下，从北平出发，经过西安，由当时的地下党员董健吾和我党保安工作人员邓发等同志的精心谋划，冒着生命危险，冲破国民党的严密封锁，进入陕甘宁边区访问的。他是在红色区域进行采访的第一个西方新闻记者。经过四个月的采访，他又回到了北平。他在北平首先为英美报刊写了许多篇轰动一时的通讯报道，并在天津一家英文报纸上每天连载了这些通讯报道，然后汇编成《红星照耀中国》这本被称为“现代新闻工作中的杰作”的通讯集。当时它不仅极大地鼓舞了革命根据地的人民，也吸引国统区一些向往革命的知识青年投奔革命。斯诺的品德和作风，一直深深地影响着中外新闻工作者。美国哈里森·索尔兹伯里这位老记者、老作家，1984年，在他七十六岁高龄的时候，还用了两个多月的时间，行程一万一千五百公里，穿越江西、贵州、云南、四川、甘肃、陕西六省，对当年红军长征沿途的大部分地区进行了实地考察，采访了当年的红军指挥员和战士，拟于今年写一本《长征秘闻》（注：后来书名改为《长征——前所未闻的故事》，1986 年 5 月，由解放军出版社出版）作为纪念长征五十周年的献礼。《经济日报》社记者罗开富甚至花了一年的时间，徒步沿着长征时的路线，采写了四十多万字的新闻通讯。

史沫特莱写的通讯报告集主要有《中国的战歌》和《伟大的道路——朱德的生平和时代》等著作。1928 年，史沫特莱以德国《法兰克福日报》特派记者的身份来到中国。1937 年七七事变后，她以英国《曼彻斯特卫报》驻中国的特派记者的身份，跟随中国人民军队深入华北、华中前线，写了许多著名的通讯，向全世界报道了中国人民的抗日战争。1946 年，在美国出版了《中国的战歌》。这本书被誉为“最佳战地报告文学”“第二次世界大战的最好的战地报道”。1946 年 10 月出版的《北方杂志》第五期上，曾将这本书中的《记鲁迅》这一章译介给中国读者。在这篇通讯特写中，史沫特莱详尽地描述了她帮助热爱鲁迅先生的青年，为祝贺鲁迅五十寿辰秘密举行集会的全过程，倾注了她对中国人民为争取民主自由而斗争所给予的同情和支持。《伟大的道路》1955年首次以日文译本出版，开始是用连载的形式，然后出书。因此，可以被看作通讯报告集。英文版1956年在美国出版。全世界还先后出版了德、俄、法、西班牙、孟加拉、丹麦、意大利等八个语种的译本，在各国进步人士中产生了深远的影响。中译本直到1979年4月始同读者见面。这部书通过对朱德同志六十岁以前所走过的道路的生动描述，展现了中国人民为争取自由和解放而英勇斗争的画卷。这部书在写作上，“有它独特的风格。作者把自己置于书中，并以她非常生动、细腻和隽永的笔触，刻画了一个无产阶级革命家栩栩如生的形象。”（引自中译本校者序言）它同斯诺的《西行漫记》一样，成为研究中国问题的不朽名著。这部书是在这样的情况下写成的：史沫特莱于1937年1月访问延安时，用了四个月的时间同朱德同志交谈；1937年底，她还亲眼看到朱德同志在山西战场的活动；以后多年，朱德同志应她的要求，又给了她以力所能及的帮助。

斯特朗写的通讯特写《毛泽东》（载1947年10月10日《苏联文学报》），生动地再现了1946年8月和1947年2月，她在延安访问毛泽东同志的情景，其中包括毛泽东同志对她说“美帝国主义是纸老虎”的那次谈话。在通讯中，她以敏锐的洞察力，对毛泽东同志作出了正确的实事求是的评价。通讯的开头，下笔不凡，仅用二百来字就深刻地揭示了毛泽东同志的本质特征。请看这两段：

> 在高高的山上的窑洞里。在由于人们长年劳动而变得绿油油的炎热的山谷上，住着一位现代最先进的思想家，中国共产党的领袖毛泽东。国内战争和抗日战争使得他和世界隔绝着，他在封建圈里过了二十年。但在这一时期内他并没有同自己的人民分开。毛泽东的思想穿过封锁圈鼓舞着中国的革命。
>
> 毛泽东的天才从各方面鲜明地表现了出来。而正是由于他制订出的战略，一个被技术优越的敌人包围着的军队，才能够建立与发展。

作为一个西方记者，当时能够对毛泽东同志作出这样的评价，真是难能可贵的。

从1925年起，斯特朗曾先后六次访问中国，1958年定居北京。他写了六本关于中国的书。这六本书是：《广州序曲》（写于1925年，反映省港罢工的斗争）、《千千万万中国人》（写于 1927 年，反映湖南湖北的工农运动）、《为自由而战的中国》（写于 1937—1938 年，反映晋西北革命根据地的战斗生活）、《中国的黎明》（写于 1946—1947 年，反映了她访问陕甘宁、晋冀鲁豫、东北等解放区的情景）、《西藏农奴站起来》（写于 1959 年）和《中国人征服中国》。这些著作也可以被看作通讯报告集。她还于 1962 年 9 月创办了《中国通讯》。从创办到她逝世，共编了六十九期。通过这些著作和刊物，向世界各国人民报道了中国共产党领导的工农革命斗争、抗日战争、解放战争以及社会主义革命和建设事业的成就，增进了各国人民对中国的了解和友谊。她八十多岁还到西藏采访，并一直不停地写通讯。

此外，属于第一方面的通讯作品，还有捷克斯洛伐克著名的新闻记者和报告文学家埃贡·埃尔文·基希的通讯报告集《秘密的中国》。这本书是作者于 1932 年来到我国，考察了我国的政治、经济和文化状况以后所写的通讯报告汇集成的。书中收集了二十三篇作品。中译本首次出版于 1938 年。1981 年又重新出版，为 22 篇，根据译者的意见，删去了《屋顶花园》一篇。通讯描述了旧中国上海、北平、南京的社会状况，揭露了帝国主义和国民党反动派对中国人民的摧残和压榨，对人民革命的残酷镇压。周立波在中译本首版的“译后附记”中，对基希及其作品曾作过这样的评述：“他在轻快的笑谈间夹着逼人的严肃的风格，那渊博的知识和强烈的正义感，不负他的盛名，使他成为中国新起的报告文学者的良好的模范。”实际情况也的确是这样。

（二）作者的作品或者揭露法西斯的侵略罪行，或者歌颂反法西斯战争中的英雄人民。这些作品同样对中国人民的革命事业和通讯的发展产生积极的影响。例如：

捷克斯洛伐克著名的新闻记者、作家和评论家尤利乌斯·伏契克的《绞刑架下的报告》一书，是他在希特勒匪徒的监狱中写成的。1942 年 4 月，由于叛徒的出卖，被希特勒匪徒逮捕，1943 年 9 月 8 日就义。作者在书中以目睹的事实，深刻揭露了敌人残暴的罪行，充分表达了作者热爱人民的深沉感情。这部书自 1945 年在捷克出版以来，已被译成包括中文在内的八十六种文字，在全世界各国人民中广为流传。他的《大张着眼睛》这篇通讯，则满腔热情地歌颂了苏联人民建设社会主义的成就和大无畏的首创精神。

苏联著名的新闻记者和作家伊里亚·爱伦堡的《战争的面目》（1920年出版）、《我的口粮》《我的巴黎》《西班牙》（以上三部通讯集于1936年西班牙内战期间出版）、三卷本《战争》（1942—1944年出版）等通讯集。这些通讯集都是根据爱伦堡在第一次世界大战、西班牙内战和苏联卫国战争期间，任战地记者时写的通讯作品汇集而成的。有些作品揭露了帝国主义战争的残暴和法西斯匪徒的罪行，有些作品刻画了西班牙、苏联和欧洲各国人民反对法西斯主义的英雄事迹。新中国成立前后，我国翻译出版爱伦堡的作品达十七部，通讯特写主要有：《不是战争的战争》（巴黎陷落前后）、《从巴黎到莫斯科》《六月在顿河》《英雄的斯大林城》《他们眼望着东方》《生番希特勒的脸谱》《墨水和鲜血》和其他大量作品。有的报刊还刊登了一些他的战地通讯。他的一些作品不仅主题思想新颖深邃，表现手法也别具一格，有的通讯充满政论色彩。他所写的报告文学体的长篇小说《巴黎的陷落》获1942年斯大林文艺奖的头等奖。

苏联另一位著名记者和作家鲍里斯·尼古拉耶维奇·波列伏依的通讯作品，对我国新闻工作者也颇有影响。他的第一本特写集《虱病患者回忆录》，曾受到高尔基的称赞和鼓励。苏联卫国战争期间，他任《真理报》的战地记者，写了许多反映苏联人民和军队反法西斯英雄业绩的通讯。《马特维·库兹明的功勋》《在解放了的布拉格》等都是影响较大的战地通讯。《五海通航》《萨杨记行》（曾获新闻奖）等作品，则反映了苏联人民改造大自然，建设社会主义的雄伟壮丽的画面。他还写了一本《中国三万里行》的通讯报告集。

可喜的是，1983年9月，新华出版社又出版了波列伏依著的《粉碎“台风”计划——随军采访四年①》《大进军——随军采访四年②》《距柏林八百九十六公里——随军采访四年③》《纽伦堡审讯——随军采访四年④》。这四本书是根据他在卫国战争时期的采访日记写成的，忠实于原来的内容，只是在文字上作了些加工。由于所写的都是作者的亲身经历，写得具体生动，形象逼真，加上作者采用了活泼清新、朴实自然的笔调和结构，颇为吸引人。我认为也可以把它们当作优秀的通讯报告集来阅读。他的中篇小说《真正的人》

获1947年斯大林奖金。另外，早在1955年，波列伏依所写《报纸中的特写》一文和其他有关通讯特写的写作经验谈方面的文章，就在新闻工作者和对新闻写作感兴趣的读者中流传。无疑，这在一定程度上促进了我国通讯写作的发展。

（载《新闻与写作》1986年第2期）

注1：除《西行漫记》等作品之外，斯诺还写了《红色中国杂记》（1957年）《大河彼岸》（又名《今日红色中国》，1962年）《漫长的革命》（1972年）等几部关于中国革命的书。《漫长的革命》中的一些文章最初在意大利《时代》周刊发表，《时代》周刊在编者按中指出："文章具有极大的文献价值。"

注2：基希曾先后到过苏、美、英、法、奥、荷、匈等许多国家。他的主要作品除《秘密的中国》外，还有《布拉格的探险》（1920年）、《怒吼的新闻记者》（1925年）、《沙皇·东正教教士·布尔什维克》（1927年）、《美国天堂》（1930年）、《亚洲全变了》（1931年）、《禁止入内》（1934年）、《七个犹太区的故事》（1934年）、《澳大利亚的登陆》（1936年）、《墨西哥的发现》（1942年）等十多部。

初探五　通讯的雏形

中国古老的封建官报距今有一千一百多年的历史。那么，我国的通讯体裁是什么时候产生的呢？由于受史料的限制，很难确切地说出它的具体时间。但就目前掌握的材料看，1626年6月（明熹宗天启六年五月中旬）出版的一期邸报（即报房京报）上，所刊登的几天前（1626年5月30日，即明熹宗天启丙寅五月初六日）北京城内王恭厂发生火药库爆炸事件这篇详细报道，可以说是迄今为止所发现的中国古代报纸上最早的通讯，也可以说是通讯体裁的雏形。这篇报道约有两千多字。当时的抄录者黄煜，以《天变邸钞》为题，抄录在《碧血录》上。为了便于说明问题，让我们先看看这篇报道的全文：

天启丙寅五月初六日巳时，天色皎洁，忽有声如吼，从东北方渐至京城西南角，灰气涌起，屋室动荡，须臾大震一声，天崩地塌，昏黑如夜，万室平沉。东至顺城门大街，北至刑部街，长三四里，周围十三里，尽为齑粉，屋以数万计，人以万计。王恭厂一带糜烂尤甚，僵尸重叠，秽气熏天。瓦砾盈空而下，无从辨别；街道门户伤心惨目笔所难述。震声南至河西务，东自通州，北至密云昌平，告变相同。城中即不被害者，屋宇无不震裂。狂奔肆行之状，举国如狂。象房倾圮，象俱逸出。遥望云气有如乱丝者，有五色者，有如灵芝黑色者，冲天而起，经时方散。合科道意火药局失火，缉拿奸细，而报伤甚多，此真天变，大可畏也。

钦天监占语曰："候得五月初六日巳时，地鸣如霹雳之声，从东北艮位上来，行至西南方，有云气降天，良久未散。占曰：地鸣者，天下起兵相攻，妇寺大乱。又曰：地中汹汹有声，是谓凶象，其地有殃；地中有声混混，其色必亡。"

后宰门火神庙栋宇殊巍焕。初六日早，守门内侍忽闻音乐之声，一番粗乐过，又一番细乐，如此三叠，众内侍惊怪。巡缉其声出自庙中，方推殿门跳入，忽见有物如红毡旋殿中滚出，腾空而上，众共瞩目，俄而东城震声发矣。

哈哒门火神庙祝见火神飒飒行动，势将下殿，忙拈香跪告曰："火神老爷！外边天旱，切不可走动！"火神举足欲出，庙祝哀哭抱住，方在推阻间，而震声旋举矣。

张家湾亦有火神庙，积年扃锢不开，此日锁钥俱断。

有一乔老儿骑一马行至泊子街，地动堕马。此老儿头旋眼暗，自疑痰晕曰："不好了！我中风了也！"急觅路旁一酒柜靠定。少顷明亮，抬头见左右伏两人，一人纱帽无翅，一人纱帽盖眉，细看之，俱是豸补，各面面相觑散去。此老方知不是痰晕。

屯院何廷枢全家复入土中，长班俱死。屯院内书办雷该相与持锹镢立瓦砾上呼曰："底下有人可答应！"忽应声："救我！"诸人问曰："你是谁？"曰："我是小二姐。"书办知是本官之爱妾，急救出，身无寸缕。一书办脱大摆裹之，身无裙裤，骑驴而去，不知所之。

前门上一卖棺店，初七日有一人买棺二十四口。讶其多。又有一人至曰："吾要买五十二口。"主人曰："没有许多。"其人曰："没有便小的也搭上几口罢。"主人曰："你要几口大几口小？"其人曰："你不要管，只与我五十二口，我回去自配。”

皇上此时正在乾清宫进膳。殿震，急奔交泰殿，内侍俱不及随，仅一近侍掖之而行。建极殿槛鸳鸯瓦飞堕，此内侍脑裂，而乾清宫御座御案俱翻倒。

有一绍兴周吏目之弟殊贫困，兄荣选恩做公，弟到京才两日，从菜市口买一蓝纱褶摇摆，途遇六人，拜揖尚未完，头忽无飞去，其六人无恙。

有一部官家眷于私室中，因天黑地动椅桌倾翻举家惊惶无措，妻妾抱柱而泣，随仆于地，乱相击触。逾时，天渐明，俱蓬跣泥面若病也。

北城察院此日进衙门，马上仰面见一神人赤冠赤发持剑坐一麒麟，近在头上，大惊堕马伤额，方在喧嚷间，东城忽震。

嘉兴项氏寓，石损墙屋，压死一儿。养一骏马，腾空而去。客来唁者问其仆曰：“你家无伤损否？”仆曰：“一个官官，一个马马。”

有一王姓者，在寓临池，忽心动出位，一声响亮，桌椅迸碎。拾一铁弹丸大如鹤卵，秤重三斤四两。

粤西会馆路口有蒙师开学，童子三十二人，一响之后，师徒俱无踪迹。

初六日五鼓时，东城有一赤脚僧沿街大呼曰：“快走！快走！”

草场在东城。巡逻更卒见一白发老人忽出忽入，知是草场土地。

所伤男女俱赤体，寸丝不挂，不知何故。有一长班于响之时鬃帽衣裤鞋袜一霎俱无。生者如此，死者可知。

有一人因压伤一脚卧于地。见妇人赤体而过，有以瓦遮阴部者，有以半条脚带掩者，有披半边褥子者，有牵一幅被单者，顷刻得数十人。是人又痛又笑。

屋宇至东华门坍颓稍缓。闻内阁格窗倾毁殊甚。

宣府新推总兵拜客行至圆宏寺街，一响，连人和马同长班共七人并无踪影。闻其马买以千金者。

一相公夫人单裤走出街心，相公从阁内步奔回来，亲救得免。家中古董毁伤殆尽。

都城隍庙中道士初五夜闻殿中喧嚷叫呼，绝似唱名之声。

王恭厂一小监，初五日给假城外省亲。初六日早至厂，见团团军马围住，听得内边云出来一个缚一个，疑是驾上拿人。此太监飞奔回家，行出城，响声大震。

大轿在路打坏者，薛凤翔、房壮丽、吴中伟。搢绅伤者甚多，而董可威、邱兆麟、牟志夔、萧命官为甚。但无致死者。其压死家眷者，难以枚举。嗟呼！此变幸出白日间，倘若发于寤寐中，当无噍类矣！

五月初一日，山东济南知府往城隍庙行香。及庙门，忽然官吏舆从俱各昏迷。有一皂隶之妻来看其夫，见其前夫死已多年，乃在庙管门。前夫曰："庙祝进去不得，天下城隍在此造册。"

四月二十七日午后，有云气似旗，又似关刀，见在东北角上，其长亘天，光彩初白色，后变红紫，经时而灭。五月初三日，又见于东北方，形如绦，其色红赤。初四日又见，类如意，其色黑。占者曰：此人白蚩尤旗之变幻，总一物也。五月初二日夜，鬼火见于前门之楼角。青色荧荧，如数百萤火，俄而合并，大如车轮。

绍兴周姓者，同数人夜饮归，共见正阳门上有人呵曰："小鬼辄敢如此！"

京师鬼车鸟昼夜叫，及月余，其声甚哀，更聚鸣于观象台，尤异。

长安街一带，时从空飞堕人头，或和鼻，或连额，纷纷而下。大木飞至密云。石驸马大街有五千斤大石狮子飞出顺城门外。

承恩寺街有女轿八肩来过。震后止见轿俱打坏在街心。妇女与人俱不见。

圆宏寺街有女轿过，女人衣饰尽去，赤体在轿，竟亦无恙。

新选陈州吏目纪姓者，寓石驸马街，与一陈姓者相交好。初五夜，陈忽得一梦，为金甲神呼去，至一大衙门，系罪者相属，纪吏目亦在内。闻内呼曰："无脚的俱斩！"忽点名至陈旁，一人曰："此人无罪。"堂上主者曰："可放去！"陈行数步，忽呼转曰："便宜了他，与他腰下着二锁。"鬼卒把锁讫，陈梦醒。明日，陈正与纪同饭，地动，陈忆昨梦，急走出户外，房倒，纪已压死矣。陈无恙，二锁之故尚未验也。

震后，有人来告衣服俱飘至西山，挂于树梢。昌平教场中，衣服成堆，人家器皿、衣服、首饰、银钱俱有。户部张凤逵使长班往验，果然。

德胜门外堕落人臂人脚更多。

蓟州城东南角震坍，坏屋数百间。是州离京一百八十里。初十日地中掘出二人，尚活。问之，云如醉梦。又掘出一老儿，亦活。

以上俱天启丙寅五月初六一日事。

（转引自清钱熙祚《指海》第五集）

综观全文，说明这篇报道是由办报人亲自采写的。它着重报道了事件发生那一天的情况，并插叙了事件前后半个月之内，与这次爆炸事件有关的一些情节和细节。第二十九自然段还写到事件发生前月余的事情。写到的地区广至当时北京四周的通州、河西务、西山、蓟州、密云、昌平等地，约六七百里。写到的人物多至十几类，包括皇帝和皇宫内外各阶层人士。

为什么说这篇报道是通讯体裁的雏形呢？主要原因是这篇报道符合通讯写作的基本要求：

（一）具有新闻性。通讯同消息一样，应该具有新闻性。这篇报道所写的内容是当时众人关心的重大社会新闻；时效性也比较强，及时地报道了几天前发生的事情。

（二）做到了用典型人典型事（包括情节和细节）说话。例如报道中第六、七、八、十、十一、十三、十四、十五、十九、二十一、二十二、二十四、二十五、三十、三十一、三十二、三十四、三十五、三十六等自然段所写的人和事都很典型生动，有的包含情节，有的包含细节。用这样的事实说话，使报道有较强的说服力。

（三）通讯中要有人物的活动才能生动感人。这篇报道中有包括“皇上”在内的众多人物的活动，有人物的对话。例如第七、八、十三自然段中人物的对话生动简练，给人留下深刻的印象。

（四）运用了叙述、描写、议论和比喻等多种表现手法和修辞手法。例如报道中第一自然段，运用叙述和描写的手法，对所发生的新闻事件作了具体生动而又概括的报道。第二十五自然段，在叙事的基础上穿插了一句这样的议论："嗟乎！此变幸出白日间，倘若发于寤寐中，当无噍类矣！"全文采用比喻的修辞手法十分突出。例如："声如吼""昏黑如夜""举国如狂""云气有如乱丝者""有如灵芝黑色者""地鸣如霹雳之声""有云气似旗，似关刀""有物如红毯""形如绦""类如意""大如车轮""大如鹌卵""如数百萤火""蓬跣泥面若病"等等，使作品显得生动形象。

（五）结构也较严谨，并采用了倒金字塔结构，把最重要最新鲜最吸引人的新闻事实写在开头一段。这段文字读来具体生动，有较强的现场感，使人如临其境，能起到吸引读者看完全篇的作用。

不足的是，所写情节或典型事例不够完整，缺少几个典型的贯穿全篇的骨干事例。从报道看，采写者对失火原因尚未调查清楚。报道中只是提到："合科道意火药局失火，缉拿奸细""听得内边云出来一个缚一个，疑是驾上拿人"等说法，隐约地说明失火可能与奸细纵火有关。而对火药库爆炸事件中出现的种种惨状和奇怪现象则缺乏科学的分析，信天信鬼信神卜占，例如报道中的第二、三、四、五、十二、十七、二十三、二十六、二十七、三十三等自然段，都带有这种迷信色彩，显得荒诞无稽，令人难以置信。这也是当时生产力水平低下，科学文化不发达的一种反映。采写人观察和分析问题，没有科学的观点和方法作指导，只能道听途说、人云亦云、以讹传讹地写报道。由于有这些不足之处，所以只能说这篇报道是通讯的雏形。

（载《新闻与写作》1986 年第 3 期）

注：据 2013 年 3 月 20 日《北京青年报》所载《试解明末王恭厂大爆炸之谜》一文称：人类历史上发生过多次惊心动魄的灾难，1626 年北京王恭厂大爆炸与 3000 多年前印度"死丘"事件、1908 年 6 月 30 日俄罗斯西伯利亚通古斯大爆炸，被称为世界三大自然之谜。为了弄清王恭厂爆炸的真正原因，1986 年 5 月 30 日，即这次特大灾难事件发生的 360 周年，北京明史专家和从事天文、地理、地质、地震、军工、古兵器、科技史、新闻史等各方面研究的专家，曾召开过王恭厂大爆炸学术研讨会，会后出版了论文集《王恭厂大爆炸——明末京师奇灾研究》。这次会议很多人倾向于地震说。《天启实录》载："是日，蓟州密云地震。"地震的二次灾害是完全可以诱发火药库爆炸的。本文作者北京文物保护协会会员、北京史地民俗学会理事王铭珍倾向于火药燃烧

爆炸说。王恭厂创办于明初，始为铸铁厂，后改为兵工厂，专为皇家制造盔甲、枪炮、火药。爆炸当时，王恭厂内火药库储有火药数百吨。爆炸瞬间，以王恭厂为圆心半径大小 750 米，面积达到 2.25 平方公里地区的万间房屋尽数倒塌粉碎。死亡 1 万余人，受伤 2 万余人。

初探六　通讯界之大师

中国近代报刊史上究竟谁是最早运用通讯体裁的记者？目前主要有两种说法。一种说法是："最早运用通讯这种形式进行写作的，大致要算是第一个新闻记者王韬了。"另一种说法是："我国报纸之有通讯，实以黄运生为始"；或者说通讯体裁是黄远生"首创的"。有的文章则又把黄远生的通讯叫作"报刊通讯体裁的雏形"。

主张王韬说的理由是："王韬曾两次到好几个资本主义国家游历，掌握了丰富的感性材料。在 1870 年普法战争进行期间，他亲身目睹战争情况，执笔写成《普法观战记》一书。后来去日本，又写了《扶桑游记》。这新鲜的见闻，开阔了中国读者的眼界。"据查，《普法观战记》实为《普法战记》。普法之战始于 1870 年秋，结束于 1871 年春，历时七个月。王韬在普法之战爆发前（1870 年春）几个月即回国。回国后，先是应约以数月改写《法国图说》一书，然后编写《普法战记》等书。"王君之为此书（指《普法战记》一书）也，载笔于庚午（即 1870 年）八月，而断手于辛未（即 1871 年）六月"（见王韬《弢圜文录外编》第 237 页，中华书局 1959 年十月版）。王韬自己在《普法战纪前序》中说："余摭拾其后战事，汇为一书，凡十有四卷（初版共十四卷，重订本增至二十卷），大抵取资于日报者十之三，为张君芝轩所口译者十之四五，网罗搜采，得自他处者十之二三。"（见《弢圜文录外编》第 229 页）因此，《普法战记》一书，只能说是王韬参照各方面的有关材料编写成的专著，而不是"亲眼看见战争情况"采写并发表在报刊上的通讯作品。《扶桑游记》与写真人真事的通讯体裁也不同。在中国近代报刊史上，王韬称得上是第一个新闻记者。但他是以写作政论见长，是我国近代资产阶级改良主义政论家。

1874 年，他在香港创办与主编《循环日报》时，主要是写政论。因此，说王韬“最早运用通讯这种形式进行写作”，就不怎么符合实际状况了。

至于黄远生是不是中国近代报刊史上通讯体裁的“首创”者，这里姑且不谈。把黄远生的通讯仅仅称作“报刊通讯体裁的雏形”，这也不符合实际状况。因为黄远生的通讯的的确确称得上是成熟的报刊通讯。按照方汉奇教授的说法是：“以新闻的采访和写作而负盛名的，黄远生是第一人。”（见《中国近代报刊史》第 741 页）这当然也包括黄远生以通讯写作“而负盛名”了。尤其是从黄远生的通讯对中国近代报刊史上通讯体裁的发展所起的实际作用看，说他是中国近代报刊史上运用通讯体裁成就卓著、影响巨大的新闻记者，则是符合实际状况的。

黄远生（1884—1915），原名为基，字远庸，笔名远生。民国初年著名的新闻记者。辛亥革命后，在北京编辑《少年中国》周刊，并协助梁启超办《庸言》杂志。还担任过《申报》《时报》和《东方日报》的驻京记者，还曾为《论衡》《东方杂志》《国民公报》《亚细亚报》等报刊写稿。1915 年 12 月，访问美国时，在旧金山被人暗杀。自 1912 年 5 月之后他为上海报纸写的“北京通讯”，共 168 篇，由友人编入《远生遗著》一书中。这部书共四册，内容包括：论说、通讯、时政、杂著，约 40 多万字。在 1914 至 1915 年间，黄远生给章士钊主编的《甲寅》杂志记者写信时，就提倡新文学。主张“以浅近文艺，普遍四周，史家以文艺复兴，为中世改革之根，足下当能语其消息盈虚之理也。”并把这一主张贯彻到新闻通讯写作的实践中去。黄天鹏曾说：“远生以不世有之雄才，适当新闻界由政论时代转入新闻时代之际，风云时会，崛起通信界之大师。”“其在时报与申报之特约通信，为报界创一新局面，如梁启超之于议论也。”他的通讯编入《远生遗著》以后，“文字之影响愈大，一时远生通信之名，遂盛称于报界。”（以上引文见《新闻文学概论》第 30—31 页，光华书局 1930 年 8 月版）可见黄远生对通讯体裁的发展所起的作用之大。邹韬奋同志对黄远生的通讯曾作过这样的评价：“流利、畅达、爽快、诚恳、幽默。”读过黄远生的通讯就会感到，这一评价是十分精当贴切的。这里仅就粗读的体会，谈几点对黄远生通讯的认识。

（一）针砭时弊，尖锐泼辣。主要采用夹叙夹议，或者把叙述、议论和抒情三者结合在一起的手法写通讯。例如《痛苦之新年》其一《记赔款展期与借款事》（下称其一篇）与其二《记六国团与谷利斯浦团之内幕》（下称其二篇）这两篇通讯（写于 1913 年 1 月 7 日、1 月 13 日，见《远生遗著》三卷），通过报道中华民国临时政府由于内外交困，有关官员正密谋不惜接受丧权辱国的种种条件，乞求日、美、德、法、英、俄六国延期交付《辛丑条约》规定的赔款，乞求六国银行团借二千五百万镑巨款的详情和内幕，对民国初年政府腐败无能，任人宰割的局面，作了入木三分的揭露。在其一篇的开头，采用叙述、议论和抒情的表现手法，将赔款与借款问题的实质，一针见血地揭示在读者面前。请看这几段文字：

去年贫无立锥地，今年贫得锥也无。

惨哉，国家之现状也！自临时政府成立后，北京政界之最大问题，唯借款而已。今日曰借款成立，明日曰借款破裂，直至（民国）元年 12 月 31 日大借款犹不能成一结果；而赔款延期之抗议，几被外人实行差押之权，其结果卒被攫财政监督之实权以去。

呜呼新年！汝奈何赍此最可悲痛之纪念，以饷吾国耶！

其二篇，通过大量具体事实的叙述和剖析，指出六国银行团“即六国国际保证监督中国财政之委员会，并殖民银行之总汇是也”。深刻地阐明向六国借巨款的后果是，“直将中国之财政权、盐政权、各省之赋税权一律送尽，而只换得一年还债及零碎日用”。通讯进而借抒发记者的感叹，而指责有关官员不惜接受丧权辱国的种种条件而借巨款的行径：“呜呼！亡国之臣，败家之子……今尚有讴歌大借款之成功，以为周总长（指当时与六国密谋借款事的官员）果有旋乾转坤之手腕耶？”在通讯的结尾，作者甚至发出这样的呼声：“福生有基，祸生有胎，亡国之事，难以幸致。今之北京，其亡国奴之陈列所哉！”两篇通讯尖锐泼辣，使人读来振聋发聩。

（二）鞭挞权贵，所向披靡。主要采用对典型人典型事的生动插叙，达到鞭挞权贵，揭露当时北京政界之黑暗的目的。例如《外交部之厨子》，这篇通讯写一个神通广大、家产宏富的厨子，从前清总理衙门到民国外交部，中间换了若干管部亲王、若干尚书侍郎、若干司员和若干总长，而这个厨子却一直盘踞外交部达二十年之久，并通过其管“库款差事”的儿子，掌握了外交部“全部财政出纳之权。”通讯写的主要人物虽然是一个厨子，但却写了与厨子相关的慈禧太后、恭亲王、李鸿章、陆征祥总长等七人。用这些人物作陪衬，突出厨子阿谀逢迎、飞扬跋扈、为虎作伥的丑恶嘴脸，同时也将当时北京政界的黑暗暴露在读者面前。下面一段对典型人典型事的具体插叙和评述，就足以说明这点。

“……庚子变后，西太后及光绪回銮时，西太后研究媚外主义及大宴各国公使夫人及在京东西洋贵妇人，耗资巨万，人所共知也。其时议和大使李鸿章，以世界外交之雄才，参与樽俎之事，已为西太后雇一著名西洋厨夫，以备供奉，既以得面许可次日入御。至于次日，西太后忽谓李鸿章曰：‘我看明日请客，还是用外务部的厨子罢。’此厨子运动力之大，乃至能力回西太后之意，与中外赫赫之李鸿章对抗，其他可知。厨子以此，亦所赢不资矣。”通讯在不足一千八百字的篇幅里，竟然涉及如此众多的人物，并绘声绘形地写了四五件典型事例。难怪著名中国报学史研究专家戈公振称黄远生的通讯“其理解力及文字之组织力，实有过人处”。

（三）刻画人物，惟妙惟肖。通过对人物有个性特征的行动、语言的生动描绘，使所写人物鲜明突出。例如《记太炎》（写于 1914 年 1 月 14 日，见《远生遗著》卷三）这篇通讯，就是通过章太炎特有的行动、对话来刻画章太炎当时不畏强权“大诟袁世凯”的感人形象的。鲁迅先生 1936 年 10 月 9 日写的《关于太炎先生二三事》一文，对章太炎有这样一段评价：“考其生平，以大勋章作扇坠，临总统府之门，大诟袁世凯的包藏祸心者，并世无第二人”。黄远生在《记太炎》中对这件事作了惟妙惟肖的描述：

“……至初七日（指 1914 年 1 月 7 日）早 11 时，（太炎）乃驾车直至总统府招待室授名刺谒大总统（指袁世凯）。总统辞以会客不见。问“会哪一个？”接待员答：“会熊总理。”……候之良久，则又问：“会谁？”答称：“会向瑞琨。”太炎大怒，谓：“向瑞琨系一小孩子尚可会，何以不会我？”因指名会秘书张一麐……乃由一秘书与敷衍数语即去，太炎因大闹不行。（报载其时只穿官靴一只，手执团扇一把，柄下系以勋章。）——引者注：“1913 年 8 月，章太炎因反对袁世凯被软禁，至 1916 年 6 月袁世凯死后，才得到自由。通讯中描述的这件事，正发生在章太炎被软禁期间。”看了这段文字，章太炎当时不畏强权“大诟袁世凯”的生动形象历历在目，给读者留下了深刻的印象。

（四）叙事状物，“不溢不漏”，隽永清新，妙趣横生。当时有的新闻学研究者，把黄远生的通讯说成是“开印象派之始祖”。所谓印象派，就是记事时做到“简而得要，繁而有趣”，并采用叙述、描写、议论和抒情等多种表现手法，使读者对所报道的事物有立体感。例如《喜日日记》这篇采用日记体的通讯，对作者 10 月 10 日下午“赴先农坛观看第二届共和纪念会之光景”和当日晚上出席“外交部之茶会”的所见所闻所感，作了翔实生动、富有情趣的报道。

黄远生的通讯不仅在近代报刊史上对通讯体裁的发展起过巨大的作用，其中一些精品，今天也仍然值得我们学习借鉴。

（载《新闻与写作》1986 年第 7 期）

初探七　有益的借鉴

中国无产阶级进步的新闻工作者汲取了资产阶级进步的新闻工作者写作通讯的有益经验，“五四运动”前，在《新青年》《每周评论》等无产阶级革命和进步报刊上，开始发表通讯作品。这些作品与资产阶级进步的新闻工作者所写通讯的区别就在于：作品流露出鲜明的无产阶级和人民大众的政治倾向性，笔调明快，具有较强的战斗性。下面看看《新青年》和《每周评论》是怎样运用通讯这一体裁的。

《新青年》月刊，1915 年 9 月创刊，1922 年 7 月停刊，共出刊九卷。自第八卷起，成为中国共产党上海发起组的机关刊物。1921 年中国共产党成立后，曾经一度为党中央的机关刊物。它虽然是期刊，不是报纸，但也十分注意运用新闻通讯体裁。除每期的《国外大事记》和《国内大事记》栏运用消息体裁报道新闻以外，运用通讯体裁报道的内容也比较广泛。有写当时引人注目的各类人物的通讯，例如《大力士霍元甲传》（称“传”，实为人物通讯，载第一卷第五号）、《大飞行家谭根》（载第一卷第六号）、《欧洲飞机阵中之中国青年》（载第二卷第三号）、《欧洲七女杰》（七女杰中包括居里夫人，载第一卷第四号）等。有记事件的通讯，例如《香港罢工风潮始末记》（载第八卷第一号）、《北京清华学校参观记》（载第二卷第三号）、《北京航空学校参观记》（载第二卷第六号）等。有写风貌的通讯，例如《湖南煤矿水工惨状》（载第九卷第三号）、《皖江见闻记》（载第五卷第四号）、《夏克通探南极记》（载第三卷第六号）等。

在阅读《新青年》中，有一点给人留下了深刻的印象，就是当时已经出现将通讯体裁同消息和图片新闻配套运用的情况。例如在第一卷第四号《国内大事记》栏中，一篇题为《航空事业前途之希望》的消息，报道了当时我国一位华侨飞行家谭根在广东筹办航空学校的新闻。新闻中简要地叙述了谭根的生平和主要事迹。在第一卷第六号上，刊登了一篇记者写的题为《大飞行家谭根》的人物通讯，通讯的末尾还特别注明：“参看四号本杂志国内大事记”。并用占 340 字的篇幅配了一张与通讯所报道的内容有关的图片新闻。图片新闻的说明是：“陆上飞机载客飞起图，此机为世界最先之华人飞机制家谭根造”。由于采用了这种配套运用的方法，虽然通讯的篇幅不足 1000 字，却收到了较好的宣传效果。我们现在的报刊上，往往写重大典型、篇幅较长的通讯时才采用这种配套的方法。是不是凡新闻性强的报道题材都可以采用这种配套的方法呢？而且通讯的篇幅是不是一定要比消息写得长许多呢？

《新青年》上所刊登的通讯值得我们今天借鉴的是，由于作品的主题鲜明集中，篇幅一般都比较短小。除《香港罢工风潮始末记》长 6400 多字、《皖江见闻记》长 4100 多字以外，一般通讯都在 1000 字或 2000 字左右。例如《欧洲飞机阵中之中国青年》仅 800 多字，《大飞行家谭根》仅 900 多字，《欧洲七女杰》仅 1200 多字，《北京航空学校参观记》仅 1600 字，《大力士霍元甲传》仅 1800 多字。篇幅虽短小，但内容并不显得单薄、干巴。原因是作者围绕通讯的主题除概述了有关事例外，还在三方面做得比较突出：

一是选用了比较突出的典型事例说明问题。例如在《大飞行家谭根》中，为了说明谭根“试演水面飞机居世界第一高度”这一突出事迹，通讯中着重写了两个典型事例。事例之一是：“是年（指 1910 年）万国飞机制造大会，请各国飞行家携自制之飞机赴会陈列，与会者西洋有英法德美四国。而代表亚洲者，惟中华谭君一人而已。日本犹无与也。是役也，谭君携自制之水面飞行机赴赛，竟获首选。当时列强中，能发明水上飞机者，只英法德美数国，而谭君竟夺首席，欧美报纸，哄传殆遍。咸谓谭君非特中华飞行界第一人。且应执全世界飞行家之牛耳。”事例之二是：“君之在吕宋也，试演水上飞机，直过米翁火山称为世界第一高度。该地官民欢迎爱护备至，吾国侨民尤狂喜若迎凯旋。”由于对这两件典型事例作了具体生动的叙述和描写，使读者对谭根是位“试演水面飞机居世界第一高度”的“大飞行家”，有切实、深刻的印象。

二是有的通讯穿插了细节描写。例如《大力士霍元甲传》一文中，除具体叙述了霍元甲力克“自署为世界第一大力士”之俄罗斯人和英国大力士，力胜清侍卫教师武清李富东等事例外，还有这样一段生动的细节描写：“景州虎头庄赵氏之徒闻之（指听说霍元甲力大过人），阳为力人，就元甲佣。日夜诇之，无所获。一日，三人共肩一巨捆牛膝，重可七百斤，呻而行，元甲蹙额曰：‘孱哉孺子！’三人置之地而目焉。元甲以木承其二，引置栈中。力人夜移筑衢二巨石塞门，元甲晨起，蹴而远之。乃共服元甲能。”这段细节描写把霍元甲力大过人的特点生动形象地刻画出来了，使读者如见其人，如临其境。

三是用精练的文字归结全文，点明主题。例如《大飞行家谭根》的结尾写道：“今君慨念祖国国势阽危，飞行乏材，国防不固，特返广东飞演，且筹创航空学校，为国人倡。伟哉谭君！盛名盈海内外，年只二十有七之青年也。吾青年诸君其继起，毋以国防巨任，委诸肉食者而高枕也。”用以归结全文，点明主题：通过对飞行家的赞颂，激发读者爱国主义的热忱，召唤青年振奋起来保卫国防。《大力士霍元甲传》的结尾，作者则借他人之口对霍元甲作了较全面的评价。

因此，通讯的篇幅虽短小，仍然能使读者感到内容充实，对所写人物有较完整的认识。不足之处是，通讯中所写的主要典型事例，不大注重时效，有的典型事例根本不交代发生的时间，有的事例虽交代了时间，却是几年前发生的事情，显得过于陈旧。

《每周评论》是一张政治性的报纸，创刊于 1918 年 12 月 22 日，至 1919 年 8 月 31 日被北洋军阀政府查封。李大钊是这个刊物的创办者和编者之一。1919 年 6 月中旬，由于主编职位被胡适掌握，从第二十六期起，革命的政治方向有所改变。

在《每周评论》的《国内劳动状况》《通讯》和《欧游记者特别通讯》等栏目中；发表了不少通讯。主要有：《北京剃头房与理发店之今昔》（第五、六期连载）、《唐山煤厂的工人生活》（载第十二期）、《上海人力车夫罢工》（载第十三期）、《一周中北京的公民大活动》（载第二十一期）和《旅中杂感》（从第十二期起，连载了十三期）等。

《一周中北京的公民大活动》这篇通讯，爱憎分明地、具体翔实地综述了“五四运动”爆发的经过，重点报道了“四日的示威事件”，将群众游行示威的现场、直捣曹汝霖家、捉拿章宗祥的情景作了生动的描述。并从二十一期起，一连五期报道了这一反帝反封建的群众政治运动。在当时的报刊中，《每周评论》报道这一运动算最突出的，对运动的发展起了积极的推动作用。（注：“1919 年的五四爱国运动，至 6 月初转入一个新的阶段，以 6 月 3 日北京学生反抗军警镇压，集合讲演开始，由学生的罢课，发展到上海、南京、天津、杭州、武汉、九江及山东、安徽各地的工人罢工、商人罢市。五四运动至此遂成为有无产阶级、城市小资产阶级和民族资产阶级参加的广大群众运动。”引自《毛泽东选集》第 2 卷第 670 页注释⑱)

翻遍三十七期《每周评论》，可以发现这样一个问题：通讯这一体裁原来是从“通信”中演变过来的。起初，“通讯”与“通信”的含意等同。在《通讯》栏中刊登两部分内容。一部分内容是各方面读者给记者或编辑部的来信。有的来信赞扬报纸或支持所发表的某篇文章；有的来信对林琴南的小说《荆生》展开批评；有的来信谈婚姻问题；有的来信向记者询问某方面问题。报纸在刊登来信的同时，刊登记者或编者对所提问题的答复。另一部分内容是有关作者所写的新闻通讯。主要是指由外埠邮寄传递到报社的新闻，以便同用电讯传递的新闻相区别。在邮寄的“通信”中，凡写得简要一些的，刊登出来就是消息；凡写得具体生动、详尽一些的，刊登出来就成为通讯。在好几期《每周评论》中，既有《通讯》栏，又有《欧游记者特别通讯》栏。“特别通讯”后来叫“特约通信”，按照今天的说法，就是特约记者写的通讯。《通讯》与《特别通讯》这两个栏目有何区别呢？《通讯》栏主要刊登一般通信（包括普通访稿），只需消息敏捷，叙述通顺，即可采用。撰写稿件的作者既有读者，也有记者；既有国内的通信，也有来自东京的通信。通信的篇幅也长短不拘。有的短到一百多字，有的长达3000多字。《特别通讯》栏，则主要刊登“特约通信员有系统有趣味之记述与写状，或附其意见与批评之通信”。特别通讯的作者“非驰誉文坛者，则与报馆有历史之姻缘。对一事物，必有深刻之观察，每一案情，须有缜密之研究，复经艺术之剪裁，以优美之文笔出之”（黄天鹏《新闻文学概论》第139至140页）。《每周评论》上《欧游记者特别通讯》栏中的《旅中杂感》，就是邀请具有上述条件的作者撰写的。标明“欧游记者特别通讯”，并不是因为通讯报道的是作者旅游欧洲的内容，或者记者写通讯时正在欧洲旅游之中，而是它的作者曾经在欧洲旅游过，以引起读者对“特别通讯”的重视。

《旅中杂感》全文约2万字。在连载的十三期中，一般每期载登1500字左右，偶尔刊登长的约2300字，短的约500字。近半数报道的是记者访日、访美时的见闻，其余部分则是国内见闻。有的部分在叙事的基础上发议论。有的部分有人物活动，但无典型事实和比较完整的人物形象。有几节没有事实，是杂感，不是通讯的写法。总的说，记者是站在同情人民大众的立场上写通讯。比如第十五期上的《旅中杂感》，在“上海和平会议与中国之和平”一节，报道来自东西南北当局者的代表之间有分歧时，记者旗帜鲜明地揭露了各军阀政府讲和平是假，借以争权夺利是真的实质。请看这样几段：“我们小民虽然时时刻刻希望和平，但是没有法子可以使国内和平。因为现在的中国民意没有显出来，所谓‘民意’例如洪宪时代的民意和现在‘国民制宪’的民意，都是假托，不是真民意。真民意既然没有法子可以使国内和平，只好拜托那当局者和当局者的代表了。”作者进而指出：现在的当局者“还不愿意和平。都是愿意操纵势力，扩张自己的地位的。”“我们小民要觉悟这次和平会议，并不是根本解决的办法，实在是几种势力的较量。但是我们小民却是一点势力不占。我们对于东西南北各方面无所偏倚，只看那能够为我们小民谋利益增幸福的，就是我们所要拥护的政府了。”当时作者在通讯中能够这样阐明观点，这样流露出鲜明的无产阶级和人民大众的政治倾向性，的确是难能可贵的。

像《每周评论》这样，在报纸上连载特约通讯这种报道方式，一直为读者所称道。这以后的许多通讯作品的名著名篇，就曾在有关的报刊上连载过。前几年，《人民日报》上连载林里同志所写深圳特区的通讯，也受到读者的好评。新闻界的一位老前辈早就说过：“‘地方通讯’要增加一些有广泛社会兴趣的东西，可以写一个省里的旅行通讯，也可以写越省的旅行通讯，比如，派一个记者旅行长江沿岸，写几篇通讯。”（《谈谈报纸工作》第 30 页）这也正是提倡采用这种报道方式。只是现在一些报刊上采用这种报道方式还不够经常。除特派记者采写这类通讯在报刊上连载以外，最好还特邀一些有关的知名人士为报刊写这类连载的通讯。只要有意识地这么做，我想是不难办到的。这样也一定会使报刊上的通讯作品更加丰富多彩，更为读者所喜爱。

（载《新闻与写作》1986 年第 8 期）

初探八　战斗的号角（上）

五四运动时期，我国第一批无产阶级报刊相继诞生。在这些报刊上涌现了大量通讯作品。读过中国共产党上海发起组的理论机关刊物《共产党》月刊（1920 年 11 月 7 日创刊，现在仅能看到第一至第六期，由李达主编）、中国共产党中央的第一个政治机关报《向导周报》（1922 年 9 月 13 日创刊，1927 年 7 月 18 日由于国民党叛变革命而被迫停刊，由蔡和森主编）和中国共产党的第一份日报《热血日报》（1925 年 6 月 4 日创刊，6 月 27 日被迫停刊，由瞿秋白主编）上所刊登的通讯，使人感到最突出的一点就是：这期间的报刊领导者，把通讯体裁当作唤起民众觉醒，指引中国民族革命运动方向的战斗的号角。这点尤以《向导周报》表现得最明显。

为什么说这期间的通讯是战斗的号角呢？可以从四个方面看出这一特点。

一、时效快、数量多、经常化

凡反映重大事件的通讯，时效都比较快。例如反映五卅运动的通讯，事件后几天，《热血日报》和《向导周报》就分别见报；《向导周报》还及时地刊登了反映上海工人第二和第三次武装起义以及蒋介石"四一二"叛变革命的通讯。数量也比较多。单拿《向导周报》来说，曾两次增加篇幅，每期由原来八页增至十六页。目的之一就是："得以多登各地通信，藉知全国革命运动的实况"（《向导周报》第146、150期所登《本报启事》）。可见办报者指导思想非常明确，即运用通讯体裁反映全国革命运动的实况，以推动革命运动的发展。根据粗略的统计，总共201期报纸中，刊登通讯近150篇。不仅数量多，还做到了经常化。报纸上的通讯不是时有时无，也不是可有可无。

二、题材广泛，问题重大

根据当时革命斗争的需要，这期间通讯所反映的题材有两点比较突出。一是广泛。涉及的地区包括全国十七个省市。其中又根据当时在全国所处地位的重要而定，刊登北京、广州、河南、上海、湖南、湖北的通讯居多。还少量地载有巴黎、日本、柏林、朝鲜和缅甸等国外题材的通讯。二是带有政治性、涉及重大问题的较多。正如《向导周报》记者答读者问时所说："向导是正确指导中国革命的理论和策略之唯一的刊物（当然它也有不足之处——引者注），向导所分析的不仅是农村的社会组织，而且是总的中国各方面的现象，有时且须研究国际问题。"（《向导周报》第166期《读者之声》）这就决定了这期间通讯题材的广泛和性质。这期间通讯的内容主要有三点：

（一）反映全国革命运动的实况

1919—1927年，中国民族革命运动风起云涌，反对帝国主义、打倒军阀的革命斗争声浪迭起。为了交流革命运动的情况，推动革命运动的发展，这期间的不少通讯都被用来反映全国革命运动的实况。例如：《北伐声中广东之政治状况》《从广州所闻北伐军之胜利与民众》《广东农民运动最近状况》等广州通讯，反映了当时的革命根据地广东的革命运动情况。《武汉国民运动的现状》《北伐声中之湖南》《北京职工运动概状》和《水深火热之郑州工人》等通讯（以上所引通讯载《向导周报》），则反映了各地革命运动和职工运动开展的实况。

（二）传播革命斗争经验

当时，我党正处在创建时期，为了使革命斗争取得胜利，急需学习和借鉴各方面的革命斗争经验。这期间的报刊一般都比较注意用通讯体裁传播革命斗争经验。一是传播国内的革命斗争经验。例如：《上海英美烟公司工人罢工记》《上海法租界电车工人罢工的胜利》《开平煤矿二次罢工记》《广东土木建筑工人大罢工始末》等通讯（以上所引通讯载《共产党》月刊），具体介绍了各方面工人罢工取得胜利的经验。二是传播亚洲与欧洲有关国家的斗争情况和经验。例如：《日本神户造船工人大罢工之经过》（《共产党》月刊第6号）、《日本无产阶级统一阵营破裂后》《朝鲜之大示威运动》《旅法华人反帝国主义运动与留法青年党的告密》《伦敦会议与世界局势》《德国无产阶级与五卅运动》等通讯（以上所引通讯载《向导周报》），就属于这一类。三是传播十月革命后俄国的建设情况和经验。例如《劳农俄国的教育》《关于新俄教育的一席话》这两篇访问记，通过当时劳农俄国的教育总长和一位俄国朋友的介绍，反映了1921年俄国加强教育工作的情况和经验；《劳农俄国的劳动妇女》这篇通讯，借一位缝衣工、女共产党员之口，介绍了俄国劳动妇女建设新社会的劳动热忱；一篇题为《俄罗斯的儿童问题》的海参崴通讯（以上所引通讯载《共产党》月刊），报道了俄国政府在革命初期物质十分匮乏的情况下，是怎样关心和爱护儿童的。这些情况和经验，对当时正在苦难中寻求革命道路的中国人民来说，无疑是十分宝贵的。

（三）揭露敌人，抨击时政

当时，英日等帝国主义在中国人民的头上作威作福，为了维护他们在中国的特权，任意屠杀中国人民，并支持各派反动军阀干一些丧权辱国、欺骗压榨中国人民的罪恶勾当。这期间报刊上的通讯对此作了淋漓尽致的揭露。例如《五月三十日——三十一日——六月一日——二日上海外国巡捕屠杀市民之略述》（《热血日报》创刊号）、《帝国主义屠杀上海市民之经过》（《向导周报》第 117 期）这两篇通讯，都具体揭露了帝国主义一手制造五卅惨案的罪行。揭露帝国主义在中国各地所犯罪行的通讯主要还有：《惨无人道之英国帝国主义屠杀万县》《青岛屠杀之经过》《汉口屠杀案之真相》《英国帝国主义最近在广东之蛮横》等等。《吴佩孚铁蹄下之湖北》《北京民众反段运动与国民党右派破坏阴谋》《白色恐怖的北方反动政局》等通讯（以上所引通讯载《向导周报》），则揭露了在帝国主义庇护下的封建军阀和国民党右派的反动面目，抨击了时政。这些通讯在一定程度上起到了促使民众觉醒的作用。

（载《新闻与写作》1987 年第 1 期）

初探八　战斗的号角（下）

三、旗帜鲜明，尖锐泼辣

毛泽东同志曾赞扬《共产党》月刊“颇不愧旗帜鲜明四字。”旗帜鲜明，尖锐泼辣，可以说是这期间通讯的一种战斗风格。1923 年 2 月 7 日，吴佩孚屠杀京汉铁路工人的惨案爆发后，以“中国劳动组合书记部”的名义撰写的《二七大屠杀的经过》这篇近 7000 字的通讯，对这次惨案的全貌作了较详细的报道，并号召全国被压迫的国人、农商学各界人民“要急速联合起来”，“打倒我们的仇人军阀和帮助他们为恶的国际帝国主义”，“起来一致的解除压迫！援救京汉之友！”号召全国的工人“更要努力于阶级的团结”。这是在严酷的斗争中发出的战斗号角！这篇通讯在揭露敌人时，采用了多种表现手法。

例如用吴佩孚虚伪奸诈的言行揭露其凶狠毒辣的嘴脸。通讯是这样写的："至（一月）三十日，忽得吴佩孚致总工会电，召代表赴洛计议"。"代表既到洛阳，当日往西宫，吴辞不见"，"只是一味敷衍恐吓，代表方面坚持愈烈，最后才由吴佩孚亲见。""吴佩孚说：'你们工人的事，我没有不赞成的。你们想，什么事我不帮助你们？……我是宣言保护你们的，岂能和你们为难？……我以后保护你们的日子还多咧。你们说开会没有什么，我亦知道，不过你们若是非要开会不可，我可没有办法了……工人代表与他据理力争。吴佩孚总是'顾左右而言他'。明以告之，使其无备，激之使进，而假手爪牙以尽歼之，其手段真辣呀；约接谈三时余，不得要领而散。流血大惨剧，遂伏于吴佩孚微笑中，好危险奸诈呀！"这段文字透过吴佩孚虚伪的言谈，使读者看到了吴佩孚阴险毒辣的真面目。这就增强了通讯的鲜明性和战斗性。

《蒋介石屠杀上海工人纪实》（《向导周报》第194期）这篇通讯的鲜明性和战斗性则表现在：用确凿的事实揭露了蒋介石1927年"四一二"叛变革命，屠杀上海工人的罪行。通讯一开头就指出："四月十二日蒋介石军队围缴上海总工会纠察队及十三日屠杀示威游行工人之事件，可算中国近年革命运动的一个最重要的关键。以前戴革命假面具的蒋介石及其所代表的资产阶级，经过这一事件之后，完全表现出他们已经退出革命的战线，而投降于帝国主义了。"为什么这样说呢？通讯进而用无可辩驳的事实作了回答。上海工人第三次武装起义成功后，由于工人手中掌握了武装，"不仅帝国主义感觉危险，即中国资产阶级亦感觉危险，所以与帝国主义一致联合起来，来解除工人的武装。据可靠消息，此次帝国主义连同中国企业家银行家大商人等共出一千五百万元为解除纠察队武装之用。其中一千二百万是蒋介石得的，一百五十万是白崇禧得的，一百万是周凤岐得的，其余五十万则用于雇用青帮流氓。这些事实，使人确信蒋介石已完全堕落为帝国主义和中国资产阶级重金收买而残酷镇压上海工人的可耻叛徒。"

更多的通讯是通过提出振聋发聩的观点，促使大众的觉醒。例如在一篇《南京通信》（《向导周报》第60期）中，写了这样的文字："当这个奴才武人专政时代"，"广大的中国，到处都染遍了洋大人和奴才武人们的膻味，到处都给直接或间接蹂躏得不堪而无一片干净土了。”作者在指明这一现状以后，精辟地提出：“一切的军阀都不过是纸老虎，戳破便不值半文钱。”早在1924年，就提出了同毛泽东同志在1946年所讲的“一切反动派都是纸老虎”这一论断相类似的观点，它极大地鼓舞了被压迫者的斗志。还有一些通讯是在报道事实的基础上，在结尾处，或向民众指明斗争方向或向读者发出召唤。

四、革命运动的领导者亲自动手写通讯

由于当时报刊的领导者把通讯作为战斗的号角，许多革命运动的领导者都亲自动手写通讯。这些领导者深知革命运动发展的进程，洞察革命运动中出现的新动向、新问题，所写通讯能及时指明革命运动的发展方向。因此，通讯具有较强的思想性和指导性。例如北伐战争开始后，先后在上海和武汉担任党中央农民运动委员会主任、全国农民协会总干事的毛泽东同志，就曾写过对中国革命具有深远影响的《湖南农民运动考察报告》一文，《向导周报》（第191期）发表时，在题目下面还标“二月十八日长沙通信”字样。由于当时党内以陈独秀为首的右倾机会主义者的排斥，全文仅刊登到《革命先锋》一节就中断了。在这篇政论式的通讯中，毛泽东同志满腔热情地歌颂了轰轰烈烈的农民运动，并以大量具体生动的事实材料，回答了当时党内党外对于伟大的农民革命斗争的责难。为了回答这些责难，支持在北伐战争中已经起来和正在起来的农民斗争，毛泽东同志于1927年1月回到当时全国农民运动中心的湖南，用32天，实地考察了湘潭、湘乡、衡山、醴陵、长沙五县的情况，而写成了这篇通讯。全篇通讯尖锐泼辣，深邃隽永，以事明理，生动形象，有力地指导了当时的革命斗争。

1924年8月，周恩来同志从法国回国以后，先后担任中国共产党两广区委员会委员长、黄埔军校政治部主任和国民革命军第一军政治部主任等职。1924年10、12月，周恩来同志亲自为《向导周报》撰写了《最近二月广州政象之概观》（第92期）、《中山北上后之广东》（第98期）这两篇广州通讯，对当时广州的政治局势作了深刻的分析，为革命指明了方向。在前一篇通讯中，周恩来同志用事实报道了广东的政治现象后，鲜明地指出：“国民党右

派是永远不革命的，是永远希望和军阀、帝国主义勾结的，而革命的只有左派，只有工农学生群众”。“当前急务是‘肃清内部’”。并号召左派领导广大革命群众坚决反对国民党右派，争取中间派，向一切军阀、一切帝国主义展开进攻。在后一篇通讯中，周恩来同志用事实揭露了胡汉民等国民党右派分子“乘着中山北上无人监督的机会，群起攘夺广东的权利地位”，“明争暗斗，撕作一团，活现出一些同隶在国民党旗帜下的右派党员互争市长的怪现状”等丑恶行径。

上海工人举行三次武装起义期间，当时江浙区委负责人、上海工人运动的领袖赵世炎同志，用“施英”的笔名，在《向导周报》上发表了《上海总同盟罢工的记录》《上海工人三月暴动纪实》这两篇通讯，具体详尽地报道了上海八十万工人第二和第三次武装起义的壮举，用以指导当时的革命运动。

由此，我想到这么一点：今天，我们一些实际工作的领导者，如果条件允许的话，是不是也可以亲自动手，或具体指导有关人员为报刊写一些具有思想性和指导性的通讯呢?

此外，在几个重点地区，《向导周报》还有一批经常采写地方通讯的作者队伍。例如，经常写北京通讯的有罗敬、列武等人；写广州通讯的有亦农、叔坚等人；写湖南通讯的有罗夫等人；写巴黎通讯的有任卓宣等人。这一事实也说明当时的办报者是十分注意发挥通讯体裁的作用的。

（载《新闻与写作》1987 年第 2 期）

初探九　《旅欧通信》特色撮要（1）

为了进一步寻求革命真理拯救中国，改造社会，周恩来同志在旅欧期间（1920 年 11 月至 1924 年 8 月），一面研究马克思列宁主义，考察和学习欧洲无产阶级的斗争经验，一面从事革命活动，一面在工厂做杂工。同时，还采写了大量的新闻报道。当时仅天津《益世报》上刊登他所写的《旅欧通信》就达 24 万字。周恩来同志当时不仅是一位敢于斗争、善于斗争的共产主义战士和无产阶级革命事业的领导者，而且是一位饱含激情，以天下为己任的新闻记者。在采写这些通讯报道中，周恩来同志用马克思主义的立场、观点和方法，作了深入的调查研究工作，掌握了所报道问题的丰富事实材料，并对这些事实材料做出了符合实际情况的判断。一旦掌握了事实，掌握了真理，他就尊重事实，尊重真理，按照客观事物的本来面貌加以报道。

周恩来同志的《旅欧通信》，及时地向国内读者传播了欧洲无产阶级、进步的旅欧勤工俭学学生和华工的斗争经验，反映了第一次世界大战后纷纭繁复、变化多端的国际局势，对我国的无产阶级革命事业起了积极的促进作用；写作上不仅继承和发扬了我国无产阶级和进步报刊上通讯写作的优良传统，在某些方面并有所创新。周恩来同志在采写新闻通讯中所表现出来的无产阶级崇高品德，是我们从事新闻工作的榜样，他写作通讯的高超技巧和报道手法是指导我们写作通讯的典范。本文从《旅欧通信》的写作特色这一角度，写几点粗浅认识。

一、客观报道“据实直书”

采用这种报道手法，可以增强通讯的说服力和可信性。通讯主要采用了两种写法。

一种是，从切身感触和亲眼观察到的事实写起。例如在第一篇《伦敦通信》的开头，谈到“欧战后之欧洲危机”时，是这样写的：“吾人初旅欧土，第一印象感触于吾人眼帘者，即大战后欧洲社会所受巨大之影响，及其显著之不安现状也。影响维何？曰生产力之缺乏，经济界之恐慌，生活之窘困。凡此种种，均足以使社会上一般人民饥寒失业交困于内外。而复益之以战争中精神文明所得间接之损失，社会之现状，遂乃因之以不安。吾人未出国前，虽屡震夫欧战影响巨大之论，然终以为欧洲物质文明发达甚盛，数年来之摧残，特不过数部分耳，何能碍及全体之发展。比以实验证之，方知昔日之理想乃等诸梦呓。”这些都是作者一踏上欧洲国土就感触到的问题。说明战后的欧洲社会，不论是物质文明，还是精神文明的实际状况，都十分不景气。这些实际状况打破了作者过去对欧洲社会的梦想。作者并进而用所见所闻的事实对上述感触加以证实：“故游于巴黎、伦敦之市，虽觉繁华远过东亚，然物质文明之享受，如煤也，电也，面包也，糖也，已不能如我国上海京津之取给均足矣。”至于失业者之多，就是以不及我国两省之大的英伦、苏格兰来说，“见失业者已超过百万多矣”。在世界上有影响的巴黎和伦敦这样的大城市尚且如此，其他城市的情况就可想而知了。过去一向认为这些城市繁荣发达，没想到连日常的生活供应还不及我国的上海、北京和天津充足。然后作者又具体分析了造成欧洲经济危机的原因。这就使读者确信无疑。

另一种是，以局外人的身份对所报道的新闻事件“据实直书”，使所写通讯具有客观性。1920 年底，周恩来同志和勤工俭学生一起到法国不久，就先后开展了三次革命斗争。一次是 1921 年 2 月，为了争取“吃饭权、工作权、求学权”，他们向当时北洋政府的驻法公使馆进行了请愿示威。斗争取得了胜利，驻法公使馆被迫答应给无钱无工的勤工俭学生每人每月发放生活维持费。二次是同年 6 月，从报纸上发现了北洋政府以丧权辱国的条件向法国秘密借款的消息后，周恩来同志等勤工俭学生联合巴黎和全法国的华侨团体，开展了反借款斗争。通过斗争，中法政府当局不得不从表面上答应取消中法借款条约。三次是 1921 年 9 月，由于里昂中法大学被中国官僚把持，不招收勤工俭学生，只招收了国内有钱有势的新科贵人 120 余名。而中法学校的创办费，是用勤工俭学的名义募集来的。勤工俭学生对这种不合理的现象忍无可忍，又展开了进驻里昂中法大学的斗争。在中法反动官僚相互勾结、阴谋陷害下，这次斗争遭到失败，进驻中法里昂大学的 100 多名学生被悲惨地遣送回国。周恩来同志亲自参加和领导了 3 次斗争。而写通讯时，却以记者和局外人的身份客观地报道了这些事件。例如《留法勤工俭学生之大波澜》的开头一段写道：“留法勤工俭学问题，国人闻之熟矣。虽知其名而不能举其实者盖居多数，是固由于深居国内不能洞悉海外真相者居半；要亦因国外之报告每以当局者为主观之叙述，致欲悉内情者转堕入五里雾中矣。记者来欧未久，适当留法勤工俭学生情状大变之秋，波澜突起，积数年造因之未慎，以演成今日生死不得之局，血泪模糊，搏战不易，是今日教育界之新现象也，不可以不记；且记者因求学异地，于此事纯立客观地位，据实直书，或能免去一切囿于局部观念，是较身历其境者，减去偏白不少。今日之波澜何所谓耶？简言之，留法勤工俭学生求生不易，勤工无力，俭学尚未可能，盖入于穷途暮日之境。若溯其根源，求其真相，判其去路，斯盖不得不演为长篇，分其类别，虽曰烦琐，要亦国内有心人士所急欲知晓者也。”这段文字首先指出国内人士对留法勤工俭学问题，“虽知其名而不能举其实”的两个原因；然后指明留法勤工俭学生“波澜突起”，“是今日教育界之新现象”，“不可以不记”；进而点出记者“于此事纯立客观地位，据实直书”，可免去一切囿于局部观念，减去偏见不少；最后回答留法勤工俭学生大波澜之所指，并讲明写这篇通信的目的，是为了“溯其根源，求其真相，判其去路”。这种客观手法，使报道能够引起读者的关注，也使读者乐于接受通信中所报道的事实。

《勤工俭学生在法最后之命运》也采用了这种报道手法。通信一开头就指明作者在《留法勤工俭学生之大波澜》那篇通信中“所叙的事实”和作者“所加的评论，很少的出于”作者“个人的偏见，或者是从他人得来的暗示”；在通信的最后一节，则客观地叙述了中法政府将进驻里昂中法大学100多名学生遣送回国的惨状：“里昂方面的情形，自12日警厅命被拘同学填写履历后，监视的情形更加严厉。这100多人从入营（注：指里昂的一个兵营）以来，已被拘了20多天，一切行动，都不得自由，精神上的损失已大，再加着国庆日的绝食，更显得人人都带有病容。13日在里昂中国同学有同他们去言别的，见他们面色饥黄，惨无人色，都相对而泣。当日午前，里昂市长入营同他们演说，略谓：‘中国政府对于勤工俭学生无办法，法政府亦无力补助，现在已由两政府商定将全体送回。’”“市长出营后，当有全副武装警兵一队、自行车警兵一队入营，为的是押送他们起行的。晚饭后，去了4辆大汽车，将他们百余人分着载上，运往附近小车站。车行时，两旁警兵持枪带剑，随着缓走，怕的是他们乘间逃去。一群类似临刑囚犯的少年们，更有何法可想。汽车到小车站后，他们被押进大车。进车后防范得更严。火车开往大站，附上通行车，便直开马赛。到马赛后，听说搭上波儿加邮船中的五等舱，于即日（14日）下午4时，便启碇东去了，噫！”两国政府的反动官僚们把这100多名手无寸铁的穷学生，竟视为大敌。看了这个具体场面，对迫害学生的反动官僚谁不痛恨呢？对受害的学生谁不同情呢？从表面文字上看，作者只是在叙述新闻事件，但字里行间却渗透着作者对这些受迫害学生的深切同情和支持。从这里我们可以看到，通信在报道勤工俭学生在法国的遭遇时，虽然采取的是客观报道手法，但并不是不偏不倚的客观主义，爱什么，恨什么，溢于言表。

（载《新闻与写作》1987 年第 10 期）

初探九　《旅欧通信》特色撮要（2）

二、奋笔疾书　爱憎鲜明

周恩来同志写通讯时，不囿于一种格式。往往根据不同的报道题材采用不同的格式。有的题材需要明确表明作者的爱憎时，则将作者的爱憎旗帜鲜明地表露在通讯之中。主要有三种方法。

（一）借叙述新闻事实，表现作者的爱憎

例如为了使被遣送回国的勤工俭学生不致被“无同情心的社会”“怀疑”和“鄙视”，在《勤工俭学生在法最后之命运》这篇通讯的前言中，作者直言不讳地说：“我因为这种缘故，我遂不能不写这封通信，并且还要写得长些，说得透彻些。阅者诸君要拿这篇文字作有宣传鼓吹的意义在内亦可。因为记者身临此境，目睹种种惨况，焉能使我对他们不表无限的同情，不致无限的愤慨，不替他们求社会上极大的援助呢？”这就明确告诉读者，这篇通讯就是要将勤工俭学生的“惨况”公之于众，以唤起“社会上极大的援助”。作者进而发问：是谁害得这些勤工俭学生“要生产而不能，求学而不得，终受被押解回国”的待遇呢？作者的回答是：1000 多勤工俭学生中“固然说不到全是健全分子，全是认清途径的人，但是这话也未必尽对，没有健全的社会制度，那容许多的健全分子生出，黑暗布满了的环境，有几个人能将他认清了？”一针见血地把勤工俭学生所遭受的“惨况”和“待遇”归咎于“没有健全的社会制度”和“黑暗布满了的环境”。接着，作者又从另外一个角

度发问：这些被遣送回国的勤工俭学生“岂真一无所得”吗？作者满怀革命的激情，奋笔疾书道：“劳动的真实的生活被他们尝着了，中法文化提携的假面具被他们识破了，社会现象的不平，东亚西欧如同一辙，也被他们发现了，纯洁的青年人格，更从他们身上表现出来了。这岂不是他们大有所得。”这段话既是对中外黑暗社会的揭露、控诉，又是对革命青年的赞颂。在前言这一节的最后，作者怀着深厚的同情心写道：“我的通信被诸君冷淡不要紧，只求诸君不要冷淡一堆穷苦无靠被押回国的学生们，那便是记者最大的盼望，最后的祈求。”作者爱什么，恨什么，真是一目了然。读了这样的文字，稍有正义感的人，谁能不受感动？谁能不接受记者的“祈求”？

（二）从交代通信的旨意中亮出作者的爱憎

例如在《中法借款之又一黑幕》一文的开头“中法借款事，前函已述其梗概，兹从各方面探得新消息数则，为前函所未及者，录之告国人，以志卖国贼之密谋。”向读者讲明通信就是要记下“卖国贼之密谋”，“录之告国人”，以揭露“中法借款之又一黑幕”。这样旗帜鲜明地点明通讯题材的性质，点明笔锋之所向，足见作者胆识之高。

（三）通过引用有关材料流露作者的爱憎

在《旅欧通信（续）》的“旅法各界人士最近之态度”这一节中，引用了旅法各界于借款签字消息传出后，所发出的第一次通告中的这样一段话：“同人等现正暗中竭力侦探一切，并用各种方法各样手段以为对付。总之一息尚存，决不愿亲见此次卖国借款有成立之日。事急矣，时迫矣，我同胞其速醒，其速起，分途并进，无论用何手段以诛除此辈奸人，均吾爱国之真同志也。”引用旅法各界所发出的通告中的话，号召同胞们猛醒，并立即行动起来反对中法大借款这一卖国行径。这比作者自己站出来发话更具有感召力。

三、见地深邃　催人醒悟

由于周恩来同志写作通讯时，不仅对所写问题能用马克思主义观点作深入的调查研究，而且对当时变化莫测的世界风云具有敏锐的洞察力，所以，在通讯中常能提出深邃独到的见解，能催促被压迫被奴役的人民群众醒悟。

例如关于勤工俭学的问题。由于倡导者在组织工作中存在着未尽善尽周的问题，勤工俭学生在对待勤工俭学的问题上，曾出现主张勤工与反对勤工的两种态度。在《留法勤工俭学生之大波澜》一文中，周恩来同志一面报道事实，一面就勤工俭学是否能实行的问题，提出了自己的独到见解："勤工尚可能也，俭学须视各人之个性与自治力如何为定。凡欲作勤工俭学生者，须自认愿为现代制度下之劳动者，而以劳动自治为第一条件，俭学为附带条件。"并提醒国内慕勤工俭学之名者"认清目标、始不致自贻伊戚也"。这就增强了通信对留法勤工俭学工作的现实指导意义。

发表《留法勤工学生之大波澜》的 7 个月之后，周恩来同志在《勤工俭学生在法最后之命运》通信中，根据实际情况，改变了前篇通信中认为勤工俭学可能实行的见解，指出"要想在这样的勤工状态下求俭学可能的实现，武断着说便是万难做到。"并在"勤工学生之呼吁"一节，具体叙述了反对勤工和主张勤工者的共同结局："一方请愿得了维持费，一方走入工场，两方的生活都算暂时有了着落。但是何能算安定，至于求学的大目的，在这两条道上，更成了绝望的倾向。"紧接着，激昂慷慨地发出了号召："途穷了，终须改换方向；势单了，力薄了，更须联合起来。马克思同恩格斯和声嚷道：'世界的工人们，联合起来啊！'他们如今也觉悟了：'全体勤工俭学的同志们，赶快团结起来啊！'"大目的便是切身问题的求学运动。这样，就把勤工俭学生的斗争引向了新的目标，使通信成为团结、教育勤工俭学生和国内人民的战斗武器。在周恩来等同志的号召下，留法勤工俭学生代表大会在巴黎召开了。9 月 17 日，大会一致通过了"以开放里昂大学为唯一目标"的决定。9 月 20 日晚，即爆发了占领里昂大学的斗争。

又例如对当时俄国大旱灾的态度。俄国十月革命后，"各国政府因赤化之恐怖"，对俄国采取封锁政策；而俄国国内"亦因经济紊乱，粮食缺乏，运输困难，机械不足，时呈不安现象"（《西俄大旱之惨状》一文第一节的开头）。在内外交困的形势下，1921 年又遇上了大旱灾。某些心怀敌意的国家，借此造谣惑众，阻止心怀善意的国家救济俄国的大旱灾，以便使第一个社会主义国家“倒灭”。在《西俄大旱之惨状》的“逃难之情形”这一节中，周恩来同志具体地报道了当时的这一状况：“此两月中波兰边境时有大队难民掩至。但波兰政府为反俄色彩之最深者，对于难民入境之要求，颇难得其许可。波兰舆论，时发为异样之论调，其言有曰：‘欲赤俄政府倒灭，必自其国内革命为起点，今饥民数千万，遍布国中，劳农政府束手无策，且时有刺杀难民之举，怨毒之于人深矣。暴动发难之机，今殆其时，吾人宜坐视列宁政府倒后，再予以援助。’波人之言如此，与波人表同情之法人，亦颇然其说。巴黎报纸时登载由波兰传出之列宁被难民所困及已出走消息，以乱听闻。其意盖欲阻止今日欧美各国所从事之赈济，以为与列宁言赈济，无异如虎添翼，资敌以粮也。”紧接着，作者针对所报道的事实，发表了精辟的见解：“此种言论，固为有识者所窥破其作用。然所在普通人民之恻隐之心，实受其打击不小。”然后，作者从两方面对引述的论调加以驳斥。一是用正面观点嘲讽所引述的反面观点。提出：“夫以人道上救济而混入政治作用。斯诚为千古所仅见。不谓欧人先进，亦不免有此污辱历史之记载，是真人类之羞也。”在这段话中，作者提出人道上的救济不应混入政治作用的观点，现在有人却混入政治作用。于是，以犀利的笔锋加以嘲讽。二是选用了“昔日俄人慷慨救波人，今日俄人当此巨艰，波人乃闭门不纳”这一事实，既有力地回击了波兰的鬼蜮伎俩，又歌颂了“俄人之仁慈伟大”。作者写道：“然波兰关于入境之事，亦非一无所许者。两月来入波之人，总数在万人上，老少病弱，罔不具有。询其国籍，则咸为大战中由波兰逃入俄境之波兰人也。昔日俄人慷慨救波人，今日俄人当此巨艰，波人乃闭门不纳，心理各异。吾人于此，亦惟叹俄人之仁慈伟大耳。”这些深邃的见解，在世人面前不仅起到了正视听的作用，而且还巧妙地批驳了对俄国怀有敌意的一些论调，并赢得有关国家对俄国的同情和支持。俄国的旱灾，最后终于得到美、英等国的救济。

（载《新闻与写作》1987 年第 11 期）

初探九 《旅欧通信》特色撮要（3）

四、揭露矛盾淋漓尽致

在《旅欧通信》中，有一部分通讯是属于揭露性的。不论是用事实揭露，还是在叙述事实的基础上据理驳斥，都使人感到入木三分，淋漓尽致。这里着重介绍揭露的四种手法。

其一是，分析矛盾，阐明真相。例如中法大借款一事，虽经旅法华人多方反对，最后中法大借款竟实行签字，借款数额并由3亿法郎增到5亿法郎。《旅欧通信》的“中法大借款竟实行签字矣”一节，是这样分析矛盾，阐明真相的：“兹次借款之成，中间虽似有一月之停顿，实则暗中进行，未尝有一日休，蛛丝马迹，自不无可寻之处。当驻法公使馆于上月旅法华人开拒款大会之先，曾有两次公函发出。前函有云：‘关于借款一事，尊处诸多误会’。后函则承认中法借款之磋商确有其事……并指明经手借款者为吴鼎昌。后函则云：‘经吴君电告财政部，得复电称该行计划，万无允理。适法国银行代表两人由沪来京，对于计划，亦不赞同，遂议定由彼自电巴黎银行团将该计划撤回。’”“又法财政部司长称：‘现法国财政极为困难，自顾不暇，（若）将来中国政府有向法国借款之举，法国政府亦须慎重考虑，并须经国会同意，方能就商，等语。’而同时吴鼎昌亦由英伦来一函致各团体，不承认彼曾接洽借款事件。函中有云：‘弟个人意见，对于中国政局现状，不但不主张借外债，即内债亦不主张滥借。此次来函，尤未受何机关委托，办理何种借款之事，且在巴黎并未与法国政府财政当局者见面，不知此种谣言从何而生。’”报道了中法反动官僚对中法借款事前后自相矛盾的种种说法的这些事实后，作者接着写道：“同属于政府方面人物也，两方措辞之矛盾，竟至如此”，并从分析这一矛盾中得出五点结论。这就阐明了真相，并把反动官僚们表面说的是一套，而暗地里做的却是另一套这一丑恶嘴脸活画在读者面前。

其二是，揭露事实，无声胜有声。在《留法勤工俭学生在法最后之命运》的“奇耻大辱之不可忘”一节中，写了这样的事实：“在9月14日陈箓（注：中国驻法公使）面告学生代表及第三者代表的时候，更说道：‘法外交部秘书白特洛，对于此次学生反对中法借款事件，非常愤怒，当时便通知我，谓已定妥1400船位，分两次将勤工俭学生运回。我力反对，谓陈箓在法一日，决不使送学生回国之事实现。白特洛又谓‘即不送学生回国，亦当令王秘书起诉’（注：在第二次反对中法借款的大会上，陈箓不敢出席，只派他的秘书王思曾代表到会。王在会上的态度引起公愤，勤工俭学生将他痛打了一顿）。我以为原被两告均中国人，如起诉辱我体面。白特洛谓‘既不遣送，又不起诉，我外（交）部决不能再垫款维持’。”通信对这一事实没有下断语，而写了这样一段：“这种事实彰明的原因，我们大家应终不至于将它忘掉，大家如果永远忘不掉，勤工俭学生便是因此饿死异邦，或者全体被遣回国，他们也终得到些许影响，他们也不枉在这个人类残杀史中留个悲惨的纪念。”这比对事实下断语更有力量。所谓“事实彰明的原因”就是，勤工俭学生不屈服于反动官僚的压力，坚持反对中法签订借款条约，因此激怒了中法反动官僚，借故停止发给学生生活维持费，以至于将他们遣送回国。关于这点，在《勤工俭学生在法最后之命运》的第26节中进一步作了深刻的揭露：由于“借款事起”，给陈箓以“绝大打击，勤工俭学生一日在法，他卖国的奸谋，决不得遂。又勤工俭学问题一日不解决，陈箓亦决不得安宁。陈箓恼恨之极，因与法外（交）部联络下此毒手，骤然停止维持费，利用勤工俭学生争回里大的心理，助之到里昂，使陷入牢笼，然后借外力驱逐回国。”

其三是，抓住话题，戳穿伪善面貌。当时分散在法国各地的勤工俭学生约有1500多名。由于陷入失业、失学和不能维持生活的困境，纷纷派代表前往巴黎，集会要求中国驻法公使馆、华法教育会等机关，负责解决勤工俭学生找工作，入学和生活救济等问题。驻法公使陈箓老奸巨猾，对学生的要求敷衍塞责，故意打电报回国，要求国内政府出钱解决。北洋军阀反动政府竟回电说：“现时国库奇绌，在法学生之无钱无工者，唯有将其分别遣送回国”

（见《留法勤工俭学生之大波澜》“国内之回电”一节）。通信抓住这一话题，尖锐地指出：“然陈公使、蔡元培（注：是民主主义革命家、爱国的教育家留法勤工俭学的倡导者之一）均新来自国中者，彼等岂不知国库奇绌、军费浩大、千余海外留学生之冻饿，宁复使政府有一顾之价值。但请款之电，所以仍数发者，虽明知无效，而不惮为之，要亦诸人所处之地位有不得不如此耳。”把陈箓公使等人那种“官僚办事，素有秘诀，一事解决，决不以自身当其冲，总委其责于别人”的伪善面貌暴露得清清楚楚。

其四是，针对谬论，据理驳斥。在《勤工俭学生在法最后之命运》的“陈箓之陷害”一节中，写到当占据“里大”的百余名同学被法国军警拘捕后，陈箓忽转向代表说：“‘法政府甚不满意这 100 余人的行动，已决定遣送回国。’并说这 100 余人在法律上造成四罪：（一）不得主权者许可，擅入人室；（二）侮辱市长；（三）发散传单；（四）与共产党的新闻记者接近。”通信针对这些谬论据理驳斥；“代表当即回说同学此举纯为求学运动”，“法人所称的罪状，充其量也不过违警”，“区区的一个违警罪状，何至于拘入军营，何至于囚禁不开审讯，更何至演了一出同中国学潮中拘留学生的一样怪剧，不是惯经此事的陈箓暗示他们，默许他们，他们又何能目无中国至此。至于说到散传单同新闻记者接近，举眼看一看巴黎、里昂市上，哪一天不有成万的传单飞出，试问都是经警厅许可的么？共产党的人道报，飞满法兰西全国，更何能禁人们同他的记者接近？”通信还进而指出：“这次被拘同学最初的命运，实是断在中法大学协会手里，中法大学协会里大职员告他们的罪状是‘无钱无学革命党’。”“但西欧各城市中布满了失业流民，也没闻他们因为无钱被军警监禁；无学更是他们承认的，因为无学才来解决求学问题，更没闻无学的人须得剥夺自由者也。”这样据理驳斥，使反动官僚们的种种谬论毫无立足之地。说穿了，还是勤工俭学生的革命行动刺痛了反动官僚们，他们才胡诌了这么些谬论，这样驳斥，不仅给反动官僚们狠狠的一击，也进一步教育了勤工俭学生和国内人民。

（载《新闻与写作》1987 年第 12 期）

初探九 《旅欧通信》特色撮要（4）

五、议论风生　嘲讽辛辣

《旅欧通信》的许多篇章采用了边叙事边议论的写法，有些篇章虽以叙事为主，但在开头、结尾或在文中都能见到画龙点睛的议论。这些议论或揭示通讯的旨意，或点明事件的实质，或辛辣地嘲讽丑类，使通讯具有强烈的战斗风格。《旅欧通信》中大致采用了四种议论的方法。

第一种是，正面叙述和反面提问相结合，然后亮出作者的观点。例如《伦敦通信》中“英国与埃及之关系”这一节的开头先从正面叙述：“大战停后，英吉利在世界上之政治与经济地位，实较战前益为隆固。时至今日，资本主义国家之无上权力，似已渐减其气焰。惟英国以其凭借之厚，民族性之保守，对此国际革命运动，若竟无所恐惧者。”接着从反面提了一连串问题：“岂英人真为天之骄子邪，抑时机尚未至耶：使英人果为天之骄子者，则数百万之失业工人与大多数日夜受资本家指挥之劳动阶级独非英人耶？何竟使其饥寒交迫，苟且图生，备受世人欺侮而不得与其国内一般政治家、资本家同享英吉利国际场中之荣誉耶？”紧接着，用作者的议论回答了所提问题：“骄子之语，殆为英国政客欺人之谈，持此以骗其中下阶级，不所使其安于其能居安者，以易此‘天之骄子’之虚名耳。”这样写，不仅使通讯一起一伏，显得有变化，而且可以使通讯所要表达的观点有层次、有深度地展示在读者面前，让读者同作者一起思考，并自然而然地接受作者的观点。

第二种是，先用事实作对比，然后发议论，点明问题的实质。在《英国矿工罢工风潮之始末》的第一篇中，先用两个事实作对比。一个事实是：“去春唐山煤矿工人罢工，其所得之结果，与今日英国矿工所要求之事实相较，直不可同日而语。然而同是英商，其在本国则受劳动者之要求虽至再至三至于不可胜数，亦必斟酌其情形，满其希冀；其在吾国，则工人罢工之结果，只争得日增铜圆一二枚。以视英国矿工此次争每日合中国币数元之差者。”另一个事实是，英商把劳动者当成机器。“然而英商行之于本国则有所忌惮，施虐待，役牛马，于吾国行之若无事者”。两者之间为什么会有这样的区别呢？通讯用议论作了回答：“是劳动界有组织与无组织之分也。欧洲劳动界之组织得以有今日，非劳动界之自决，乃社会中有思想有能力者起为之助，方能达今日发达之境。国内达人，果视劳动问题不甚切要则已，否则组织之引导，智识之诱进，是终不可以袖手旁观，听其自生自灭，使顽钝之民众与今日不可遏止之世界新潮流接触，伏将来无穷之隐忧也。”由于先用具体事实作了鲜明的对比，再这样议论，就易于为读者所接受。

第三种是，在叙事的基础上用作者的感叹，或者将感叹和评论结合起来发议论。例如在《英国矿工罢工风潮之再志》的“大会前之各地形势”一节中，先是叙事：“当罢工初现时，各地矿工所得自团体中之救济金尚足维持生活，及乎最近一星期中，则贫乏区域已减至每星期五先令矣，细微之数，何足以供矿工之需求。然万众一心，犹未闻持异议者。则团体之信仰心与公共利益心有以胜此一时困难。”接着，作者发出了这样的感叹：“呜呼！他且不论，即此一端，已足愧吾等组织无能力之民族矣！”这一感叹，既是对有组织有纪律的英国矿工的赞扬，又是对我国人民的一种激励和希望。又例如在《西欧通信》的“伦敦会议再开幕之经过”一节的开头写道：“3月初伦敦会议，是为协约国对德要求承认赔款总额，结果归于决裂，而有侵城占地（注：德国当时强调无能力赔款，协约国便占领了德国的鲁渥尔剩、杜易斯堡、杜斯尔道夫三座城市及莱茵河右岸的领土）之举。今也伦敦会议再开，讨论之事项仍为对德赔款。而结果又将以占城侵地闻。”接下来的感叹和评论是：“不祥哉！伦敦会议也。西欧外交之中心，野心家争权攘利之场，亦世界祸乱之策源地也。”这一感叹和深刻评论，有助于读者认识伦敦会议的性质和前景。

第四种是，引述要害材料发议论，予反动官僚以辛辣讽刺。《留法勤工俭学生之大波澜》通信在记叙“公使馆前之直接行动”时，写到陈箓“退回使馆，众尾之，突有法国警察向前解散，是盖袭国内政府与驻日公使之故技也”；“代表在使馆者久坐不去，至晚由法警挟之出”等情景。接着叙述了这样一个材料：“至警署告以‘此贵国公使指令也，无我等事，君等可归寓矣’。”然后通信写道：“此事未实现以前，各方面都做得如火如荼，逮临其境则又轻描淡写过之，于是知中国人惯作伏笔文章也。”由于引述了法警署的那个材料，使后面的讽刺尖锐有力。

六、手法多变　形象生动

《旅欧通信》的写作特色还有很突出的一个方面，就是采用了一些灵活多变的修辞手法。本来《旅欧通信》中所涉及的多为政治性很强的重大题材，不容易写得生动活泼。但由于修辞手法多变化，使通讯显得形象生动，富有情趣。

有的通讯采用借景生情的手法，使通讯带有抒情色彩，增强了感染力。例如《西欧通信（续）》的“联合国最高会议之待开”一节中，写明了开会地点、时间和与会人物以后，写了这样一个结尾：“海水滔滔，欧陆无限变动，固将随此一行人载往载归矣！”由于会议的地点“为英国海滨费克司通附近之林圃里”，很自然地把读者的思绪引向所报道的新闻事件，也预示着这次会议将像滔滔海水那样变化莫测。

有的通讯采用了富有表现力的比喻，使通讯形象生动。例如在《留法勤工俭学生之大波澜》的第七节写了这样一个结尾：“自两次通告发出后，留法学生之大波澜起矣。然长江大河，流长千里，激之使成波澜者，虽曰山峡积石之突起中途，要亦因其源出于山，其势之猛有以助之。读者苟细察留法勤工俭学之来源，当知非偶成矣。”用长江大河的波澜比喻留法学生运动的波澜。长江大河“激之使成波澜”有其源，而留法学生之大波澜的形成绝非偶然，也有其源。不仅使通讯富有文采，也可以引导读者追根寻源地弄清留法勤工俭学生之大波澜的形成。此外，诸如把部分勤工俭学生“占据里昂大学的壮举”比做“第一朵开放出来的花儿”：把生活无着的勤工俭学生比做“嗷嗷待哺”的小鸟；用“满天云雾，集之也易，散之也难”比做英国矿工同政府的调解不易成功，等等，都增添了通讯的情趣。

有不少通讯采用了对仗、排比句，使语言铿锵有声。例如在《留法勤工俭学生之大波澜》的第 13 节中，写了这样的事实：驻法国公使两次电请当时的北洋政府拨款维持留法勤工俭学生的生活，而北洋政府的第一封回电说无款解决；第二封回电说“国库奇绌，在法学生之无钱无工者，唯有将其分别遣送回国”。当写到留法勤工俭学生得知回电内容后的心情时，用了这样的对仗句：“霹雳第一声，勤工俭学生之冰山倒；霹雳第二声，勤工俭学生之希望绝。至是真所谓山穷水尽时也。”这简直是一幅气势磅礴的对联。它将勤工俭学生绝望的心情深深地印在了读者的心田。又例如在第一篇《伦敦通信》中谈到欧战后，英法等国失业人数增多的原因时，写了这样的排比句：“推求其原，失业者之所以增多，由于商务之停滞，生货之缺乏，资财之不足，税则之重敛，物价之腾贵，工厂之倒闭。凡此种种，均互为因果，以至于产业不能振兴，而工人失业也。”类似这种排比句用得比较多，使通讯带有韵律感。

还有的通讯用“泱泱乎”“悻悻然”等语作形容词；用“指挥若定”“风声鹤唳”“草木皆兵”“枕戈待旦”“落魄天涯”成语或短语等作修饰语，也增强了通讯的表现力。

（载《新闻与写作》1988 年第 1 期）

注：《新闻与写作》主编祁守成同志调往深圳特区有关报社任职，《通讯体裁的发展初探》从此中断连载。

初探十　通讯体裁的成熟和繁荣

（“五四”至抗战前的通讯）

从前面的介绍中，我们可以看到，在 1919 年五四运动以前，尽管世界无产阶级和进步的新闻工作者，早在 18 世纪中叶、1917 年十月革命期间，就出现了一大批典范的通讯作品，我国近代报刊史上也出现了黄远生这样的通讯写作大师，但是，由于经济、政治和文化上的落后等原因，在我国报刊上出现的通讯作品却仍然不够成熟和繁荣，直到 1919 年五四运动至 1937 年这十多年间，才趋于成熟和繁荣。

为什么说这阶段的通讯作品趋于成熟和繁荣呢？

我们在研究这阶段出现的通讯作品时，不能不看到它们是在这样的历史背景下产生的：五四运动发展到“六三”运动时，已成为无产阶级、城市小资产阶级（包括革命的知识分子）和民族资产阶级参加的广大群众运动；1921 年，中国共产党成立以后，经过五卅运动、北伐战争，在政治上形成了无产阶级、农民阶级、城市小资产阶级（包括革命的知识分子）、资产阶级的统一战线，即实现了第一次国共两党的合作；1927 年“四一二”蒋介石叛变革命至 1937 年，第一次国共两党的合作破裂，中国革命只得由中国共产党单独地领导群众深入地进行农村革命和文化革命，反动统治阶级对中国革命则进行了反革命的军事“围剿”和文化“围剿”。反革命“围剿”的积极结果是全国人民的觉醒，消极的结果则是日本帝国主义打进来了。从而，造成了中华民族的深重的灾难。“一切新的东西都是从艰苦斗争中锻炼出来的。新文化也是这样”（见《毛泽东选集》第二卷第 664 页）。正是这样一种曲折的政治形势，促进了各种报刊的产生和繁荣，进而促进了通讯体裁的成熟和繁荣。

纵观这阶段在一些报刊上出现的部分具有代表性的通讯作品，其成熟和繁荣主要表现在三个方面：

（一）题材广泛，内容深刻

1. 有写重大事件的。比如：

《一周中北京的公民大活动》（载《每周评论》第 21 期，1919 年 5 月 11 日出版）。对“五四运动”的全过程，报道者爱憎分明地做了具体、翔实的综述。通讯从“四日事件以先的酝酿”“四日上午的学生代表会”“四日的示威事件”“曹章陆方面的所闻所见”“被捕学生的经过”“杀气腾腾的国耻纪念日”“各团体的活动”“亲日主战派的眼中钉”等八个方面，记述了从 5 月 3 日开始，到 10 日北京大学校长蔡元培被政府逼走这一周中的活动。主要写学生的活动，也写到北京政界、商人和少数军人的活动，还写到反动统治阶级和日本使馆等有关人士密谋镇压群众运动的活动。八个方面的问题写得有详有略。用了 1/4 的篇幅写“四日的示威事件”。在这部分，通讯选用一些典型事实再现了游行示威、攻打赵家楼的生动场面。

《五卅节的上海》（载《洪水》第二卷第20期，1926年出版）。通讯报道了上海各界人民纪念“五卅”运动一周年，为五卅烈士公墓举行奠基礼的群众集会和群众性的示威游行的盛况。作者以激愤的心情，在报道事实中阐明了要取得革命成功，重要的在于唤起民众这一深刻主题，并坚信：“革命终将在低等华人（引者注：系指劳苦大众）手里成功。”显得自然、贴切，使通讯具有号召力。

《“一·二八”之夜》（载1932年4月1日《大晚报》），是一位记者在战地采写的通讯。着重报道了十九路军和民众在“一·二八”上海事变中，英勇反抗日本帝国主义的事迹。记者通过一位亲身参加了这次血战的排长的口述，生动地表现了中华民族英勇顽强、不怕牺牲地抵抗外来侵略的英雄气概。

2. 有正面歌颂人民革命和英雄人物的。比如：

《湖南农民运动考察报告》（见《毛泽东选集》第一卷）。满腔热情地歌颂了轰轰烈烈的农民运动，旗帜鲜明、说理精辟，以大量具体生动的事实材料，答复了当时党内党外对于伟大的农民革命斗争的责难。

《一个伟大的印象》（载1930年9月10日《世界文化》创刊号）。报道了作者以“左联”代表的资格参加在上海召开的全国苏维埃区域代表大会的所见所闻，生动地描绘了在代表们身上表现出的同志间真挚的战斗情谊。

《彭德怀速写》（作者丁玲），在不到900字的篇幅里，采用白描的手法，绘声绘形地刻画了彭德怀同志衣着朴实、作风严谨、平易近人的光辉形象。

3. 有揭露帝国主义者、买办资产阶级对中国劳动人民进行残酷剥削和压榨的。比如：

《唐山煤矿葬送工人大惨剧》（载1920年11月7日《劳动音》第1期）。以一次瓦斯爆炸的骇人听闻的惨案，揭露了帝国主义者压榨工人、牟取暴利，不顾工人死活的罪行。在通讯的标题下面醒目地写了这样的内容提要：

▲几十分钟内死工人五六百

▲比（注：指比利时）国矿师预知有险，然而只知要煤，不顾工人死活

▲矿局年利八倍于资本，然而工人一命只值六十元（引者注：矿局给每

个死去的工人赔偿六十块钱）

这样深刻地揭露，足以唤起工人阶级和其他劳苦大众的觉醒。

《流民图》（作者肖乾，写于1935年秋至1936年春。见《人生采访》，文化生活出版社1947年版）。记者对劳动人民怀着深厚的同情心，深入到津浦干线由兖州到济宁车站沿线的因洪水为患的鲁西难民丛中，进行现场采访，以耳闻目睹的灾民生活的悲惨景象，对反动统治阶级的腐败无能和民不聊生的社会现状，做了具体真实的报道。

《包身工》（作者夏衍，载1936年6月10日《光明》创刊号）。作者通过对上海杨树浦福临路东洋纱厂“二千左右穿着褴褛而专替别人制造纱布的”“包身工”（一种工头“饲养小姑娘营利的制度”）的悲惨遭遇，以血的事实揭露了日本帝国主义勾结中国封建势力，在中国开办纱厂，把中国童工当作“16世纪封建制下的奴隶”，任意压榨、宰割的罪行。

4. 有控诉反动统治阶级对人民革命进行镇压的。比如：

《执政府大屠杀记》（作者朱自清，载1926年3月29日《语丝》第72期）。这是一篇血的控诉，控诉了1926年段祺瑞军阀执政府一手制造的“三一八”惨案的血腥罪行。作者边控诉，边向广大民众发出呼唤，呼唤大家站起来，同反动政府进行斗争。请看这一段文字：

“这回的屠杀，死伤之多，过于五卅事件，而且是‘同胞的枪弹’，我们将何以间执别人之口！而且在首都的堂堂执政府之前，光天化日之下，屠杀之不足，继之以抢劫，剥尸，这种种兽行，段祺瑞等固可行之而不恤，但我们国民有此无脸的政府，又何以自容于世界！——这正是世界的耻辱呀！我们也想想吧！此事发生后，警察总监李鸣钟匆匆来到执政府，说：‘死了这么多人，叫我怎么办？’他这是局外的说话，只觉得无善法以调停两间而已。我们现在局中，不能如他的从容，我们也得问一问：‘死了这么多人，我们该怎么办？’”

面对反动政府的残酷镇压，在报道中敢于淋漓尽致地揭露，敢于发出这样的呼唤，作者大无畏的革命精神跃然纸上，也足见其内容之深刻。

（二）形式多样，不拘一格

1. 有的是政论式通讯。比如《湖南农民运动考察报告》就是这方面的典范作品。毛泽东同志到湖南实地考察32天，写了这篇报告。在《农民问题的严重性》一节，夹叙夹议、旗帜鲜明地摆出作者提倡的观点。下面各节，针对各种责难摆事实，讲道理。既生动形象，又尖锐泼辣，有力地指导了当时的革命斗争。

2. 有的是见闻和现场目睹记。比如《一个伟大的印象》《流民图》和《执政府大屠杀记》均属于这一类。

3. 有的直接引用采访对象的话表达作者的观点。比如《一·二八之夜》等作品。

4. 有的采用散文的形式和笔调写通讯。比如《一九三六年春在太原》就是。虽采用散文形式和笔调，但又不失通讯的特点，使人感到仍是事实的叙述。全篇通讯引用了从反动政府报刊上摘录的六段“新闻剪集”，用来说明问题，使人感到真实可信。

5. 有的通讯把现场见闻、新闻简讯、访问记详和编者按融于一篇报道之中。比如《劳勃生路》（作者实如，载《文学导报》1931年10月23日6、7期合刊）就是这样。通讯具体揭露了反动政府同日本帝国主义者相勾结，镇压沪西民众反日大示威的革命行动。报道的内容很悲壮，形式却清新活泼。

此外，还有采用“社会调查”（如《长沙社会面面观》，载《新青年》第7卷1号）、书信（如《前线通信》，作者戴叔周，载1932年7月20日《北斗》第2卷3、4期合刊）等形式写的通讯。

以上各种各样的写作形式，直到今天，仍然值得我们学习借鉴。

（三）通讯作者名家多，通讯作品名篇多

这阶段涌现的、在无产阶级新闻史上占有重要地位的这样几位名家及其通讯作品，值得特别提及：

1. 瞿秋白及其通讯集《饿乡纪程》《赤都心史》

1920年底至1922年，瞿秋白以北京《晨报》和上海《时事新报》驻莫斯

科特派记者的身份到苏俄采访。在此期间所写的通讯，一部分分别发表在北京《晨报》和上海《时事新报》上，大部分则汇集成《饿乡纪程》和《赤都心史》，分别于1922年9月、1924年6月出版。《饿乡纪程》着手于1920年，脱稿于1921年10月，“是记‘自中国至俄国’之路程”，“凡路程中的见闻经过，具体事实，以及心程中的变迁起伏，思想理论，都总叙总束于此”（见《饿乡纪程·跋附记》）。从这些作品中，我们可以看到作者为了“为大家辟一条光明的路”（见《饿乡纪程·绪言》），到十月革命胜利后不久的“饿乡”，寻求革命道路的过程。当时俄国虽然充满饥饿和贫穷，作者同俄国人民一样，过着“粗粝噎喉”的苦日子，但他却感到“幸而见着心海中的灯塔，虽然只赤光一线，依微隐约，总算能勉强辨得出茫无涯际的前程。”（见《饿乡纪程·跋》）这些作品给读者以鼓舞，并给读者指引了革命的方向。

《赤都心史》所记的，则是记者在赤色的莫斯科，“所闻所见所思所感”。在写这些作品时，由于记者“愿意读者得到深切的感想”，“愿意作者写出较实在的情事，不敢用枯燥的笔记游记的体裁”，“愿意突出（作者的）个性，印取自己的思潮”，“且要试摹‘社会的画稿’”，而使读者“看得见那一社会的心灵”（以上引文见《赤都心史·序》），作品中采用了多种表现形式和表现方法，所以读来清新逼真、亲切动人，看后能给人深刻的印象和新的启示。下面摘引《赤色十月》中的一段，看作者是怎样报道第三电力劳工工厂集会纪念十月革命节的：

集会的人，看来人人都异常兴致勃发。无意之中，忽然见列宁立登演坛。全会场都拥挤簇动。几分钟间，好像是奇愕不胜，寂然一响，后来突然万岁声，鼓掌声，震天动地……

工人群众的眼光，万箭一心，都注射在列宁身上。大家用心尽力听着演说，一字不肯放过。列宁说时，用极明显的比喻，证明苏维埃政府之为劳动者自己的政府，在劳工群众之心中，这层意义一天比一天增胜，一天比一天明了：

“‘拿着军器的人’，向来是劳动群众心目中一可怕的东西；现在不但不觉他——赤军——可怕，而且还是自己的保护者。”

列宁末后几句话，埋在热烈的掌声中。

鼓掌声，万岁声，《国际歌》乐声，工厂的墙壁，都显得狭隘似的——伟大的能力正生长……

完会了。一大半到饭厅晚宴。有一群工人到工厂管理处去说："唔，谢谢你。乌哈诺夫同志，我们又见着了伟人了。"

仅仅三四百字，就把生动热烈的集会场面和各种人物的活动绘形绘声地勾画出来了，说明作者写作技巧纯熟，具有很强的表现力。

2. 周恩来及其通讯集《旅欧通信》

周恩来同志1920年底至1924年7月，在旅欧近四年中，边学习革命理论，边在工厂做杂工，边从事革命活动。在巴黎身居斗室，常常靠啃面包、喝凉水度日。就是在这样艰苦的条件下，他还利用业余时间，采写了大量的新闻报道。当时仅天津《益世报》上刊登他写的旅欧通信就有30多万字。周恩来同志为了争取人民的利益，实现革命的理想，当时不仅是一位敢于斗争、善于斗争的共产主义战士，而且是一位饱含激情、奋笔疾书的新闻记者。在采写这些通信报道中，周恩来同志做了大量的调查研究工作，掌握了所报道问题的丰富事实材料，并对这些事实材料做出了符合实际情况的判断。一旦掌握了事实，掌握了真理，他就尊重事实，尊重真理，按照客观事实的本来面貌加以报道。周恩来同志在采写新闻报道中所表现出来的这种品格，值得我们认真吸取，他写作通讯的高超技巧和报道手法是指导我们写作通讯的光辉范例，在初探九《旅欧通信》特色撮要部分已详谈。另外，在1980年第四期的《北京日报通讯》中的《尊重事实 尊重真理——学习〈留法勤工俭学学生之大波澜〉〈勤工俭学生在法最后之命运〉的报道手法》一文（见本书最后部分"劳沫之新闻作品选"）中已作具体分析，这里就不再赘述了。

3. 邹韬奋及其通讯集《萍踪寄语》和《萍踪忆语》

邹韬奋是我国杰出的新闻记者、政论家和出版家。他的《萍踪寄语》和《萍踪忆语》共约50多万字，是我国通讯作品中的不朽著作。

1933年7月14日，在国民党反动派的迫害下，邹韬奋不得不流亡国外。当时。他抱着研究"世界的大趋势怎样""中华民族的出路怎样"这两个问题的目的到欧美国家考察，于1935年8月回国，历时两年多。他着重考察研究了资本主义的意大利、法国、英国、德国、美国和社会主义的苏联等国的情况。他“除自己存着学习的态度到欧洲来，还想常就自己观感所及，尽力写些通讯，藉《生活》周刊报告给国人。”从1933年7月15日开始，在《生活》周刊上发表《萍踪寄语》。半年期间，以英国为一段落，写有51篇。1933年12月，由于《生活》周刊“迫于环境，无法出版”，《萍踪寄语》仅登出一小部分，就不得不暂时搁置，1934年2月编成《萍踪寄语初集》出版。这一集是韬奋在旅途中随时就观察所及写成的通讯。1934年2月，韬奋到德国考察了三个月，于同年6月，写成《萍踪寄语二集》，着重报道了法西斯主义正在德国兴起的情况。1934年7月，韬奋到苏联考察了两个月，以后将考察中“所看到的和所听到而认为可靠的，用很诚实的态度写出来”，编成《萍踪寄语三集》。在这一集中，韬奋对苏联人民朝气蓬勃地建设社会主义的情况和光辉成就，做了生动的描写和“颇详的评述”，使读者从中感受到社会主义制度的优越性。在这一集的弁言里，韬奋根据在欧洲考察研究的情况，对初集弁言中提出的“世界的大势怎样”“中华民族的出路怎样”的问题，做出了深刻而正确的结论。1935年5月，韬奋到美国考察了三个多月，于同年8月回国，后将考察的情况写成《萍踪忆语》出版。其中有一部分曾在《世界知识》上连载过。1936年11月，发生了“七君子事件”，韬奋同沈钧儒、李公朴、章乃器、王造时、史良、沙千里一起被国民党逮捕。由于在监狱耽搁了约半年多，《萍踪忆语》一书直到1937年3月才脱稿。为了使通讯早日同读者见面，韬奋在监狱中仍然坚持写完了最后8篇。这本书对于美国的政治、经济、社会、文化各方面，都根据种种事实，有所评述。他不仅报道了美国这样一个资本主义发达到最高度的国家的真相，也深刻地揭露了资本主义制度的腐朽。正因为这样，这部通讯集曾受到周恩来同志的高度赞扬。有一次，当韬奋向周恩来同志谈起《萍踪忆语》时，周恩来同志说：“关于美国的全貌，从来不曾看过有比这本书搜集材料之亲切有味和内容丰富的。”还说《萍踪忆语》是观察研究资本主义发达到最高度的代表型美国的结果，对它的分析认识很深刻，是难得的一部著作。

当然，这阶段的名家名篇远不止上面提到的这些，这里只不过是以他们为代表，用来说明问题罢了。

初探十一　战地通讯蓬勃兴起

（抗战时期至新中国成立前的通讯）

这阶段经历了14年抗日战争时期和3年解放战争时期。在解放区和国统区的党报和一些进步报刊上，都刊登了大量有影响的战地通讯。其中不少作品直到今天，对我们仍有极大的鼓舞、激励和教育作用，仍然是我们学习、研究通讯作品的佳作。

（一）范长江的《中国的西北角》《塞上行》《西线风云》（注：书中还收集了孟秋江等人写的几篇通讯）

这三部通讯集中，除少部分是其他题材的通讯以外，大部分作品是战地通讯的珍品。

从1935年7月至1938年夏秋，范长江采写了近40万字的通讯，以后汇编成上述三部通讯集。采写这些作品时，虽然范长江还不是一个马克思主义者，但由于他思想倾向进步，倾向人民，胸怀探索真理、寻求救国救民道路的远大抱负，置个人安危于度外，深入到中国的大西北、历史古城西安、革命圣地延安以及晋察绥抗日战场的第一线，实地采访了大量生动的第一手材料，促使他逐步从革命民主主义和爱国主义思想转向共产主义思想。他通过客观报道的手法，打破并澄清国民党反动政府的新闻封锁和歪曲报道，向读者揭示了事实的真相，指明了中国发展的主流和方向。他的《中国的西北角》比美国记者斯诺的《西行漫记》问世早半年。这部作品在国内报刊上第一次公开如实地报道了中国工农红军二万五千里长征的壮举，并深刻揭露了国民党反动统治的腐败。他的《塞上行》则公开如实地报道了西安事变的真相和陕北延安抗日根据地的情况。从而受到毛泽东和周恩来同志的热诚赞扬。

范长江不仅写有大量战地通讯，还对如何写好战地通讯提出了精辟的见解。1938年6月19日，在《怎样发战事电讯与写战地通讯》一文中，范长江分析了当时流行的两类通讯：一是战地记者个人生活经历；二是少数上级军官的描写。特别是第一类的最多。他认为当时读者最关心的是直接关系于他们的战争，他们并没有多少兴趣去注意战地新闻记者个人的生活。指出读者所需要的通讯是两种：一是战局或一个重大战役或一个问题的详细叙述。这里面不但要有具体周全的经过，而且贵在经过叙述中，有批判的暗示，反映出成败得失的教训，显示出战事和战事有关的问题之前途。二是战场或人物的描写。并指出“这类通讯的目的，不在周详地记述多量的事实，而在就特殊事实充分描绘，以浓厚的情感，流露若干深沉的宇宙和人生的至理”（见《通讯与论文》第 280 页，新华出版社 1981 年 2 月版）。这些见解既有针对性地剖析了当时战地通讯写作中存在的问题，又指明了改进的具体方向，切实地指导了战地通讯的写作。范长江自己正是这样写战地通讯的。这些见解可以说是他写作战地通讯的经验总结。当时不少记者写的一些成功的战地通讯也正是这样做的。

（二）这阶段涌现的大量优秀的通讯，为我们写好战地通讯积累了丰富经验

概括起来，主要有下面一些经验可供借鉴：

1. 描绘重大战役的胜利壮举，鼓舞人们的斗志。比如周游的《冀中宋庄之战》（载 1943 年 4 月 9、10 日延安《解放日报》）写的是在平原游击战争中，冀中子弟兵部队用血肉创造的一个“雄奇壮伟”的场面。在这次战斗中，我军以两个连的少数兵力，对抗 2500 名拥有精良装备的绝对优势的敌人。战斗结果是：杀伤敌寇旅团长以下官兵 1100 人之多，而自己只伤 73 人。战斗从白天到黑夜，整整坚持了 14 个钟头，最后胜利突围而出。作者在通讯中称赞为：“这是 1942 年冀中空前激烈反扫荡中一个惊天动地的模范战斗，这是人类的智慧和勇敢在残酷战争中一种神奇的创造。”作者以生动的笔调绘形绘声地再现了这个英雄场面，使读者从中受到巨大鼓舞。

李普的《快速纵队的快速覆灭》（新华社豫北前线 1947 年 4 月 22 日电）以简短的篇幅，叙述了敌人自认为是主力中之主力的蒋军第二快速纵队全军快速覆灭的可悲场面。通讯以讽刺的笔调揭露了敌人外强中干的虚弱本质，大长了军民的志气，大灭了敌人的威风。

孙犁的《荷花淀》（载 1945 年 5 月 15 日延安《解放日报》）别开生面

地写了另外一种战斗场面——白洋淀的五位平凡的年轻妇女驾驶小船，以实际行动支持丈夫参军抗日。在一次遭遇战中，包括她们的丈夫在内的地方部队，用手榴弹炸沉了追赶她们的敌人的大船，胜利结束了战斗。这五位妇女从中受到教育，后来也学会了射击。当敌人围剿掩蔽地方部队的百顷大苇塘的时候，她们配合子弟兵作战，也出入在那芦苇的海里。既是写战斗场面，又是写妇女们在战斗中的成长。

新华社中原野战军分社1948年12月发的《歼灭黄维之战》和黎明的《十人桥》（新华社淮海前线1948年11月26日电，载28日《东北日报》）这两篇通讯，报道了解放战争时期的重要战役——淮海战役中我军胜利进军的壮举。前篇报道的刘伯承、陈毅率领的我中原和华东野战军，运用正确的战略战术，经过空前激烈的争夺战，黄维兵团全部被歼灭，战斗得到了圆满的胜利这一过程。后篇写的是解放军某部“潍县团”二连三班十名勇士们，为了让进攻部队通过三丈宽的急流大河，到对岸追击蒋匪黄百韬兵团六十三军的部队，在敌人拼命地射击封锁下，架起一座以木梯为桥面，以人为桥腿的浮桥，最后终于让全营进攻部队胜利跨上对岸，配合兄弟部队歼灭了岸头镇的敌人。通讯生动地表现了人民解放军不怕牺牲、英勇善战的革命英雄主义。

2. 叙述战争的悲壮场面，反映人民战士不屈不挠的英雄气概。虽然写的是悲壮场面，是某个具体战役的失利，但它给读者带来的不是悲观情绪，而是激起人们对敌人的更大仇恨，激励军民同敌人奋战到底。比如沈重的《狼牙山五壮士》（载1941年1月15日《晋察冀日报》）叙述了这样一个悲壮的场面：在一次反“扫荡”中，敌人调动了3000兵力向我腹地狼牙山“搜剿”，搜索的网是张得密密的，整个狼牙山每条山沟都有了敌人；我守卫狼牙山的部队采取机动灵活的战术，巧妙地撤出了阵地，留下五个健壮的年轻战士转到敌人和主力的侧面阻击敌人，以掩护主力安全而从容地移撤。五个人节节向山顶撤，一直同敌人拼搏到弹尽路绝而集体跳崖，宁愿摔死也不投降敌人。勇士们的壮举使敌人闻之丧胆，使人民精神振奋。

3. 传布真相，展现战事发展的方向。比如穆之的《刘伯承将军纵谈战局》（载1946年10月20日晋冀鲁豫《人民日报》）就是这方面的代表作。当时解放战争正处在战略相持阶段，我党的战略方针是不在一城一池之得失，而在消灭敌人的有生力量，为转入战略反攻创造条件。但是这一战略思想不是轻易为人们所接受的。通讯通过刘伯承将军纵谈战局，深入浅出、形象生动地阐述了这一战略思想，指明了战事发展的方向，使读者对我军战略方针的正确确信无疑，对战事发展的胜利前景也确信无疑。在两千多字的篇幅里“纵谈战局”，做到“议论精辟深邃，而谐趣横生”，不仅说明天才战略家刘伯承将军军事思想之高超，也说明通讯作者驾驭材料的能力是很强的。

华山的《承德撤退》（写于1946年9月，见《远航集》，中国青年出版社1960年5月出版）同前一篇一样，用大量生动的事实材料充分表现了解放战争在战略防御阶段的方针：前进与后退，以歼灭敌人的有生力量为目的，撤退某些据点和城市，正是为了夺取这些据点和城市；反映了当时许多人心里想说而又没有找到确切的语言说出来的愿望：“我们还要回来的”。因为人心的向背是战争胜负的决定因素。人心向着我们，而背着敌人。这就预示着敌人的失败、我们必然取得最后的胜利。从而拨开了人们心头上迷惑不解的云雾，使人们鼓起更大的战斗热情和勇气去夺取战争的胜利。

4. 刻画我军指战员的英雄形象，以情以理感染读者。例如写指挥员的：卢耀武的《追记强渡淮河时的刘伯承将军》（新华社中原前线1948年5月27日电），着重写刘伯承将军率领千军万马强渡淮河，战胜千里南征中最后一个险关的情景：亲临第一线实地侦查，选定渡河的线路和方法，对下级那种粗枝大叶、不注重调查研究的工作作风进行了严肃的批评教育。写的是几个片段，但感人至深。《刘伯承将军纵谈战局》这篇，谈的是战局，但在纵谈之中，把刘将军的大将风度刻画得栩栩如生。李普的《陈毅将军印象记》（载1946年3月12日重庆《新华日报》）、张剑的《陈军长赐见郝逆鹏举谈话记》（1947年2月19日新华社鲁南电），则刻画了陈毅将军襟怀坦荡、爱憎鲜明、能文能武的个性特征。前者通过正面介绍陈毅将军的喜好、对停止内战、用和平民主解决中国问题等重大问题的见解来表现；后者用叛逆者的可耻、可恶、可悲衬托陈将军的宽宏大量、深谋远虑和共产党人铁骨铮铮的革命气节。上述四篇的共同特点是：在写人物的过程中，将我党的作战方针、军事主张等人民关心的重大问题，作了深刻精辟的阐述，又充满了浓厚的感情色彩，有情有理，使读者从中受到感染，自然而然地接受我党的主张。此外，从正面写我指挥员的还有徐盈的《朱德将军在前线》、邓拓的《聂荣臻将军在晋察冀》等通讯，也写得很有特色。

例如写战斗员的：穆青的《雁翎队》（载 1943 年 8 月 22 日延安《解放日报》），写冀中白洋淀的渔人和猎户由自发地起来进行群众自卫战争，经八路军的教育和训练，变成一支有组织的队伍这一成长过程，把游击健儿的机智勇敢写得活灵活现。通讯带有强烈的散文式的抒情色彩。戴邦的《射击英雄魏来国》（载 1947 年 6 月 15 日《大众日报》）抓住射击英雄的特点——“有一双老鹰式的眼，看得远，打得准”、勇猛顽强做文章。还着意写了一个能突出特点的细节：魏来国的右手负伤了，大夫诙谐地对他说：“已经打死 360 多个敌人”的“手指应该割了”，而“魏来国赶忙把手缩到怀里”，发急地说：“那怎么能割呢？”使人物性格更加鲜明。仓夷的《反“扫荡”中的李勇》（新华社晋察冀 1944 年 1 月 14 日电）选择几个典型事实，描述了爆炸英雄李勇及其领导的游击小组的赫赫战绩，他们像“天降神兵”一样地神出鬼没，使敌人无可奈何、狼狈不堪。白艾的《江南人民的使者》（新华社 1949 年 4 月 28 日电）从一个感人的特写镜头写起，报道了一个江南人民游击队员和狂风恶浪搏斗 9 个钟头，从江南飘到江北，送来一封江南人民请求解放军迅速打过长江去的信和一幅长江南岸的地图等情景，形象地表现了江南人民渴望解放和江南游击队员英勇顽强的斗争精神。韦明的《两个幼小的生灵》（载 1945 年 2 月 11 日重庆《新华日报》），表面上看，写的是在战争中失去父母的两个日本的幼女，实际上写了我军指战员的精神境界：对日本军阀、日本法西斯，他们无比仇恨，因为他们是我们不共戴天的敌人；对他们的孩子却百般爱抚，收容养育后，“特着人送还”，因为孩子是无辜的。在我们的指战员身上充分体现了革命人道主义精神。

此外，《北线凯歌》《南线巡回》这两本穆欣同志的作品集，忠实完整地记录了人民解放军的一支部队参加解放全中国的战斗历程。在有关的通讯中，刻画出了陈赓将军和广大指战员的生动形象。

《平汉线北段的变化》这篇通讯，由方大曾采写。“他是一位战地记者，是报道卢沟桥事变第一人，战地记者的先驱、杰出的摄影家，与同时期的范长江、徐盈等人同负盛名。在抗战前线，方大曾完成了《前线忆北平》《保定以南》《保定以北》等多篇报道，并向外传递了大量拍自前线的照片。这些中国军民顽强抗战的消息，鼓舞了士气，振奋了民族精神，引起了当时国际社会的关注，为中国摄影史和战地报道谱写了重要篇章。”“1937 年 9 月 18 日，他在保定写完战地通讯《平汉线北段的变化》后，由蠡县寄出，此后再无消息。”“1999 年，央视记者冯雪松开启了寻找方大曾之旅”。“自 2016 年，《方大曾：消失与重视》与《方大曾：遗落与重拾》两本图书的中文版问世后，社会反响强烈。也有学界人士表示，冯雪松对方大曾的寻访，也把湮没了八十多年的一位杰出的新闻工作者和摄影记者方大曾推到了历史的前台，让他的名字开始为公众所知晓。”

2019 年 8 月 21 日，在第二十六届北京国际图书博览会 (BIBF) 的活动现场，《方大曾：消失与重现》英文版、《方大曾：遗落与重拾》英文版在现场举行了首发仪式。随后，新世界出版社与国际上多家出版社签订了版权输出协议。“以此为开端，新世界出版社将持续推进方大曾系列图书在海外市场的影响力，将中国战地记者方大曾的故事传播至海外。”（引自 2019 年 8 月 26 日《北京青年报》刊载的《报道卢沟桥事变第一人 方大曾的故事走向国际》一文，记者 张知依）

5. 摄取多方面题材，表现军民的精神面貌和他们之间的鱼水情，表现了人民战争的正义和胜利。比如冠西的《“老红”——勃朗宁机关枪》（载 1946 年 10 月 11 日《大众日报》），依托具体事物——一挺从工农红军时期到解放战争时期的数十年岁月，经历了 14 名射手、270 多次仗的勃朗宁机关枪，表现我军战士为了人民的翻身和解放英勇献身的精神。以物寄情，具体实在。本书第 59 页和 92 页写到的《西瓜兄弟》这篇由新华社记者王匡采写的短小通讯，采用对比的手法，反映了种西瓜的兄弟俩的不同遭遇——村东老大的瓜被路过的蒋匪保安团糟蹋得“一个也不剩”；村西南老二的西瓜地边走过“前不见头，后不见尾”的八路军，西瓜却安然无恙，老二抱起一个大西瓜切开来请兄弟们吃西瓜，得到的回答却是：“谢谢你，老乡！俺不吃。”说明两种军队的性质不同，对待人民的利益的态度也截然不司。同时表现了八路军与老乡间军爱民、民爱军的鱼水情。张明的《桌上的表》（载 1948 年 4 月 19 日《晋绥日报》）用白描的手法勾画出了一幅生动的素描画：当我们部队突进洛阳东城门里靠路南的楼房上时，发现在一张方桌上，还放着一只瑞士的钢壳怀表。这个楼上来来往往的战士很多。可是部队出发了，那只钢壳怀表却依然放在桌子上，滴答滴答地走着。以此表现我军秋毫无犯的严明纪律，以及指战员们自觉遵守纪律的高尚情操。以上两篇通讯题材虽小，却反映了军事斗争中不可忽视的大问题。也就是常说的以小见大的手法。汤洛的《“毛主席万岁！”》（载 1948 年 2 月 19 日，晋冀鲁豫《人民日报》）写了这样一个生动的故事：一天黑夜，游击队标语组摸进了蒋匪某据点村子，在一堵又光又平的墙上用仿宋体写了“毛主席万岁”五个大字。第二天，敌军连长命令保长：“赶快派人把标语擦掉。”被派的老百姓就用铁铲依笔画铲掉墨迹，这样越铲越深，“毛主席万岁”五个大字就越显。连长又命令士兵刮去“毛”字，写上“蒋”字。但第二天“蒋”字不见了，照旧是“毛主席万岁”。这样改来换去连续了几天，敌人只得派哨兵专门守在那条标语跟前。就在这一天夜里，三名游击队员设计刺倒了哨兵，又把“蒋”字改成了“毛”字。短短五六百字，既表现了老百姓人心的向背，又表现了我游击队员智勇双全的品格。汤洛的《鸡毛信》（载 1948 年 4 月 25 日《晋绥日报》）通过小青年团员双虎给游击队巧送鸡毛信的英勇行为，表现了小英雄的革命精神和军民间的鱼水情。刘白羽的《沸腾了的北平城》（新华社华北 1949 年 2 月 15 日电），记述了人民解放军进驻北平入城的盛况。这里有浩浩荡荡的装甲部队、炮兵、坦克部队、骑兵和步兵；有一群群一对对像海洋一样的欢迎人群；庆祝解放联合会的扩音车正领导着唱起：“我们的队伍来了”。被敌人称作“暴风雨式的军队”和“塔山英雄部队”得到人民的热爱； 一个胸前挂着六个奖章的战斗英雄，被人们热烈地围着、拉着；一个女学生跑上去摸摸那个光荣的毛泽东奖章；欢迎的人们与进行的队伍汇合起来，高唱“我们永远跟着你们前进”，昂然通过一向为帝国主义禁地的东交民巷。这是人民战争的胜利！光荣属于人民军队，属于英雄的人民，人民扬眉吐气的日子到了！作者选用典型材料表现上述主题思想做到了别具匠心。

总起来说，这一时期的优秀战地通讯真是数不胜数。它们感情真挚、篇幅短小、题材多样、文风朴实、充满生活气息。“战争年代的那些通讯多么令人怀念！”有的老一辈新闻工作者一往情深地说。

这时期除战地通讯外，还有一些其他题材的优秀通讯，恕不一一具体介绍了。

初探十二　通讯题材发展的新阶段

（新中国成立以后至20世纪80年代初期的通讯）

1949年10月1日至1984年2月，中国在政治、经济、军事和思想文化战线上都发生了翻天覆地的变化。社会主义革命和建设事业经历了曲折的斗争过程。新中国成立初期经历了三年的经济恢复时期，1953年至1957年、1963年至1966年5月以及党的十一届三中全会以来，经历了第一至第五个五年计划的经济建设时期，现在正稳健地和卓有成效地朝着第六个五年计划的目标前进。在这一过程中，还穿插进行了生产资料所有制的社会主义改造和思想政治战线上的社会主义革命，进行了抗美援朝战争、中印边境自卫反击战和中越边境自卫反击战。由于1958年至1960年“左”倾路线下的“大跃进”，特别是1966年5月至1976年10月的“十年浩劫”，给社会主义革命和建设事业造成了不可估量的损失，粉碎“四人帮”以后的两年多，又出现了“洋跃进”的错误，因此，1961—1963年和1978年12月以后的几年，先后经历了两次国民经济调整的时期。

这一时期的通讯作品充分反映了这一客观实际。从其发展过程看，同样经历了曲折的过程。当党报掌握在执行错误路线的领导者手里时，尤其是在“十年浩劫”中，一部分党报党刊的领导权，被“四人帮”所篡夺，一些通讯作品出现了假大空长套的错误，极大地破坏了通讯写作的优良传统。党的十一届三中全会以后，这一优良的传统又逐步得到了恢复和发扬。这一时期的通讯作品，在正反两个方面的经验和教训中有了新的发展。

为什么说这阶段的通讯是通讯体裁发展的新阶段呢？这阶段的通讯与过

去几个阶段的通讯相比，有哪些新的发展呢？我认为其新的发展主要表现在四个方面。

（一）这阶段的通讯比以往的各个阶段的通讯所反映的内容更为广泛

由于这阶段的许多作品大家都比较熟悉，这里就不详细评述，仅按内容提及部分作品，用以说明问题。例如：

1. 反映中华人民共和国成立盛况的作品

比如林韦的《记中央人民政府成立盛典》（载 1949 年 10 月 2 日《人民日报》），通讯绘声绘色地再现了 1949 年 10 月 1 日毛泽东主席在北京天安门城楼上庄严响亮地宣告“中华人民共和国中央人民政府正式成立了”这一雄伟壮丽的场面，文笔朴实，气势昂扬。杨刚的《毛主席和我们在一起》（载 1949 年 10 月 6 日《大公报》）报道的内容和前一篇通讯相同，而写法则迥然不同。它采用书信的形式，把叙述客观事物同抒发主观的感情融为一体，着重写人的活动，写各类人物的思想情感，他们尽情地歌颂党，歌颂毛主席，歌颂新生的人民政权，充满了浓重的抒情色彩。

2. 反映抗美援朝和自卫反击战的作品

关于抗美援朝方面的通讯作品，仅人民文学出版社从 1951—1952 年全国主要报刊上精选的部分作品编辑成《朝鲜通讯报告选》和《朝鲜通讯报告选二集》上的作品就有 69 篇。其中最具有代表性的主要有这样一些：一类反映了我志愿军为了保家卫国，也为了朝鲜人民的和平，与美帝国主义英勇奋战的事迹，表现了他们的国际主义和爱国主义、革命英雄主义和革命乐观主义的精神。如魏巍的《谁是最可爱的人》和《汉江南岸的日日夜夜》、李庄和超祺的《“皇家重坦克营”的覆灭》（以上三篇见《朝鲜通讯报告选》）、华山的《清川江畔》（见《朝鲜通讯报告选二集》）。另一类写我志愿军同朝鲜人民军并肩作战，以大无畏的革命精神，终于打败了外强中干的美帝国主义，取得了抗美援朝的最后胜利。如刘白羽的《我们在审判》、张鹏的《上甘岭大捷中的英雄们》和徐熊的《鸭绿江凯歌》（以上三篇见《朝鲜通讯报告选二集》）

关于自卫反击战的作品涉及的内容也是多方面的。李绪荫、明晶、孙景瑞的《舍身滚雷开辟通路——记战斗英雄罗光燮同志》（载 1963 年 9 月 5 日《解放军报》）、李耐因和张立的《他为祖国献青春——记“孤胆英雄”、傣族战士岩龙》（载 1979 年 4 月 9 日《人民日报》），以及曾凡华、陈锡祥、陈生庚的《永远闪光的青春》（载 1979 年 3 月 26 日《解放军报》）等三篇，着重刻画了中印边境自卫反击战和中越边境自卫反击战中我人民解放军指战员的英雄形象。刘良凯、王建国、刘波、吴顺祥的《越军“英雄团”覆灭记》（载 1979 年 3 月 16 日《解放军报》）同《“皇家重坦克营”的覆灭》的表现手法一样，选择一个越军号称“能守善攻”“擅长近战夜战”的所谓“英雄团”在我军面前溃不成军的狼狈相，说明敌人的色厉内荏、我军的英勇善战。在本书第二章第一节（第 42—43 页）写到的《战后谅山》是新华社记者阎吾访问了激战后的越南谅山省省会谅山市所写的一篇短而活的特写。用现场目击的情景和生动的材料，包括一些鲜活的具有说服力的细节描写和人物的活动对话。大长了我军的威武气概，大灭了敌军狂妄的威风。《战士嘱托的报告》这篇由新华社记者华山采写的在本书第三章（第 80 页、82—84 页）写到的通讯则选择了一个新的角度，通过众多指战员英勇奋战的生动形象，回答了人们所关心的一个问题：在参战的部队中，营以下在战争年代打过仗的人一个也没有，在师团两级有为数很少的人打过仗。在这一新的历史条件下，老一代是怎样把队伍带上去，又把中国人民解放军半个世纪以来一往无前的精神传下来的。高叙法、王德才、童喜元的《党的好儿子 人民的好军医——记第二军医大学附属长征医院骨科主治军医吕士才》（载 1980 年 1 月 2 日《解放日报》），通过吕士才带病参加对越自卫反击战、在战场上忍受严重的病痛折磨，奋力救治伤员，把个人的生死置之度外等情节，塑造了一个具有“一不怕苦，二不怕死”精神的优秀军医的光辉形象。

3. 反映社会主义革命和建设事业的作品

有报道勤俭办厂、增产节约的《孟泰仓库》（作者肖殷，载 1954 年第 8 期《新观察》）、《一角铁皮》（作者周胜、张达，载 1959 年 6 月 29 日《人民日报》）、《“一厘钱”精神》（作者李峰、余辉音，载 1963 年 3 月 24 日《人民日报》）。有报道土地改革和农业合作化运动的《小红门农民的胜利——记小红门的反地主恶霸斗争》（作者赵有福、苏予，载1949年11月17日《新民报》）、《第二个浪头》（作者胡苏，见《经济建设通讯报告选第二集》）、《习正扬带娃娃》（作者刘衡，载1954年6月1日《人民日报》）、《苦聪人有了太阳》（作者黄昌禄，载1959年9月20日《人民日报》）。有反映科学种田和集体主义精神的《回娘家》（作者张安南，载1959年9月10日《人民日报》）、《四访名师》（作者冯东书，载1962年8月20日《人民日报》）、《银树金花》（作者田流，载1963年6月5日《人民日报》）。有反映艰苦奋斗、勤俭创业的《看愚公怎样移山》（作者东生，载1962年6月27日《人民日报》）、《一篇没有写完的报道——重访宁陵县长年累月与风沙搏斗的植树老人潘从正》（作者穆青、陆拂为，载1979年4月25日《人民日报》）。有反映党的农业政策的胜利和威力的《致富户"冲"会场》（作者夏远奇、佘铭衷，原载《湖南日报》，见1984年1月25日《人民日报》）。还有反映对私营工商业实行社会主义改造的《访上海资本家荣毅仁》（作者徐仲尼，载1956年1月22日《人民日报》）。

有反映文化教育、体育卫生战线的先进人物的《手执金钥匙的人们——记北京景山学校几位小学教师》（作者王有盛、刘堂江，载1978年5月4日《人民日报》）、《英雄登上地球之巅》（作者郭超人，见《新闻通讯选》，解放军报社、中国人民大学新闻系1979年合编）、《激动人心的名古屋之战——亚洲男篮锦标赛中国队夺魁记》（作者艾立国，载1980年1月11日《体育报》）、《追求——记社会主义实干家、优秀知识分子栾茀》（作者樊云芳、丁炳昌，载1981年3月26日《光明日报》）。

有反映领导干部关心人民群众痛痒、以普通劳动者身份置于群众之中、深入第一线指导工作的《春夜》（作者梅阡，载1957年5月17日《人民日报》）、《他们是普通劳动者——中央国家机关和中共中央直属机关领导干部十三陵水库工地集体劳动散记》（作者袁木，载1958年6月25日《人民日报》）、《毛主席关怀警卫战士学文化》（作者解放军报记者，载1960年5月23日《人民日报》）、《周恩来总理陈毅副总理探望知识青年》（作者中国青年报记者，载1965年8月11日《人民日报》）、《等一等炊事员》（作者金辉，载 1980 年 11 月 22 日《解放军报》）、《王崇伦抓豆腐》（作者陈坚发，新华社 1981 年 3 月 25 日电）、《现场拍板记》（作者缪有章、李兵，载 1981 年 9 月 12 日《安徽日报》）。此外，还有怀念台湾地区亲人，盼望祖国统一的《“何时补齐！”——访台湾女作家康云薇在大陆的亲人》（作者师文宴，新华社 1980 年 9 月 21 日电）等作品。还有反映共产主义风格和革命情操、反映人民群众同落后保守思想作斗争、同大自然作斗争等方面的通讯。

有揭露敌人、批判错误倾向的《老贺到了“小耿家”》（作者李晓辉、谭暄，载 1960 年 11 月 22 日《人民日报》）、《天安门事件真相——把“四人帮”利用〈人民日报〉颠倒的历史再颠倒过来》（作者《人民日报》记者，载 1978 年 11 月 21、22 日《人民日报》）、《一场捍卫党的原则的伟大斗争——揭穿林彪、“四人帮”一伙制造“二月逆流”重大政治事件的真相》（作者纪希晨，载 1979 年 2 月 26 日《人民日报》）和《“摸鸡笼子”是社会主义吗？》（作者田庄、霍柏林，载 1978 年 1 月 18 日《人民日报》）、《这个酒壶摔得好！》（作者新华社通讯员，新华社合肥电，载 1978 年 2 月 22 日《文汇报》）等作品。

（二）以通讯体裁深刻反映不同时期具有时代风貌的典型报道数量多、传播广、影响大

这是以往阶段的通讯所不可能达到的。中华人民共和国的成立，中国共产党成为执政党，党中央和各省市委机关报以及一些业务单位的专业报的蓬勃发展，为这些典型报道提供了客观条件。这类典型报道重要的有：《五亿农民的方向》（作者李凯、庆琛，载 1955 年 11 月 28 日《人民日报》）、《为了六十一个阶级弟兄》（作者《中国青年报》记者，载 1960 年 2 月 28 日《中国青年报》）、《邢燕子》（作者《河北日报》《唐山劳动日报》记者，载 1960 年 9 月 2 日《人民日报》）、《毛主席的好战士——雷锋》（作者甄为民、佟希文、雷润明，载 1963 年 2 月 7 日《人民日报》）、《艰苦作风 代代相传——记“南京路上好八连”》（作者《解放军报》记者，载 1963 年 3 月 20 日《解放军报》）、《红桃是怎么开的？——记党的忠实女儿赵梦桃》《大庆精神大

庆人》（作者袁木、范荣康，载1964年4月20日《人民日报》）、《县委书记的榜样——焦裕禄》(作者穆青、冯健、周原，载1966年2月7日《人民日报》)、《中国工人阶级的先锋战士——铁人王进喜》（载1972年1月27日《人民日报》）《人民的好医生李月华》（作者《安徽日报》、安徽人民广播电台记者，新华社通讯员、新华社记者，载1972年12月19日《人民日报》）、《亚洲大陆的新崛起——从李四光走的道路看新中国地质科学的跃进》（作者黄钢，载1978年1月7日《人民日报》）、《为了周总理的嘱托……——记农民科学家吴吉昌》(作者穆青、陆拂为、廖由滨，载1978年3月14日《人民日报》)、《要为真理而斗争——优秀共产党员张志新同林彪、“四人帮”进行殊死斗争的事迹》(中共辽宁省委《共产党员》杂志社供稿，载1979年5月25日《人民日报》)、《敲开世界冠军的大门——中国女子排球队纪事》（作者鲁光，载1981年11月19日《中国青年报》）、《金杯之光——中国女排夺魁的曲折道路》（作者孙杰，载1982年10月7日《中国青年报》）、《为中华崛起而献身的光辉榜样——记中年光学专家蒋筑英》（《光明日报》记者陈禹山，载1982年12月1日《人民日报》）、《罗健夫》（《工人日报》记者邱文仲、刘军、庞文清、唐正学，载1982年11月30日《人民日报》）以及报道第四军医大学学员奋力抢救华山遇险游人的通讯《张华赞歌的续篇》（载1983年11月9日《光明日报》）等等。这些通讯都深刻地反映了不同时期的时代风貌，并在全国范围内对读者有深远的影响；在各个时期对读者树立了旗帜，指明了方向，对实际工作起到积极的推动和指导作用。这类作品有很强的生命力，其中一些作品直到今天对我们仍然有巨大的教育意义。

（三）这阶段的优秀通讯作品既继承和发扬了新中国成立前各个时期通讯作品的优良传统，又有所创新

这主要表现在通讯体裁的形式和表现手法的多样性上。在原有通讯体裁的形式和表现手法的基础上，又创造了许多新的形式和表现手法。由于这方面的问题前面有关章节已经涉及，这里就不展开阐述了。

（四）在通讯写作上积累了丰富的防“左”防“右”和正反两方面的经验，使通讯的写作提高到新的水平

1958 年“大跃进”中所谓放高产卫星的通讯作品，和粉碎“四人帮”以后一段时间内出现的“洋跃进”中说空话大话的通讯作品，特别是“四人帮”篡夺了报纸领导权所出现的《大辩论带来大变化》这样一类假大空套长的通讯作品，给实际工作造成的恶劣影响和破坏作用，使新闻工作者受到深刻的教育，鞭策新闻工作者以对党对人民高度负责的严肃认真的态度从事通讯写作。

在通讯作品的篇幅上，要长短结合，以短为主，这也是通讯写作中值得发扬的一条经验。有的记者喜好长风。尤其是典型报道，总要洋洋洒洒数千言，甚至上万言，一篇通讯在手里磨来磨去，有的甚至磨它几个月。这样抠出来的通讯，难免贻误时机，宣传效果并不好。必要的长道讯固然不可少，但大量的通讯还是应该写得短小精练、生动活泼一些。现在，大家已经开始注意到这个问题。在近几年全国好新闻评选获奖作品中，已评选出一些短而好的通讯作品。以 1981 年获奖的 26 篇通讯作品为例，其中 1000 字左右的 12 篇，2000—3000 字的 8 篇。短小的占多数。这应该说是个可喜的现象。

随着与社会主义革命和建设事业相适应的新闻事业的不断发展，通讯体裁将进一步得到新的巨大的发展。

劳沫之新闻作品选

发扬调查研究、实事求是的优良传统

一、理论联系实际，一切从实际出发

做群众工作、反映情况、采写报道，是记者、通讯员日常的三项具体任务。为了完成这些任务，首先要了解情况、认识世界。正确地了解情况、认识世界的科学方法，就是调查研究、实事求是。调查研究、实事求是是我们党报的优良传统。林彪、“四人帮”为了达到篡党夺权的罪恶目的，利用党的宣传工具大造反革命舆论，恣意破坏党报的这一优良传统。现在，党的舆论大权已经掌握在无产阶级手里，我们就要大力恢复和发扬这一优良传统，肃清林彪、“四人帮”的流毒和影响。

记者、通讯员的一切采访活动都是在一定的思想、理论的指导下进行的。否则，就将是盲目的行动。这就要求我们认真学习马列主义、毛泽东思想，深刻领会党的路线、方针、政策和党中央有关文件的精神，要仔细研究编辑部的报道提示。并要自觉地把这些精神作为调查研究的指导思想和理论依据。

在调查研究中学习马列著作和毛主席著作，要注意完整地、准确地领会和掌握马列主义、毛泽东思想的体系，用马列主义、毛泽东思想的立场、观点、方法来分析问题，解决问题。坚持实事求是，一切从实际出发，理论和实践相结合的原则，对具体事物做具体分析。这样，才能抓住实际工作中存在着的迫切需要解决的问题，采写出有针对性和指导性的报道来。

林彪、“四人帮”随心所欲的阉割、歪曲马列主义、毛泽东思想，他们不顾具体的时间、地点、条件。摘引马列著作和毛主席著作中的片言只语，生搬硬套，用以吓人，这不仅不能解决任何实际问题，还会损害党的革命事业。最近，在报纸上看到这样一个例子：中国科学院古脊椎动物与古人类研究所吴汝康同志，根据1959年发现的“东非人”头骨化石的事实材料，1965年11月27日，在《光明日报》发表的一篇文章中，提出的人类已有200万年历史的论断。“四人帮”横行时，这一论断却受到了批判，给他戴上了“反毛泽东思想”的大帽子。原来毛主席1945年在《关于重庆谈判》一文里曾说“人类历史50万年”。可是，1964年，毛主席依据当时科学上的进展，已经改变了过去的提法，而采用了“大约100万年”的新数据。吴汝康根据科学上的新发现，提出人类历史200万年的说法，这是实事求是、符合马克思主义的科学方法，绝不是什么反毛泽东思想。“四人帮”对科学上新发现的事实材料视而不见，对毛主席后来改变过的说法听而不闻，用毛主席根据20世纪40年代以前的说法所下的“人类历史50万年”的结论，给敢于提出新的科学创见的老科学家戴帽子、打棍子。由于“四人帮”的倒行逆施，不仅使一些无辜的科学家遭受到迫害，而且还阻碍了我国科学事业的发展。我们必须深入地开展揭批“四人帮”的斗争，肃清其流毒。

学习党的路线、方针、政策和编辑部的报道提示，也要坚持理论结合实际、一切从实际出发的原则。党的路线、方针、政策和编辑部的报道提示都是根据实际斗争的状况和需要制定的。记者、通讯员要善于联系本省、本地区、本部门的实际，深刻领会党的路线、方针、政策的精神实质，明确编辑部的报道意图；还要善于联系党的路线、方针、政策贯彻执行的情况，从实际出发，选择新问题、新题材、新角度采写报道。如果不是这样，不管实际情况如何，编辑部要什么就硬性地采写什么，这样的报道就难免一般化，也不可能真正做到实事求是。

二、提倡唯物辩证法，反对形而上学

林彪、“四人帮”，形而上学猖獗，唯心主义盛行。在新闻报道中，说假话，说空话，说绝话，使党报调查研究、实事求是的优良传统受到严重破坏。在“四人帮”控制舆论工具期间，报刊上曾把有个单位吹捧成“开门办所”的黑典型，还发表了不少吹捧这个单位同毛主席的革命路线“对着干”的黑经验的文章和报道，流毒全国，影响极坏。现在查明，这个黑典型和黑经验完全是“四人帮”及其党羽大搞唯心主义和形而上学的产物。为了证明在科技战线上，“文化大革命”前17年的路线是错误的，“四人帮”的路线是正确的，他们不惜少报“文化大革命”前的科研成果，虚报“文化大革命”以来的科研成果；没有事实，他们捏造。没有材料，他们任意拼凑。这哪里谈得上什么调查研究、实事求是！要发扬调查研究、实事求是的优良传统，在采访中，我们认识事物就要采取唯物辩证的方法，反对形而上学的方法。在这方面需要注意以下三点：

第一，正确处理局部和整体、现象和本质的关系。根据辩证唯物主义的反映论，一切新闻报道不仅要做到事实的真实，而且要做到本质的真实。列宁说：“在社会现象方面，没有比胡乱抽出一些个别事实和玩弄实例更普遍更站不住脚的方法了。”“如果不是从全部总和、不是从联系中去掌握事实，而是片段的和随便挑出来的，那么事实就只能是一种儿戏，或者甚至连儿戏也不如。”有的记者、通讯员由于存在单纯为了登报而写稿的思想，在采访中不是从全部总和、不是从联系中去掌握事实，而是孤立的片断的向采访对象要材料、数目字和具体例子。如果采访对象满足了他的要求，就兴高采烈，觉得有收获；反之，就大为扫兴，认为这次采访是白白浪费了时间。按照这种思想状况采写出来的新闻报道，就很难做到本质的真实。记者、通讯员都是根据党中央的指示或党委机关和编辑部提供的宣传报道意图进行采访的。到一个单位首先要了解全局的情况，所要报道的局部问题同全局有什么联系，从全局看，这个局部的问题是否值得报道，都要实事求是地根据调查研究的结果来确定。经过深入采访，证实所了解的情况能报道或不能报道，这都是收获。如果对一个单位的情况不从全局考虑，只是孤立地片断地看待局部的事实，并加以报道，这种报道在具体事实上可能是真实的，但在本质上可能是失实的（从全局看，这个单位不应表扬却受到了表扬）。因此，我们在采访时，必须处理好局部和整体、现象和本质的关系。

第二，正确处理主流和支流、成绩和缺点的关系。到一个单位采访，分不清主流和支流，成绩和缺点；或者只采访成绩方面，不采访缺点方面；或者夸大了成绩和缺点，好则皆好，坏则皆坏；或者只能有成绩，不能有缺点，金要足赤，人要完人。这样采写出来的报道，必然不能正确地反映实际和指导实际。其原因就是缺乏一分为二的辩证法，绝对化地看问题。

第三，用阶级和阶级斗争的观点分析问题。记者、通讯员在采访中，经常会碰到这样的情况：对待同一件事、同一个人，不同的对象会有着截然不同的看法。究竟谁对谁错？我们必须做出明确的回答，采访工作才能继续深入进行。这就要求记者、通讯员在进行系统的周密的调查研究的基础上，用阶级和阶级斗争的观点分析问题，使自己在错综复杂的斗争中保持清醒的头脑，所采写的新闻报道做到既符合实际情况，又有利于革命的需要。

三、坚持深入实际、深入群众的采访路线

记者、通讯员要采写反映三大革命运动和千百万群众贯彻执行新时期的总任务伟大革命实践的新闻报道。这些报道是否正确地、实事求是地反映了客观实际，不是凭记者、通讯员的主观臆断，而是要到三大革命运动中去，接受千百万群众革命实践的检验。我们的报道对三大革命运动和广大群众的革命实践起了积极的推动作用，受到广大群众的赞成，就说明我们正确地、实事求是地反映了客观实际；反之，我们的报道对三大革命运动和广大群众的革命实践起了消极的作用，受到广大群众的反对，就说明我们错误地、没有恰如其分地反映客观实际。再说，也只有深入到三大革命运动中去，深入到广大群众的革命实践中去，我们才有可能正确地、实事求是地反映客观实际，能动地指导客观实际。因此，我们要发扬调查研究、实事求是的优良传统，就必须坚持深入实际、深入群众的采访路线。

有些记者、通讯员工作中常常出现两种情况：一是看到什么都新鲜，稿件写得多，刊用率不高；一是看到什么事都习以为常，发现不了报道线索，苦于写不出报道。造成这两种情况的一个重要原因就是脱离实际，脱离群众，心中无数，不知道什么是当前实际斗争和广大群众迫切需要解决的问题。因此，只有深入实际、深入群众，我们才能够分辨出什么是三大革命运动和广大群众迫切需要反映的报道线索和题材。如 1977 年 2 月 24 日，《光明日报》报道的《亲爱的老师，您在想什么？》这篇受到广大读者好评的通讯，就是通讯员在深入群众的活动中发现线索而采写完成的。当时，有关部门在首都体育馆举行了寒假慰问教师演出大会。18000 名中小学生教师出席了这个大会，

中央广播少年合唱团为老师们演唱了歌曲《亲爱的老师，您在想什么？》。有的老师听着听着两眼不禁浸满了激动的泪花。在《光明日报》实习的两名通讯员参加了这次演出会，目睹了这个生动的场面。回报社向有关同志汇报后，认为这个活动反映了以华主席为首的党中央对广大教师的爱护和关怀，也是对林彪、“四人帮”破坏党的知识分子政策、打击和迫害知识分子这一罪行的批判，因面及时地做了报道。如果不深入到群众中去，是抓不住这样有意义的题材的。

新闻报道是事实的反映，没有事实就没有新闻报道。但不是一切事实都能写成新闻报道，只有那些独具特点、新鲜生动而又包含深刻意义的事实材料才能写成新闻报道。那些能够反映深刻主题和广大群众真实思想情感的具体情节和细节、人物的先进思想和语言以及富有特征的场景等第一手事实材料，也只有深入群众、深入到事件发生的现场做周密的调查研究，才能够挖掘出来。比如在李四光同志逝世七年之久的情况下，黄钢同志采写的《亚洲大陆的新崛起》这篇通讯，把李四光的形象描绘得栩栩如生、真切感人，就是由于作者曾先后多次深入到同李四光有关的各方面人士中去，深入到有关的现场，查阅了有关的第一手材料，做出了大量的调查研究工作，并下了一番去粗取精、去伪存真、由此及彼、由表及里的制作功夫之后才写成的。

记者、通讯员每天报道的都是新事物。要报道新事物就要弄懂新事物，毛泽东同志说：“报纸工作人员为了教育群众，首先要向群众学习。”在采访中，我们要接触各级党组织和广大干部、群众；各级党组织和广大干部、群众又十分重视党的宣传报道工作，从政治上、工作上以至生活上为我们的采写工作创造便利条件。我们一定要正确对待自己，决不能把自己凌驾于党组织和群众之上，指手画脚，而要时时处处以普通劳动者的身份出现，同群众打成一片，把调查研究的过程当作改造世界观的过程。这样，各级党组织和广大干部、群众才会把我们当成自己的代言人，才能向我们反映真实情况。我们所采写的新闻报道才可能真正做到实事求是，经得住实践的考验。

（载《光明日报通讯》1978 年 9 月第 4 期）

怎样写新闻

新闻是报纸经常采用的一种最主要、最有效的报道形式。它能够及时地大量地广泛地报道阶级斗争、生产斗争和科学实验三大革命运动，以及群众生活中新近发生的重大事件，或具有指导意义的典型事件（包括新人新事、新问题、新经验、新成就和新风尚等等）。新闻在报纸上占据着重要的地位。在林彪、“四人帮”横行的时候，报纸上几乎看不到真正反映群众创造性活动和精神面貌的生动活泼的新闻。因此，新闻工作必须拨乱反正。这就要求记者和通讯员加强新闻写作的基本训练，多写新闻，多写短新闻，多写群众喜爱的新闻。下面，着重谈谈新闻的结构和新闻写作的基本要求。

一、新闻的结构

新闻（即通常所说的消息），在表现方法上，有一定的结构形式。新闻的结构一般由导语、主体、背景、结尾四个部分组成。结构的安排要有利于表现主题。新闻可以没有结尾，简讯也可以不交代背景。

导　语

新闻的开头叫导语。一般文体往往把重要的事实安排在情节发展的高潮，新闻则要求把最重要、最新鲜、最吸引人的事实放在最前面，即导语里。揭示全文的主题思想、目的或结论，使读者先有一个总的概念。在文字上，他要求语言准确、简练、鲜明、生动、富有吸引力，能使读者产生迫切读下去的欲望。比如，1978 年 8 月 27 日《光明日报》第二版《重视在科技人员中发展党员》的导语，具体点名中国科学院所属的五个研究所，“在科技人员中发展了一批党员”，这个事实就很新鲜，很吸引人。导语的写法常见的有五种:

摘要式。用摘要或综合的方法简要地叙述新闻的主要事实。如 1978 年 8 月 27 日《光明日报》二版刊登的《上海市提升 17 名教师为特级教师，授予 3

名教师为“模范班主任”光荣称号》的导语，把这些教师的名字也一一列了出来。读者只要看看这个导语，就能了解这篇新闻的主要内容。

提问式。把新闻所报道的问题鲜明地突出地提出来，然后加以简要回答，引起读者的关注。如 1978 年 1 月 14 日《人民日报》头版《长江究竟有多长？源头在哪里？》的导语：“长江究竟有多长？源头在哪里？经长江流域规划办公室组织勘察的结果表明：长江的源头不在巴颜喀拉山南麓，而是在唐古拉山脉主峰各拉丹冬雪山西南侧的沱沱河；长江全长不止 5800 公里，而是 6300 公里，比美国的密西西比河还要长，仅次于南美洲的亚马孙河和非洲的尼罗河。”这样的导语能够引人入胜，帮助读者明确新闻的主题。

描写式。以具体描写开头。对新闻的主要事实或某一个有意义而又有特点的场面加以简洁、生动的描绘，使人看了如身临其境，可以增强新闻的感染力。如 1978 年 9 月 8 日《人民日报》一版《“上海总工会”牌子又挂起来了！》的导语，就描述了一个有特点的场面：“9 月 6 日，上海市总工会的大门口张灯结彩，喜气洋洋，参加上海市工会第六次代表大会的代表们，在这里隆重举行重新挂牌仪式。”

结论式。一般先写结论，然后再做具体阐述。如 1978 年 3 月 26 日《人民日报》第二版《赞“人梯”精神》的导语：“在全国科学大会上，代表们倡导着一种可贵的‘人梯’精神。著名数学家华罗庚，这些天又谈到了他在五届人大会议上表达的心愿：我甘愿当作‘人梯’，让年轻一代蹬着我的肩膀，攀登世界科学技术的高峰。”这样写，可以通过结论，充分揭示所报道事物的深刻意义。

评论式。为了突出报道事物的重要性，增强宣传效果，对所报道的事实加以评论。一般是先叙述事实，然后进行评论。如 1978 年 7 月 4 日《光明日报》头版《钻原子能 高速度发展农业》的导语就是这样：“我国原子能农业应用科学，已经取得初步成果。原子能辐射和同位素示踪技术在农业科学研究和农业生产中的应用，显示出它们对于实现农业现代化具有重要作用。”

主　体

一篇新闻总要提出问题，解决问题。导语里提出的问题要在主体部分进一步阐述和回答。根据内容的需要，主体可以同导语连起来写，也可以另外写成一段或几段。

主体的写法，大致有两种：

一是时间顺序。就是按照事物发展的先后顺序安排层次。要做到详略得当，重点突出，不要平铺直叙，写成一笔流水账。

二是逻辑顺序。就是按照事物的性质和内在联系安排层次；或者各层意思互相联系，一层深一层；或者各层意思并列，围绕新闻的主体，并列地写几个不同的侧面，这些侧面可以互不关联；或者各层意思属于主从关系，以前面的层次为主，后面的层次处于从属的地位，对前面层次中提出的问题加以具体的阐述。不管按照哪种方法安排层次，都要求逻辑清晰，条理分明。

从实际情况看，多数新闻按照事物的性质安排层次，或者把两种安排层次的方法结合起来运用。1978 年 8 月 6 日《光明日报》头版《清华大学落实政策工作做得又快又好》的主体，就是把两种方法结合起来安排层次的。这篇新闻的主体有三个层次：第一自然段是一个层次；第二、第三自然段是一个层次；第四至第十一自然段是一个层次。第一个层次同后面两个层次是主从关系，后面两个层次是对第一个层次的具体阐述。从这三个层次来说，是按照逻辑顺序安排层次的。而在第二个层次的第三自然段中，则是按照时间顺序安排这个自然段的先后次序的。

新闻的主体能否有力地回答导语中所提出的问题，很重要的一点，是作者要掌握各种丰富的事实材料。既有概括性的事实材料，又有具体事例。做到有点有面，点面结合。还要注意选材要精，从材料中提炼鲜明的观点，用观点统帅材料，使观点和材料紧紧围绕主题，做到焦点集中。写作时要防止三种情况：一是只有一般化的概括材料和工作过程，缺乏典型、生动的具体事例；二是堆砌的事例很多，但每件事都没有鲜明特征，要说明的问题表达不清；三是只孤零零地写几个事例，缺乏概括性的材料，内容单薄无力。

背　景

为了用事实材料说明所报道事物的意义，说明所报道事物发生的具体条件和原因，在新闻中常常需要交代背景。所谓背景，就是指所报道事物的历史背景，同所报道事物有关的对比性、说明性和注释性材料。这些材料衬托、深化新闻的主题，充实新闻的内容，以增强说服力。

历史性材料。包括历史知识和典故。1978 年 3 月 24 日《人民日报》头版《大家都来做“伯乐”》的第二段，就运用了春秋战国时代关于“千里马”和“伯乐”的一个故事，说明实现四个现代化，把我国建设成社会主义现代化强国，需要无数的“千里马”和无产阶级“伯乐”的道理。

对比性材料。包括今昔对比、新旧对比、正反对比等方面的材料。《清华大学落实政策工作做得又快又好》，写了这样一段背景材料：“林彪、‘四人帮’及其黑干将一伙，出于篡党夺权的反革命目的，在清华大学恣意破坏党的各项政策，其严重程度十分惊人。近十年来，仅被立案审查的教职员工就有 1228 人，占‘文化大革命’前全校职工总数的 20% 以上……”“在受到这样严重破坏的情况下，清华大学党委狠批‘四人帮’炮制的‘两个估计’，在复查工作中坚持实事求是的原则，仅仅半年多的时间，就对 1000 多个案件复审了 90% 以上，林彪、‘四人帮’及其黑干将在清华大学制造的一系列冤案、假案、错案，正在得到平反、昭雪或纠正。”把清华大学党委落实政策工作的情况同林彪、“四人帮”的干扰破坏相对照，就衬托出清华大学落实政策的工作的确做得又快又好，增强了新闻的说服力。

说明性材料。包括介绍地理环境、物质条件、生产和工作面貌、事物的发展过程等材料。1978 年 8 月 5 日《光明日报》头版《柳州市粮食局等单位应用活性白土吸附法清除花生油中黄曲霉毒素 B1 获得成功》这条新闻中，有这样一段说明性材料：“花生是我国主要的油料作物，收获时如遇多雨天气，花生便容易发芽霉烂，往往受到一种黄曲霉菌的代谢产物黄曲霉毒素 B1 的污染。榨油的时候，如果把带黄曲霉毒素 B1 的花生油混杂进去，就使花生油也受到了污染。黄曲霉毒素是一种毒性很强的致癌物质。”然后说明经过数百次的试验“最后确认活性白土吸附法去毒是最好的方法。它与国际上常用的碱炼法比较，既经济又易行。”有了这段说明，就能够帮助读者认识这项科研成果的重要意义。

注释性材料。包括对专用术语、技术性名词的解释等材料。1978 年 5 月 2 日《光明日报》头版《谷超豪研究混合型偏微分方程取得重要成果》，对偏微分方程，做了这样的解释：“偏微分方程是数学领域的一个重要分支，它是数学与物理学的桥梁之一。许多物理学、力学问题，都需要应用偏微分方程。它对于发展许多技术科学（如空间科学），也有着重要的作用。偏微分方程中有一种混合型方程，在流体力学中应用相当广泛。”这段解释，可以使读者对这项成果的作用有明确的认识。

结　尾

有些新闻为了完整地表现主题，需要有一个结尾。在写法上，主要可分四种：

号召式。在报道事实的基础上，用结尾发出号召。1977 年 8 月 18 日《人民日报》头版《人民教师应当受到尊重》的结尾就是这种形式：“由于‘四人帮’的干扰和破坏，一些地方多年不召开这样的会议了。北京市几个县区表扬优秀教师的做法值得大家提倡。”

启发式。有的结尾写得很含蓄，提出一系列问题，启发读者去思考解答。比如《大家都来做“伯乐”》的结尾：“……科技部门的政治工作者、各级领导同志，都应该认真想一想，在你的那个地区、那个部门、那个单位，到底有没有千里马？有没有还伏在盐车之下，至今没有被发现的良骥？要使这些千里马解脱羁绊，驰骋千里，还需要做些什么工作？”

激励式。用所报道的先进人物的革命精神和豪言壮语激励读者向先进人物学习，发扬革命精神。请看《赞“人梯”精神》的结尾：“奔向 2000 年的新的长征开始了。在攀登科学技术高峰的前进道路上，人们正搭起‘人梯’，架起‘人桥’。当年‘潍县团’十勇士的喊声仿佛又在我们耳边响起：‘大胆地过吧，同志们！’‘过吧，我们保险！’”

小结式。通过小结，向读者点明所报道事物的深刻意义。1977 年 5 月 10 日《人民日报》刊登的《一张又红又专的答卷》，对大庆的岗位练兵表演进行评述后，在结尾做了这样的小结：“大庆的岗位练兵，是用无产阶级政治统帅社会主义建设业务的一项重要措施，值得我们很好地学习。他们的表演，对于我们来说，是一堂很好的毛泽东思想课。”

二、新闻写作的基本要求

写好新闻，就要在“新”字上下功夫。努力做到内容新、时间新、角度新、形式新，具体地说，有四点基本要求。

第一，要迅速及时。凡是党中央的战略部署以及党的纲领路线、方针政策、工作任务和工作方法，一经传达，就要及时宣传报道，只有这样，才能收到较好的宣传效果。

第二，要完全真实。一是一，二是二，毫不含糊。报道内容决不能失实。在坚持新闻真实性原则的问题上，我们要深入揭发批判林彪、“四人帮”说假话、造假事、炮制假典型、兜售假经验的罪行，肃清林彪、“四人帮”的流毒和影响。

第三，要用事实说话。新闻就是通过事实向读者讲清一个道理，阐明一种思想，用介绍事实的方法，来体现党的纲领路线、方针政策，传播三大革命运动，特别是四个现代化的知识。用事实说话时，选择事实要典型，叙述事实要具体。有的新闻在叙述事实的基础上，也可以穿插必要的议论。要批判“四人帮”鼓吹的所谓“事实为需要服务”的谬论，彻底肃清新闻中空话、套话、大话连篇，使人看而生厌的帮气。

第四，要短小精炼、饶有风趣。用最经济、最恰当的文字把所报道的事物和所要表现的主题思想写清楚。要提倡一篇新闻讲清一个问题，做到抓住一点写深写透。还要善于选择生动活泼、有鲜明特点、表现力强的群众语言，尽力把新闻写得饶有风趣，为群众所喜闻乐见。

（载《光明日报通讯》1978 年 1C 月第 5 期）

尊重事实　尊重真理

——学习《留法勤工俭学学生之大波澜》《勤工俭学生在法最后之命运》的报道手法

敬爱的周恩来同志在旅欧近四年中，边学习革命理论，边在工厂做杂工，边从事革命活动。在巴黎身居斗室，常常靠啃面包、喝凉水度日。就是在这样艰苦的条件下，他还利用业余时间，采写了大量的新闻报道，《留法勤工俭学生之大波澜》《勤工俭学生在法最后之命运》就是其中的两篇。下面就这两篇通讯的报道手法谈点体会。

客观报道　爱憎鲜明

1920 年底，周恩来同志和勤工俭学生一起到法国不久，就先后开展了三次革命斗争。一次是 1921 年 2 月，为了争取“吃饭权、工作权、求学权”，他们向当时北洋政府的驻法公使馆进行了请愿示威。斗争取得了胜利，驻法公使馆被迫答应给无钱无工的勤工俭学生每人每月发放生活维持费。二次是同年 6 月，从报纸上发现了北洋政府以丧权辱国的条件向法国秘密借款的消息后，周恩来同志等勤工俭学生联合巴黎和全法国的华侨团体，展开了反借款斗争。通过斗争，中法政府当局不得不从表面上答应取消中法借款条约。三次是 1921 年 9 月，由于里昂中法大学被中国官僚把持，不招收勤工俭学生，只招收了国内有钱有势的新科贵人一百二十余名。而中法学校的创办费，是用勤工俭学的名义募集来的。勤工俭学生对这种不合理的现象忍无可忍，又开展了进驻里昂中法大学的斗争。在中法反动官僚相互勾结、阴谋陷害下，这次斗争遭到失败，进驻中法里昂大学的 100 多名学生被悲惨地遣送回国。周恩来同志亲自参加和领导了这三次斗争。而写通讯时，却以记者和局外人的身份客观地报道了这些事件。

请看《留法勤工俭学生之大波澜》（下称《波澜》）的开头一段：

“留法勤工俭学问题，国人闻之熟矣。虽知其名而不能举其实者盖居多数，是固由于深居国内不能洞悉海外真相者居半；要亦因国外之报告每以当局者为主观之叙述，致欲悉内情者转堕入五里雾中矣。记者来欧未久，适当留法勤工俭学生情状大变之秋，波澜突起，积数年造因之未慎，以演成今日生死不得之局，血泪模糊，搏战不易，是今日教育界之新现象也，不可以不记；且记者因求学异地，于此事纯立客观地位，据实直书，或能免去一切囿于局部观念，是较身历其境者，减去偏见不少。今日之波澜何所谓耶？简言之，留法勤工俭学生求生不易，勤工无力，俭学尚未可能，盖入于穷途暮日之境。若溯其根源，求其真相，判其去路，斯盖不得不演为长篇，分其类别，虽曰烦琐，要亦国内有心人士所急欲知晓者也。”

这段文字首先指出国内人士对留法勤工俭学问题，“虽知其名而不能举其实”的两个原因；然后指明留法勤工俭学生“波澜突起”“是今日教育界之新现象”“不可以不记”；进而点出记者“于此事纯立客观地位，据实直书”，可免去一切囿于局部观念，减去偏见不少；最后回答留法勤工俭学生大波澜之所指，并讲明写这篇通讯的目的，是为了“溯其根源，求其真相，判其去路”。这种客观手法，使报道能够引起读者的关注，也使读者乐于相信：通讯中“所叙的事实和我加的评论，很少的出于我个人的偏见，或者是从他人得来的暗示”。

再看《勤工俭学生在法最后之命运》（下称《命运》）的最后一节，则“据实直书”，客观地叙述了中法政府将进驻里昂中法大学一百多名学生遣送回国的惨状：

“里昂方面的情形，自十二日警厅命被拘同学填写履历后，监视的情形更加严厉。这一百多人从入营（注：指里昂的一个兵营）以来，已被拘了二十多天，一切行动，都不得自由，精神上的损失已大，再加着国庆日的绝食，更显得人人都带有病容。十三日在里昂中国同学有同他们去言别的，见他们面色饥黄，惨无人色，都相对而泣。当日午前，里昂市长入营同他们演说，略谓：‘中国政府对于勤工俭学生无办法，法政府亦无力补助，现在已由两政府商定将全体送回。’”“市长出营后，当有全副武装警兵一队、自行车警兵一队入营，为的是押送他们起行的。晚饭后，去了四辆大汽车，将他们百余人分着载上，运往附近小车站。车行时，两旁警兵持枪带剑，随着缓走，怕的是他们乘间逃去。一群类似临刑囚犯的少年们，更有何法可想。汽车到小车站后，他们被押进火车。进车后防范得更严。火车开往大站，附上通行车，便直开马赛。到马赛后，听说搭上波儿加邮船中的五等舱，于即日（十四日）下午四时，便启碇东去了，噫！”

两国政府的反动官僚们把这一百多名手无寸铁的穷学生，竟视如大敌。看了这个具体场面，对迫害学生的反动官僚谁不痛恨呢？对受害的学生谁不同情呢？从表面文字上看，作者只是在叙述新闻事件，但字里行间却渗透着对这些受迫害的学生的深切同情和支持。从这里我们可以看到，通讯在报道勤工俭学生在法国的遭遇时，虽然采取的是客观报道手法，但并不是不偏不倚的客观主义，爱什么，恨什么，溢于言表。

分析事实 “识远超群”

周恩来同志在天津南开学校求学期间（1913 年 9 月至 1917 年 6 月），曾参加学生办的校刊《校风》（周刊）的编辑与出版工作。在《校风·课艺选录栏》里，周恩来同志提出好文章的三条标准：一是全篇立意须具有识远超群之处；二是章法笔致须紧密完备；三是文中事实或议论应有关世道民俗之处。直到今天，这三条对我们学习写作仍有指导意义。这些要求不仅适用于一般文章，也适用于新闻报道。周恩来同志的两篇通讯正是这样做的。

勤工俭学生在对待勤工俭学的问题上，曾出现主张勤工与反对勤工的两种态度。在《波澜》一文中，周恩来同志一面报道事实，一面就勤工俭学是否能实行的问题，提出了自己的独到见解：“勤工尚可能也，俭学须视各人之个性与自治力如何为定。凡欲作勤工俭学生者，须自认愿为现代制度下之劳动者，而以劳动自治为第一条件，俭学为附带条件。”并提醒国内慕勤工俭学之名者“认清目标，始不致自贻伊戚也。”这就增强了通讯对留法勤工俭学工作的现实指导意义。

发表《波澜》的七个月之后，周恩来同志在《命运》通讯中，根据实际情况，改变了《波澜》通讯中认为勤工俭学可能实行的见解，指出“要想在这样的勤工状态下求俭学可能的实现，武断着说便是万难做到。”并在“勤工学生之呼吁”一节，具体叙述了反对勤工和主张勤工者的共同结局：“一方请愿得了维持费，一方走入工场，两方的生活都算暂时有了着落。但是何能算安定，至于求学的大目的，在这两条道上，更成了绝望的倾向。”紧接着，激昂慷慨地发出了号召：“途穷了，终须改换方向；势单了，力薄了，更须联合起来。马克思同恩格斯和声嚷道：‘世界的工人们，联合起来啊！’；他们如今也觉悟了：‘全体勤工俭学的同志们，赶快团结起来啊！’”“大目的便是切身问题的求学运动”。这样，就把勤工俭学的斗争引向了新的目标，使通讯成为团结、教育勤工俭学生和国内人民的战斗武器，在周恩来等同志的号召下，留法勤工俭学生代表大会在巴黎召开了。九月十七日，大会一致通过了“以开放里昂大学为唯一目标”的决定。九月二十日晚，即爆发了占领里昂大学的斗争。

以子之矛　攻子之盾

两篇通讯中运用这种手法揭露、打击反动官僚，使他们阴险毒辣的嘴脸暴露无遗。突出的有这样几例：

其一是，抓住话题，戳穿伪善面貌。当时分散在法国各地的勤工俭学生约有一千五百多名。由于陷入失业、失学和不能维持生活的困境，纷纷派代表前往巴黎，集会要求中国驻法公使馆、华法教育会等机关，负责解决勤工俭学生找工作、入学和生活救济等问题。驻法公使馆的公使陈箓老奸巨猾，对学生的要求敷衍塞责，故意打电报回国，要求国内政府出钱解决。北洋军阀反动政府竟回电说：“现时国库奇绌，在法学生之无钱无工者，唯有将其分别遣送回国”（见《波澜》“国内之回电”一节）。通讯抓住这一话题，尖锐地指出：“然陈公使、蔡元培（注：是民主主义革命家、爱国的教育家、留法勤工俭学的倡导者之一）均新来自国中者，彼等岂不知国库奇绌、军费浩大、千余海外留学生之冻饿，宁复使政府有一顾之价值。但请款之电，所以仍数发者，虽明知无效，而不惮为之，要亦诸人所处之地位有不得不如此耳。”

把陈箓公使等人那种“官僚办事，素有秘诀，一事解决，决不以自身当其冲，总委其责于别人”的伪善面貌暴露得清清楚楚。

其二是，引述要害材料，予以辛辣讽刺。《波澜》通讯在记叙“公使馆前之直接行动”时，写到陈箓“退回使馆，众尾之，突有法国警察向前解散，是盖袭国内政府与驻日公使之故技也”；“代表在使馆者久坐不去，至晚由法警挟之出”等情景。接着叙述了这样一个材料：“警察署告以‘此贵国公使指令也，无我等事，君等可归寓矣。’”然后通讯写道：“此事未实现以前，各方面都做得如火如荼，逮临其境则又轻描淡写过之，于是知中国惯作伏笔文章也。”由于引述了法警署的那个材料，使后面的讽刺尖锐有力。

其三是，揭露事实，无声胜有声。在《命运》“奇耻大辱之不可忘”一节中写了这样的事实：“在九月十四日陈箓面告学生代表及第三者代表的时候，更说道：法外交部秘书白特洛，对于此次学生反对中法借款事件，非常愤怒，当时便通知我，谓已定妥一千四百船位，分两次将勤工俭学生运回。我力反对，谓陈箓在法一日，决不使送学生回国之事实现。’白特洛又谓‘即不送学生回国，亦当令王秘书起诉（注：在第二次反对中法借款的大会上，陈箓不敢出席，只派他的秘书王思曾代表到会。王在会上的态度引起公愤，勤工俭学生将他痛打了一顿）。‘我以为原被两告均中国人，如起诉辱我体面。白特洛谓‘既不遣送，又不起诉，我外（交）部决不能再垫款维持’。”通讯对这一事实没下断语，而写了这样一段：“这种事实彰明的原因，我们大家应终不至于将它忘掉，大家如果永远忘不掉，勤工俭学生便是因此饿死异邦，或者全体被遣回国，他们也终得到些许影响，他们也不枉在这个人类残杀史中留个悲惨的纪念。”这比对事实下断语更有力量。所谓“事实彰明的原因”就是，勤工俭学生不屈服于反动官僚的压力，坚持反对中法签订借款条约，因此激怒了中法反动官僚，借故停止发给学生生活维持费，以至于将他们遣送回国。关于这点，在《命运》的第二十六节中进一步作了深刻的揭露：由于“借款事起”，给陈箓以“绝大打击，勤工俭学生一日在法，他卖国的奸谋，决不得逞。又勤工俭学问题一日不解决，陈箓亦决不得安宁。陈箓恼恨之极，因与法外（交）部联络下此毒手，骤然停止维持费，利用勤工俭学生争回里大的心理，助之到里昂，使陷入牢笼，然后借外力驱逐回国。”

其四是，针对谬论，据理驳斥。在《命运》的“陈箓之陷害”一节中，写到当占据“里大”的百余名同学被法国军警拘捕后，陈箓忽转向代表说：“‘法政府甚不满意这一百余人的行动，已决定遣送回国。’并说这一百余人在法律上造成四罪：（一）不得主权者许可，擅入人室；（二）侮辱市长；（三）发散传单；（四）与共产党的新闻记者接近。”通讯针对这些谬论据理驳斥：“代表当即回说同学此举纯为求学运动”，“法人所称的罪状，充其量也不过违警”，“区区的一个违警罪状，何至于拘入军营，何至于囚禁不开审讯，更何至演了一出同中国学潮中拘留学生的一样怪剧，不是惯经此事的陈箓暗示他们，默许他们，他们又何能目无中国至此。至于说到散传单同新闻记者接近，举眼看一看巴黎里昂市上，那一天不有成万的传单飞出，试问都是经警厅许可的么？共产党的人道报，飞满法兰西全国，更何能禁人们同他的记者接近？”通讯还进而指出：“这次被拘同学最初的命运，实是断在中法大学协会手里。中法大学协会里大职员告他们的罪状是‘无钱无学革命党’。”“但西欧各城市中布满了失业流民，也没闻他们因为无钱被军警监禁；无学更是他们承认的，因为无学才来解决求学问题，更没闻无学的人须得剥夺自由者也。”这样据理驳斥，使反动官僚们的种种谬论毫无立足之地。说穿了，还是勤工俭学生的革命行动刺痛了反动官僚们，他们才胡诌了这么些站不住脚的谬论。这样驳斥，不仅给反动官僚们狠狠地一击，也进一步教育了勤工俭学生和国内人民。

读了《波澜》和《命运》这两篇通讯，我们深深地感到，周恩来同志为了争取人民的利益，实现革命的理想，当时不仅是一位饱含激情、奋笔疾书的新闻记者，而且是一位敢于斗争、善于斗争的共产主义战士。在采写这两篇通讯的过程中，周恩来同志作了大量的调查研究工作，掌握了有关留法勤工俭学问题的丰富事实材料，并对这些事实材料做出了符合实际情况的判断。一旦掌握了事实，掌握了真理，他就尊重事实，尊重真理，按照客观事物的本来面貌加以报道。在从事党的新闻工作、采写有关四化建设的报道中，我们将永远学习周恩来同志的这种品格，为了党和人民的利益勇往直前！

（载 1980 年第 4 期《北京日报通讯》）

经济报道要同人民生活息息相关

经济报道能不能搞得丰富多彩生动活泼的问题，已为近两年来出现的许多好的经济报道作了肯定的回答。现在要探索的是，究竟怎样才能把经济报道搞得丰富多彩生动活泼的问题。探索的途径很多，途径之一就是从学习研究一些为群众所欢迎的经济报道中求得明确的答案。

最近，重新喜读了人民日报记者黄际昌采写的《从鸡窝到鸡蛋市场》（一九七八年九月二十九日）、《扬州三把刀》（一九七九年五月二十二日）和《“小熊猫”为什么能畅销几大洲？》（一九七九年六月十五日）三篇报道，从中得到一点启示：要使经济报道为群众所喜爱，就要下决心扭转过去那种就生产报道生产，就购销报道购销的做法，要从社会主义生产的目的出发，多报道同人民生活息息相关而又有指导和教育意义的问题，并在表现手法上多下功夫。

《从鸡窝到鸡蛋市场》说明了经济工作中的一个重要问题：做经济工作用强迫命令的“土政策”不行，靠鲁莽家的“板斧”也不灵，必须在坚持政治挂帅的前提下，认真按照经济规律办事。报道一开头就从消费者提出的“为什么供应的鸡蛋数量少、不新鲜”的问题写起，然后用鸡蛋在生产和流通领域中的情况，回答消费者所提出的问题，并提出改进工作、搞好城市蛋品供应的有效方法，有很强的指导性。由于作者通过具体生动的事实材料，深入地揭示了鸡蛋在生产、流通和消费各个环节中的矛盾和解决办法，能够引起各方面读者（包括鸡蛋的生产者、消费者以及蛋品的经营者和领导者）的关注，并从中受到不同的教益。如果像过去那样，只是平平淡淡地就蛋品供应谈蛋品供应，恐怕就不可能像现在这样受到多数读者的欢迎。

《扬州三把刀》报道的是一个老主题，即要大力扫除党内外轻视服务行业的思想，使厨刀、理发刀和修脚刀能够兴旺发达，后继有人。报道这样一个老主题，为什么能够使读者感到新鲜动人、别有风味呢？

首先作者抓住了“历史悠久，中外驰名”的“扬州三把刀”这样一个典型做文章。广大读者对厨刀、理发刀、修脚刀是熟悉的，但是扬州三把刀这么出名却不熟悉，因而吸引读者非看下去不可。

接着对扬州劳动人民的三刀技艺，用富有特性的语言作了形象、生动的描述。比如介绍修脚老师傅的技艺时，用了“擅于‘肉上雕花’”“一刀成功，手到病除”的字眼。

讲到厨师技艺精巧的一段文字，更是有声有色，惟妙惟肖，使人情不自禁地对老师傅的精湛技艺，赞叹不已。你看：

> “一块三分厚的豆腐干，可以劈成二十三片，再切成干丝，像火柴棒一样齐整。他们运用割、批、切、剁、挺、削、剔、片、拍、剜、修等二十多种刀法，切制各种条、丝、丁、块、片，都粗细均匀，厚薄一致，长短相等，清爽利落。他们采选多种荤素原材料可托出凤凰什锦拼盘，他们用萝卜、西瓜、黄瓜等可以雕刻出绚丽多姿的孔雀、蝴蝶和瓜灯来。他们焖、烧、烤的各种菜肴，色、香、味俱佳，既不太咸，也不过甜，南北皆宜；熬制的汤类，清澈见底，浓则乳白，十分爽口。”

这类文字不仅使读者对扬州三刀技艺的传统有切实的了解，而且增加了许多烹饪知识。

《“小熊猫”为什么能畅销几大洲？》原因之一是扬州玩具厂的职工有一股急起直追，不甘心落后的劲头。通过报道说明，只要改变精神状态，小厂也能创名牌，为国家多创外汇这样一条具有普遍指导意义的经验。经济部门的有些领导同志为了强调经济报道的指导性，往往要求报纸多报道经济领导部门的活动。没想到这样做的结果，适得其反。因为多数读者对经济领导部门的活动并不那么感兴趣。像这篇报道，从群众感兴趣的具体事儿——儿童玩具人手，阐明一条经验，更容易为读者所接受。而且，报道在介绍经验的过程中，尽量避免了那些业务性和技术性过强的内容。比如写扬州玩具厂采用新品种、新材料、新装潢、新工艺时，没有一一作业务和技术上的介绍，而着重写了他们如何把呆头呆脑的“熊猫”，装扮得神气活现，千姿百态，如何虚心倾听用户的意见，改革“熊猫眼”，狠攻“体笨关”等事例。这样写，不致使报道枯燥沉闷，而使人感到活泼有生气。

把经济报道搞得丰富多彩生动活泼的经验是多方面的。让我们共同努力，不断探索和总结行之有效的新经验。

（载《财贸战线通讯》1980 年第 7 期）

针砭时弊　尖锐泼辣

——学习《渤海二号钻井船翻沉事故說明了什么？》的体会

通讯《渤海二号钻井船翻沉事故说明了什么？》（载《工人日报》1980年7月22日1版）发表后，在广大读者中引起了强烈的反响，许多同志称赞这篇通讯切中时弊，说出了广大职工想说而不敢说的话，对极左思潮进行了严正的抨击。分析一下这篇通讯的成功之处，对于我们研究如何搞好经济新闻是有益处的。

实事求是　敢于提出问题

去年（1979年）11月下旬，我国工业系统连续发生松树镇煤矿瓦斯爆炸和渤海二号钻井船翻沉两起重大事故。这两起重大事故的发生不是偶然的、孤立的，都是由于有关领导人员不从实际出发，不讲科学，不尊重群众，盲目蛮干，严重违章指挥造成的，是执行“极左路线”必然结出的恶果。这种违反客观经济规律的现象是今天才出现的吗？不是。早在1958年刮三风（浮夸风、共产风、瞎指挥）的年代，在“文化大革命”十年浩劫中就已经屡见不鲜了，至今仍在一些部门和单位盛行。但是，多年来谁敢公开揭露这些问题呢？这篇通讯的可贵之处，就在于作者坚持按经济规律实事求是地宣传经济，敢于通过剖析“渤二”这个典型，一针见血地公开揭露了“极左路线”在工业上的种种表现，说出了广大职工早已深恶痛绝、心里想说而没有说的话。因而这篇通讯一经发表便在广大职工心中引起了强烈的共鸣。

回顾过去的经济宣传，我们也受到“极左路线”的影响，动不动就是高速度、高积累、一阵风、一刀切，大轰大嗡，结果是给实际工作造成了很大的损害，失信于民，群众当然不爱看。从这篇通讯在读者中引起的反响来看，我们要把经济新闻搞得让群众爱看，首先必须实事求是地按经济规律宣传经济，要讲真话，要敢于提出问题，特别是广大群众普遍关心的问题。只有这样，才能使经济宣传符合四化建设的根本利益，才能和广大群众想到一起，脉搏跳动在一起。

用生动、典型的事实说话

枯燥乏味是经济宣传易犯的“常见病”。这篇通讯从“只讲需要不讲可能”“冒险蛮干不讲科学”“只讲生产不顾安全”“掩盖矛盾逃避责任”等四个方面揭露了“极左路线”在“渤二”翻沉事件上的影响，概括性很强。让读者爱看，毫无枯燥沉闷之感的一个很重要的原因，就在于善于运用生动的、典型的事实去说话。例如在“只讲生产不顾安全”一节，作者在描述职工在毫无安全保障的条件下辛勤劳动时，用了许多活生生的事例：“工人出海换班有的要自带行李，船上又无舱房，冬季在甲板上或过道里任凭刺骨寒风吹打”“工人们每天一身泥水，二十天才能洗一次澡”“进口船上原来配有沙发，但引进后一到码头，沙发就被搬到岸上使用”；更有甚者，“渤四”有个工人在船上摔伤，处于昏迷状态，钻井船要求局里紧急派直升机抢救。直升机来了，机上坐着钻井处的孙处长和另一位海工处处长。因为飞机只能坐三个人，队长和指导员说明情况，要求他们下机，而这个孙处长无论如何不肯下机。“最后，只好派一名工人跪在机舱里护送伤员，而这个孙处长却端坐舱中，不肯帮一手。”当读者看到这些事实，怎能不从心里产生愤慨之情！这篇通讯精选了十余个有代表性的、典型的事例，活灵活现地画出了不按客观经济规律办事的官僚主义者的脸谱。

从这篇通讯的成功之处，也使我们体会到，要把经济宣传搞活，就要注意多用新鲜的、形象的、感人的、典型的事实，寓指导性于生动活泼的事实之中。因为读者越来越讨厌那些枯燥、乏味、说教、空泛、冗长、冷漠的东西。报纸是办给读者看的，既然是读者不喜欢的东西，那我们为什么不能尽量避免呢？

尖锐泼辣的语言

古人说：“言之无文，行之不远”，就是说写文章要有文采，否则，影响是不会传播得远的。毛泽东早在《对〈晋绥日报〉编辑人员的谈话中》

就指出：“用钝刀子割肉，是半天也割不出血来的。”我们的报纸“要尖锐、泼辣、鲜明”。这也是对语言的要求。这篇通讯之所以给读者留下难忘的印象，同作者运用语言的功夫很有关系。这篇通讯没有华而不实的语言，而是力求用既实实在在又尖锐、泼辣的语言，特别是注意捕捉各种人物的典型语言去说明问题。例如在揭露海洋勘探局不顾客观情况，不讲实效时，引用了局领导的两句话:“要翻船也给我翻到海里去，不要翻在码头里。”“要干着过冬，不要泡着过冬，要过一个革命化的冬天。”揭露“渤二”翻沉事故发生后不顾工人死活时引用了局领导的一句话：“要奋斗就要有牺牲，战争年代要付出代价，搞四化也要付出代价，72人死的是值得的，他们是英雄，要交学费嘛！”短短几句话，如见其人，如闻其声，可憎的极左面目淋漓尽致地暴露在人们面前。又如在写群众批评局领导常常用评英雄、追认烈士的办法逃避事故的责任时，引用了群众这样的语言：“我们海洋局是事故出英雄，一次事故，一批英雄；事故越多，英雄越多。”用群众对这种现象不满的语言，使批评越加尖锐有力。至于引用工人这样的语言：“如果这次仍然不了了之，我们总有一天要被他们‘指挥’到海里去。”更是满含愤慨之情，一语中的。

列宁在《“苏维埃政权的当前任务”一文的初稿》中指出：“社会主义政党要把不接受整顿自我纪律和提高劳动生产率的号召与要求的企业和农村登上黑榜，把它或者列为病态企业，采取特别的办法（特别的措施和法令），使它健全起来，或者列为受罚企业把它关闭，并且把它的工作人员送交人民法院审判。公开报道这方面的情况，本身就是一个重大的改革，而且还能吸引广大人民群众主动地参加解决这些与他们最有切身关系的问题。”要“通过报刊来揭露各个劳动公社经济生活中的一切毛病，从而呼吁劳动者的舆论来根治这些毛病。”（《列宁全集》第27卷第188和137页）从报纸公开报道“渤二”翻沉事故所显示的经济宣传改革中，我们已经感受到列宁所说的这种积极推动作用。希望记者和通讯员同志们进一步解放思想，实事求是地写出更多符合经济规律的经济新闻，推动四化建设事业向前发展。

（载《工人日报通讯》1980年第9期）

抓住时代的脉搏
——悼念华山同志

华山，这位善于写通讯报告的新闻记者和作家，过早地离开了我们。然而，他的许多富有感染力的作品却仍然铭记在人们的心中，鼓舞人们献身四化，永远奋进。

在《文学不能代替新闻》一文中，华山曾响亮地说过：“一个新闻记者应该经常抓住时代的脉搏。”我们回顾一下华山在不同时期的经历，重读一下他的一些作品，可以这么说，他的命运是同时代、同人民的命运紧紧地联系在一起的；他的脉搏是同时代、同人民的脉搏一起跳动的；他的作品反映了时代的步伐，闪烁着时代的光辉！

1920年，他生于广西南宁。生身父母不明，只知道是种菜的。养父是行伍出身的军官，多年在外随部队北伐和混战。少年丧养母。他的童年是在内战的动荡环境中度过的。1927年，在白色恐怖的日子里，国民党反动派屠杀家乡革命青年的情景给他幼小的心灵留下了深刻的印象。红色风暴席卷广西时，他曾受到鼓舞。这些经历促使他早在少年时期就向往并投奔革命。1934年秋，他离开家乡，到上海念高中。1935年冬，参加学生抗日救亡运动，开始接受党的领导，加入中华民族解放先锋队。1938年初到安吴堡西北青年训练班学习，4月加入中国共产党，五月到延安鲁迅艺术学院学习，同年冬到敌后太行山区抗日根据地，分配到新华日报华北版当战地记者。从此，开始了他漫长的记者生涯。

抗日战争时期，他写了不少反映我军民英勇抗击日寇的通讯报告。无论是写年轻的小伙子、小姑娘，还是写游击队长、儿童团长，都写得活灵活现。比如《窑洞阵地战》和《碉堡线上》两篇，就具体生动地反映了我敌后广大人民和武工队同日寇进行斗争的事迹，表现了他们机智勇敢的战斗风貌。

解放战争时期，他作为新华通讯社的记者，被派到东北前线采访。这期间的通讯报告影响大的有《承德撤退》《踏破辽河千里雪》和《英雄的十月》等作品。《承德撤退》一文，用大量生动的事实充分反映了解放战争在战略防御阶段的方针：前进与后退，以歼灭敌人的有生力量为目的，暂时撤出某些据点和城市，正是为了最后夺取这些据点和城市，表达了当时许多人心里想说而又没有找到确切的语言说出来的愿望："我们还要回来的！"这句话，"好像一个金属的锤子，轻轻地在读者心弦上一击，立即引起了共鸣。"（马铁丁所写《远航集·序》）并打消了人们的疑虑，使他们鼓起了更大的战斗热情和勇气。《踏破辽河千里雪》和《英雄的十月》则生动地反映了战略进攻阶段的战斗情景：敌人不堪一击的总崩溃，我军摧枯拉朽般的胜利大进军。作者通过对人民解放军胜利大进军的情景和激烈的战斗场面的具体叙述和描绘，使读者如同亲眼看到人民解放军进军的行列，听到踏雪地的声音，感触到战士们锐不可当的战斗精神；如同亲眼看到敌人那种惊惧、逃跑的狼狈相，从而激励人们去夺取全中国的胜利。

当美帝国主义的战火烧到鸭绿江边的时候，他又被派到朝鲜前线采访。他所采写的通讯报告，如《歼灭性的打击》《清川江畔》《万里纵横到处家》等十来篇作品，同抗日战争、解放战争时期的战地通讯报告有着一脉相承的特点。激烈的战斗场面，志愿军奋勇杀敌的英雄气概和国际主义、爱国主义、革命乐观主义精神跃然纸上，并深刻揭露了美帝国主义侵略军的残暴行为和可耻下场。

朝鲜停战以后，他又以饱满的政治热情投身于社会主义建设的沸腾生活，从不同侧面报道了社会主义建设事业中雄伟壮丽的图景，歌颂了向大自然进军的各种不同的英雄人物。在地质勘探工地，他写了《尖兵》《远航》《大戈壁之夜》和《山中海路》等作品，揭示了地质战线不同人物朝气蓬勃、脚踏实地地探索大自然、改造大自然的精神面貌。在三门峡工地，他写了《童话的时代》《神河断流》等作品。以气势磅礴的笔触，描述了根治黄河的宏伟规划和场面，表现了我国劳动人民坚韧不拔的性格，以及他们在中国共产党的领导下，敢想、敢说、敢干的英雄气概。1965 年，他下放到河南林县红旗渠，同林县人民共同生活了十来年，同他们结下了深厚的情谊。在这里，他写了《遍地明珠旱井群》《劈山太行侧》等作品，把读者带到了另一个新天地——勤劳勇敢的中国人民与天斗、与地斗，重新安排山河的雄壮场面。

1977 年，他被调到广东省文艺工作室搞创作，1979 年，担任广东省作家协会副主席。他从 1960 年就身患肝病，在年近六十的时候，他带病以人民日报特约记者的身份，到参加过中越边境自卫反击战的广西边防部队访问了一个月，采写了《战士嘱托的报告》，通过众多指战员英勇奋战的生动形象，回答了人们所关心的一个问题：老一代是怎样把队伍带上去，又把中国人民解放军半个世纪以来一往无前的精神传下来的。

由于他长期从事战地采访，长期坚持生活在第一线，对于战斗生活和党的革命事业有强烈的感受和深厚的感情，他的作品有着浓重的战斗生活气息和风土情趣：加之他的不少作品主题深刻新颖，人物栩栩如生，情节生动，结构不拘一格，描绘场景具体逼真，笔调活泼，语言清新，使作品亲切感人，具有独特的风格。

重温华山各个时期的通讯报告，给人一个突出的印象，就是他善于把具体事物和整个时代联系起来考察，善于选择具体生动而又典型的事实材料，来表现时代的特点、时代的精神。正因为这样，他的作品富有时代感，能站在时代的前面引导人们去争取胜利。在《抓住特点，具体地说明特点——关于通讯写作》这篇直到今天，仍然值得学习的经验总结中，华山说过这样的话："记者的劳动是一种艰苦的，复杂的，同时又是一种愉快的劳动。""只有热爱生活，坚持劳动，才能在劳动中感到愉快，受到教育，永远保持着记者工作的高度热情。"这正是华山的作品之所以能够抓住时代脉搏的根本原因。让我们象华山一样，热爱生活，坚持劳动，永远保持着记者工作的高度热情，写出更多更好的无愧于我们时代的新闻作品来！

（载《新闻与写作》1985 年第 12 期）

城子大队青年座谈今年夺得增产体会
再鼓干劲带头投入冬季生产
合心大队青年充满信心抓紧当前时机争取明年好收成

本报讯 河北省蓟县燕郊公社城子大队团支部，在党的领导下，组织团员和青年畅谈今年的增产经验。他们边谈边议，心里越来越亮堂，干劲越来越足，决心搞好冬季生产，争取明年更大丰收。

城子大队在土质较差、畜力不足、劳力较少的情况下，今年超额完成了粮食和棉花生产计划。这对全体社员是一个很大的鼓舞。团员和青年在畅谈这一经验的时候，深深体会到：搞好生产，一方面干劲必须一鼓再鼓，一方面要树立先国家、集体，后个人的思想。团支部书记张怀生说："回想包产任务下达那阵子，有些社员觉得指标偏高，信心不足，要不是党支部向大家讲明形势，分析有利条件，社员和青年的干劲一鼓再鼓，今年春旱这么严重，哪能超额完成包产任务！"全大队超产最多的第二队队长董德凤用事实证明了这一点，他说："咱二队超产四万多斤，真亏了青年的干劲。5月间定玉米苗时，队里分四个组包工，劳动定额是三亩。为了抢时间，超包产，四个组长（两个团员，两个青年）主动交流验，发挥青年的积极作用，使每人每天提高到四亩半。"团员李桂芳对个人和集体的关系体验最深，她说："大河水满小河宽，大河无水小河干，没有国家和集体的富裕就没有个人的富裕。我们队张增贵春天不干集体活，一有空就开荒弄自留地，结果和同样劳力的朱德保比较，工分挣得少、粮食也分得少。再说，要是我们都像他那样不多出勤，不多积肥，队里怎么能超产！"

这么一谈，大家心里更亮堂了，决心再鼓干劲，搞好当前生产，争取明年更上一层楼。在讨论明年增产指标时，他们积极提建议，订立个人出勤计划。第二队青年冯德瑞，为了给队里多积肥，积好肥，建议队部每天派一辆车给全队四十多个有猪有羊的户送土垫圈。队部接受了他的建议，现在已送完三十多户，加快了积肥进度，队部满意，社员也满意。各队青年还在“积肥增产决心大天寒地冻都不怕”的战斗口号下，积极扫街积肥，起圈送肥，村里人来人往，热气腾腾。第四生产队为了在春季大忙前给十九头牲口备足饲料，每天派六个人三把刀铡草。团员张久芳除了自己积极铡草外，还主动向社员宣传抓紧冬季作好备耕工作的意义，提高了生产效率。原来每天每把刀铡草二百多斤，现在提高到三百多斤。目前全大队已翻地四百五十亩，挖芦苇草和万根草三百多亩，积肥一百五十多万斤，七百亩麦地中，已有五百二十亩压过二遍。每天出勤的有二百四十多人，其中青年占 70% 以上。（张汉文、杨国勋、李树清、劳沫之）

（载 1961 年 12 月 17 日《中国青年报》头版头条）

注：1961 年我到《中国青年报》参加办报实践期间，报社收到一篇群众来稿，当时的负责人肖钢同志派我前往河北省蓟县燕郊公社城子大队作补充采访后改写的消息。

在锻炼中成长

劳沫之 李炳立

每个年轻人都有自己的理想。改变家乡的落后面貌，建设社会主义新农村，当一个有社会主义觉悟，有文化的新式农民，这就是临清县龙潭公社东张堤大队第一个高中毕业生张梦生的理想。

张梦生是在一九六一年秋天离开临清二中，回乡务农的。他一回到家乡，就扑下身子积极投入了繁忙的生产劳动。

一天晚上，队里通知梦生：明日要去定玉米苗。定玉米苗虽没干过，倒也听说过，不是什么太复杂的活。俗话说：“庄稼活，不用学，人家咋着咱咋着。明天就干着瞧吧！”第二天，梦生简单看了看别人定苗的样子，就照样干起来。歇头晌了，他敞开衣服，拧干被汗水浸湿的毛巾，正兴致勃勃地同伙伴们扯啦着，一位老农走到他的身旁，好心好意地说道：“梦生，锄苗不锄根，下雨根又生，定苗就算白定啦！”老农的这一番话，使梦生的脸唰地一下变得绯红。他想想老农的话，又看看自己干的活，开始认识到农活里面的确有学问，自己还只不过是一个初入门的小学生，不懂就应该老老实实地从头学起。他用实际行动回答了老农对他的关心：虚心请教，然后把他定过苗的地从头到尾又重新找了一遍。打这，他无论干什么活，不懂就问，谁是这方面的能手，就拜谁为师，虚心地学。一天，两天，日子长了，梦生干啥学啥，学会一门又一门，终于在短短的时间内掌握了通常一般的农活技术。社员们看他这样认真学习，都不禁连连称赞：“这孩子还真有一股干劲哩！”

会干农活，这只不过是做一个新式农民的最起码条件，而更重要的，还应该处处关心集体生产，在生产上起带头作用，并把自己的文化知识用之于生产。

那是 1962 年秋天，粮食刚上场，人们就又忙着送粪、犁地、播种了。有一天第三生产队的十四亩地刚上十七八车粪，还没来得及撒开，当夜公社送来了一个紧急通知：拖拉机马上就要开来翻地了。“粪还没有撒开，怎么翻呀？”刚被选为生产队会计的梦生，第一个看到这个通知，心里不禁有些为难起来。他想把社员们叫醒，赶快去撒粪，但又一想，社员们已经忙碌了一天，现在正酣睡，怎好把他们从梦中惊醒？可是不去叫，拖拉机又怎能闲着等人呢？他想起一个主意：“对！我自己去，边撒边翻。”于是，便拿铁锨朝地里奔去。天上的星星已经开始稀落了，梦生在拖拉机轧轧的伴奏声中来来往往地撒着粪，一堆又一堆；当拖拉机迎着朝霞离去的时候，梦生回过头来看看大片翻过的新土，一股甜滋滋的感觉不禁涌上心头。是啊！秋天不仅是丰收的季节，也是考验人的季节啊！

在东张堤西北，有一百一十多亩茅草地还没有开发，去年春天大队为了进一步增产，决定把这片茅草地改造成良田。第三生产队包了十二亩地，但因为牲畜少，只好用人力去开垦。面对着这样一个艰巨的任务，有些社员有些畏难了，但梦生却决心要与大自然作斗争，首先包了二亩二分地，带头做个样子。

这片地茅草根扎得很深，刨啊刨啊，从清晨到黄昏，好容易才刨出二分地。困难哪，梦生的双手打满了血泡，赤手拿不了三齿，就戴上线手套，还不行，又戴上棉手套。是的，梦生说得对：“困难能够磨炼人的意志，也能增长人的志气。坚持下去，就是胜利。”一天，两天，十来天的苦战，二亩二分茅草地终于翻完了，仅刨出的茅草根就有一百七十多斤重。开始认为开不了的人服输了。一百一十多亩不长庄稼的茅草地，这一年竟破天荒亩产棉花七十五斤。

这里的地势比较低注。去年九月，当暴雨连续下了半个多月以后，眼看积水就要涌进了村庄。这时，党支部书记不在家。有的人认为情况紧急，还是各家各户自己想办法好；而梦生和一伙青年却认为情况越是紧急，越需要大家团结一致，只有保住了集体，才能保住个人；正确的办法就是动员全村人的力量起来打护村埝，不让积水进村。说干就干，他们首先带头行动，拿起铁锨，跳到水中去筑埝。大伙看这帮年轻人挖土、担土很起劲，也纷纷跟着行动起来。他们在水里连续战斗了两天两夜，在村的四周筑起了一条长六七里宽五六尺的护村埝，确保了全村生命财产的安全。事后社员们都说：“多亏了这伙青年。”

（载 1964 年 6 月 27 日《大众日报》）

注：1964 年，我带领中国人民大学新闻系实习组同学在《大众日报》社实习，我到聊城记者站看望实习的贺兴桐同学时，曾与记者站的李炳立同志一起，前往临清县龙潭公社张堤大队采访知青张梦生的事迹后共同写的一篇通讯。

突破一般化的可喜尝试

——写在《新闻写作基本知识》一书问世的时候

中国人民大学新闻系 秦珪 蓝鸿文 劳沫之

我们阅读了《财贸战线通讯》和《中国财贸报通讯》上张颂甲同志以宋葭为笔名写的《新闻写作刍议》，现在改名为《新闻写作基本知识》，即将由社会科学出版社汇集出书。这是一本对新闻工作者和报纸通讯员进行新闻写作基本训练的教材。怎样把新闻写作的基本要求和规律讲深讲透讲得有特色，是党的新闻工作者和从事新闻写作教学研究的同志正在探索的课题。《新闻写作基本知识》（下称《知识》）在突破新闻写作一般化上作了可喜的尝试，它贯穿了三个特点。

联系实际　有的放矢

联系实际，有的放矢，是《知识》的第一特点。传授新闻写作基本知识最忌泛泛而谈。要想不泛泛而谈，就要做到联系实际，有的放矢。从我们讲授新闻写作这门课程的实际情况看，也是如此，凡是联系了同学们的思想和写作实际进行讲授或讲评时，就受欢迎，所讲道理也容易为同学们所接受；反之，就引不起同学们的兴趣，并影响到教学工作的效果。《知识》正是采用了联系实际，有的放矢的方法。

一是联系了财贸战线和《中国财贸报》宣传的实际。就财贸工作的方针政策、工作任务和工作方法，以及财贸职工的实际状况，结合报纸在宣传方面的特点和要求，阐明新闻写作的报道思想、基本特点、规律和方法，使年轻一代的新闻工作者、报纸通讯员看了感到切实可行，学了就能用上。

二是联系了《中国财贸报》记者和通讯队伍的思想状况和新闻写作方面的实际。《知识》中的每个篇目，都是针对记者和通讯队伍中在新闻写作方面带有普遍性的问题有感而发的，因此，问题抓得准，道理能讲到实处，不流于空泛。

三是联系了作者本人当记者、培训记者和通讯队伍工作的实际。

正因为联系了上述三种实际，文章能够有的放矢地提出问题、解决问题，使读者看了受到启发。

具体分析　不拘一格

《知识》的第二个特点，还在于具体分析，不拘一格，避免了笼而统之的弊病。在内容上，做到主题集中，一篇文章阐明一个观点。某个问题一篇文章难以讲清，就分成几篇从不同角度作具体分析，直到把该说的问题说透为止。比如关于发现新闻线索和写好新闻导语的问题，都是从不同角度不同方面分三篇写完；关于新闻主题的提炼问题，则分成了四篇来写，便于对具体问题作具体分析。由于问题集中，篇幅也短小，一篇文章在短短的时间内就能一气看完。

在写法上也灵活多样。或述中有评，从某一篇新闻稿件中的问题出发，引申出来，有针对性地阐明道理；或评中有述，在论述新闻写作的经验、规律时，适当引述新闻稿件中有关方面的问题加以说明印证。或从正面谈新闻写作的经验和规律；或从反面剖析新闻写作中存在的带普遍性的弊病。有的篇目将记者和通讯员所写的新闻稿同编辑部修改后的见报稿相对照，具体回答一篇新闻稿为什么这样写好，那样写不好。有的篇目则采用对比的手法，将同一题材、不同写法、效果截然不同的两篇新闻稿进行鲜明的对比，摆事实讲道理。为了更好地说明问题，作者运用丰富的文学知识，古今中外，旁征博引，丰富了内容，增添了文章的风趣。

侃侃而谈　笔调亲切

作者不是板起面孔说教、传授知识，而是带着互相探讨、共同研究的口吻，侃侃而谈，犹如同记者和通讯员促膝谈心，又犹如同记者和通讯员开讨论会。

如前所述，作者是采取讲评新闻稿中所存在问题的方法传授基本知识的。这样就自然而然地对记者和通讯员所写新闻稿中的不足之处摆得比较多。但由于文章不只是摆问题、揭露矛盾，还进一步分析矛盾，解决矛盾，这就能使大家提高认识，从一个境界到另一个新的境界。也能使大家感到语重心长，乐于接受。

由于《知识》首先在财贸报通讯刊物上连载，其对象主要是财贸战线的新闻工作者和通讯员，文中所涉及的问题和新闻作品多出自《财贸战线》报和《中国财贸报》，似乎显得有点局限性，有的问题不便于生发开去，说深说透。是否可以立足于本报，又适当联系其他报纸上好的和不好的新闻作品做文章呢？此外，在讲评记者和通讯员所写的新闻稿中存在问题的同时，还可以分析一些他们所写的成功之作，通过分析这些作品的长处和特点讲授基本知识。这有利于鼓舞记者、通讯员的斗志，树立写好新闻稿的信心。

我们党的许多老一代的和中年的新闻工作者，在长期的新闻工作实践中，积累了丰富的经验，不管是从推动党的新闻事业出发，还是从培养年轻的接班人的角度来考虑，都亟待把这些宝贵的经验总结出来。我们热切地盼望战斗在新闻战线的有经验的同志们，一手办报，一手著书立说，写出更多更好的新闻学著作来！

（载《中国财贸报通讯》1982 年第 5 期）

注：《突破一般化的可喜尝试》这篇文章由劳沫之执笔写成。之后，征得秦珪、蓝鸿文认可，遂以三人署名。张颂甲同志是我们的老同事、老同行。1975 年 5 月下旬至 1977 年春，由北京大学、《北京日报》社、新华社北京分社、北京电台四家（后加上北京电视台）联合举办了三期新闻短训班，每期五个月。短训班设在北京大学中文系新闻专业（当时中国人民大学停办，新闻系合并到中文系新闻专业）。劳沫之被北京大学中文系党总支委任为新闻短训班的党支部书记，同四个新闻单位四名党员干部组成党支部委员会（当时在《北京日报》社工作、后来调《经济日报》前身的《中国财贸报》任记者部主任的张颂甲同志任副书记）。在五个单位党委确定有关领导同志组成领导小组的领导下，具体负责新闻短训班的教学组织工作。当时秦珪、蓝鸿文为新闻专业的负责人。

是群众高明，还是报纸专业人员高明？

——学习毛主席著作心得笔记

我们的报纸要靠全党来办，办报要走群众路线，这点是明确的。对“要靠大家来办，靠全体人民群众来办”却是不明确的。过去看了毛主席的这段指示，也没有把它记在心上。对报纸群众工作的态度是：思想上不够重视，行动上缺乏自觉性、主动性。原因何在呢？归根结底，是我对报纸专业人员和群众在办报中的作用存在不正确的认识。

首先，报纸是阶级斗争的工具，是教育人民群众的工具，“报纸的作用和力量，就在它能使党的纲领路线、方针政策、工作任务和工作方法，最迅速最广泛地同群众见面”。并能起“组织、鼓舞、激动、批判和推动”的作用。从党报的性质、任务和作用来说，我认为报纸必须依靠全党（党的各级组织）来办，依靠报纸专业人员来办，只有它（他）们才能自觉地把报纸作为阶级斗争的工具，作为教育人民群众的工具；也只有它（他）们，才能发挥报纸的这些作用。群众是受教育者，虽然我们的报纸强调要刊登人民群众中的活人活事活思想，但这是从宣传效果来考虑，是让群众自己教育自己。

其次，报纸要天天出版，天天和读者见面。要求迅速及时地反映客观实际，反映群众生活。客观实际和群众生活是丰富多彩、千变万化的。报纸不可能什么都反映，大量的是要反映能够构成新闻的新情况、新动向、新问题、新经验、新人物、新事件。什么是新闻，什么是新情况、新动向、新问题、新经验、新人物、新事件，并不是每个实际工作者、每个群众都能识别清楚的。报纸专业人员由于种种便利条件，能够比较全面地了解党的方针政策，了解当前的政治气候，了解当下的实际情况，因此，他们比非专业人员有较强的识别新闻的能力。群众虽然也了解党的方针政策和实际情况，但有一定的局限性，不可能像报纸专业人员那样全面。群众也不能像报纸专业人员那样及时根据形势的变化决定报纸的宣传内容和策略。

第三，毛主席说报纸“要靠大家来办，靠全体人民群众来办”，我过去的理解是要我们在办报中注意走群众路线，不等于让群众起主导作用。比如教好课要依靠学生，要走群众路线，但起主导作用的还是教师；科学研究成果的取得，要依靠群众，要走群众路线，但起主导作用的还是又红又专的科学技术人员。报纸主要靠群众来办，那是将来的事情——消灭了脑力劳动和体力劳动的差别，工作时间减少到使人有业余时间从事自己有兴趣的活动，这时已经不需要专业的画家、音乐家、戏剧家，同样也可以不需要专业的新闻工作者。在这天没有到来以前，还必须靠专业人员起主导作用。

第四，从报纸群众工作的实践活动来看，群众来稿不少，但内容真正扎实够分量的不多，自发来稿不说，就是有组织的来稿情况也是如此。这里面有专业知识的限制，也的确有实际问题。有时事情很不错，领导同志谈起来有声有色，也希望报纸加以宣传，但就是抽不出时间写，或者写一遍可以，要再修改返工就不行了，实际工作很忙，要他们像专业人员一样一次次地修改的确有困难，而再高明的人也不能确保每篇文章都能一次写好。如果像上海党刊编辑部那样，主要靠群众办报，就不可能保证报纸的按期出版了。我认为刊物可以主要靠群众来办，因为它的时间性不强，没有什么特殊的要求，报纸就不行，时间性强，又有新闻的特殊要求。

报纸工作人员要做群众工作，但对群众工作的要求不能过高。对群众的要求只能是：1. 主动向报纸反映情况；2. 给报纸提意见要求；3. 写稿。写稿这点只能尽可能争取符合报纸的要求。某一部分重头稿件让群众写或记者与群众合作是可以的。多数重头稿件在相当长的时期内还得专业人员去抓。实际情况也是如此。我们正在强调大抓群众工作，毛著学习的重头稿件就不能靠群众去完成；产品质量的重头稿件就不能靠群众去完成，不仅不能靠群众，还不能靠所有的记者，只能靠集中优势兵力打歼灭战的办法去完成。但这并不等于报纸的专业人员不需要向群众学习了，相反地，在办报过程中的各个环节中，都要注意向群众学习，都要注意吸取群众中的宝贵东西。

在没有提高认识以前，我总认为自己的这些看法蛮有道理，反复学习了毛主席的有关指示和杨正彦（当时任《北京日报》工商部副主任）等同志的发言以后，才发觉自己的想法是错误的，错在：

第一，片面地理解了报纸的性质、任务和作用，也片面地理解了全党办报的方针。毛主席说："马克思主义的基本原则，就是要使群众认识自己的利益，并且团结起来为自己的利益而奋斗。"报纸工作"就是教育群众，让群众知道自己的利益，自己的任务，和党的方针政策"，并为实现自己的利益，自己的任务，和党的方针政策而奋斗。这充分说明党的利益和群众的利益的一致性，也充分说明报纸是阶级斗争的工具，同时也是群众用以进行自我教育的工具。党的纲领路线、方针政策、工作任务和工作方法是从哪里来的？是从群众中来的，出发点也是为了群众的利益。党的事业就是群众的事业。毛主席说："我们历来主张革命要依靠人民群众，大家动手，反对只依靠少数人发号施令。"办报也是如此，要依靠人民群众，大家动手，不能以少数人的意志发号施令。办报要依靠各级组织，同时要依靠群众，这两者是一致的，不能把两者对立起来。全党办报离开了依靠群众作基础，就失掉了办报的依据。事实上，各级党组织也是根据群众的利益、要求、呼声、思想动向等等来参与办报活动的。《解放军报》为什么办得有声有色，各级领导喜欢，群众也喜欢？就因为它把群众中丰富多彩的活人活事活思想反映出来了。能够做到这点，单依靠各级党组织，不充分发动并依靠广大官兵群众是办不到的。

第二，过分夸大了报纸专业人员的作用，忽视了群众的作用。办报要不要专业人员？要专业人员。专业人员也的确有自己的专长，离开了专业人员的努力，办好报纸也是不可能的。但是专业人员要充分发挥其作用，也必须是在广泛发动群众、依靠群众的基础之上。如果脱离群众，少数专业人员关起门来办报，是绝对办不出一张领导满意、群众满意的好报来的。如果不发动群众、依靠群众，报纸也是无法坚持办下去的。因为群众是历史的创造者，是三大革命运动的实践者，是党的方针政策的执行者，党的纲领路线、方针政策是否符合他们的利益，是否正确，他们的反映最敏感，最强烈，只有他们最有发言权。报纸专业人员多是知识分子。毛主席说："知识分子往往不懂事，对于实际事物往往没有经历，或者经历很少。""报纸工作人员为了教育群众，首先要向群众学习。"报纸专业人员不依靠群众，不甘当群众的小学生，不真正熟悉群众，了解群众，在实际工作中就要碰钉子，就将一事无成。群众在办报技巧上的确有不如报纸专业人员的地方，但是报纸办得好不好的根本问题是它的政治内容，而不是表现形式和文字技巧。表现形式和文字技巧上的问题主要应该由专业人员去帮助解决。否则，还要专业人员干什么。但并不能因此而忽视群众在办报中的重要作用。

有上述错误认识的根本原因，是自己思想上有两个根本问题没有很好解决。

第一，有知识分子的优越感，思想上不是把群众当成自己的先生，而是把自己当成群众的先生。错误地认为，工农群众丰富的实践经验、先进思想先进事迹很值得知识分子学习，但是要笔杆、办报纸的事，还是知识分子高明。并认为群众写东西多是平铺直叙，不善于提炼主题，文字拉杂，读起来眉目不清。不下功夫精编没法刊用。因此，不愿下本钱做艰苦的群众工作，发动群众为报纸写稿，参加办报活动。群众主动找自己还行，要自己找群众写稿，联系了几次，所需要的稿件还不见写来，对约稿者就失去了信心，也缺乏热情。有时则用资产阶级小资产阶级知识分子的喜好作为取舍稿件的标准。毛主席说，有许多同志"他们在许多时候，对于小资产阶级出身的知识分子寄予满腔的同情，连他们的缺点也给以同情甚至鼓吹。对于工农兵群众，则缺乏接近，缺乏了解，缺乏研究，缺乏知心朋友，不善于描写他们……不爱他们的感情，不爱他们的姿态，不爱他们的萌芽状态的文艺（墙报、壁画、民歌、民间故事等）"。这段话正说到我的思想根上来了。我之所以有知识分子的优越感，根本之点是自己还缺乏工农兵群众的思想感情，还没有放下知识分子的臭架子，把群众当成自己的先生。

是群众高明，还是自己高明的问题，杨正彦和孙秉友同志的发言，给了我深刻教育。记者的分析能力再强，写作水平再高，一旦不老老实实地向群众学习，就不能把事物的本来面貌如实地反映出来，就不能做群众的代言人，所写的东西领导就通不过，群众就通不过。在这方面我自己也有一个教训。在采写北京针织厂徒工冯连士的过程中，由于没有依靠群众，深入到老师傅和班组进行采访，对冯连士的进步就反映得不够切合实际。如果像孙秉友同志那样，用小资产阶级知识分子的观点和思想感情去写群众，就一定会走到邪路上去，对群众火热的斗争生活就一定会作歪曲的反映。

第二，为谁办报，为谁服务的问题没有彻底解决。口头上为工农兵办报，为工农兵服务，为搞好新闻教学工作而办报，实际上和行动上却是把办报作为追求个人名利的手段。1956 年，我投考中国人民大学新闻系的目的就是想将来能当一个名记者，以至名作家。在学习中和留校后虽然不断地批判了这种思想，但成名成家的思想并没有彻底根除。思想深处认为：既然留下搞教学工作，就要搞出点名堂，在业务上就要过得硬，就要站得住。调到新闻采访与写作教研室以后，就进而认为：自己没有新闻采访与写作的实践经验，而又要教这门课，这是一个很大的矛盾。要解决这个矛盾，要使自己在教学上过得硬，首先自己在采访写作上就要过得硬，否则空谈道理是教不好这门课的，也是不能令学生信服的。

采访写作怎样才叫过得硬呢？在我的心目中，就是自己能够独立地采写出又多又好的稿件。虽然采访课中讲得清清楚楚，采写稿件只是记者的职责之一，做群众工作，反映情况也是记者很重要的两个职责，但是思想上对后两个职责当成是可有可无的，认为只要会采写稿件了，其他两条做差点关系不大，如果不会采写稿件，其他两条做得再好，别人也不会说自己写作水平高。

作为一个教师，要设法使自己在教学上过得硬这是无可非议的。问题是我在考虑这个问题时，夹杂了一些个人打算，总想将来在教学上也能搞出点名气。正因为这样，所以在实际工作中就重自己采写、轻群众工作。毛主席在《延安文艺座谈会上的讲话》中说："坚持个人主义的小资产阶级立场的作家是不可能真正地为革命的工农兵群众服务的。"这真是千真万确。由于自己站在资产阶级个人主义的立场对待办报问题，所以必然不能真正地为工农兵群众办报，为工农兵群众服务。而是怎样对追求个人的名利有利，就怎样行动。

要彻底解决这两个问题，根本的还是要进行世界观的改造。世界观没有彻底的改造，从道理上有再深的认识，也是无济于事的。今后我一定带着这个问题继续学习毛主席著作，继续在实际工作中从根本上改造自己。

（劳沫之，1965 年 7 月 27 日于《北京日报》社）

注：这是 1965 年我在《北京日报》工商部参加办报实践期间所写的文章。我曾两次到《北京日报》工商部参加办报实践。1965 年这是第一次。当年《北京日报》工商部的采编人员除采编稿件外，还坚持每周到企业单位跟班参加劳动一天。记得我参加的就有两次：一次是到北京制药总厂装配车间同工人师傅一起一瓶一瓶地装药；另一次是到公交系统的大 4 路公共汽车上从郎家园站到公主坟站往返路程，同售票员师傅一起卖票。第二次是 1974 年我在工商部参加编采通工作实践。除编稿、采写稿件外，还分工专门做北京市仪表工业局的通联工作，给该局的通讯干事刘宗明（后来调《北京日报》社工作，曾任《北京日报》总编辑）组稿、编发他所采写和组织的来稿。在此期间，得到了刘虎山、高念东等同志的热情帮助，我采写并将组稿和部分来稿编辑加工，而被见报了若干篇新闻通讯作品，受到工商部主任李耀华同志的重视，曾动员我调《北京日报》社工作。终因学校教学工作重任在肩，加之感到半路出家做采编工作恐力不从心，而放弃了部主任的好意。

青年数学家杨乐、张广厚的带路人

——记北京大学数力系庄圻泰教授

青年数学家杨乐、张广厚已经闻名一年多了，人们可曾知道，在这两位数学家成名的过程中，有一位默默无闻的园丁一直同他们紧紧地联系在一起呢?

他就是全国科学大会特邀代表、北京大学数力系69岁的庄圻泰教授。

中国科学院数学所一些函数论研究工作者，包括杨乐、张广厚，对庄圻泰都非常尊敬、钦佩，他们的共同评价是：庄圻泰在函数论方面学识渊博，功力深湛。

1951年，庄圻泰在法国留学期间发表的题为《亚纯函数的增长性与其导数的增长性的比较》一文，和1964年在《中国科学》（英文版）发表的题为《奈高利纳的一个不等式的推广》一文，至今在国际函数论研究领域，还有着一定的影响。1957年出版的《单值解析函数的最新研究》（德文版）一书，曾用三页纸的篇幅，介绍了庄圻泰最好的研究结果。

在庄圻泰的热情指导帮助下，杨乐、张广厚在函数值分布论的研究中，经过多年努力，终于发现“亏值”和“奇异方向”这两个概念并不是孤立的，而是相互依赖的，它们之间存在着有机联系。这就把两个长期分割的研究领域辩证地沟通起来了。另外，他们对“亏值”和“奇异方向”的研究，也成功地解决了国际上没有解决的问题，庄圻泰早经确认这是一项具有国际先进水平的研究成果。但是，在“四人帮”控制科技界期间，并没有得到重视和承认。直到1977年2月，新华社报道了杨乐、张广厚的科研成果后，才引起社会上广泛的注意和重视。

因为庄圻泰自己学习得很深，所以他指导学生开展科研工作时，能够把研究中的问题和所取得的成果提到理论高度来认识。1977年2月，杨乐、张广厚在函数值分布理论研究中找到了“亏值”和“奇异方向”之间有机联系的重要成果。1978年1月，张广厚写了5万多字的论文，又获得了世界水平的重要成果。庄圻泰听了这两个成果的报告后，都做出了很深刻、很中肯、很符合实际情况的评价。他精辟地阐述了这些成果的重要价值、对国际上函数论研究的深远影响，而且还提出了新的见解，画龙点睛地指出今后的发展方向、哪些问题值得继续研究，等等，给人以新的启发。在张广厚的论文中，有主要定理和用来证明主要定理的预备性定理。其中一个预备性定理，用了一个函数序列，庄圻泰建议张广厚改变这个预备性定理的形式，改变成里面只有一个函数的形式。这种形式比原来的形式简单、意思清楚。这样，就把定理意义的本质更好地表示出来了。庄圻泰并向张广厚具体地作了讲解。张广厚修改论文时，立即采用了这种形式。论文中有的推导方法不合适，庄圻泰就告诉张广厚换另外的推导方法。科学院数学所研究函数论的同志说，如果没有较高的学术水平，是不可能提出这些指导性意见的。

当张广厚把这篇论文送给庄圻泰审阅的时候，庄圻泰受到上海一出版社的邀请，正在北京友谊宾馆参加《物理学名词》一书中数学名词部分的编写工作。为了使这篇论文早一天同读者见面，庄圻泰白天编书，晚上加班审阅，前后花了三个多月的时间。

1978 年 2 月 20 日，张广厚拿着新近写出的 5 万多字、具有世界水平的这篇论文的英文摘要，兴冲冲地来到北京大学燕南园，正碰上庄圻泰前往校医院治疗腰病。当他知道张广厚带来了英文摘要，说什么也不去医院，拉着张广厚坐在他的办公桌前，开始逐字逐句地审阅起来。他改正了不合适的句子，翻译了一段张广厚没有来得及翻译的文字。他挺直不能扭动的腰板，写着写着，钢笔墨水用完了，由于身子难以移动，张广厚赶忙接过钢笔，重新吸满了墨水。庄圻泰就是这样从上午 9 时到 11 时 50 分，一口气审阅完这篇《中国科学》杂志急需的英文摘要。

下课铃响了，三五成群的人们好奇地拥簇在第一教学楼一间宽敞明亮的教室周围。透过门窗，只见长长的玻璃黑板上，写满了密密麻麻的数学公式。中国科学院数学所 30 来岁的杨乐伫立在黑板前，正滔滔不绝地讲解着，讲台下面坐着两位聚精会神的听众，他们是北京大学数力系庄圻泰教授和中年教师陈怀惠。杨乐刚讲完，庄圻泰走上讲台，接过杨乐的话题讲了起来。

他们是在上课吗？不像！原来是三个人自愿组成的一个讨论班。正就整函数和亚纯函数方面的问题，展开热烈的讨论。这种由中国科学院数学所和北京大学数力系等有关单位的人员自愿组合的讨论班，从1962年开始，一直延续到1966年。当时由德高望重的老数学家熊庆来和庄圻泰分别主持两个讨论班。邀集了一部分老一辈的数学家和年轻一代的科技与教学人员，定期交流与探讨国内外数学基础理论研究工作的动态、成果和各自的学术见解、工作体会。前一个讨论班交流与探讨的问题涉及函数论各个方面；后一个讨论班则着重交流与探讨整函数或亚纯函数方面的问题。由于“四人帮”的干扰破坏，这两个讨论班曾经中断了一个时期。1972年，传达了周恩来总理关于加强基础理论研究的指示，这时熊庆来已经去世，庄圻泰就出面主持了这个叫作“民间往来”的讨论班。即使在最艰难的环境下，杨乐、张广厚也毫不动摇，始终坚持他们所从事的科学研究工作；庄圻泰也从来没有放松对张广厚和杨乐的具体指导。1973年11月，杨乐在讨论班上报告了学习“聚集理论”的心得，还报告了他和张广厚关于这个理论的研究成果：《切向聚集与边界点的属性》，得到了庄圻泰的具体指导，1975年6月发表在《数学学报》上。

正因为这样，讨论班这种形式成为老一辈科学家培育年轻一代科技和教学人才的好课堂。

1962年，当张广厚、杨乐还是熊庆来的研究生的时候，是熊庆来通过讨论班，给他们确定关于整函数或亚纯函数这个课题的研究方向，是庄圻泰——当他作熊庆来的研究生时，也曾研究这同一课题，通过讨论班，给他们引路、打好坚实的理论基础。张广厚、杨乐都谈到这样一个问题：在有关整函数或亚纯函数这个课题的浩瀚书目中，先研究什么，后研究什么，如果没有庄圻泰的具体指点，就是到了满脸长鬓须的时候，怕也研究不出一个眉目。庄圻泰指导张广厚、杨乐从研究《毕卡——波莱耳定理和亚纯函数理论》这本书入手，仔细听取他们的学习体会。记得有一次，由于湿疹的感染，庄圻泰的嘴唇肿得像馒头一样，直淌黄水，他为了不错过一次辅导的机会，戴上口罩，仍然出席了讨论会。他还亲自在讨论班讲授整函数或亚纯函数的历史发展和概况，使他们在短期内系统地掌握了所研究课题的基础知识。

1964年，张广厚当研究生时写的一篇毕业论文，也是庄圻泰指导的。当时，庄圻泰要求张广厚每周去他家讨论一次。每次去，由张广厚先把论文逐段讲解，庄圻泰边听，边提修改意见。讨论时，在他们的座位之间，挂了一块小黑板，遇有讲不清楚的地方，就用粉笔在黑板上写。当写满了密密麻麻一黑板后，则擦去重写。每次辅导，黑板就是这样写了擦，擦了写，重复许多次。因为论文有 6 万多字，比较长，辅导时间也就前后延续了近半年。他们那种逐段讲、逐段改，在黑板上写了擦、擦了写的刻板生活，也重复了二三十遍。这是多么繁重、艰苦的劳动啊！但是庄圻泰不以为苦，反以为乐，他为自己的学生写出了有较高质量的学术论文而欢欣鼓舞。同年，在上海举行的函数论学术交流会上，庄圻泰宣读了这篇毕业论文，向会议汇报张广厚的学习成果。这篇论文已在《数学学报》1977 年二、三、四期连续刊载。

在辅导张广厚写作大学毕业论文时，庄圻泰给张广厚指定一篇关于阿尔福斯偏差定律定理的参考资料，这是一篇用德文书写的文章，张广厚看不懂，庄圻泰亲自给译成中文。这件事，张广厚现在谈起来，还是十分感动。因为导师给学生翻译资料，过去在高等院校里是极为罕见的。但是这个资料，张广厚的毕业论文并不曾用上，因为他当时还不完全领会这一定理的精神。直到最近写那篇具有国际先进水平的论文时，张广厚才运用了这一定理说明一些问题。

杨乐、张广厚近几年来所写的学术论文，几乎都是经庄圻泰审查定稿的。在审阅论文的时候，庄圻泰对每个证明，差不多都要反复推敲，如表达的思想是否明确、清晰；演算的数据，是否简要、准确等等。有的论文论证时，没有附数据，庄圻泰必定亲自演算，加以验证，或者直接向杨乐、张广厚查询。有的时候，由于证明过于简单，张广厚、杨乐认为演算没有必要，也产生过厌烦情绪。但是庄圻泰始终认真对待，一丝不苟。有人问到庄圻泰，审阅稿件为什么那么严格？他回答："对待科学研究，就必须有认真的科学态度，来不得半点马虎。如果证明在演算上有了差错，不是论证就不能成立了吗？发表出去，岂不坑人。"庄圻泰常常审阅一篇二十页的论文，意见就写上了十四五页之多，亲自演算的草稿还不计算在内。

在他们刻苦研究国际上近几十年来有关这个课题的主要科学成果时，庄圻泰也给予了有力指导。1964 年，杨乐研究了有个国家关于论述函数论的二三十篇文章，认为这些文章所论述的问题文字烦琐，观点也不准确，他提出了新的论证和表述方法。庄圻泰仔细研究了他的报告，一面赞赏他的发现，一面给他指出用型函数的公式来表述这个问题，就更能揭示问题的本质，使杨乐加深了对这个问题的研究。由于杨乐、张广厚吸取了前人的研究成果，他们就有可能沿着一条笔直的途径向科学高峰攀登，直到取得世界水平的重要成就。杨乐、张广厚回忆他们所以决定向整函数或亚纯函数这一科学高峰攀登时，充分肯定了熊庆来、庄圻泰给他们的指导帮助的作用。他们说："熊庆来教授是我们的指路人，庄圻泰教授是我们的带路人。"

新华社报道了杨乐、张广厚在整函数或亚纯函数的研究方面取得重要成果的事迹以后，讨论班得到了新的发展。人员增加到十来个，单位扩大到六七个，在有关单位党组织的积极支持和庄圻泰的主持下，每周定期开展一次学术讨论和交流，老一代和新一代的科研、教学人才，在这个生动的课堂互相促进，共同提高。

最近，庄圻泰翻出十多年前他所写的一篇论文——《关于亚纯函数的充满圆序列及包莱尔方向》，他要在全国科学大会召开前夕完成修改稿向大会献礼；他把自己编写的关于函数论的讲义提供给系里的一位中年教师，让他在新的学年里为研究生上好基础理论课；他和张广厚、杨乐及系里的有关教师制定好了带研究生的计划；他正以崭新的姿态，同年轻人互帮互学，努力攀登世界科学高峰，继续培养科技人才，朝着四个现代化的宏伟目标迈进。

庄圻泰对他的老师熊庆来是非常尊敬和怀念的。他谈到熊庆来在发现人才、培养人才方面的特殊才能时，表现了一种羡慕而又学习不到的焦急心情。他认为科学高峰不可能一跃而登，需要一代人接着一代人连续地攀登，才能达到顶峰，而一个人的科学成就，多半都是在50岁以前培养成功，所以，他更加着急地想培养更多的年轻人，去继续攀登函数论的科学高峰。这些思想，也许是庄圻泰积极关心青年一代的进步，竭尽心力培养青年一代成长的动力吧！

庄圻泰培育学生，从来不吝惜自己的时间和精力。他不仅对杨乐、张广厚如此，对其他学生也毫不例外。有些毕业离校后分配在外地工作的学生，常常来信向庄圻泰请教，他总是有问必答，有求必应。庄圻泰有个在四川南充师范学院教数学的学生顾永兴，是杨乐、张广厚的同班同学，也是庄圻泰的研究生，研究函数论也有较好的成就。他去年寄了一篇学术论文请庄圻泰审阅。庄圻泰看后非常欣赏，认为文章解决了英国著名数学家海曼所写的《函数论中的研究问题》一书中的一个问题，是一篇高水平的文章，精心修改后，推荐给《中国科学》，该刊已决定采用。他热忱地指导另一位在二机部工作和一位年轻的中学教师，业余研究整函数的最小模问题。他还不知疲倦地给南京化工学院的另一位青年指导研究方向……

年复一年，日复一日，山阶为那些不畏艰难险阻而达到群峰之巅的攀登者高唱赞歌，更为迎来了又一批生机勃勃的攀登者气贯长虹。

庄圻泰像山阶一样把杨乐、张广厚引向群峰之巅，又像山阶一样，张开双臂热烈地拥抱新的攀登者。庄圻泰伴随着杨乐、张广厚和许许多多青年踏着山阶，一级一级地向四个现代化的顶峰攀登。他感到无数的青年正在看着自己，看着老一辈的科学家。他对自己说："责任重大啊！"

余致浚 劳沫之

写于 1978 年初报道全国科学大会期间

注：1978 年年初，我和余致浚等老师一起，受《人民日报》副总编辑保育钧的邀请，赴《人民日报》社参加报道全国科学大会的工作。在此期间，我和余致浚老师除到中国科学院数学所采访该所党支部李书记、青年数学家杨乐（当时张广厚出差在外，陈景润身体欠佳）外，还到北京大学数力系采访了系主任丁石孙，以及张广厚、杨乐的导师庄圻泰教授。这篇通讯就是在做了上述采访之后，余致浚和我共同所写。这篇通讯仅仅是个初稿，其最大不足之处就是缺乏庄圻泰指导帮助杨乐、张广厚开展科研的最新材料，因此，尚需作进一步的深入采访挖掘。不过，我认为它还是具有一定的新闻性的，即庄圻泰"是全国科学大会特邀代表"。其新闻价值还表现在通讯所列举的具体事迹中，体现了几代数学家传承的一种可贵的"人梯"精神，令人感动！余致浚是一位老新闻工作者，曾任职《光明日报》社，后来调中国人民大学新闻系任教，曾任新闻系副主任，从事编辑课教学工作。他也是我学习编辑课时的老师。在这一次全国科学大会报道的工作中，他认真做采访笔记、认真撰写报道草稿的精神，给我留下了深刻的印象。虽然他已仙逝多年，我依然怀念他，特将这篇不成熟的通讯初稿收集在书中，借以纪念。

2020 年 9 月